Maximilian Gritzner

Handbuch der Ritter- und Verdienstorden aller Kulturstaaten der Welt

REPRINT – VERLAG
LEIPZIG

Die zum Teil geminderte Druckqualität ist auf den Erhaltungszustand der Originalvorlage zurückzuführen.

Die Deutsche Bibliothek – CIP-Einheitsaufnahme

Ein Titeldatensatz für diese Publikation ist bei Der Deutschen Bibliothek erhältlich.

Volker Hennig, Goseberg 22-24, 37603 Holzminden
ISBN 3-8262-0705-X

Reprint der Originalausgabe von 1893
nach dem Exemplar des Verlagsarchives

Lektorat: Andreas Bäslack, Leipzig
Einbandgestaltung: Jens Röblitz, Leipzig
Gesamtfertigung: Westermann Druck Zwickau GmbH

Handbuch

der

Ritter- und Verdienstorden

aller Kulturstaaten der Welt

innerhalb des XIX. Jahrhunderts.

Auf Grund amtlicher und anderer zuverlässiger Quellen

zusammengestellt durch

Maximilian Gritzner,

Königl. Preuß. Kanzleirat, Premierlieutenant a. D.

Mit 760 in den Text gedruckten Abbildungen.

Leipzig

Verlagsbuchhandlung von J. J. Weber

1893

Vorwort.

Es herrscht über den Begriff und den Wert eines Ordens eine oft sehr weitgehende Meinungsverschiedenheit; entschieden ist zu bedauern, daß es so sehr wenig wirkliche Verdienstorden giebt, daß dem Staatsmann und Beamten, dem Gelehrten, dem Künstler für oft jahrelange Arbeit genau derselbe Orden verliehen wird, den ein Anderer lediglich durch Fürstliche Gunst erhält. Erfreulich und lobenswert ist es daher, daß, in Berücksichtigung dieser Verhältnisse, man, neben den eigentlichen „Ritterorden", neuerdings „Orden für Kunst und Wissenschaft", Orden für wirkliches vor dem Feinde erworbenes Verdienst, Orden für Rettung von Menschenleben, Orden für Verdienst im Dienste der Humanität (Sanitätsorden) gestiftet hat, die weniger als „Dekoration" gelten und in den Augen des Publikums einen ungleich höheren Wert besitzen, trotz ihres oft unscheinbaren Aussehens. Genannte Kategorien, neben den sämtlichen eigentlichen Ritterorden, in das Handbuch aufzunehmen, dünkte dem Verfasser ein unabweisbares Bedürfnis.

Dahingegen mußten von der Aufnahme ausgeschlossen werden alle Militär- und Civilverdienst-Ehrenzeichen und Dienstauszeichnungen, die gewöhnlich nach längerer Dienstzeit verliehen zu werden pflegen, alle Feldzugs- und Schlacht-Medaillen, mit wenigen Ausnahmen auch Erinnerungs-Medaillen und andere Dekorationen, da die Anzahl derselben Legion ist und den für dieses Handbuch vorgesehenen Umfang bei weitem überschritten haben würde.

Anderseits schien es notwendig zu sein, jeden der aufgenommenen Orden auch abbildlich zu geben, um dessen Form dem Leserkreise durch Veranschaulichung näher zu bringen. Es sind daher sowohl die eigentlichen Ordenszeichen, als auch die dazu gehörigen Bänder, Sterne und Glieder der Ketten abgebildet, mit genauer Angabe der Farben im Text.

Wo die Ordenszeichen der verschiedenen Grade sich lediglich durch die Größe unterscheiden, sind dieselben nur einmal dargestellt, dagegen jedwede Abweichung in der Form sowohl im Text wie in der Abbildung berücksichtigt. Wo Kriegsdekorationen bestehen, sind die Orden zumeist mit dieser abgebildet.

Die Bänder sind in fast allen Fällen bei allen Graden die gleichen und unterscheiden sich gewöhnlich nur durch die verschiedene Breite.

Hierzu bemerken wir, daß die Großkreuze dieselben fast immer von der rechten oder linken Schulter schräg herab zur gegenüberliegenden Hüfte, wo das Ordenszeichen befestigt ist, den Stern auf der freien (linken oder rechten) Brust, die Großoffiziere (Commandeure I. Klasse) und Commandeure (II. Klasse) das Ordenszeichen um den Hals tragen.

Die Klasse der Großoffiziere, die in Deutschland zumeist: Komture, Kommenthure oder Commandeure I. Klasse genannt werden, trägt stets einen Stern, der gewöhnlich etwas kleiner als der der Großkreuze, auch anstatt der acht- bzw. sechsstrahligen zumeist eine sechs- oder vierstrahlige oder kreuzartige Form hat.

Manche Orden haben nur Commandeurs einer Klasse, die dann stets den Stern führt; der „Ritter"-Grad ist fast in allen Staaten neuerdings in zwei Klassen eingeteilt und dem Orden zumeist als letzte Klasse ein für niedere Beamte und Unteroffiziere bestimmtes Verdienstkreuz oder -Medaille, ersteres dann in der Form des Ordens, aber nicht emailliert, „affiliiert".

„Offiziere" und „Ritter" (I. und II. Klasse) tragen das Ordenszeichen gewöhnlich auf der linken Brustseite oder im Knopfloch, Erstere dann zur Unterscheidung auf dem Bande noch eine runde oder ovale Rosette in den Farben des letzteren.

Die Orden eines Staates unter sich sind im Handbuche nach ihrem Range, die Staaten alphabetisch geordnet; wo über die Orden noch genauere Rang-Bestimmungen bestehen (Serbien, China, Japan), wurden auch diese angeführt.

Da nach den Statuten aller Orden und Ehrenzeichen der Verlust der bürgerlichen Ehre den des Ordens ꝛc. nach sich zieht, so ist dieses Paragraphen als eines selbstverständlichen nirgends besonders Erwähnung geschehen.

Die meisten Orden, außer den russischen und wenigen anderen, müssen bei Erlangung höherer Klassen und nach dem Ableben des Besitzers statutarisch zurückgegeben werden; auch diese allgemeine Bestimmung ist, in Anbetracht des auf Seite XI ff. gegebenen Verzeichnisses, nicht besonders bei jedem einzelnen Orden angeführt. Von ersterer Bestimmung existieren übrigens Ausnahmen, so z. B. bei den preußischen Orden mit Kriegsdekoration, die neben der höheren Klasse für Friedensverdienst weiter getragen werden.

Häufig findet sich in den Ordensstatuten die Bestimmung, daß den Ordensmitgliedern gestattet ist, das Ordenszeichen ihrem Wappen hinzuzufügen; hierbei ist es durchgängig üblich, daß der Stern der Großkreuze und Komture dem Wappen unterlegt, das Band des Komturkreuzes um den Schild geschlungen wird, während die Ritter ihr Kreuz an einer Schleife unten an den Schild zu hängen haben. Wir bemerken hierzu, daß, besonders in den nichtdeutschen Staaten, ein solcher Unfug mit dieser Erlaubnis getrieben wird, daß man häufig vor Ordensdekorationen das Wappen nicht mehr zu erkennen vermag. Heraldisch ist übrigens die Sitte keinenfalls und über die Schönheit dürfte sich entschieden streiten lassen.

Großkreuze zweier Orden desselben Staates tragen gewöhnlich das des niedriger im Range stehenden um den Hals, ausgenommen bei großen Festlichkeiten, wo irgend ein großes Band befohlen ist, dann werden beide Sterne untereinander und nur das große Band des für diesen Tag befohlenen (wichtigsten) Ordens angelegt.

Am Schlusse sei der verbindlichste Dank ausgesprochen den hohen Staatsbehörden, insbesondere dem Kaiserlichen Auswärtigen Amt und der Königl. General-Ordens-Kommission, durch deren gütige Erlaubnis dem Verfasser die Möglichkeit gegeben war, die Ordensstatuten ausländischer Staaten zu extrahieren und die seit 1878 gestifteten, sowie einige in Schulzes Werke fehlende Orden zu kopieren.

Ebenso möge den Herren Botschaftern, bzw. Gesandten von Frankreich, der Ottomanischen Pforte, Belgiens,

Serbiens, Bulgariens und Rumäniens Dank ausgesprochen sein, durch deren Güte der Verfasser mittels photographischer Abbildungen der Landes-Orden unterstützt wurde.

Der Verfasser hat sich bemüht, den oft sehr umfangreichen Statuten möglichst alles allgemein Wichtige zu entnehmen; ein jedes Mehr würde den Rahmen eines „Handbuches" thatsächlich überschritten haben.

Die Wiedergabe der Originale ist auf das Peinlichste ausgeführt und überwacht, so daß, mit Zuhilfenahme der Beschreibung im Texte, sich aus den Abbildungen ein genaues Bild jeder Dekoration ergeben dürfte.

Etwaige Nachträge und Berichtigungen werden stets gern entgegengenommen werden.

Steglitz bei Berlin.

M. Gritzner.

Verzeichnis derjenigen Orden,

die beim Tode des damit Beliehenen **nicht** zurückgestellt zu werden brauchen.

A. Alle Orden in Brillanten, ausgenommen Dänemark, an welches die Großkreuze zurückgegeben werden müssen, die Sterne den Erben verbleiben.

B. Alle Dekorationen, die der Verstorbene sich selbst anfertigen ließ.

Von den einzelnen Staaten:

1. Baden: Verdienst- und Rettungsmedaillen.
2. Bayern: Verdienstkreuz, sowie die übrigen Orden &c., sofern sie mit Edelsteinen besetzt sind.
3. Brasilien
4. China
5. Frankreich

} kein Orden pp. zurückzugeben.

6. Hannover: Medaillen und Ehrenzeichen.
7. Hawaïi: kein Orden zurückzugeben.
8. Italien: kein Orden, ausgenommen der Annunziaten- und die vormaligen Orden Beider Sicilien, Parma, Lucca, Modena, Toscana, braucht zurückgegeben zu werden.

9. Japan } kein Orden pp. braucht zurückgegeben
10. Montenegro } zu werden.
11. Österreich: die älteren Civilmedaillen und silbernen Civil-Ehrenkreuze, das metallene Armeekreuz, die goldene und silberne Tapferkeitsmedaille, sowie alle an Inländer verliehenen Orden brauchen nicht zurückgegeben zu werden. Orden, an Ausländer verliehen, dürfen, wenn seitens des betreffenden Staates dasselbe Verfahren Österreich gegenüber beobachtet wird (mit Ausnahme des Goldenen Vließes, des Maria-Theresienordens und des Sternkreuzordens), von den Erben behalten werden.
12. Persien } kein Orden pp. braucht zurückgegeben zu
13. Portugal } werden.
14. Preußen: der Kronenorden III. und IV. Klasse am Erinnerungsbande, das allgemeine Ehrenzeichen mit dem roten Kreuz am selben Bande werden nicht zurückgegeben.
15. Rumänien } kein Orden pp. zurückzugeben, an Rußland
16. Rußland } jedoch der Tod des Ritters anzuzeigen.
17. Sachsen, Königreich, Großherzogtum und Herzogtümer: Sächsische Erinnerungszeichen für den Feldzug 1870/71 werden nicht zurückgegeben.
18. Serbien: kein Orden pp. braucht zurückgegeben zu werden.
19. Spanien: dgl., mit Ausnahme des Goldenen Vließes, der Kette und des Ordens Carls III., des Kreuzes und der Schleife des Maria-Luisenordens.
20. Toscana: Verdienstmedaillen werden nicht zurückgegeben.
21. Türkei } kein Orden pp. braucht zurückgegeben zu
22. Tunis } werden.

Alle in vorstehendem Verzeichnis nicht genannten Staaten verlangen Rückgabe sowohl der sämtlichen von ihnen verliehenen Orden, als auch der dazu gehörigen Statutenbücher. Desgleichen sind die in vorstehendem Verzeichnis nicht namentlich aufgeführten Orden nebst Büchern gleichfalls, und zwar an die Ordenskanzlei des eigenen Vaterlandes des Verstorbenen, zurückzugeben, von der die Weitersendung veranlaßt wird.

Nachweis der benutzten Litteratur.

1. v. Gelbcke, „Abbildung und Beschreibung der Ritterorden und Ehrenzeichen". Berlin 1832.
2. „Das Buch der Ritterorden und Ehrenzeichen." Brüssel 1856.
3. Heyer von Rosenfeld, „Die Orden und Ehrenzeichen von Österreich-Ungarn". Wien 1891.
4. Hoeftmann, „Der Preußische Ordensherold". Berlin 1868.
5. Schneider, „Das Buch vom Schwarzen Adlerorden".
6. do. „Das Buch vom Roten Adlerorden". Berlin 1870.
7. do. „Der Kgl. Kronenorden". Berlin 1871.
8. do. „Der Louisenorden". Berlin 1867.
9. do. „Das Verdienstkreuz für Frauen 2c.". Berlin 1872.
10. do. „Das Buch vom Eisernen Kreuze". Berlin 1872.
11. O. Herrlich, „Die Balley Brandenburg des Johanniterordens". Berlin 1886.
12. Schulze, „Chronik sämtlicher bekannten Ritterorden und Ehrenzeichen". Berlin 1855.
13. do. Supplement I. Berlin 1870.
14. do. Supplement II. Berlin 1878,

sowie eine große Anzahl einzelner Statuten, Monographien und die amtlichen Gesandtschafts- und Konsulats-Berichte.

Handbuch der Ritter- und Verdienstorden

aller Kulturstaaten der Welt.

Anhalt, Herzogtum.

Hausorden Albrechts des Bären.

Gestiftet 18. November 1836 von den drei Herzögen Heinrich, Leopold Friedrich und Alexander Karl zu Anhalt in vier Klassen: Großkreuz (Fig. 1), Commandeurkreuz (Fig. 2) I. und II. Klasse und Ritterkreuz.

Fig. 1. Fig. 2.

Hausorden Albrechts des Bären.

Großkreuz. Commandeurkreuz, Revers.

Unter dem 8. Februar 1854 wurde von den Herzögen Leopold Friedrich und Alexander Karl ein Statutennachtrag erlassen, der dem Orden eine zweite Ritterklasse hinzufügte, die das Ordenszeichen in Silber trägt. Herzog Leopold Friedrich gab am 20. August 1863 dem Orden neue Statuten, welche im Wesentlichen die alten bestätigen, fügte für Kriegsverdienst, laut Nachtrag vom 18. Juli 1864 dem Ordenszeichen zwei an dem Sprengring befestigte gekreuzte goldene Schwerter (Fig. 3) hinzu, auch erneuerte er die Statuten am 20. September 1875.

Fig. 3.
Hausorden Albrechts des Bären.
Ritterkreuz mit Schwertern.

Ordenszeichen: 1. Kleinod (bis auf Ritterkreuz II. Kl.) ganz golden, oben am Ringe das Anhaltische Wappen — im Revers das von Askanien (Schach), unten das der Bäringer (Bär auf Mauer) für alle Grade gleich, nur in der Größe verschieden. 2. Die Kette (Fig. 4) trägt nur der Großmeister; die Großkreuze das Zeichen an breitem Bande (grün mit zwei ponceauroten Streifen) über der rechten Schulter, 3. den silbernen Stern die Großkreuze und Commandeurs wie abgebildet (Fig. 5. u. 6) auf der

Fig. 4.
Hausorden
Albr. d. Bären.
Kette.

Fig. 5.
Hausorden Albrechts des Bären.
Großkreuzstern.

Fig. 6.
Hausorden Albrechts des Bären.
Commandeurkreuzstern.

linken Brust, der Bär hier schwarz in Silber, mit goldener Krone und Halsband auf roter Mauer mit goldener Pforte. Die Devise: silbern auf grünem Grunde. Der Rautenkranz durch die Ecken des Sterns der Commandeure golden. Das Band für alle Grade gleichfarbig, nur in der Breite verschieden.

Fig. 7.
Rettungsmedaille.

Verdienstehrenzeichen für Rettung aus Gefahr (Fig. 7).

Gestiftet von den Herzögen Leopold Friedrich d. d. Dessau 4., und Alexander Karl d. d. Bernburg 26. Dez. 1850.

Medaille: golden, resp. silbern, wie abgebildet. Band: grün mit zwei roten Streifen, schmaler als das gleichfarbige der dem Hausorden affiliierten Verdienstmedaille. Band ohne Ehrenzeichen darf nicht getragen werden.

Verdienstorden für Wissenschaft und Kunst (Fig. 8 u. 9).

Gestiftet und dem Hausorden affiliiert durch die erneuerten Statuten desselben vom 20. September 1875.

Ordenszeichen: wie abgebildet, golden; Band: rot, dunkelgrün, rot senkrecht abgeteilt.

Fig. 8. **Fig. 9.**
Verdienstorden für Kunst und Wissenschaft.
Rückseite. **Revers.**

Baden, Großherzogtum.

Hausorden der Treue.

Gestiftet ursprünglich durch Markgraf Wilhelm von Baden-Durlach, als Lohn für Verdienste und zur Erinnerung an die Grundsteinlegung seiner neuerwählten Residenz Karlsruhe, d. d. 17. Juni 1715 in nur einer Klasse, welche am 8. Mai 1803, als Markgraf Karl Friedrich von Baden die Kurwürde erlangte, durch eine „Commandeurklasse" vermehrt wurde. Die Statuten vom 17. Juni 1840 heben Letztere wieder auf und bestimmen den Orden für die Prinzen des Hauses, fremde Souveräne und höchste Staatsdiener mit Prädikat „Excellenz".

Revers des Mittelschildes.

Fig. 10. Hausorden der Treue.

Ordenszeichen: 1. Kleinod (Fig. 10): Kreuz rot, Krone, Eckverzierungen (Initiale: 2 C verschlungen), Borde, Kugeln golden, Medaillon weiß, Initiale in diesem rot, Berg grün, Inschrift schwarz. Medaillonrevers: Badisches Wappen, roter Schrägbalken in Gold. 2. Band: orange mit silbernen Bordstreifen, handbreit. 3. Stern (Fig. 11): silbern, belegt mit dem Kreuze, Medaillon aber orange, Inschrift und Initiale golden.

Fig. 11.
Hausorden der Treue.
Stern.

Militär-Karl-Friedrichs-Verdienstorden.

Gestiftet durch Karl Friedrich, Großherzog von Baden **d. d.** Karlsruhe 4. April 1807 für Tapferkeit, Treue und Anhänglichkeit in drei Klassen: Großkreuz, Commandeur, Ritter. Die zwei ältesten Großkreuze sind mit einer Jahresdotation von 400, die drei ältesten Commandeurs von 200, die acht ältesten Ritter von 100 Gulden südd. W. verbunden.

Ordenszeichen: 1. Kleinod (Fig. 12 u. 13): Kreuz weiß, Krone, Borde golden, Medaillon rot, Reif und Inschrift sowie Initiale golden, Lorbeerkranz grün, Revers im matt=

Fig. 12. Fig. 13.

Militär-Karl-Friedrichs-Orden.

Großkreuz. Ritterkreuz.

Fig. 14.

Militär-Karl-Friedrichs-Orden.

Stern zum Großkreuz.

goldenen Felde der Greif wie beim 2. Stern (Fig. 14), der, bis auf den Grund des Medaillons, welcher golden, ganz silbern ist und nur von den Großkreuzen, von den Commandeurs aber, sobald sie Generale sind oder werden, auf der linken Brust getragen wird. 3. Band (von den Großkreuzen über die linke Schulter getragen): ponceaurot mit gelbem breiten Mittel- und zwei schmalen weißen Bordstreifen.

Orden Bertholds des Ersten von Zähringen.

Gestiftet als eine höhere Klasse des Ordens vom Zähringer Löwen d. d. Karlsruhe 29. April 1877 durch Großherzog Friedrich von Baden, und der hierzu gehörige:

Orden vom Zähringer Löwen.

Gestiftet von Großherzog Karl Ludwig Friedrich von Baden durch Dekret d. d. 26. Dezember 1812, zur Erinnerung an die Abstammung des Hauses Baden von den Herzögen von Zähringen, in vier Klassen: Großkreuze, Commandeurs, Ritter I. und II. Klasse. Die Statuten vom 17. Juni 1840 durch Großherzog Leopold fügten dem Orden eine 2. Commandeursklasse und der ersten einen vierstrahligen Ordensstern hinzu. Revidierte Statuten erschienen am 30. September 1866 und eine Erweiterung derselben d. d. Karlsruhe am 29. April 1877. Hiernach besteht z. Z. der Orden 1. aus den Rittern des Ordens Bertholds von Zähringen und 2. Großkreuzen, Commandeurs I. und II. Klasse und Rittern. Für besonderes Verdienst im Frieden wird noch goldenes Eichenlaub, für Verdienst vor dem Feinde goldene Schwerter verliehen. Die Ritter des Hausordens der Treue tragen den Orden Bertholds von Zähringen am Halse ohne den Stern.

I. Orden Bertholds von Zähringen.

Ordenszeichen: 1. Kleinod: Kreuz (Fig. 15) weiß, Medaillons rot, alles übrige golden. 2. Stern (Fig. 16): Medaillon rot mit weißem Schriftreif, alles übrige golden. 3. Band: rot mit zwei goldenen Bordstreifen, handbreit.

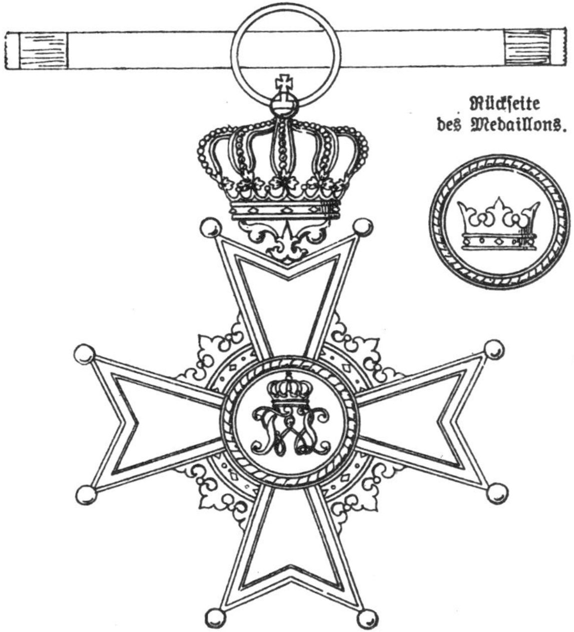

Fig. 15.
Orden Bertholds von Zähringen.
Kleinod.

Fig. 16.
Orden Bertholds von Zähringen.
Stern.

II. Orden vom Zähringer Löwen.

Ordenszeichen: 1. Kleinod: Kreuz (Fig. 17) dunkelgrün, Borde und Eckverzierungen golden, Medaillon: natürlicher Himmel mit dgl. Ruine des Stammschlosses Zähringen, Bord gold. Bei der II. Ritterklasse statt Gold überall Silber. — Hier mit der Kriegsdekoration und Eichenlaub abgebildet. — Löwe im Medaillon, Revers wie beim Stern

Fig. 17.
Orden vom Zähringer Löwen.
Ritterkreuz mit Schwertern und Eichenlaub.

der Großkreuze gold auf rot. 2. Band: dunkelgrün mit zwei orangefarbenen Bordstreifen. 3. Stern der Großkreuze (Fig. 18): silbern, Medaillon rot, Schriftreif weiß, Inschrift und Löwe golden. Stern der Komture I. Klasse (Fig. 19) silbern, Verzierungen golden, Kreuz wie oben, Schriftreif rot mit goldener Schrift und silbernen Borden.

Fig. 18.
Orden vom Zähringer Löwen.
Stern der Großkreuze.

Fig. 19.
Orden vom Zähringer Löwen.
Stern der Commandeure I. Klasse.

Das Erinnerungskreuz für den Feldzug 1870/71
(Fig. 20 u. 21).

Großherzog Friedrich von Baden stiftete unterm 25. Juni 1871 „zum ehrenden Gedächtnis an die Opferwilligkeit und Hingebung, welche in unserem Lande während des nun beendigten Krieges durch Pflege der Verwundeten und Kranken, durch Fürsorge für die Truppen und Unterstützung der Familien der zum Kriegsdienst gezogenen Reservisten und Landwehrmänner bethätigt wurde", ein

Fig. 20. Fig. 21. Revers.
Erinnerungskreuz für den Feldzug 1870/71.

besonderes Erinnerungszeichen, und zwar für diejenigen Männer, Frauen und Jungfrauen, welche sich der obenerwähnten Hilfsthätigkeit nach besten Kräften andauernd und in ersprießlicher Weise gewidmet hatten.

Dieses Ehrenzeichen besteht in einem Kreuz von Bronze in Gestalt und Größe des Preußischen Eisernen Kreuzes. Die Vorderseite desselben zeigt in der Mitte ein Medaillon mit dem Genfer Kreuz; die Seitenarme tragen die Jahreszahl 1870/1871, der obere Kreuzarm die großherzogliche Krone, der untere Arm den badischen Wappenschild mit dem Schrägbalken. Die Rückseite zeigt den mit der großherzoglichen Krone gekrönten Namenszug des Großherzogs. Das Erinnerungskreuz wird getragen an einem hellgelben Bande, welches am Rande je mit einem roten und nach außen zu mit einem weißen Streifen verziert ist.

Bayern, Königreich.

St. Hubertusorden oder Orden vom heiligen Hubert.

Gestiftet 1444 vom Herzog Gerhard V. von Jülich-Berg in Erinnerung eines am St. Hubertustage bei Ravensberg erfochtenen Sieges. 1476 durch dessen Sohn Wilhelm statutiert, ging er beim Erlöschen des Mannsstamms 1609 auf das Haus Pfalz-Neuburg über. Hier am 29. September 1708 von Johann Wilhelm Kurfürst von der Pfalz erneuert, von seinem Sohne Karl Philipp, 31. Januar 1718, ferner von Karl Theodor Kurfürst von der Pfalz am 7. April 1744 und 30. Januar 1760 bestätigt, geschah dies auch durch Maximilian Joseph, Kurfürsten, dann König von Bayern 30. März 1800. Hiernach können den Orden empfangen: Fürstliche Personen in unbeschränkter Anzahl, außerdem zwölf gräfliche oder freiherrliche Herren als Kapitulare. Laut Verordnung vom 18. Mai 1808 ist der St. Hubertus-Orden der vornehmste des Königreichs.

Ordenszeichen: 1. Kleinod (Fig. 22) — Revers Fig. 23 — wie abgebildet; das goldene Medaillon enthält die Legende des St. Hubertus bildlich dargestellt, ferner im goldbordierten roten Reife darum die weiße Ordensdevise: **In Treu Vast** (in der Treue fest); das Kreuz ist weiß, Funken, Strahlen, Borde, Kugeln, Krone: golden. Medaillonrevers: Reichsapfel gold in rot, Band weiß mit goldenem Bord und Inschrift. 2. Band: ponceaurot mit hellgrünen Bordstreifen.

Fig. 22.
St. Hubertusorden.
Kreuz.

Fig. 23.
Revers des Kreuzes.

3. Stern (Fig. 24): silbern, das Kreuz darauf goldbordiert, weiß, mit Gold durchwirkt, Medaillon rot, Bord und Schrift golden. Die Kette (Fig. 25) besteht aus 42 Gliedern, 21 zeigen wieder die Bekehrungslegende (golden), fernere 21 abwechselnd rote oder grüne verschlungene **T. V. (Treu Vast)** mit Goldverzierungen. Hierzu eine Ordenskleidung einfacher Art. Ordenstag: St. Michaelstag.

Haus-Ritterorden vom heiligen Georg.

Gestiftet von Kurfürst Max Emanuel von Bayern, in Erneuerung des alten ritterlichen Georgsordens. Allein erst

Fig. 24.
St. Hubertusorden.
Stern.

sein Sohn Kurfürst Karl Albrecht statutierte denselben unter dem Titel: „Der Beschützer des heiligen Ritters und Märtyrers

Fig. 25.
St. Hubertusorden.
Kettenglieder.

Georg und der unbefleckten Empfängnis der Jungfrau Maria". Kurfürst Karl Theodor bestätigte ihn 1778, ebenso

Kurfürst Maximilian Joseph IV., indem er ihm den zweiten Platz unter den bayerischen Orden anwies. 1827 25. Februar erhielt er neue Statuten. Hiernach ist Großmeister der König, erster Großprior der Kronprinz, zweiter der nach diesem geborene Kgl. Prinz. Der Orden hat 6 Groß-Komture, 12 Kommenture und Ritter, erhielt außerdem 1741 eine ritter-

Fig. 26.
Georgsorden.
Komturkreuz, Vorderseite.

Fig. 27.
Georgsorden.
Großkreuz, Rückseite.

bürtige Geistliche Klasse: 1 Bischof, Pröbste, 4 Dekane und Ordenskaplane, ferner durch neues Statut vom 17. April 1871, wonach er den Werken der Barmherzigkeit gewidmet wurde, 6 Kapitular-Großkomture, Großkomture ad hon., 12 Kapitular-Komture, Komture ad hon. und Ritter. Die Ordensmitglieder müssen römisch-katholisch, 21 Jahre alt sein und mußten ehedem eine Ahnenprobe über 32 Ahnen mit der sogenannten „Gabel", also 34 deutsche und turniermäßige Edelleute und =Damen nachweisen, ausgenommen die „Ritter fremder Zunge“, welche 1/3 der Gesamtzahl bilden und auch nichtdeutsche Familien enthalten durften. Seit 1871 ist die Zahl der nachzuweisenden Ahnen auf 8 herabgesetzt. Fremde Orden dürfen neben dem St. G.=Orden nur mit großmeisterlicher Bewilligung getragen werden. Ordensfest: 24. April und 8. Dezember.

Fig. 28.
Georgsorden.
Stern.

Ordenszeichen: 1. Kleinod, Vorderseite (Fig. 26): Kreuz himmelblau mit weißem Bord, ebenso die vier bayerischen Wecken in den Winkeln, alle Knöpfchen golden. Im Medaillon das Bild der „Empfängnis der Jungfrau Maria“. In den vier Wecken die goldenen Buchstaben **V(irgini)**, **I(mmaculatae)**, **B(avaria)**, **I(mmaculata)**. Die Rückseite (Fig. 27) rot, weißbordiert, ebenfalls mit den vier bayerischen weißbordierten blauen Rauten in den Winkeln, hier mit den die Ordensdevise bezeichnenden vier goldenen Buchstaben: **J(ustus) U(t) P(alma) F(lorebit)**. Im Reversmedaillon innerhalb des grünen Kranzes, in Gold St. Georg zu Pferde mit dem Drachen; der das Ordenszeichen tragende Löwenkopf golden, der Halbmond und das obere Mittelblatt der sonst goldenen, lilienartigen Verzierung blau. 2. Band: von hellblau zu dunkelblau, dann in weißen Bordstreifen übergehend. 3. Stern (Fig. 28): wie die Vorderseite des Kreuzes, jedoch statt Weiß: Silber, und in jedem Winkel vier abwechselnd blausilberne Wecken; Medaillon silbern mit dem roten St. Georgenkreuz; wird auf der linken Brust getragen. 4. Kette (Fig. 29): abwechselnd 1. goldene Rechteck-Schilde mit roten Flammen an den Längs-, mit goldenen Kronen an den Schmalseiten verziert; auf diesen befinden sich, verteilt

Fig. 29.
Georgsorden.
Kette.

durch die ganze Kette, die Worte: **In Fide Justitia et Fortitudine.** 2. je zwei mit goldenen Verzierungen versehene, aus je zwei weißen und zwei blauen Wecken bestehende bayerische Wecken. 3. eine mit goldenem Reichsapfel besetzte weiße Säule mit goldenem Fuß und Kapitäl, von zwei auf goldverziertem weißen Postament stehenden, eine brennende Fackel, resp. Schwert haltenden goldenen Löwen gehalten. Die Kette wird nur an Ordensfesttagen getragen, wozu eine reiche Ordenskleidung nach altburgundischer Art gehört. — Hierzu gehört:

St. Georgs-Medaille, gestiftet vom Prinz-Regenten Luitpold von Bayern d. d. München 15. Dezember 1889 zur Erinnerung an das am 8. Dezember 1889 gefeierte

Hauptfest des Haus-Ritterordens vom heiligen Georg (der Prinz besitzt den Orden seit 8. Dezember 1839).

Die Medaille kann nur Mitgliedern des Ritterordens vom heiligen Georg zu Teil werden.

Die Medaille aus Gold trägt auf dem Avers das Brustbild Sr. K. H. in der Ordenskleidung als Großmeister-Stellvertreter des Haus-Ritterordens vom heiligen Georg, mit der Umschrift **LUITPOLD, PRINZREGENT** von **BAYERN**, die Kehrseite, von Lorbeerzweigen umgeben, den heiligen Georg zu Pferde im Kampfe mit dem Lindwurm und die Umschrift: Zur Erinnerung an den 8. Dezember 1889.

Band: himmelblau mit weiß und roter Einfassung.

Militär-Max-Joseph-Orden.

Gestiftet durch Kurfürst Karl Theodor am 8. Juni 1797 für Offiziere, übernommen und erneuert durch König Maximilian Joseph **I.** am 1. Januar 1806 unter obigem Namen und bestimmt zur Belohnung für Kriegsthaten, die mit Einsicht, Geistesgegenwart und Tapferkeit, aus freiem Antriebe und unter Lebensgefahr ausgeführt, zum Nutzen und Ruhme des Königlichen Dienstes gedient haben. Ordensfest am 1. Januar. Der Orden bringt für Inländer den persönlichen, die Ver-

Fig. 30.
Militär-Max-Joseph-Orden.
Großkreuz.

leihung an einen direkten Nachkommen zweier Ritter des Ordens den Anspruch auf taxfreien erblichen Adel mit sich und wird in drei Klassen: Großkreuzen, Commandeurs und Rittern verliehen*).

Ordenszeichen: 1. Kleinod: Kreuz (Fig. 30, 30a u. 30b) weiß, Borde, Kugeln, Krone und Strahlen golden. Medaillon: blau mit goldenem Bord und der goldenen Initiale

Fig. 30 a.
Militärverdienstorden.
Commandeurkreuz, Vorderseite.

Fig. 30 b.
Militärverdienstorden.
Ritterkreuz, Rückseite.

M(aximilian) J(oseph) K(önig). Der Revers ist wie beim Ordensstern. 2. Band: schwarz mit hellblauem (außen) und weißem Bordstreif. Von den Großkreuzen über die rechte Schulter, von den Commandeurs am Halse, sonst auf der Brust getragen. 3. Stern (Fig. 31) (auf der linken

*) Von diesen erhalten sechs Großkreuze 1500, acht Commandeurs 500, fünfzig Ritter 300 fl. südd. W. jährlichen Ehrensold.

Brust): silbern, Kreuz wie oben. Medaillon: blau mit goldenem Bord und Inschrift. Bei festlichen Gelegenheiten tragen die Großkreuze statt des Bandes eine goldene

Fig. 31.
Militär-Max-Joseph-Orden.
Stern.

Halskette (Fig. 32) wie abgebildet, die Flammen an den goldenen Initialen sind rot, die Buchstaben [abwechselnd **V(irtuti) P(ro) P(atria)**] hellblau. Die Kränze um die Ovalmedaillons grün.

Fig. 32.
Militär-Max-Joseph-Orden.
Halskette.

Verdienst-Orden vom heiligen Michael.

Gestiftet am 29. September 1693 durch Joseph Clemens, Herzog von Bayern, Kurfürsten zu Cöln, für katholische Glaubensgenossen, umgewandelt von König Ludwig I. d. d. 16. Februar 1837 in einen Verdienstorden an In- und Ausländer für Anhänglichkeit und Vaterlandsliebe. Groß-

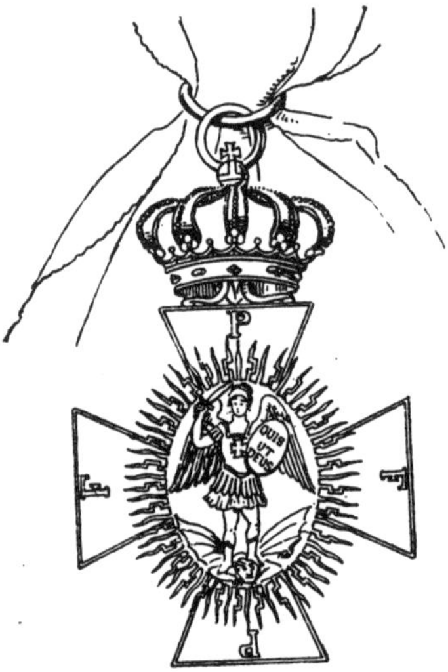

Fig. 33.
Michaelsorden.
Großkreuz.

Fig. 34.
Michaelsorden.
Ritterkreuz I. Klasse. Rückseite.

Vorderseite d. Medaillons.

kreuze (24, seit 1846: 36), Commandeurs (40, seit 1846: 60) und Ritter (300, seit 1846: 320). Diesen wurde durch Ordre König Maximilians vom 24. Juni 1855 noch eine Großkomtur- und eine zweite Ritterklasse hinzugefügt, indem zugleich bestimmt wurde, daß der jedesmalige Ordensgrad desselben dem gleichwertigen des Verdienstordens der Bayerischen Krone nachstehen solle.

Ordenszeichen: 1. Kleinod: Kreuz (Fig. 33 und 34) dunkelblau, goldbordiert, Medaillon bei Klasse I u. II oval, golden mit St. Michael, den Drachen tötend, bei den Ritterkreuzen die goldene Inschrift innerhalb goldbordierten, kreisrunden, dunkelblauen Medaillons. Die Krone (fehlt beim

Fig. 35.
Michaelsorden.
Stern.

Ritterkreuz II. Klasse) und die Blitze golden, desgleichen die vier Buchstaben auf den Kreuzarmen: P(rincipi) F(idelis)

Fig. 36.
Michaelsorden.
Kette.

F(avere) P(atriae). Der Revers enthält bei allen Klassen das Wort: Virtuti, Klasse I und II auf goldenem, sonst auf goldbordiertem dunkelblauen Grunde. 2. Band (von den

Großkreuzen über der rechten Schulter): dunkelblau mit rosa=Bordstreifen. 3. Stern (Fig. 35) (laut Ordre vom 4. April 1844 für die Großkreuze auf der linken, und etwas kleiner für die Großkomturkreuze auf der rechten Brust): silbern, das Kreuz darauf golden mit weißer Perlen=einfassung u. dgl. eingefaßtem blauen Medaillon mit goldener Inschrift. 4. Kette (Fig. 36) (nur bei feierlichen Gelegen=heiten zu tragen): golden, nur die Wecken weiß und blau.

Militär-Verdienst-Orden.

Gestiftet durch König Ludwig **II.** am 19. Juli 1866 für tapfere Kriegsthaten, die dennoch nicht genügen, um die Verleihung des Militär=Max=Joseph=Ordens zu rechtfertigen, in fünf Klassen: Großkreuze, Großkomture, Komture, Ritter **I.** und **II.** Klasse, Inhaber des Militär=verdienstkreuzes.

Fig. 37.
Militärverdienstorden.
Großkomturkreuz.

Ordenszeichen:

1. Kleinod: Kreuz (Fig. 37) und Medaillon dunkelblau, Reif weiß, Inschriften, Initiale, Verzierungen, Borde und Flammen golden; Revers: Löwe in Blau, Reif ebenfalls weiß mit goldener Schrift: 1866 und Säumen. 2. Band: weiß mit zwei hellblauen Bordstreifen (von den Großkreuzen über die rechte Schulter getragen). 3. Stern (Fig. 38) (der Großkreuze und etwas kleiner der Großkomture auf der

linken Brust): silbern, mit dem hier silbernen goldbordierten Ordenskreuze, welches das Medaillon wie oben trägt.

Fig. 38.
Militärverdienstorden.
Stern der Großkreuze.

Verdienst-Orden der Bayerischen Krone.

Gestiftet durch König Maximilian Joseph am 19. Mai 1808 für dem Staate geleistete vorzügliche Dienste, höhere bürgerliche Tugenden oder Berühmtheit, zum Nutzen und Ruhme des Vaterlandes, in 4 Klassen: (12) Großkreuzen, (24) Commandeurs, (100) Rittern, welche Anzahl durch die revidierten Statuten vom 8. Oktober 1817 auf resp. 24, 40 und 160 erhöht und am 24. Mai 1855 um eine Groß-komturklasse vermehrt wurden. Die Verleihung des Ritter-kreuzes an Inländer verleiht den persönlichen Adel, der erbliche wird nach Maßgabe der Bestimmungen des Max-Joseph-Ordens (s. o.) erworben.

Ordenszeichen: 1. Kleinod (Fig. 39 und 40): das Doppelkreuz weiß, Borde, Strahlen und Krone golden, Eichenkranz grün, Medaillon: die Krone auf den weiß und

Fig. 39.

Fig. 40.

Verdienstorden der Bayerischen Krone.

Großkreuz. Ritterkreuz (Rückseite).

blauen Bayerischen Wecken golden, Borde golden, Reif rot mit goldener Inschrift*). 2. Band: hellblau mit weißen Bordstreifen (von den Großkreuzen über die linke Schulter getragen). 3. Stern (Fig. 41) (auf der linken Brust der Großkreuze und [kleiner] der Großkomture): silbern, Kranz

*) Revers: Bild des Stifters in Gold mit Umschrift: Max Joseph, Rex Bojoariae.

grün, sonst wie oben. 4. Kette (Fig. 42) (bei feierlichen Gelegenheiten um den Hals): wie die des Militär-Max-Josephordens, nur statt des **V. P. P.** hier: **V(irtus) E(t) H(onos)** abwechselnd auf den Gliedern. Medaillons sind

Fig. 41.
Verdienstorden der Bayerischen Krone.
Stern.

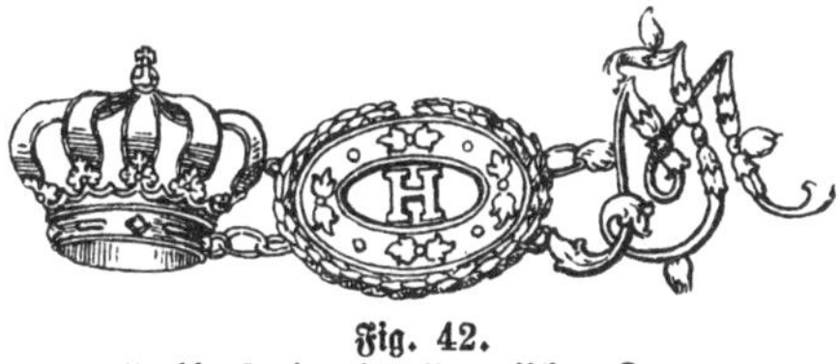

Fig. 42.
Verdienstorden der Bayerischen Krone.
Kette.

golden, das innere Oval weiß, Kränze grün, Flammen rot. Band: dunkelblau mit gezacktem weißen, von drei hellblauen Streifen durchzogenen Randsaum. Im Anschluß hieran wurde vom König am 31. März 1856 die

Maximiliansmedaille

in Gold (Fig. 43 u. 44), Band dunkelblau mit gezacktem weißen, von drei blauen Linien durchzogenem Bordstreif, gestiftet, welche nach denselben Prinzipien wie der Orden

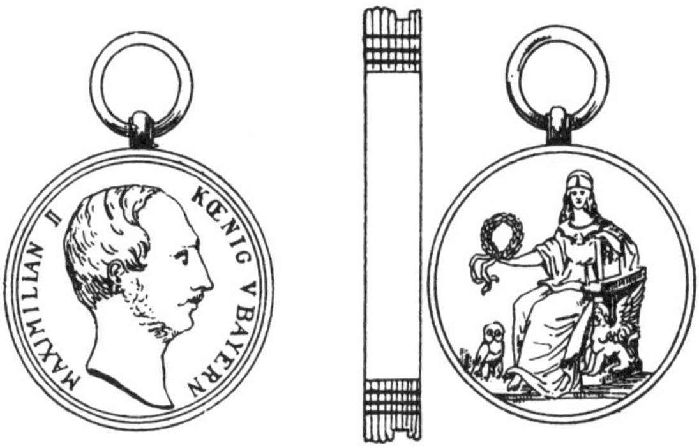

Fig. 43. Fig. 44.
Maximiliansmedaille für Wissenschaft und Kunst.

verliehen werden soll, verbunden mit pekuniären Anerkennungen für erfolgreiche Leistungen im Gebiete der deutschen Wissenschaft und Kunst. In einem Jahre sollen nur vier dergl. verteilt werden. Anscheinend nebenher ist von König Ludwig **II.** am 25. August 1872 die

Ludwigsmedaille

für Wissenschaft, Kunst und Industrie (Gewerbe, Landwirtschaft, Handel) (Fig. 45—47) gestiftet worden. Diese darf nur sechsmal pro Jahr verliehen werden. Die Medaille ist von Gold und enthält für Industrie auf der Rückseite innerhalb des Lorbeerkranzes die Worte: **DEM VERDIENSTE,** sonst wie abgebildet. Band hellblau mit schmalen weißen Bord- und breiteren Mittelstreifen, darin blaue bayerische Wecken.

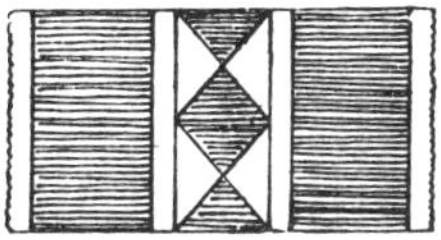

Fig. 46. Band.

Fig. 45. Rückseite. Fig. 47.

Ludwigsmedaille für Wissenschaft und Kunst.

Fig. 48. Fig. 49.

Verdienstkreuz für die Jahre 1870/71.

Vorderseite. Rückseite.

Verdienstkreuz für die Jahre 1870/71 (Fig. 48 u. 49).

Gestiftet von König Ludwig II. am 13. Mai 1870 für Herren und Damen, welche sich im Dienste der Krankenpflege ausgezeichnet haben. Das Zeichen ist ein goldbordiertes, an goldener Verzierung hängendes, silbernes Kreuz, Medaillon vorn goldbordiert, weiß, Reif schwarz, Kreuz rot, hinten silbern mit goldenem Bord und Schrift, Reif hellblau mit Silberschrift, Band hellblau.

Königlicher Ludwigs-Orden.

Gestiftet von König Ludwig I. am 25. August 1827 für fünfzigjährige treue Dienste im Hof-, Staats-, Kriegs- oder

Fig. 50.
Vorderseite.

Ludwigsorden.

Fig. 51.
Rückseite.

in kirchlichem Amte. Feldzugsjahre rechnen doppelt. Das Kreuz und die Krone sind golden, Medaillon weiß mit goldenem Kopf bezw. Schrift, Kranz des Reverses grün; Band ponceaurot mit hellblauen Bordstreifen.

Maximiliansorden für Kunst und Wissenschaft.

Gestiftet von König Maximilian I. am 28. November 1853 für vorzugsweise deutsche Gelehrte und Künstler in zwei bezüglichen Abteilungen und einer Klasse. Die Aufnahme erfolgt, auf Grund Gutachtens des Ordenskapitels, durch den König für ausgezeichnete Verdienste in Wissenschaft oder Kunst. Wesentliche Statutenänderungen wurden laut Dekret d. d. 18. Dezember 1886 durch den Prinzregenten Luitpold verfügt. Hiernach ist Großmeister der König, der neue Mitglieder ernennt. Es bleibt ihm vorbehalten, zu diesem Zwecke das Gutachten des Ordenskapitels, das sich versammelt, zu hören. Die Mitglieder des Ordenskapitels werden vom Großmeister auf die Dauer von fünf Jahren ernannt und zwar in der Regel die Hälfte der Kunst, die andere der Wissenschaft entnommen.

Fig. 51b.

Fig. 51c.

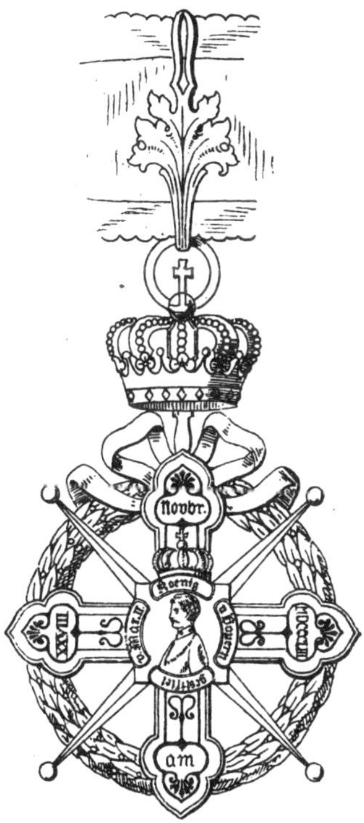

Fig. 51a.
Maximiliansorden für Kunst und Wissenschaft.

Ordenszeichen: 1. Kleinod (Fig. 51a): Kreuz dunkelblau, Bord weiß; das den goldenen Kranz oben vermittelst Schleife zusammenhaltende Band ist ebenso wie der Reif des Medaillons purpurn, goldbordiert; Krone, Strahlen, das Bild des Stifters, sowie Eule (Fig. 51 b, für Abtlg. Wissenschaft) und Pegasus (Fig. 51 c, für Abtlg. Kunst), des Reverses golden.

Rettungsmedaille.

Prinzregent Luitpold von Bayern stiftete d. d. München, 27. Februar 1889 eine Medaille zur Anerkennung mutvoller und opferwilliger Rettung von Menschenleben für In- wie Ausländer.

Ordenszeichen: Die Medaille besteht aus Silber, zeigt vorn das Bild des Stifters mit bez. Umschrift, auf der Rückseite in Mitte eines Eichenkranzes die Inschrift „Für Rettung". Das Band ist das des Verdienstordens der Bayerischen Krone und wird die Medaille nach diesem getragen.

Bayerische Damen-Orden:

Theresienorden (Fig. 52).

Gestiftet von der Königin Therese am 12. Dezember 1827 und eodem bestätigt vom Könige, als Ehrenauszeichnung und zur Gewährung einer die Vermögensumstände unverheirateter adliger Töchter verbessernden Jahresrente, im ganzen zwölf Präbenden zu 300, resp. 100 Gulden südd. W. jährlich. Nur ehelich geborene, dem Bayerischen stiftsfähigen Adel angehörende Damen ohne Konfessionsunterschied sind bis zu ihrer event. Verheiratung präbendierbar, sofern sie ein nachweisbar 300 Gulden nicht übersteigendes Einkommen pro Jahr besitzen. Außerdem können aber adelige Damen des In- und Auslandes in unbeschränkter Anzahl zu Ehrendamen ernannt werden.

Ordenszeichen: 1. Kleinod: weißbordiertes, hellblaues Kreuz mit goldenen Rändern. In den vier Winkeln eine aus zwei weißen und zwei blauen Rauten bestehende bayerische Wecke. Im weißen Medaillon die Initiale der Stifterin, umgeben von grünem Rautenkranze in einem goldgesäumten

Fig. 52.
Theresienorden.

weißen Reif. Revers: gleichfalls weiß, mit goldener Schrift. Über dem Kreuze die goldene Königskrone. 2. Band: weiß mit zwei schmäleren und breiteren hellblauen Bordstreifen. Für gewöhnlich wird das Ordenszeichen mittels Schleife an der linken Brust, bei Gala an breiterem Bande über die rechte Schulter getragen.

St. Elisabethenorden (Fig. 53).

Gestiftet am 18. Oktober 1766 durch die Kurfürstin Elisabeth Augusta, erste Gemahlin des Kurfürsten Carl Theodor v. d. Pfalz, zu Ehren der heiligen Elisabeth, mit Genehmigung des Kurfürsten (bestätigt durch Papst Clemens XIII. 31. Januar 1767) zum Zwecke der Bethätigung der Mildthätigkeit gegen Arme und Notleidende für katholische Damen von altem stiftsmäßigen Adel, welche eine Probe auf sechzehn Ahnen beibringen können. Außer Damen fürstlicher Herkunft sollen nur die Oberhofmeisterin und Hofdamen J. M., außerdem sechs vermählte oder verwitwete Damen Aufnahme finden.

Fig. 53.
Elisabethenorden.

Ordenszeichen: 1. Kleinod: das weiße goldbordierte Kreuz, über dem der Kurhut, zeigt im goldbordierten Medaillon die heil. Elisabeth, Almosen austeilend, im dgl. Reversmedaillon die goldene Initiale der Stifterin. 2. Band: dunkelblau mit rosaroten Bordstreifen.

Außer diesen Damenorden existieren in Bayern noch zwei Damenstifter zur heil. Anna in München und zur heil. Anna in Würzburg, jedes mit einem Stiftsorden; dieselben gehören indes nicht hierher, da sie eigentliche Ritterorden nicht sind.

Belgien, Königreich.

Leopoldsorden.

Gestiftet d. d. 11. Juli 1832 durch König Leopold der Belgier in vier Klassen: Großkreuze, Commandeure, Offiziere

Fig. 54.
Leopoldsorden.
Civilkreuz.
Vorderseite.

Band der Großkreuze.

Fig. 55.
Leopoldsorden.
Militärkreuz (mit Schwertern).
Commandeur, Rückseite.

und Ritter. Unter dem 25. Dezember 1838 wurde eine neue Klasse, die der Großoffiziere, hinzugefügt, d. d. Laeken 16. Mai 1839 die Form der Dekorationen bestimmt.

Ordenszeichen: 1. Kleinod (Fig. 54): weißes Kreuz mit doppeltem Goldsaum und Kugeln, Medaillon schwarz, mit Königlich-gekröntem goldenen Löwen innerhalb goldgesäumten roten Reifens mit der goldenen Devise. Revers: die verschlungenen Buchstaben L. R. Durch die Winkel grüner Lorbeer- und Eichkranz, oben die Krone, die bei den Militärs (Fig. 55) von zwei gekreuzten goldenen Schwertern

Fig. 56.
Leopoldsorden.
Stern der Großkreuze.

getragen wird. 2. Band: ponceaurot, bei den Großkreuzen, 11 cm breit über der rechten Schulter. Hierzu ein 8 cm hoher und 6 cm breiter silberner 3. Stern (Fig. 56) auf der linken Brust gestickt, inmitten dessen Medaillon und Devise der Rückseite wie oben. Die Großoffiziere tragen lediglich den für sie bestimmten Stern

(Fig. 57) von 9 cm Durchmesser auf der linken Brust. Die Commandeurs tragen das Ordenskreuz an 5 1/2 cm breitem Bande um den Hals, die Offiziere an 3.6 cm breitem Bande mit Rosette im Knopfloch, die Ritter dgl.

Fig. 57.
Leopoldsorden.
Dekoration der Großoffiziere.

Fig. 58.
Leopoldsorden.
Kette.

ohne Rosette an 3.6 cm breitem Bande, und zwar, bis auf das Medaillon, ganz von Silber. Die Großkreuze tragen, anstatt an dem Bande, das Kleinod bei feierlichen Gelegenheiten an einer goldenen Kette (Fig. 58), abwechselnd aus Kronen, Löwen und dem Namenszug L. L. R. R. bestehend.

Rettungsmedaille (Fig. 59 u. 60).

Rectius: Medaille für Thaten der Selbstaufopferung genannt. Diese ursprünglich von einer Privatgesellschaft im Königreich gestiftete und für Rettung von Menschenleben aus Gefahr verteilte Medaille darf laut Regierungsbeschluß vom 24. Juni 1835 an einem 4 cm breiten schwarz-rot-gelben Bande, das allein nicht getragen werden darf,

Fig. 59. Fig. 60. Revers.
Rettungsmedaille.

getragen werden. 1848 wurde der Medaille die Krone (Klasse I) verliehen und sie in drei Klassen von Gold, Silber vergoldet ohne Krone, respektive Silber eingeteilt, je nach dem Grade der Gefahr, welcher der Retter ausgesetzt war.

Birma, Kaiserreich.

Hier soll ein „Orden der goldenen Sonne“ existieren, doch giebt weder Schulze a. a. O. eine Nachricht, noch waren die Recherchen danach von Erfolg. Dessenungeachtet ist die Möglichkeit des Vorhandenseins eines solchen Ordens, den auch das Ordensverzeichnis des Handbuches für den Kgl. Preußischen Hof und Staat erwähnt, nicht ausgeschlossen.

Bolivia, Republik.

Nach Schulze: Ordenswerk, Suppl. I. 34, und nach dem Ordensverzeichnis im Handbuch für den Königlich Preußischen Hof und Staat und dem Adreßbuch für Berlin und Potsdam soll in der Republik Bolivia ein Orden der Ehrenlegion oder Bolivarorden (gestiftet 1836 durch den Präsidenten Santa Cruz) bestehen. Gegenüber dieser Behauptung, die wahrscheinlich auf einer Verwechselung mit Venezuela, wo allerdings ein Orden d. N. existiert, beruht, können wir auf Grund eines uns durch die Güte des Bolivianischen Konsuls, Herrn Friedrich Sprunck in Berlin, welcher auf unsere Anfrage direkte Information von seiten des Herrn a. G. u. b. M. der Republik Bolivia in Paris, Herrn Aristides Moreno, eingeholt hat, konstatieren, daß daselbst ein solcher Ritterorden überhaupt nicht existiert und niemals existiert hat.

Brasilien.

Kaiserlicher Kreuzorden (Orden des Südlichen Kreuzes, Ordem Imperial do Cruzeiro, auch kurzweg: Cruzeiro genannt).

Gestiftet d. d. Rio de Janeiro 1. Dezember 1820 durch Kaiser Dom Pedro I. in vier Klassen: Großkreuze (8 wirkliche, 4 Ehren-), Würdenträger (30 wirkliche, 15 Ehren-), Offiziere (200 wirkliche, 120 Ehren-), Ritter in unbeschränkter Zahl, ausschließlich aller Fremden. Der Orden darf erst nach mindestens 20jähriger Dienstzeit verliehen werden, das Aufrücken in höhere Grade ist abhängig von einer

Anciennetät von vier im Ritter=, drei im Offizier=, fünf im Würdenträgerstande; Kriegsjahre rechnen doppelt. Großkreuze führen das Prädikat: Excellenz, Würdenträger: Senhoria.

Ordenszeichen: 1. Kleinod (Fig. 61): Stern aus fünf zweispitzigen Armen, weiß, goldbordiert, mit goldenen Kugeln an den Enden und grünem Lorbeerkranz durch die Winkel. Auf dem obern Spitzenpaare die Kaiserkrone. Medaillon blau

Fig. 61.
Kaiserlicher Kreuzorden.
Ritterkreuz (Rückseite).

Fig. 62.
Kaiserlicher Kreuzorden.
Stern des Großkreuzes.

mit dem silbernen Sternbild des Südlichen Kreuzes aus neunzehn fünfstrahligen Sternen; der Reif darum goldbordiert, blau mit der goldenen Inschrift: **Benemerentium prämium.** Revers: das goldene Bild des Stifters auf himmelblau mit der goldenen Umschrift auf stahlblauem Reif: **Petrus I., Brasiliae imperator D.** — 2. Das Band: himmelblau, von Rittern und Offizieren auf der Brust, von Würdenträgern um den Hals, von Großkreuzen über die rechte Schulter getragen. Hierzu die drei obersten Klassen auf der linken Brust den 3. Stern (Fig. 62), in der Form wie das Ordenskreuz, jedoch statt des Kranzes in den Winkeln je fünf goldene zweispitzige Strahlen. Die Kaiserkrone ruht auf dem obern abgeplatteten Arme.

Der Orden Pedros I.

Gestiftet d. d. Rio de Janeiro, 16. April 1826 durch Kaiser Pedro I., statutiert durch seinen Sohn und Nachfolger d. d. 19. Oktober 1842 in drei Klassen: Großkreuze (bis 12), Commandeure (bis 50), Ritter (bis 100), ausschließlich der Fremden; Titulaturen der beiden ersten Klassen wie beim Cruzeiro.

Fig. 63.
Orden Dom Pedros I.
Ritterkreuz.

Fig. 64.
Orden Dom Pedros I.
Stern des Großkreuzes.

Ordenszeichen: 1. Kleinod (Fig. 63): der Drache und die Kaiserkrone darüber golden, die siebenzackige Krone silbern mit Rubinen und Smaragden abwechselnd am Reif, Schild auf der Brust und Band um den Hals des Drachen grün, die Buchstaben P. I. schwarz. 2. Der Stern (Fig. 64) weiß, Krone, Strahlen, Kugeln, Borde golden, Medaillon weiß,

Drache wie oben, Reif grün, goldbordiert mit goldener Schrift. 3. Band grün mit weißen Bordstreifen. Die Ritter tragen die Dekoration auf der linken Brust, die Commandeure um den Hals, die Großkreuze am breiten Bande über die rechte Schulter, beide letzteren Klassen hierzu den Stern auf der linken Brustseite.

Orden der Rose.

Gestiftet d. d. Rio de Janeiro, 17. Oktober 1829 durch Kaiser Dom Pedro II., zum Andenken an den Tag seiner

Fig. 65.
Rosenorden.
Großkreuz und Großdignitar.

Vermählung mit Prinzeß Amalie von Leuchtenberg, in sechs Klassen: Großkreuze (8 wirkliche, 8 Ehren=), Großwürden=

Fig. 66.
Rosenorden.
Kette der Großkreuze.

Fig. 67.
Rosenorden.
Stern der Großkreuze und Großdignitare.

träger (16), Würdenträger (32), Commandeure, Offiziere und Ritter in unbeschränkter Anzahl (seit 1856 sind die sechs Klassen fest bestimmt). Die Großkreuze müssen im Range der „Excellenz“ stehen, die Großwürdenträger führen diesen Titel, die Würdenträger müssen das Prädikat Senhoria führen, Commandeure führen es, Offiziere haben Obersten=, Ritter Kapitäns=Rang.

Ordenszeichen: 1. Kleinod (Fig. 65): weiß, goldbordiert, Kugeln golden, Krone golden mit grünem Futter, Medaillon

Band der Großdignitare.

Fig. 68.
Rosenorden.
Dignitar und Offizier.

und Schilde in der Kette golden, Initialen P. A. L. schwarz, Reif blau, mit goldenem Bord und Inschrift. Rosen rosa, Blätter grün, Stern golden. Medaillonrevers weiß, Schrift schwarz. Die Großkreuze tragen das Ordenszeichen mit Krone an Kette (Fig. 66) um den Hals und hierzu 2. den Stern mit Krone (Fig. 67) auf der linken Brust, die Großdignitare dieselben Dekorationen, das Ordenszeichen aber an 3. rosa Band mit zwei weißen Streifen über die rechte Schulter, die Dignitare beides ebenso, doch ohne die Kronen, die Commandeure die Insignien mit Kronen um den Hals, resp. auf der linken Brust, die Offiziere (Fig. 68) beide Dekorationen ohne Kronen auf der linken Brust, der Ritter das Ordenszeichen mit Krone ohne Stern auf der linken Brust.

Der Christusorden. Der Orden d'Aviz. Der Orden St. Jacobs vom Schwert

sind portugiesische, nach Brasilien mit hinüber genommene Orden, hinsichtlich deren näheres bei „Portugal" zu finden. Ein kaiserliches Dekret vom 9. September 1843 bestimmt, daß diese drei Orden künftighin als religiöse nicht mehr angesehen werden sollen. Die Bänder des St. Jacobs- und des Christusordens sollen mit blau, das des Avizordens künftig mit rot gesäumt sein. Hinsichtlich des Christus- und Avizordens ist später, angesichts der großen Beliebtheit des Cruzeiro-Ordens, nachgegeben worden, daß die Ritter der obigen Orden das Bild des letztern benutzen dürfen, um anstatt des Medaillons die Platte des Christus- oder Avizordens in ihm anzubringen, wogegen die höheren Grade die Kreuze dieser Orden in ihrer wirklichen Form getragen werden müssen.

Alle die vorbenannten Orden, mit Ausnahme des Cruzeiro- und Avizordens, wurden nach dem Sturze des Kaiserreichs durch Dekret der „provisorischen Regierung der Vereinigten Staaten von Brasilien" vom 22. März 1890 aufgehoben, doch ist diese Maßregel, welche bei den Eingeborenen wahrscheinlich lebhaften Widerspruch erfahren hat, durch Dekret vom 7. Juni 1890 dahin erläutert worden, daß die mit den früheren monarchischen Ordensverleihungen seinerzeit verknüpft gewesenen Ehren, Rechte und Befreiungen*) für die damit

*) Zu diesen gehörte u. a. die Berechtigung, den Personaladel zu führen.

Beliehenen fortbestehen sollen. Ferner erfolgte ein Dekret vom 18. August 1890, nach welchem die Verleihung des beibehaltenen Militärordens de Aviz lediglich zur Belohnung militärischer Dienste erfolgen soll. Bei der Berechnung der Dienstzeit soll nur die Zeit des wirklichen Dienstes, inclusive der wegen Krankheit erfolgten Beurlaubungen gelten. In dieser soll, außer der militärischen, jede Dienstzeit im Polizeicorps, Freiwilligencorps, in Nationalgarde und Feuerwehr berücksichtigt, die Zeit jedes Feldzugs doppelt gerechnet werden. Verabschiedete Offiziere, die später wieder eintreten und an einem Feldzuge teilnehmen, können hierdurch die ihnen eventuell vorher fehlende Dienstzeit zur Erlangung irgend eines Ordensgrades erlangen. Ebenso haben Honoraroffiziere des Polizeicorps, der Nationalgarde, des Sanitätscorps und Militärgeistliche, welche nachweislich Feldzugsdienste geleistet, oder während eines Krieges eine Kommission bei der Armee ausgeübt haben, ein Recht auf die Verleihung des Ordens, sobald die zur Erlangung desselben gesetzlich vorgeschriebene Dauer erreicht ist.

Dahingegen stiftete die „provisorische Regierung der Vereinigten Staaten von Brasilien" zum ehrenden Gedächtnis an Columbus, den Entdecker Amerikas, laut Dekret vom 6. Juni 1890 einen neuen Orden. Derselbe ist für Militär- und Civilpersonen bestimmt,

Orden des Columbus

benannt und wird an In- und Ausländer (für letztere ohne Beschränkung und ohne die Abhängigkeit von einer Beförderung) verliehen. Die inländischen Mitglieder des Ordens bestehen aus: 12 wirklichen und 24 Honorar-Großkreuzen, 50 Würdenträgern (Dignitaren), 150 Offizieren und Rittern in unbegrenzter Anzahl. Der Staatschef ist Großmeister des Ordens und wirkliches Großkreuz, welch letztere Würde er auch außerhalb seines Postens behält. Der Minister und Staatssekretär des Innern ist Kanzler des Ordens. Die wirklichen Großkreuze haben die Würde eines

Divisions-, die Honorar-Großkreuze die eines Brigade-Generals, die Würdenträger die eines Obersten, die Offiziere die eines Oberstlieutenants, die Ritter die eines Hauptmanns.

Ordenszeichen: A. Großkreuze (wirkliche): Halskette, bestehend aus abwechselnd zwei verschlungenen C und einem

Fig. 69.
Columbusorden.

Lorbeerkranz, daran das 1. Kleinod (Fig. 69), oder dies an einem himmelblauen, von der rechten Schulter zur linken Hüfte getragenen 2. Band, mit schmalem, grünem Mittel- und roten Bordstreifen, auf der linken Brust der Ordensstern; derselbe, wie der des Südlichen Kreuzordens, ist weiß-emailliert, ruht auf Silberstrahlen und hat ein blaues

Medaillon; ebenso ist das Kleinod, doch hängt dieses an kleinem goldenen Stern. **B.** Honorar-Großkreuze: ebenso, doch ohne die Kette, der Stern ebenfalls auf der linken Brust. **C.** Würdenträger: das Zeichen am Halse, Ordensstern auf der rechten Brust. **D.** Offiziere: das Ordenszeichen auf der linken Brust, ohne den, den obern Teil desselben bildenden kleinern goldenen Stern. **E.** Ritter: an schmalerem Band, wie gewöhnlich, zu tragen. — Außerdem stiftete, unter Aufhebung des Kaiserlichen Dekrets vom 14. März 1855, welches eine Rettungsmedaille gestiftet hatte, hierfür ein Dekret vom 15. Dezember 1889 (**Diario official** vom 19. Dezember 1889) eine andere diesem Zwecke dienende „Verdienstmedaille". Das Dekret befiehlt wie folgt: Die Medaille wird zur Belohnung für außerordentliche, der Humanität, sei es bei Gelegenheit von Schiffbrüchen und Seegefahr, sei es in Fällen von Feuersbrunst, Pest oder irgend welchem Unglück geleistete Dienste verliehen. Sie wird in eine **I.** und **II.** Klasse eingeteilt. Die **I.** Klasse wird nur für außerordentliche und besonders wertvolle Hilfeleistung oder persönliche, mit eigener Lebensgefahr geleistete Dienste verliehen und besteht aus Gold. Die **II.** Klasse, von Silber, wird für nicht gewöhnliche Hingabe für die Menschlichkeit und wichtige persönliche Dienste hierbei verliehen. Dieselbe Medaille kann wiederholt verliehen werden für erneutes Verdienst derselben Person. Die Vorderseite zeigt das Wappen der Republik, darunter das Wort Brasilien, die Rückseite die Inschrift: Liebe und Brüderlichkeit, die Jahreszahl der Verleihung und das Datum des geleisteten Dienstes. Im Diplom ist die That, derentwegen sie verliehen ist, nebst den hauptsächlichsten Umständen erwähnt. Die Medaillen werden im Knopfloch getragen. Band: meergrün für Rettung bei Schiffbrüchen, Schiffsbränden, Seegefahr: feuerfarbig für Feuersbrünste, gelb für alle übrigen Hilfeleistungen.

Inzwischen sind durch § 57 der Verfassung vom 24. Februar 1891 für die Republik der Vereinigten Staaten von Brasilien nicht allein alle Kaiserlichen Orden und deren Rechte ohne Ausnahme, sondern auch der erst unterm 6. Juni 1890 neugestiftete Columbusorden aufgehoben worden, so daß nunmehr nur noch die am 15. Dezember 1889 gestiftete „Verdienstmedaille" existiert. — Der § 29 derselben Verfassung bestimmt zugleich, daß derjenige brasilianische Unterthan, der ausländische Dekorationen, oder den (laut § 72 der Verfassung aufgehobenen) Adelstitel annimmt, aller politischen Rechte verlustig gehen soll.

Braunschweig, Herzogtum.

Herzoglich Braunschweigischer Orden Heinrichs des Löwen.

Gestiftet durch Herzog Wilhelm am 25. April 1834, auch für Kunst und Wissenschaft, in vier Klassen und einem affiliierten Verdienstkreuz von zwei Klassen. Diesen ist durch Verordnung vom 8. März 1877 noch eine fünfte, Ritterkreuz **II.** Klasse*), hinzugefügt worden, nachdem schon vorher, am 12. September 1870, der Orden für militärisches Verdienst im Felde durch eine Dekoration vermittelst zweier gekreuzter goldener Schwerter vermehrt worden war. Es besteht der Orden somit jetzt aus Großkreuzen, Commandeuren **I.** und **II.** Klasse und Rittern **I.** und **II.** (früher nur einer) Klasse, sowie dem Verdienstkreuz in zwei Klassen.

Ordenszeichen: 1. Kleinod (Fig. 70 S. 52): das Ordenskreuz aller Klassen ist nur durch die Größe verschieden; es ist goldbordiert, hellblau, mit goldenen Kugeln an den Spitzen, goldener Krone mit Purpurhalbmütze, herzoglich-gekröntem goldenen **W** in den Winkeln und einem zwischen den oberen Kreuzarmspitzen auf goldenem Boden schreitenden goldenen,

*) Die mit den bisherigen „goldenen Kreuzen" Dekorierten wurden zu Rittern erster Klasse erklärt.

zurücksehenden Löwen zwischen zwei grünen Lorbeerzweigen, welche das Kreuz mit der Krone verbinden. Das Kreuz ist in der Mitte belegt mit Helm und Helmschmuck des braunschweigischen Stammwappens, Pferd und Säule weiß (auf rotem, von den außen mit Pfaufederbüschen besteckten gezahnten silbernen Sicheln umrahmten Medaillon), Krone und Stern

Fig. 70.
Orden Heinrichs des Löwen.
Kreuz.

auf der Säule golden, Pfauschweif naturfarben. Revers des Medaillons: gold auf rot: **immota fides**, darum goldener Reif, oben mit dem Stiftungsjahr MDCCCXXXIV in schwarzen Lettern. 2. Band: hochrot mit zwei gelben Bordstreifen, wird mit dem Kreuz von den Großkreuzen handbreit über die linke Schulter, von den Commandeuren $2^1/_2$ cm breit um den Hals, von den Rittern an einem zweifingerbreiten Bande im Knopfloch getragen.

Hierzu die Großkreuze auf der linken Brust einen achtstrahligen silbernen Stern (Fig. 71), belegt mit dem Ordenskreuz, jedoch ohne alle Verzierungen. Im Medaillon der herzoglich-gekrönte goldene Namenszug **W** auf silbernem, von rotem Reif mit der goldenen Ordensdevise umgebenen Grunde. Die Commandeure **I.** Klasse tragen statt dessen auf

Fig. 71.
Orden Heinrichs des Löwen.
Stern.

der linken Brust ein silbernes facettiertes Kreuz (Fig. 72 S. 54) in der Form des Ordenskreuzes, mit dem Namenszuge in den Winkeln, ohne das Übrige; im roten Medaillon die goldene Ordensdevise, darum der goldene Reif mit dem Stiftungsjahr wie oben. An Galatagen tragen die Großkreuze das Ordenskreuz um den Hals an einer Kette, bestehend abwechselnd aus dem Medaillon wie beim Stern der Großkreuze und dem von zwei goldenen Löwen innerhalb einer

Gruppe von sechs abwechselnd mit dem (einen) braunschweigischen und dem lüneburgischen Löwen belegten Fahnen gehaltenen, von Braunschweig und Lüneburg gespaltenen

Fig. 72.
Orden Heinrichs des Löwen.

Wappenschilde, hinter dem ein gekrönter Löwenkopf erscheint. Die Schwerter für Kriegsverdienst am Ordenskreuz sind unterhalb der Krone gekreuzt. Beim Ritterkreuz **II.** Klasse ist statt Gold überall Silber verwendet.

Rettungsmedaille (Fig. 73 u. 74).

Fig. 73. Fig. 74.
Rettungsmedaille.

Gestiftet durch Herzog Wilhelm den 25. April 1836. Dieselbe besteht aus Silber, wie abgebildet, und wird an einem grünen Bande auf der linken Brust getragen.

Bulgarien, Fürstentum *).

St. Alexanderorden.

Fig. 75.
St. Alexanderorden.
Commandeurkreuz.

Gestiftet durch den Fürsten Alexander am 25. Dezember 1881 (eigentlich schon am 19. August 1878), mit Statuten versehen am 24. März 1883. Hiernach bestand der Orden aus fünf Klassen: 1. Großkreuzen, 2. Großoffizieren, 3. Commandeuren, 4. Offizieren und 5. Rittern, sowie dem silbernen, lediglich für Offiziere bestimmten Verdienst-Kreuze; ferner ist ihm affiliiert die Medaille für Verdienst, in drei Klassen: Gold, Silber, Bronze. Der Orden soll verliehen werden für Staatsdienste, Tapferkeit und aus persönlichem Wohlwollen; die Anzahl der Ordensmitglieder ist unbestimmt. Dieses Statut veränderte Fürst Ferdinand am 2./14. August 1888 dahin, daß der Orden sich in Zukunft zu teilen habe in sechs Klassen und zwei Kategorien: mit

Fig. 76.
Revers des Medaillons.

*) Da Bulgarien unter Fürst Ferdinand noch nicht staatlich anerkannt ist, dürfen seitens deutscher ꝛc. Angehöriger auch dessen Orden nicht getragen werden.

und ohne Schwerter, und zwar erstere lediglich für Offiziere bestimmt, die Schwerter am Ringe für Friedens-, die anderen für Kriegsverdienst. Die Insignien der **I., II.** und **III.** Klasse des Ordens können als Zeichen besonderen Wohlwollens auch mit Brillanten verliehen werden.

Ordenszeichen: 1. Kleinod (Fig. 75 u. 76): breitendiges, goldbordiertes, weißemailliertes Kreuz, überhöht bei der **I., II.** und **III.** Klasse von der goldenen bulgarischen Fürstenkrone; in der Mitte ein rotes Medaillon mit den Worten (zu deutsch: St. Alexander) in altcyrillischer Schrift, innerhalb goldbordierten weißen Reifens, oben mit der goldenen Inschrift (zu deutsch: „Gott mit uns" in ebensolcher Schrift), unten mit zwei gekreuzten goldenen Lorbeerzweigen. Der Revers weiß, mit dem Datum 19. August 1878 in goldener cyrillischer Schrift. Das Kreuz **V.** Klasse hat statt der goldenen überall silberne Borde; das silberne Kreuz ist ganz von Silber ohne Emaille. 2. Stern, silbern, achtstrahlig, mit dem Medaillon wie das Kreuz, für **I.** und **II.** Klasse nur durch die Größe unterschieden, auf der linken Brust zu tragen. 3. Band: hellrot, über die linke Schulter zur rechten Hüfte von der **I.**, um den Hals von der **II.** und **III.**, mit Rosette von der **IV.**, ohne dieselbe von der **V.** auf der Brust getragen. 4. Kette: wird nur vom Fürsten getragen.

Der Verdienstorden und die Verdienstmedaille (Fig. 77 u. 78)

zeigen auf der Vorderseite das Bild des Fürsten (jetzt also das des Fürsten Ferdinand) mit der entsprechenden Umschrift, auf der Rückseite, innerhalb Eichen- und Lorbeerzweiges, die Inschrift (zu deutsch): „Für Verdienst". Der Orden besteht aus Silber, ist ein wenig kleiner, ebenso bezeichnet wie die Medaille, aber umgeben von einem Lorbeerkranz, durch den zwei antike Schwerter sich kreuzen. Die Rückseite zeigt den bulgarischen Löwen, jetzt noch auf der Schulter mit dem sächsischen Rautenschild belegt, innerhalb des Reifens mit der Inschrift: Für Verdienst. Orden und Medaille werden am Bande des St. Alexanderordens getragen.

Fig. 77. Fig. 78.

Verdienstorden.

Militärorden für Tapferkeit im Kriege.

Gestiftet (laut § 22 der Bulgarischen Verfassung) durch Fürst Alexander, zur Erinnerung an seine Thronbesteigung am 17. April 1879, in vier Klassen für Offiziere und drei für Mannschaften (Komturkreuz **I.** und **II.**, Ritterkreuz **I.** und **II.** Klasse und drei Mannschaftsklassen). Außerdem existiert noch ein Großkreuz nebst goldenem, mit dem Kreuz ohne Krone belegtem goldenen Stern, das nur der Fürst trägt.

Ordenszeichen: 1. Kleinod*): achtspitziges, bei Klasse **I** bis **III** goldbordiertes, weißemailliertes, von Krone überhöhtes, bei Klasse **IV** silbernbordiertes, rotes, ungekröntes Kreuz, durch dessen Winkel zwei Schwerter, bei Klasse **I** bis **III** golden, bei **IV** von Silber, gekreuzt sind. Alle Kreuze

*) Eine Abbildung war leider bis jetzt nicht zu erlangen, weshalb die bildliche Wiedergabe unterblieb.

sonst nur in der Größe verschieden. Die Kreuze für Mannschaften ebenfalls mit Schwertern, haben jedoch oben keine Krone und sind nicht emailliert, bei Klasse **I** und **II** (unterschieden dadurch, daß bei Klasse **I** eine Bandschleife auf dem Bande sitzt) vergoldet, bei **III** versilbert. Inmitten des Kreuzes ein rotes, rundes Medaillon (bei dem Komturkreuze von brillantiertem Silberreif umgeben) mit dem goldenen (jetzt noch auf der Schulter mit dem sächsischen Rautenschild belegten) bulgarischen Löwen, innerhalb goldbordierten grünen Reifens, darin die goldene Inschrift (zu deutsch: für Tapferkeit). Im roten Revers des Medaillons ein von der Fürstenkrone überhöhtes **A[lexander]** (jetzt wohl: **F**) und in der Umschrift auf grünem Reif (zu deutsch: Alexander [jetzt wohl: Ferdinand], Fürst von Bulgarien). 2. Stern der **I.** Klasse (auf der linken Brust) vierstrahlig, belegt mit dem Kreuz mit Schwertern, jedoch ohne Krone; die Komture **II.** Klasse tragen hierfür das Kreuz ohne Krone und Ring auf der linken Brust. 3. Band: hellblau, mit silbernen Borden, von der **I.** Klasse von der rechten Schulter zur linken Hüfte, von der **II.** um den Hals, von der **III.**, **IV.** und den Mannschaften auf der linken Brust getragen.

Civilverdienstorden.

Über diesen im Jahre 1891 durch Fürst Ferdinand gestifteten Orden ist Näheres noch nicht bekannt.

Medaille für Wissenschaft und Kunst (Fig. 79 u. 80).

Gestiftet von Fürst Alexander am 24. März 1883 „zur Ermunterung und Belohnung derjenigen Personen, welche sich um Wissenschaft, Kunst, Industrie und Landwirtschaft wahre und ausgezeichnete Verdienste erworben haben“, sie ist für In- und Ausländer, „deren Würdigkeit anerkannt ist, oder keinem Zweifel unterliegt“, bestimmt. Die Medaille besteht aus Gold oder Silber, wird an einem schmalen, rotgerippten, weißbordierten (früher weiß-grün-bordierten)

Bande getragen und zeigt im Avers den Kopf des Fürsten mit entsprechender Umschrift. Der Revers eine allegorische sitzende weibliche Figur, im römischen Kostüm, haltend in der Rechten einen Kranz, in der Linken den Schild mit dem

Fig. 79.

Fig. 80.

Medaille für Wissenschaft und Kunst.

bulgarischen Löwen (jetzt wohl mit Sachsenschild), umgeben von Globus, Lyra, Malerpalette, Buch, Minerva, Tempel, Rädern 2c.; auf dem Sockel steht bei der goldenen zu deutsch „Goldene Medaille für Wissenschaft und Kunst", bei der silbernen: „Medaille für Wissenschaft und Kunst".

Chile, Republik.

Laut direkter Mitteilung des a. G. u. b. M. für diese Republik in Berlin, Herrn Domenigo Gana, vom 10. Juli 1890 besteht in derselben der Verfassung gemäß weder Orden noch Ehrenzeichen, die Notiz bei Schulze a. a. O. ist daher hinfällig.

China, Kaisertum.

Orden des doppelten Drachen (Shuang-lung-Pao-sing),

gestiftet am 19. Tage des zwölften Monats des 7. Jahres Kuangsii (7. Februar 1882) vom Kaiser von China.

I. Klasse: 1. Stufe für Souveräne allein; 2. Stufe für Kronprinzen, Prinzen und Anverwandte (Agnaten und Cognaten) regierender Häuser; 3. Stufe für dem erblichen Adel angehörige hohe Beamte, Minister der auswärtigen Angelegenheiten und Botschafter.

II. Klasse: 1. Stufe an außerordentliche Gesandte und bevollmächtigte Minister fremder Staaten; 2. Stufe an Ministerresidenten und **chargés d'affaires** fremder Staaten sowie an Generalzollinspektoren; 3. Stufe an Legationssekretäre **I.** Klasse, hohe Offiziere und Generalkonsuln fremder Länder, sowie an Direktoren von Schulen.

III. Klasse: 1. Stufe an Legationssekretäre **II.** und **III.** Klasse an Konsuln, chinesische Sekretäre, Attachés, Kommandanten **I.** Klasse zur See, Obersten und Lehrer an Schulen; 2. Stufe an Vizekonsuln, Kommandanten **II.** Klasse zur See und Oberstlieutenants; 3. Stufe an Dolmetscher fremder Gesandtschaften, Majors und Hauptleute.

IV. Klasse: an fremde Offiziere niedern Ranges und Unteroffiziere.

V. Klasse: an fremde Gewerbetreibende (Handwerker) und Kaufleute.

Ordenszeichen: 1. Kleinod: dasselbe entspricht den europäischen Begriffen über Ordensformen wenig oder gar nicht.

Die erste Klasse besteht aus an den Ecken im Winkel eingebogten Rechtecken und hat als Grundfarbe gelb (mattes Gold) mit einem hellgoldenen Rande, der mit einer Art Grec-Bordüre von blauer Farbe verziert ist. Im Innern desselben befinden sich zwei gegen einander aufgerichtete („ein doppelter") chinesische Drachen aus dunkelblauem Email, am Rücken, Bart und den vier Füßen mit hellgrün verbrämt und reich mit Gold schattiert. Augen, Rachen, Schwanzenden und Krallen sind weiß, letztere mit etwas Fleischfarbe schattiert und goldumsäumt. Zwischen den Köpfen des Drachen befindet sich innerhalb eines weißen, mit Blau schattierten und goldumränderten Strahlenkranzes eine Art Kokarde, außen grün, innen blau, innerhalb deren bei der ersten Stufe eine Perle, bei der zweiten Stufe ein Rubin, bei der dritten Stufe eine glatte Koralle angebracht ist. Außerdem unterscheiden sich die drei Stufen noch durch verschiedene Größe, Breite des Bordes und verschiedene Form der Henkel; letztere sind bei allen dreien indes dunkelblau, goldbordiert, mit kleinem, goldbordierten, grünen Verbindungsglied unten und desgleichen oben. Die abgebildete ist die dritte Stufe des ersten Grades (Fig. 81); diese, die erste und die zweite Stufe sind in der Länge gleich, nämlich 7.9 cm lang, die zweite und dritte 5 cm breit, die erste dagegen 6.5 cm breit. Der Bord ist bei der ersten und dritten Stufe 4, bei der zweiten 7 cm breit, außerdem befindet sich bei der dritten Stufe, außer den unter Perle, Rubin, bzw. Koralle, über den Drachenköpfen und hinter den Schwänzen angebrachten

Fig. 81.
Orden des doppelten Drachen.
Dritte Klasse des ersten Grades.

chinesischen schwarzen Inschriften, noch eine sechste und siebente beiderseits des Rubins. Bei der dritten Stufe befinden sich ferner zwischen den Drachenleibern verteilt sechs grüne, goldbordierte, dreiblätterige Pflanzen, bei der zweiten ebenso,

Fig. 82.
Orden des doppelten Drachen.
Erste Klasse des zweiten Grades.

doch fehlt in der Mitte das obere Paar, ist aber außen in der Schwanzbiegung angebracht; bei der ersten Stufe ist das obere Paar zweiblättrig und statt des mittlern ein innen rosa, außen blau gefärbtes goldbordiertes Blatt (Blutegel?).

Die zweite Klasse (Fig. 82 bis 84) ist rund. Durchmesser: 5.9 **cm**; der Grund gelb (mattgolden), die Drachen silbern; zwischen den Leibern innerhalb der obenbeschriebenen Ringe und des Strahlenkranzes, der hier

Fig. 83.
Orden des doppelten Drachen.
Zweite Klasse des zweiten Grades.

grünschattiert ist, eine rosafarbene gravierte Koralle. Die drei Stufen unterscheiden sich durch Form und Verzierungen der Einfassung, welche bei der ersten und zweiten Stufe spitz, bei der ersten durch acht gleichgroße, dunkelblau- und acht hellgrün-bordierte, bei der zweiten oben und unten je einen dunkelblau-, sonst sechs hellgrün-bordierte, alle miteinander durch goldbordierte blaue Bogen verbundene Spitzen haben, während die dritte Stufe acht abwechselnd dunkelblau und hellgrün bordierte breite Spitzen zeigt. Die erste Stufe hat einen doppelten Henkel, oben dunkelblau mit goldenem Ringe

Fig. 84.
Orden des doppelten Drachen.
Dritte Klasse des zweiten Grades.

und grünem, unten hellgrün mit dunkelblauem Verbindungsgliede, die zweite und dritte, in der Form verschieden, hellgrün mit dunkelblauem Verbindungsgliede und goldenem Ringe, oben alles goldbordiert. Der das Medaillon vom Rande trennende Kreis ist blau, mit mehreren konzentrischen Goldkreisen.

Die dritte Klasse ist rund, Durchmesser: 6 **cm**, die Grundfarbe ist grasgrün, die Drachen golden, zwischen ihnen ein Saphir innerhalb eines in der Größe verschiedenen, von Silber, dunkelblau und hellblau mehrfach abwechselnden Kreises, der bei der ersten Stufe noch mit silbernem blau=

Fig. 85.
Orden des doppelten Drachen.
Erste Klasse des dritten Grades.

schattiertem Strahlenkranze umgeben ist (Fig. 85). Alle Borde sind dunkelblau, silbern gesäumt; der Henkel bei der ersten und dritten Stufe (Fig. 87) ist grün mit silbernen Borden und dunkelblauen silberbordierten Verbindungs=gliedern, bei der zweiten Stufe (Fig. 86) umgekehrt; der

Fig. 86.
Orden des doppelten Drachen.
Zweite Klasse des dritten Grades.

Fig. 87.
Orden des doppelten Drachen.
Dritte Klasse des dritten Grades.

Ring bei allen dreien mattgold, silbernbordiert. Die Verzierungen des Randes innerhalb des blauen Bordes sind silbern; der das Medaillon vom Rande abtrennende Kreis ist blau, silbernbordiert.

Die vierte Klasse (Fig. 88) ist rund, Durchmesser: **4 cm**, ohne Verzierungen um den Rand, hat vielmehr nur zwei

Fig. 88.
Orden des doppelten Drachen.
Vierter Grad.

silbernbordierte blaue Reifen, dazwischen einen silbernen Grec-Bord. Die Drachen sind silbern, zwischen ihnen, umgeben von weißem Strahlenkranz und silbernbordiertem blauen Reif, ein **lapis lazuli.** Der Henkel ist wie bei der **III.** Klasse **III.** Grad, doch mit nur einem Verbindungsgliede.

Die fünfte Klasse (Fig. 89 S. 68) ist rund, Durchmesser: **3 cm,** die Grundfarbe silbern, die Drachen grün, sonst alles von Silber; in der Mitte, innerhalb weißen Strahlenkranzes und dunkelblauen und goldenen Reifens eine Perle. Der Henkel ist silbern.

2. Band (Fig. 90 u. 91), von der ganzen ersten Klasse, sowie vom ersten Grade der zweiten Klasse von der rechten Schulter zur linken Hüfte, von der **III.** Klasse um den Hals, von der **IV.** und **V.** auf der linken Brust getragen, ist, je nach den Klassen und Graden, in der Farbe verschieden, dagegen in der Zeichnung gleich, wie abgebildet, doch entbehrt das der **III.**, **IV.** und **V.** Klasse der Fransen und gelben Vorsatzstücke an den Enden. Die Farben sind folgende:

Fig. 89.
Orden des doppelten Drachen.
Fünfter Grad.

I. Klasse, **I.** Stufe: Band hellbraun, hellgrüne Grec-Bordüren, die Drachen und die Figur zwischen den Köpfen golden, die Drachen mit schwarzen Kämmen und Krallen, das Ende mit den Fransen, welche blau sind, gelb, mit schwarzem Netz.

I. Klasse, **II.** und **III.** Stufe: Band dunkelbraun, Drache und Figur dazwischen silbern, Grec-Bordüre dunkelgrau, Enden gelb, Fransen blau (wie **I.** Stufe).

II. Klasse: Band rosa, Grec-Bordüre hellgrün, Figur silbern, Scheibe mit hellgrünen Spitzen, Drachen gelb mit silberngesäumten, dunkelblauen Kämmen und Krallen.

III. Klasse: Band dunkelblau, Grec-Bordüre silbern, Drachen rot, silberngesäumt, mit grünen Kämmen und Krallen, Figur: Scheibe silbern mit silbernbordierten hellgrünen Spitzen.

IV. Klasse: Band dunkelbraun, silberne Grec-Bordüre, Drachen grün, mit gelben Kämmen und Tatzen, Figur: silberne Scheibe mit gelben Spitzen.

V. Klasse: Band hellgrün, mit blauem Grec-Bord und blauen silberbordierten Drachen, mit orangegelben Kämmen und Tatzen; Figur: silberne Scheibe, mit orangefarbenen Spitzen.

Fig. 90.
Orden des doppelten Drachen.
Band.
(Mittelstück und Enden.)

Der früher in China existierende „Ordensstern" („Pao hsing") ist aufgehoben. Das unter den Orden öfters aufgeführte „Kung-pai" war kein Orden oder Ehrenzeichen, vielmehr nur ein Patent über geleistete gute Dienste. Die „Knöpfe" und „Pfauenfedern" an den Kopfbedeckungen der Würdenträger sind lediglich Rangabzeichen, keine Orden.

Fig. 91.
Orden des doppelten Drachen.
Band.
(Hälfte bis zu einem Ende.)

Es besteht somit gegenwärtig in China lediglich und ganz allein nur noch ein Orden, der obengenannte des doppelten Drachen.

Dänemark, Königreich.

Elefantenorden.

Gestiftet als „Ordensbrüderschaft" für beide Geschlechter von König Christian **I. anno** 1462, erneuert und mit Statuten versehen durch König Christian V. am 1. Dezember 1693. Hiernach soll der Orden dreißig Ritter haben, ausgenommen

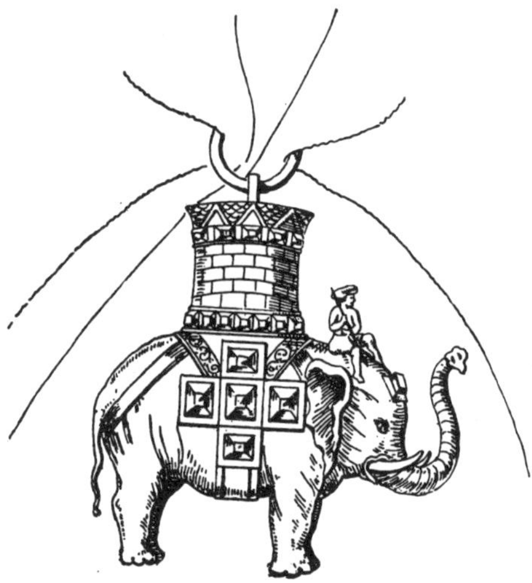

Fig. 92.
Elefantenorden.

der König als Ordensherr und seine Söhne. Die Ritter müssen dreißig Jahre alt sein, ausgenommen wiederum der Ordensherr und seine Söhne, die den Orden mit zwanzig Jahren erhalten. Aufnahme finden nur protestantische Potentaten und Herren des Geheimen Rats in Dänemark sowie Minister, Generale, endlich Ritter des Danebrogsordens, den sie zuvor besitzen müssen.

Ordenszeichen: 1. Kleinod an hellblauem 2. Bande (Fig. 92): von der linken Schulter zur rechten Hüfte. Elefant weiß, Mohr naturbraun, mit purpurner Mütze

Fig. 93.
Elefantenorden.

und Leibschurz, die Schabracke nebst Bauchgurt goldbordiert, dunkelblau, Schweifband golden; das Kreuz aus fünf goldgefaßten Brillanten. Turm purpurn, mit zwei Diamantreifen, der obere von drei goldenen Spitzen durchbrochen. Hierzu auf der linken Brust der silberne 3. Stern (Fig. 93) mit purpursamtenem Medaillon, darin ein bordiertes, silbernes Kreuz innerhalb goldenem Reif, dazwischen silberne Lorbeerzweige. Bei Festlichkeiten wird über den Ordensmantel das Ordenszeichen, anstatt am Bande, an der abwechselnd aus goldenen Elefanten und goldenen Türmen bestehenden Kette (Fig. 94) um den Hals getragen. Die

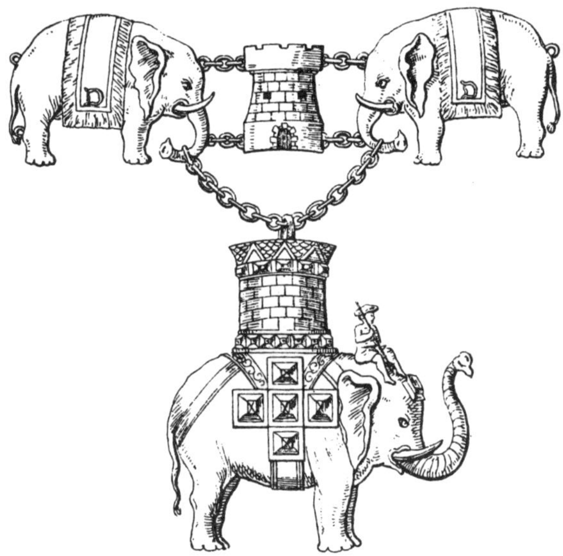

Fig. 94.
Elefantenorden.

Elefanten mit goldbefranſten blauen Decken, worauf ein **D(ania).** Hierzu eine Ordenstracht aus weißem, goldbeschnürtem Silberbrokat, schwarzes „Romanisches Kaskett“ mit weißen Federn und schwarzer „Aigrette“, rotsamtener, mit weißem Atlas gefütterter Schleppmantel mit Überschlag, der Ordensstern doppelt so groß auf der linken Seite desselben gestickt. Der Mantel wird am Halse mittels bequasteter Goldlitze festgebunden.

Danebrogorden.

Gestiftet 1671 durch König Friedrich III. gelegentlich der Geburt seines Sohnes, des nachmaligen Königs Friedrich IV., auf Grund eines angeblich bereits durch König Waldemar II. 1219 gegründeten gleichnamigen Ordens, mit Statuten versehen am 1. Dezember 1693 durch König Christian V. Nach den Statuten soll der Orden nur fünfzig Ritter enthalten und diese 25 Jahre alt sein. Ausgenommen von beiden Bestimmungen sind der König als Ordensherr, seine Söhne

Fig. 95.
Danebrogorden.

und Blutsverwandten. Aufnahmefähig sind nur Adelige. Hierzu wurde, laut offenen Briefes König Friedrichs VI. d. d. Kopenhagen, 28. Juni 1808 folgende Erweiterung des Ordens verfügt: Der Orden soll bestehen aus vier Klassen: 1. Großcommandeure, mit Prädikat Excellenz, Rang nächst den Feldmarschällen und General-Admirallieutenants, militärischen Honneurs wie Generallieutenants. 2. Großkreuze, mit militärischen Honneurs wie die Generalmajore. 3. Ordenscommandeure, mit militärischen Honneurs wie die Stabsoffiziere. 4. Ritter, mit militärischen Honneurs gleich den Subalternoffizieren, und endlich einer fünften Klasse, deren Inhaber Danebrogsmänner heißen und das

Fig. 96.
Danebrogorden.

Ordenskreuz ohne Emaille in Silber tragen. — Festtage: 28. Juni (Geburtstag König Waldemars II.) und 1. Dezember, beide zusammen mit dem Elefantenorden. Durch Urkunde König Christians VIII. vom 21. Februar 1842 wurde jedoch

Fig. 97.
Danebrogorden.

der Orden (ausschließlich der „Danebrogsmänner") aufs Neue in drei Klassen: Großkreuze, Commandeure und Ritter eingeteilt, endlich, laut Dekret vom 21. März

1864, die Commandeurklasse in einen ersten und zweiten Grad (mit und ohne Brustdekoration) geteilt.

Ordenszeichen: 1. Kleinod: an weißem, ponceau-bordiertem 2. Bande von den Großkreuzen von der rechten Schulter zur linken Hüfte getragen das mit goldbordiertem Brillantkreuz belegte, goldgesäumte, rote Kreuz (Fig. 95). Hierzu auf der rechten Brust das auf einen silbernen Stern (Fig. 96) gelegte größere Kreuz, in dessen weißen Teilen die goldenen Worte wie auf der Abbildung („Gott und dem Könige")

Fig. 98.

Fig. 99.

Fig. 100.

Danebrogorden.

und die gekrönte Namenschiffre König Waldemars, auf der Rückseite die Jahreszahlen: 1219—1671 und derselbe Namenszug stehen. Hierzu bei feierlicher Gelegenheit die aus Ordenskreuzen und abwechselnd aus den gekrönten Anfangsbuchstaben der beiden Stifter zusammengesetzte Ordenskette (Fig. 97) und eine Festtracht aus weißem Atlas, schwarzer Hut mit drei Reihen weißen und aurorafarbenen Federn, Rittermantel von aurorafarbenem Samt, gefüttert mit weißem Atlas, und Halsüberschlag, zwei bequastete Litzen in obigen Farben halten ihn am Halse zusammen. 3. Der Stern der Großkreuze (Fig. 96) auf der rechten Brustseite, auch auf dem Mantel getragen. Die

Commandeure I. Klasse tragen das brillantierte Kreuz mit den silbernen Kronen in den vier Winkeln und darüber den silbernen, ebenso gekrönten Namenszug Friedrichs VI. um den Hals (Fig. 98). Hierzu auf der linken Brust das Ordenskreuz (Fig. 99) gestickt, die Commandeure II. Klasse nur ersteres, die Ritter das kleinere Kreuz, in der Form ebenso wie das Brustkreuz der Commandeure I. Klasse (ohne Brillanten). Inschrift, Kronen und Namenszüge golden am Bande auf der linken Brustseite. Das Kreuz der Danebrogsmänner ebenso, aber ganz silbern (Fig. 100).

Fig. 101.
Rettungsmedaille.

Rettungsmedaille (Medaille für edle Thaten, Fig. 101—103),

Fig. 102.

Fig. 103.

Rettungsmedaille.

gestiftet d. d. 29. August 1798, trägt auf dem Avers stets das Brustbild des jeweiligen Monarchen nebst entsprechender Umschrift, auf dem Revers die Inschrift (in dänischer Sprache).

England siehe Großbritannien.

England siehe Großbritannien.

Frankreich.

Orden vom heiligen Geiste.

Gestiftet durch König Heinrich III. von Frankreich und Polen im Dezember 1578; hatte hundert Ritter, „Commandeurs“ genannt.

Fig. 104.
Heiliger Geist-Orden.

Ordenszeichen: 1. Kleinod (Fig. 104): Borde und Taube (den heil. Geist vorstellend) weiß, Lilien, Knöpfchen und schmale Einfassungen golden. 2. Band himmelblau, über die rechte Schulter zur linken Hüfte. Hierzu auf der linken Brust der ganz silberne 3. Stern (Fig. 105) und

Fig. 105.
Heiliger Geist-Orden.

bei feierlichen Gelegenheiten ein reiches Ordenskostüm. Auch wurde dann der Orden, anstatt am Bande, an der abgebildeten Kette (Fig. 106) getragen. Devise: **Duce et auspice.**

Fig. 106.
Heiliger Geist-Orden.

Orden des heiligen Michael.

Gestiftet durch König Ludwig **XI.** von Frankreich 1. August 1469, mit einer bestimmten Anzahl von 36 Rittern, welche Edelleute sein mußten. 1565 wurde die Anzahl der

Ritter durch König Karl IX. auf 50 erhöht, später dessenungeachtet so viel verliehen, daß sein Ansehen sehr sank. Durch Königl. Dekret vom 16. Novbr. 1816 wurde er speziell zum Orden für Kunst, Wissenschaften ꝛc. bestimmt und die Anzahl der Ritter auf 100 festgesetzt.

Fig. 107. Michaelsorden.

Ordenszeichen: 1. Kleinod: Kreuz (Fig. 107) weiß, Lilien golden, in der Mitte St. Michael mit dem Drachen in Naturfarbe; 2. der Orden wurde an schwarzem Bande von der rechten Schulter zur linken Hüfte getragen. 3. Bei feierlichen Gelegenheiten, speziell dem Ordensfeste, um den Hals die Kette (Fig. 108), aus silbernen, durch goldene Schnüre

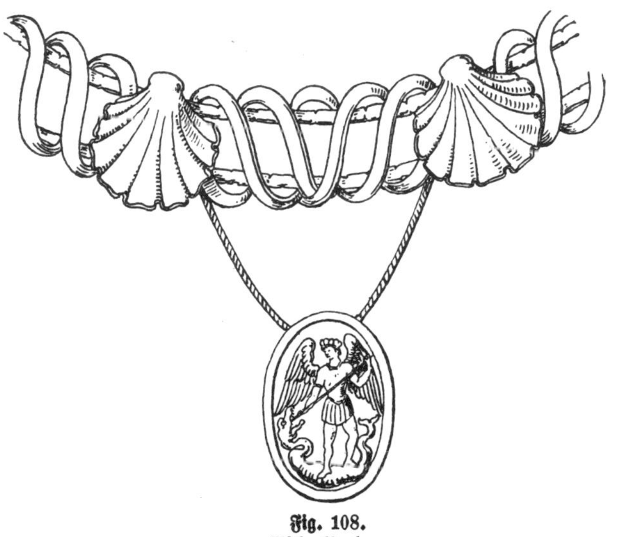
Fig. 108. Michaelsorden.

verbundenen Muscheln bestehend, daran, anstatt des Kreuzes, das goldene Medaillon mit St. Michael; hierzu eine reiche Ordenskleidung.

Orden des heiligen Ludwig.

Gestiftet durch König Ludwig XIV. im April 1693 für militärische Tapferkeit. Die Zahl der Ritter war unbeschränkt, die der Commandeure auf etwa 120, der Großkreuze auf 40 festgesetzt. Alle Ritterklassen erhielten Dotationen aus dem Invalidenfonds.

Ordenszeichen: 1. Kleinod: Kreuz (Fig. 109) weiß, goldbordiert, mit goldenen Knöpfchen und Lilien, St. Louis

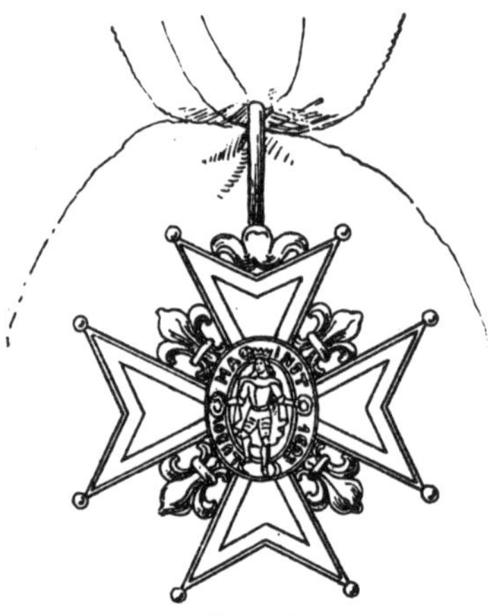

Fig. 109.
Ludwigsorden.

in goldenem Panzer und Krone, mit hermelingefüttertem, blauem Mantel, Lorbeer= und Dornenkrone haltend, auf Purpurgrund, besät mit goldenen Nägeln. Schrift: golden auf goldbordiertem, blauem Reif. Revers: wiederum auf Purpurgrund ein aufrechter Degen; hier lautet die Umschrift: **bellicae virtutis praemium**; Band: purpurrot. Großkreuze und Commandeure trugen das Kreuz an dem Bande von der rechten Schulter zur linken Hüfte, erstere außerdem den

Fig. 110.
Ludwigsorden.

goldenen, kreuzförmigen Stern (Fig. 110) mit obenbeschriebenem Medaillon auf der linken Brust.

Orden des heiligen Hubertus.

Gestiftet am 31. Mai 1416 durch Louis I., souveränen Herzog von Bar, für Mitglieder der alten Ritterschaft, oder persönliches hohes Verdienst in Wohlthätigkeit und Bethätigung sozialer Tugenden, bestätigt 4. November 1605 (publ. 2. Oktober 1606) durch Karl III., 27. Oktober 1661 durch Karl IV. und 12. Juni 1718 durch Leopold, Herzog von Lothringen und Bar, endlich durch König Ludwig von Frankreich im Januar 1786. Nach der Revolution und dem Kaiserreich wurde der Orden 1815 vom König von Frankreich neu organisiert und mit Statuten vom 17. April 1816 versehen.

Fig. 111.
Hubertusorden.

Ordenszeichen: 1. Kleinod: Kreuz (Fig. 111) weiß, goldbordiert, mit dem Wappen von Bar (zwei goldene Salme und vier goldene Fußspitz-Widerkreuzchen in Blau) im Avers des Medaillons, welches auf Weiß die goldene Umschrift: **Ordo nob(ilis) Sancti Huberti institutus anno** 1416 trug. Der Revers war wie bei dem (silbernen) Stern (Fig. 112), nämlich: auf grünem Grunde (mit weißem Rande, darin die goldene Inschrift: **Virtus et honos**) die Bekehrung des heil. Hubertus; alle Figuren golden. Band: grün mit Karmesin-Bordstreifen.

Fig. 112.
Hubertusorden.

Der Orden der Ehrenlegion.

Nachdem durch den Beschluß der französischen Nationalversammlung vom 6. August 1791 die einen Standesunterschied durch die Geburt voraussetzenden Orden, ausgenommen der des heiligen Ludwig und der Konvent auch diesen abgeschafft hatte, wurde der Vorschlag Bonapartes, einen neuen Orden der Ehrenlegion zu stiften, am 29 Germinal 1802 durch den Gesetzgebenden Körper mit 166 gegen 110, durch das Tribunat am 29. Floreal ejd. mit 56 gegen 38 Stimmen angenommen und die Verwaltung des Ordens durch Konsularerlaß vom 13. Messidor (3. Juni) 1802 geregelt. Der Orden wurde zunächst nach römischem Muster als „Legion" mit 116 „Kohorten", jede bestehend aus 350 Legionären, 30 Offizieren, 20 Commandeuren und 7 Großoffizieren, errichtet, mit Besoldungen von resp. 250, 1000, 2000, 5000 Francs. Nachdem Bonaparte Kaiser geworden, wurde die Klasse der „Großoffiziere" gespalten und teilweis in die neu errichtete höhere der „Großadler" aufgenommen, bald auch die ursprünglich gesetzlich bestimmte Grenze der Mitglieder bei weitem überschritten. Laut Kaiserlichem Dekret vom 1. März 1808 sollten alle Mitglieder der Ehrenlegion den Titel „Ritter" führen, übertragbar von Mann zu Mann auf die unmittelbare legitime Nachkommenschaft des Dekorierten nach dem Erstgeburtsrecht, sofern derselbe ein reines Einkommen von wenigstens 3000 Francs nachweisen könne. Ludwig XVIII. bestimmte d. d. 8. Oktober 1814, daß der jedesmalige Ritter der Ehrenlegion den persönlichen Adel, mit Titel „Ritter" und ein Wappen zu führen habe, falls er obiges Einkommen nachweise, daß der Adel aber nur dann erblich werde, wenn Großvater, Vater und Sohn nacheinander Mitglieder der Ehrenlegion gewesen seien. Mittels Königlichen Befehls vom 26. März 1816 wurde der Orden neustatutiert und zum „Königlichen Orden der Ehrenlegion" ernannt, die Zahl der Ritter für unbeschränkt, die der Offiziere auf 2000, der Commandeure auf 400, der Großoffiziere auf 160, der Großkreuze auf 80 festgesetzt. Um Mitglied des Ordens zu werden, sollten in Friedenszeiten 25 Jahre Dienstzeit notwendig sein, und zur Erlangung der höheren Grade, resp. 4, 2, 3 und 5 Jahre Aufenthalt in dem nächstniedrigeren.

Fig. 113. **Großkreuz.**

Orden der Ehrenlegion (bis 1871).

Fig. 114. **Ritterkreuz (Rückseite).**

Außerordentliche Dienste in Kriegs- wie in Friedenszeiten konnten jedoch von diesen Bestimmungen entbinden. Das Ordensfest wurde auf den 15. Juli (St. Heinrichstag) festgesetzt.

Ordenszeichen: 1. Kleinod: die Form desselben hat unter jeder Regierung gewechselt. Zur Zeit des I. und II. Kaiserreichs enthielt der Orden, dessen silbernes Kreuz stets dasselbe blieb (Fig. 113 u. 114), im Medaillon den Kopf Napoleons I. und über dem Kreuz die Kaiserkrone; im ganz silbernen Stern (Fig. 115) den Kaiserlichen Adler mit der Umschrift: **Honneur et patrie,** alles in Silber. Die Kette (Fig. 116 S. 86) ganz golden. Die Ordonnanz vom 26. März 1816 bestimmte, daß statt der Kaiser- die Königskrone,

Fig. 115.
Orden der Ehrenlegion (bis 1871).
Stern.

statt des Bildnisses Napoleons auf dem Avers das Bild Heinrichs IV., mit Umschrift: **Henri IV. Roi de France et de Navarre,** auf dem Revers die drei Lilien mit der Umschrift **Honneur et patrie** getragen werden solle. Der Stern solle dieselben Zeichen haben. König Ludwig Philipp befahl unter dem 13. August 1830, daß der Revers des Kreuzes statt der Lilien die Devise: **Honneur et patrie** und der Stern das Brustbild Heinrichs IV. mit der Umschrift **Honneur et**

patrie tragen und die fünf Spitzen, welche das Medaillon umschließen, durch dreifarbige Fahnen (blau, weiß, rot) geteilt sein sollten. — Laut fernern Befehls vom 25. August 1830 wurde der Revers des Kreuzmedaillons dahin umgeändert, daß die Devise als Kreisschrift um einen silbernen Grund mit zwei dreifarbigen Fahnen stehen solle. Die Republik änderte am 12. September 1848 die Form wieder

Fig. 116.
Orden der Ehrenlegion (bis 1871).
Kette.

dahin, daß die Krone abgeschafft wurde, auf dem Kreuze der Kopf Heinrichs IV. durch den Bonapartes mit der Umschrift **Bonaparte, Ier Consul 19. Mai** 1802 ersetzt und der Revers mit den Fahnen die Inschrift: **Honneur et patrie,** die Umschrift: **République française,** das Medaillon des Sterns ebenfalls das Bild Bonapartes, mit der Umschrift: **Bonaparte, Ier Consul, honneur et patrie** erhielt. — Louis Napoleon (III.) verfügte am 31. Dezember 1851, daß im Medaillon der Adler, und am 3. Januar 1852, daß die

Form wiederhergestellt werde, wie sie unter dem ersten Kaiserreich Sitte war, endlich gab er dem Orden d. d. 16. März 1852 neue Statuten, welche obige Änderungen zusammenfaßten. Seit dem Ende des Kaiserreichs wurde, laut Dekret des Generals Trochu, die Form des Ordens wie folgt abgeändert (Fig. 117 u. 118). Statt der über dem Kreuze befindlichen Krone wurde ein Kranz aus Eichen- und Lorbeerzweigen eingeführt. Ein gleicher Lorbeer-

Fig. 118.
Revers des Medaillons.

Fig. 117.
Orden der Ehrenlegion (jetzt).

Fig. 119.
Orden der Ehrenlegion (jetzt).
Stern.

und Eichenzweig zieht sich durch die fünf Kreuzarme. Der Avers des Medaillons zeigt den Kopf der Französischen Republik auf goldenem Grunde mit der Umschrift: **République française** 1870 (golden auf goldbordiertem blauen Reif). Der Revers zeigt eine Standarte gekreuzt mit einer dreifarbigen Fahne und auf goldbordiertem blauen Reif die goldene Umschrift: **Honneur et patrie.** 2. Der Stern (Fig. 119), von den Großkreuzen auf der linken, von den Großoffizieren etwas kleiner auf der rechten Brust zu tragen, hat die Form ungefähr wie unter dem Kaiserreich, statt des Adlers aber das Medaillon wie beim Kreuz; die Umschrift lautet: **République française** 1870 (oben), und: **Honneur et patrie** (unten). Das Kreuz selbst ist weißemailliert, mit goldenen (bei den Rittern silbernen) Borden und Kugeln, das Band karmesinrot. Das Kreuz soll 40 mm Durchmesser für Ritter und Offiziere, 60 mm für Commandeure und 70 mm für Großkreuze betragen. Die Offiziere tragen auf dem Bande noch eine Schleife, die Commandeure die Dekoration um den Hals, die Großoffiziere das Offizierkreuz, hierzu auf der rechten Seite den Stern von 90 mm Durchmesser, die Großkreuze das Commandeurkreuz (70 mm Durchmesser) von der rechten Schulter zur linken Hüfte, den Stern auf der linken Brust, aber größer.

Fig. 120.
Rettungsmedaille.

Fig. 121.
Rettungsmedaille.

Rettungsmedaille (Fig. 120 u. 121), gestiftet unter der Regierung des Präsidenten Mac Mahon. Dieselbe zeigt die Form wie abgebildet, im

Avers den Kopf der Republik, mit entsprechender Umschrift. Der Revers enthält in dem Ovalschilde, wie abgebildet, den Namen des Ritters eingraviert.

Griechenland, Königreich.

Erlöserorden.

Gestiftet mittels Dekrets der vierten Griechischen Nationalversammlung zu Argos vom 31. Juli (12. August) 1829 für die Admiräle der verbündeten Könige, den kommandierenden Chef der französischen Expedition nebst Gefolge und diejenigen Griechen, welche seit 1821 an dem griechischen Unabhängigkeitskampfe teilgenommen oder durch edelmütige Hilfe denselben unterstützt haben. Eigentliche Statuten erhielt der Orden erst durch König Otto **I. d. d.** 20. Mai (1. Juni) 1834, nebst dem Namen „Orden des Erlösers", in fünf Klassen, nämlich: **I.** Klasse: Großkreuze (12, ausgenommen hiervon die Prinzen des Königlichen Hauses) **II.** Klasse: Großcommandeurkreuze (20), **III.** Klasse: Commandeurkreuze (30), **IV.** Klasse: Inhaber des goldenen (120), **V.** Klasse: Inhaber des silbernen Kreuzes (Anzahl unbeschränkt). Mittels Gesetzes vom 14./26. August 1848 wurde durch König Otto von Griechenland die höchste Zahl der Ritter des goldenen Kreuzes des Ordens auf 240, der Commandeure auf 70 und der Großcommandeure auf 30 festgesetzt. Die Verleihung geschieht an In- und Ausländer für Verdienste aller Art.

Ordenszeichen: 1. Kleinod (Fig. 122 u. 122 **a** S. 90) (so festgesetzt durch Dekret der Nationalversammlung vom 26. Juli (7. August) 1863, in Abänderung der früheren Bestimmungen). Das Kreuz weißemailliert, in allen Klassen von derselben Form, mit goldenen Borden und Krone, ausgenommen beim „silbernen Kreuz“, wo dies alles silbern ist.

Fig. 122.
Erlöserorden.
Großkreuz.

Fig. 122 a.
Erlöserorden.
Rückseite des Medaillons.

Durch die Winkel der grüne Lorbeer= und Eichenkranz. Das Medaillon trägt im Avers innerhalb goldbordierten blauen Reifens mit der goldenen griechischen Inschrift (übersetzt:

Herr, deine rechte Hand ist verherrlicht gewesen in ihrer Kraft) auf Goldgrund den segnenden Heiland, blond, Kleid rosa, Mantel blau, mit Evangelienbuch; im Revers, innerhalb gleichen Reifens, ebenfalls in griechischer Sprache und Schrift die Worte (übersetzt: Die vierte Nationalversammlung der Griechen, gehalten in Argos 1829), das silberne griechische

Fig. 123.
Erlöserorden.
Stern der Großkreuze.

Kreuz auf blauem Grunde. Hierzu tragen die Großkreuze, die das Kreuz von der linken Schulter zur rechten Hüfte, und die Großkomture, die es gleich den Komturen um den Hals tragen, auf der linken, bzw. rechten Brustseite einen 10, bzw. 7 cm im Durchmesser haltenden silbernen 2. Stern, wie abgebildet (Fig. 123). 3. Das Band ist hellblau mit weißen Bordstreifen.

Großbritannien und Irland,

Königreich

(nebst dem Kaiserreich Indien).

Hosenbandorden,

rectius: hochedler Orden des heiligen Georg, genannt H.-O.

Fig. 124. Hosenbandorden. Knieband.

Gestiftet durch König Eduard III. von England am 19. Januar 1350, zur Ehre Gottes, der heiligen Jungfrau und des heil. Märtyrers Georg, des Schutzpatrons Englands, um eine Anzahl ausgezeichneter Männer zu nützlichen Unternehmungen, zur Ausübung guter Werke und zur Belebung des kriegerischen Geistes zu vereinigen und an sich zu fesseln. Die bekannte Sage, in der das Strumpfband der Gräfin Salisbury eine Rolle spielt, darf als eine netterfundene Fabel betrachtet werden. König Heinrich VIII. gab am 21. April 1522 dem Orden neue Statuten, aus denen wir folgendes hervorheben:

Fig. 125.
Hosenbandorden.
Medaillon am Bande.

Ordenstag soll sein der 22. April. Mitglieder des Ordens dürfen lediglich Edelleute werden, mit drei adeligen Ahnen väterlicher=, wie mütterlicherseits. Die Anzahl der Ritter ist, exclusive der Ausländer, auf 25 festgesetzt.

Ordenszeichen: 1. Band (Fig. 124): Knieband von dunkelblauem Samt, mit goldgesticktem Bord und der goldenen Inschrift: **Hon(n)i soit qui mal y pense** und wird

Fig. 126.
Hosenbandorden.

unterhalb des linken Knies mittels goldener Schnalle befestigt (die Königin trägt es am linken Arm). Hierzu an dunkelblauem Bande über die linke Schulter zur rechten Hüfte das goldene brillantenverzierte Medaillon (Fig. 125) mit dem St. Georg und auf der linken Brust den (von König Karl **I.** gestifteten) silbernen Stern (Fig. 126) mit dem roten St. Georgs=Kreuz, um das sich das Hosenband schlingt. Bei großen Feierlichkeiten wird St. Georg ohne Medaillon, emailliert (Pferd weiß, mit goldener Mähne,

Schweif, Zaum, Brust- und Sattelgurt und Schabracken-bord, der Ritter mit goldener Lanze, stahlblauem Helm und Brustharnisch, purpurnem Rock und Mantel, den grünen Drachen auf dgl. Boden erstechend, hängend an goldenem Ringe an einer aus 26 Gliedern bestehenden Halskette (Fig. 127), wie abgebildet, die „Liebesseile“ golden, die Rosen dunkelrot, mit goldenem Samen und grünen Kelch-blättern, getragen. Hierzu ein Ordensornat: weißes Unter-

Fig. 127.
Hosenbandorden.
Kette.

zeug und Pluderhosen, weiße Schuhe mit weißen Rosetten und roten Absätzen, roter, weißgefütterter Rock, rote Schwert-koppel, rote Kapuze, sowie ein Purpurmantel, mit weißer Seide gefüttert; auf der linken Schulter der gestickte Ordens-stern, auf der rechten Schulter, wieder mittels weißer Bänder zusammengeknüpft und im Nacken mittels zweier purpurner und goldener bequasteter Schnüre zusammengehalten. Hierzu ein runder schwarzer Hut mit aufgeschlagener Krempe und Brillantagraffe, welcher, mit weißen Straußfedern und einem Reiherschopfe geschmückt, in der rechten Hand gehalten wird.

Der Orden vom Bade (Bath-Orden).

Gestiftet von König Richard II. oder König Heinrich IV. und so benannt nach dem ehemaligen Ritus des der Investitur vorhergehenden Bades, laut der neuen durch König Georg I. ihm d. d. 18. Mai 1725 (Statuten vom 25. ejd.) gegebenen Reorganisation. Während nach diesen Statuten der Orden nur aus dem Souverän, einem Prinzen von Geblüt, einem Großmeister und 45 Rittern von Adel bestand, wurde er durch Urkunde vom 2. Januar 1815 in drei Klassen eingeteilt. Seit jener Zeit hat er diverse Statutenänderungen, vor

Fig. 128.
Bath-Orden.
Kette.

allem unterm 31. Januar 1859, erhalten, welche zunächst jede der genannten drei Klassen: Ritter-Großkreuze, Ritter-Commandeure und Genossen (companions) in zwei Unterabteilungen, eine Militär- und eine Civil-„Division", einteilten. Dieser Abänderung folgten mehrere andere am 24. Juni 1861, 19. Juni 1877, 10. Mai 1881 und 19. Mai 1886. Hiernach besteht die Gesamtanzahl der Ritter-Großkreuze jetzt aus 80 (50 Militär-, 30 Civil-), der Ritter-Commandeure aus 225 (145 Militär-, 80 Civil-), der Genossen aus 955 (705 Militär-, 250 Civil-), doch sind Ausnahmen, außerordentliche und Ehren-Mitglieder, außerdem statthaft.

Ordenszeichen:

a) Die Halskette (Fig. 128) (gestiftet am 16. November 1725) besteht aus verschlungenen weißen Seilen, welche die anderen Glieder, nämlich abwechselnd die Königliche Krone (9 Glieder) und den von roter Rose (England), Distel (Schottland) und Klee (Irland) umrahmten Königlichen Zepter (8 Glieder) verbinden.

Fig. 129.
Bath-Orden.
Civil-Großkreuz.

Fig. 130.
Bath-Orden.
Militär-Großkreuz.

b) Das Kleinod:

1. für Ritter-Großkreuze vom Civil (Fig. 129): ganz golden, mit den drei Kronen, Zepter, Rose, Distel und Klee innerhalb eines Ovalreifens mit der Inschrift: **Tria juncta in uno**, wird getragen an ponceaurotem, von der rechten Schulter zur linken Hüfte sich ziehenden 9 **cm** breitem Bande;

2. für Ritter=Großkreuze vom Militär (Fig. 130). Dies ist das achtspitzige weiße Kreuz mit schmalen goldenen Borden, goldenen Kugeln an den Spitzen, goldenen Leoparden in den Winkeln, den Insignien des Ordens im weißen Medaillon, die goldene Ordensdevise auf Ponceaureif, den ein natürlicher Lorbeerkranz umgiebt, an dem unten 3. das blaue gold=

Fig. 131.
Bath=Orden.
Stern der Militär=Großkreuze.

bordierte Band mit der goldenen Inschrift: **Ich dien** befestigt ist;

3. der Ritter=Commandeure: getragen um den Hals an 7 cm breitem Bande, ebenso, aber nur 5 cm im Durchmesser, hängend an goldenem Ring, mit Eichen= und Ahornblättern verziert;
4. der Genossen ebenso, aber nur 2 cm im Durchmesser, an goldener Schnalle und 5 cm breitem Bande im Knopfloch (jetzt gewöhnlich auf der linken Brust) getragen.

c) Der Stern

1. der Civilritter-Großkreuze (Fig. 131) hat lauter gebogene (flammenartige) silberne Strahlen und innerhalb des purpurroten Reifens mit goldenen Borden und Inschrift die drei goldenen Kronen,
2. der militärischen Ritter-Großkreuze (1815 eingeführt), hat einen ähnlichen, aber größern

Fig. 132.
Bath-Orden.
Stern der Commandeurs.

brillantierten Stern in Form des Ordenskreuzes, welches ohne Kugeln, mit kleinen Eckstrahlen, wieder die drei Kronen innerhalb des Devise-Bordes, hier aber wieder umgeben von dem Lorbeerkranz und dem Motto „ich dien", trägt;
3. der Ritter-Commandeurs (Fig. 132), ein kreuzartiger Stern mit Eckspitzen; Medaillon und das übrige wie sub c. 2. beschrieben.

d) Das Ordenskostüm. Mantel aus karmesinenem Atlas, mit weißseidenem Futter, dem gestickten Stern auf der linken Seite und auf der linken Schulter die Seidenschnur wie in der Kette; um den Nacken wird derselbe mittels langer weißseidener Schnur mit zwei karmesinfarbenen Quasten, je mit goldenem Netz und Fransen befestigt.

Die Ritter-Commandeurs tragen (seit König Georg IV.) einen ähnlichen über die linke Schulter zu tragenden, mit schmälerer Schnur festgebundenen Mantel, etwa halb so lang wie der der Ritter-Großkreuze.

Der Rock (nur den Großkreuzen gestattet) ist karmesinrot, mit weißer Seide gefüttert; hierzu weite weiße Hose, weiße ziegenlederne Stiefeln, goldene Sporen mit weißen Riemen, weiße Handschuhe, Schwert mit weißer goldbeschlagener Scheide.

Mütze aus schwarzem Samt, um die Stirn mit einer von Gold und Silber gewundenen Schnur, gleichem Knopfe, daran ein weißer Straußfederbusch.

Distelorden.

Dieser Orden soll bereits von Achäus, König der Schotten, zu Ehren des Schutzpatrons von Schottland, St. Andreas, errichtet sein und bis zur Reformation in hohen Ehren gestanden haben. König Jakob VII. stellte ihn durch offenen Brief vom 29. Mai 1687 wieder her; die Statuten wurden erneuert durch Königin Anna; bis auf geringe, unter dem 17. Februar 1714, 17. Juli 1717, 14. Februar 1720, 16. Februar 1821, 8. Mai 1827 und 14. August 1833 befohlene Abänderungen geringfügiger Natur, gelten letztere noch heute. Ordenstag ist der 3. November. Die Anzahl der Ritter, ohne das Ordensoberhaupt, beträgt sechzehn.

Ordenszeichen: 1. Kleinod (Fig. 133) an dunkelgrünem Bande von der linken Schulter zur rechten Hüfte: St. Andreas ganz von Gold, innerhalb ovalen goldenen Reifens, mit Inschrift wie abgebildet, hierzu 2. der silberne Stern, mit dem Andreaskreuz aus Silber (Fig. 134), und innerhalb dunkelgrünen Reifens mit der goldenen Inschrift wie auf dem Zeichen, eine weißblühende Distel mit grünem Stengel auf Goldgrund. Bei feierlichen Gelegenheiten wird das Kleinod (Fig. 136 S. 101), d. h. St. Andreas auf goldenem Strahlenstern, getragen (mit grünem Kleide, purpurrotem Umhang und

Fig. 133.
Distelorden.
Kleinod am Bande zu tragen.

Fig. 134.
Distelorden.
Stern.

seinem weißen Kreuz vor sich auf grünem Boden) an der grünemaillierten Ordenskette, bestehend aus sechzehn weißblühenden Disteln, dazwischen je vier Rautenzweige (Fig. 135). Die Ordenskleidung besteht aus einem mit weißem Taft gesäumten grünen Samtmantel (mit dem auf der linken Schulter 21 cm hoch und breit gestickten Ordensstern), befestigt auf der rechten Schulter mit weißen Bandschleifen und um den Hals mit grüngoldener Quastenschnur. Der Rock, aus Purpur oder blauem Samt, garniert mit

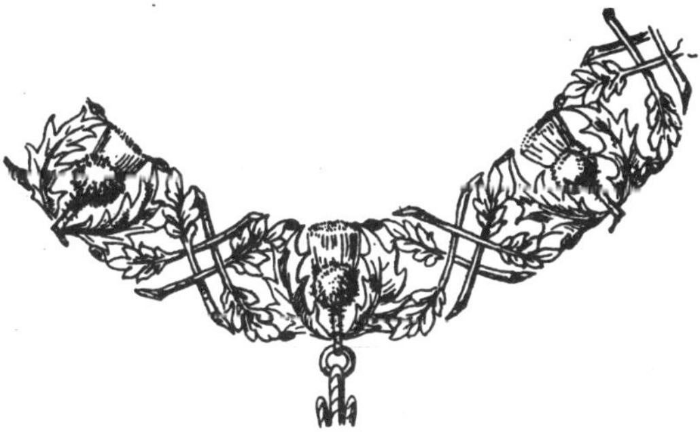

Fig. 135.
Distelorden.
Kette.

weißem Taft, purpurfarbenem, goldbordierten, samtnem Schwertgurt, und ein Schwert mit goldenem Heft in Form des Ordenszeichens und Knopf in Distelform, sowie Scheide von purpurfarbenem Samt. Unterkleid: Wams und kurze Hose von Silberstoff, Ärmel und Schleifen garniert mit grün-silbernen Bändern. Strümpfe: perlfarbene Seide, Schuhe: weißes Leder, Hosen und Schuhbänder: grünsilbern, Mütze: schwarzer Samt, mit weißem Strauß- und schwarzem Reiherfederbusch; der Stulp der Mütze mit Edelsteinen verziert.

Fig. 136.
Distelorden.
Kleinod an der Kette zu tragen.

Orden des heiligen Patricius (St. Patrick),

gestiftet durch König Georg III. am 5. (Statut vom 28.) Februar 1783. Er besteht aus dem Oberhaupte, einem Großmeister und 22 Rittern, welche Edelleute, mit drei Ahnen väterlicher- und mütterlicherseits, sein müssen. Die Statuten sind von den späteren Herrschern einigemale revidiert worden, ohne jedoch hervorragende Veränderungen zu erfahren.

Fig. 137.
St. Patrick-Orden.

Ordenszeichen: 1. Kleinod (Fig. 137): innerhalb doppelten ovalen Bordes, der äußere weiß, bestreut mit grünen Kleeblättern, der innere dunkelblau mit der goldenen Inschrift, beide goldbordiert, wie abgebildet, das goldbordierte rote Kreuz St. Patricks, darin ein grünes Kleeblatt, belegt mit drei Königskronen, mit rotem Futter. Es wird getragen an hellblauem Bande über die rechte Schulter zur linken Hüfte. Hierzu 2. der silberne Stern (Fig. 138) mit demselben, aber kreisrunden Medaillon, ohne den Kleeblattbord, auf der linken Seite des Kleides oder Mantels. Bei feierlicher Gelegenheit hängt, statt am Bande, das Kleinod an einer goldenen Davidsharfe (Wappen

Fig. 138.
St. Patrick-Orden.
Stern.

von Irland) unter der englischen Königskrone an einer Kette (Fig. 139), aus Gliedern, in denen Davidsharfen und Rosen (die äußeren weiß, mit goldenem Rande und grünen Kelchblättern, die inneren rot, mit goldenem Bord und mit einer goldbesamten und goldbordierten zweiten weißen Rose), untereinander durch goldene Quastenschnüre verbunden, abwechseln.

Fig. 139.
St. Patrick-Orden.
Kette.

Ordenskleidung: Mantel aus himmelblauem Atlas, mit weißer Seide (Ritter und Beamte aber nur Popeline) gefüttert, auf der rechten Schulter mit einem dgl. Aufsatz, befestigt mittels blaugoldener bequasteter Schnüre. Oberkleid: blau mit weißer Seide gefüttert, Unterkleider: Wams und kurze Hosen à la Henri IV. von weißem Atlas mit glatter Silberstickerei und Van Dyck-Fransen, Strümpfe weißseiden, mit karmesinroten Knierosetten, Stiefeln von weißem Gemsleder, mit himmelblauen Stulpen, roten Absätzen u. dgl. Bande an der Innenseite, an denen die Leder der vergoldeten Sporen befestigt sind. Schwert in karmesinroter Samtscheide. Gürtel von karmesinrotem Samt, Hut rund, von schwarzem Samt, vorn aufgeschlagen und mit der Nachahmung des Ordenssterns, daran drei Straußfederbüsche, rot, blau, weiß; rings um den Hut ein gleich der Ordenskette gesticktes Band.

Der sehr ausgezeichnete Orden vom heiligen Michael und heiligen Georg.

Gestiftet durch König Georg III. am 27. April 1807, mit Statuten versehen am 12. August 1818, abgeändert

Fig. 140.
St. Michaels- und St. Georgs-Orden.
Großkreuz.

5. April 1826 und 17. Oktober 1832 und endgültig revidiert durch Dekret J. M. der Königin Victoria vom 31. Januar 1851, 30. Mai 1877 und 19. März 1887. Laut letzterem Statut besteht der Orden für gewöhnlich aus dem Souverän, dem Großmeister und aus ordentlichen Mitgliedern in drei Klassen, von denen 65 Großkreuzritter (einschließlich der Ehren- und außerordentlichen Mitglieder), 200 Ritter-Commandeure und 342 Genossen (einschließlich der Ehrenmitglieder) sind. Er ist bestimmt für Eingeborene der Insel Malta, nebst Zubehör, oder großbritannische Unterthanen, welche dort hohe Vertrauensposten einnehmen, oder mit solchen im Mittelländischen Meere (u. a. auch in Gibraltar 2c.) betraut sind, oder für wichtige Dienste, die (auch von Ausländern) dem Souverän von Malta geleistet werden (früher auch für die Jonischen Inseln, die unter englischem Schutze standen). Ordenstag ist der 23. April (St. Georgstag).

Fig. 141.
St. Michaels- und St. Georgs-Orden.
Commandeurkreuz (Revers).

Ordenszeichen: 1. Kleinod (Fig. 140): das vierzehnspitzige Kreuz weißemailliert, mit goldenen Borden, darüber die purpurrotgefütterte englische Königskrone. Im Medaillon, das einen goldbordierten himmelblauen Reif mit der goldenen

Inschrift trägt, erscheint im Avers St. Michael wie im Stern, im Revers: St. Georg, stahlgeharnischt, mit rotem Federbusch und Mantel, auf Schimmel mit rotem Zaum und Schabrackensaum. Er ersticht mittels Lanze den (grünen) Drachen; der Hintergrund ist oben hellblau, unten gelb (Abendfärbung). Ebenso, nur kleiner, ist das Kreuz der Ritter

Fig. 142.
St. Michaels- und St. Georgs-Orden.
Stern der Großkreuze.

und Genossen, wogegen das der Commandeure (Fig. 141) keine Krone hat, sondern an der goldenen Verzierung direkt am Ringe hängt und um den Hals getragen wird. 2. Das Band ist dunkelblau, in der Mitte mit einem scharlachnen Streifen, bei den Großkreuzen 10 cm breit über die rechte Schulter zur linken Hüfte, das der Commandeure 8.5 cm, das der Ritter oder Genossen 5 cm breit. 3. Der Stern der Großkreuze (Fig. 142) hat die Form des Kreuzes, ist aber von Silber und hat zwischen den Kreuzarmen goldene Strahlen. In der Mitte liegt ein goldbordiertes rotes (St. Georgs-) Kreuz, darauf, innerhalb des obenerwähnten Reifens, St. Michael, in goldverziertem weißem römischen Panzer und Gewande, nackten Armen und Füßen und grünen Flügeln, stehend innerhalb eines

Fig. 143.
St. Michaels- und St. Georgs-Orden.
Stern der Commandeure.

Flammenmeers auf dem Teufel, den er mit kurzem Schwert zu töten im Begriff ist. Hintergrund: hellblau. Der Stern der Commandeure (Fig. 143) hat die ähnliche Form wie das Kleinod, besteht ebenfalls aus Silber, mit dem St. Georgskreuz und beschriebenem Medaillon. Beide Sterne werden auf der linken Brust des Rockes, Mantels ꝛc. getragen.

4. Die Kette (Fig. 144 S. 108), an der bei feierlichen Gelegenheiten die Großkreuze das Zeichen tragen, ist unterm

16. August 1832 anerkannt und besteht abwechselnd, hinten und vorn, aus zwei goldenen St. Markus-Löwen mit einem Bündel von sieben Pfeilen in der einen Pranke (Jonische Inseln), außerdem wechseln das goldbordierte weiße Kreuz von Malta, die goldenen Initialen der beiden Heiligen, nach denen der Orden benannt ist, und einer der großbritannischen Leoparden mit Königskrone darin ab. Hierzu tragen die Großkreuze einen Mantel von dunkelblauem Atlas, mit Scharlachseide gefüttert (den Stern auf der linken Seite gestickt) und am Halse mit einer aus Scharlach und Gold gewundenen bequasteten Schnur befestigt, sowie einen ebensolchen Hut, vorn am Aufschlag der Ordensstern, daran drei weiße Straußfedern und eine größere schwarze.

Fig. 144. St. Michaels- und St. Georgs-Orden. Kette.

Der sehr erhabene Orden des Sterns von Indien.

Gestiftet durch Dekret J. M. der Königin von Großbritannien am 23. Februar 1861, ausgedehnt 28. März 1866 und 1876 für Fürsten und hervorragende Staatsbeamte. Die Anzahl der Ritter soll, außer dem Souverän von Großbritannien, 245 betragen, denen der jeweilige Gouverneur von Indien noch andere außerordentliche und Ehrenmitglieder hinzufügen kann. Diese 245 Ritter sind in drei Klassen: Ritter-Großcommandeure (30), Ritter-Commandeure (70) und Genossen (145) eingeteilt. Großmeister ist der jedesmalige Vizekönig und Generalgouverneur von Indien.

Ordenszeichen: 1. Kleinod (Fig. 145): das Bild der Königin, cameenartig in Onyx geschnitten, innerhalb perlenbordierten blauen Reifens, mit der aus Diamanten bestehenden Inschrift. Zu deutsch: „Des Himmels Licht ist unser Leitstern", überragt von einem Diamantstern, beiderseits und unten trägt es goldene und mit Diamanten verzierte Arabesken. Über dem Stern befindet sich, aber nur in der Kette, die goldene Krone von England; die Kette der Ritter-

Fig. 145.
Stern von Indien.

Fig. 145 a.
Band.

Fig. 146.
Stern von Indien.

Großcommandeure (Fig. 146) 2., welche bei feierlichen Gelegenheiten anstatt des sonst üblichen hellblauen, mit ganz schmalem weißen Bordstreifen versehenen Bandes (Fig. 145 a), das von den Ritter-Großcommandeuren über die rechte Schulter nach der linken Hüfte, von den Ritter-Commandeuren um den Hals, von den Genossen an der linken Brust, getragen wird, um den Hals hängt, besteht abwechselnd 1. aus der grünen indischen Lotosblume (goldbordiert, mit rosettenartigem goldbordierten Samenkelch), 2. zwei mit goldenem Bande verbundenen gekreuzten grünen Palmenzweigen und der außen roten, innen weißen goldbordierten und mit goldenen Kelchblättchen verzierten Rose der Häuser York und Lancaster. Der Stern (Fig. 147) der Ritter-Großcommandeure und kleiner von den Ritter-Commandeuren, auf der linken Brust zu tragen, besteht aus goldenen Flammenstrahlen und trägt in der Mitte den beschriebenen Reifen mit der Ordensdevise, belegt mit dem Diamantstern wie oben.

Fig. 147.
Stern von Indien.
Stern.

Der höchst ausgezeichnete Orden des Indischen Kaiserreichs.

Gestiftet durch J. M. die Königin Victoria von Großbritannien, Kaiserin von Indien, zur Belohnung der Ihrer Majestät und dem Indischen Reiche erwiesenen Dienste und zur Erinnerung an die Proklamation Allerhöchstderselben zur Kaiserin von Indien d. d. 1. Januar 1878. Er bestand nach dieser Verordnung, sowie den Statuten vom 2. August 1886, aus dem Souverän, dem Großmeister und Genossen in zwei Klassen. Außerdem waren außerordentliche und Ehrenmitglieder gestattet. — Unter Aufhebung dieser Bestimmungen verordnet ein neues Statut vom 1. Juni 1887 obigen Namen (bis dahin nur: „Orden des Indischen Reiches“) sowie, daß dem Orden zu den bisherigen zweien (Ritter-Commandeure und Genossen) in unbeschränkter Anzahl noch eine dritte Klasse, die der Ritter-Großcommandeure, hinzugefügt wird und der Orden auch an hervorragende Vertreter der Machthaber des Orients verliehen werden darf. Er besteht daher jetzt aus 229 wirklichen Mitgliedern, nämlich 13 Ritter-Großcommandeuren, 72 Ritter-Commandeuren und 144 Genossen.

Fig. 149.
Kette.

Fig. 148.
Orden des Indischen Kaiserreiches.
Kleinod.

Ordenszeichen:

1. Kleinod (Fig. 148): an der Kaiserlichen Krone hängende fünfblättrige indische rote Rose, mit grünen Kelchblättern, belegt mit einem goldenen Medaillon, darin das Profilbild der Erlauchten Stifterin in

Relief, innerhalb eines mit der goldenen Devise: **Imperatricis auspiciis** beschriebenen goldbordierten, purpurnen Reifens. Das Zeichen wird von den Ritter-Großcommandeuren an der Kette (s. d.), von den Ritter-Großcommandeuren an purpurnem Bande, 4.5 cm breit, um den Hals, von den Genossen, 4 cm breit, auf der linken Brust getragen. Hierzu 2. auf der linken Brust (getragen von den Ritter-Großcommandeuren und etwas kleiner von den Ritter-Commandeuren) ein silberner Stern (Fig. 150) von fünf silbernen Strahlen, bestehend aus je 9 schmäleren, zwischen denen je ein schmaler Strahl (bestehend aus 3 schmäleren) von Gold, letztere glatt, erstere geschuppt, hervorgehend aus goldenem Medaillon, darin das Bild der hohen Stifterin innerhalb des obenbeschriebenen Reifens, welcher hier von der goldenen Kaiserkrone überhöht ist. 3. Die Kette (Fig. 149), zusammengesetzt aus Elefanten, Lotosblumen, radschlagenden Pfauen und indischen Rosen, mit dem obenbeschriebenen Medaillon. Bei feierlichen Gelegenheiten tragen die Großkreuze einen weißgefütterten purpurnen Mantel mit weißseidenen Schnüren, an denen purpurn-goldene Quasten. Auf der linken Seite des Mantels gestickt der obenbeschriebene Stern. Die Ritter-Commandeurs tragen das etwas kleinere Zeichen um den Hals an 4.5 cm breitem Bande und auf der linken Brustseite einen silbernen Stern, dessen Strahlen wie oben abwechselnd glänzend und gestückelt sind; in der Mitte desselben ruht das obenbeschriebene Kaiserlich-gekrönte Medaillon. Die

Fig. 150.
Orden des Indischen Kaiserreiches. Stern.

Ritter tragen dasselbe, wiederum kleinere Zeichen an einem 2.5 cm breiten Bande auf der Brust mit einer auf der Hälfte desselben befindlichen Schnalle.

Der Orden für ausgezeichnete Dienste, ein Kriegsverdienstorden.

Gestiftet durch I. M. die Königin-Kaiserin Victoria d. d. Balmoral 6. September 1886. Er soll verliehen werden „für den Fall eines Krieges“ an großbritannische Offiziere der Marine und des Landheeres. Fremde Offiziere, sofern sie bei Operationen der englischen Streitmacht mitgewirkt haben, können Ehrenmitglieder werden. Der Orden rangiert unmittelbar hinter dem des Indischen Kaiserreichs.

Ordenszeichen (Fig. 151 u. 152): goldbordiertes, weiß-

Fig. 151.
Kriegsverdienstorden.
Avers.

Fig. 152.
Kriegsverdienstorden.
Revers.

emailliertes Kreuz, dessen Arme an den Seiten ein-, an den Enden ausgebogen sind; in der Mitte des Averses, innerhalb grünemaillierten Lorbeerkranzes, die goldene Kaiserliche

Krone auf purpurn emailliertem Grunde; auf der Kehrseite ebenso, doch statt der Krone die verschlungenen Initialen **V. R. I.** Das Kreuz wird an einem 2.5 cm breiten roten Bande mit blauem Borde auf der linken Brust getragen.

Victoriakreuz.

Fig. 153.
Victoriakreuz.

Gestiftet durch J. M. die Königin Victoria von Großbritannien **d. d.** Buckingham-Palast, 29. Januar 1856 für Offiziere der unteren Grade in der See- und Landarmee, Unteroffiziere, Matrosen und Seesoldaten der Marine und nicht patentierte Offiziere und Soldaten der Landarmee für Auszeichnung vor dem Feinde. Das Kreuz (Fig. 153), aus Bronze bestehend, wird an rotem Bande von der Landmacht, an blauem von der Seemacht, auf der linken Brust getragen.

Die Albertmedaille für Rettung aus Gefahr.

Gestiftet durch Königliches Dekret vom 7. Mai 1866 als Merkzeichen der königlichen Gunst für Seeleute und Andere, welche ihr Leben für die durch Sturm und Schiffbruch in Seegefahr gebrachten Personen einsetzen. Unterm 12. April 1867 wurden hierfür zwei neue Klassen, sowie am 11. April 1877 eine dritte Klasse für Leute gestiftet, die mutig ihr Leben einsetzen zur Verhinderung von Gefahren in Bergwerken, auf Eisenbahnen, bei Feuersbrünsten und Gefahren am Strande. Es existiert daher jetzt 1. eine Medaille für Lebensrettung zur See und 2. eine für Lebensrettung auf dem Lande, jede in zwei Klassen.

Ordenszeichen: Das ad 1 (Fig. 154): dunkelblau emailliert mit goldener Initiale (die des Prinz-Gemahls Albert), Anker und Krone. Der Rand ist aus Bronze, die Buchstaben golden. Die Medaille ad 2 (Fig. 155) hat einen purpurroten Grund, sonst alles wie oben. Die zweiten Klassen

Fig. 154.
Zur See.

Fig. 155.
Zu Land.

Rettungsmedaille.

beider Medaillen bestehen nur aus Bronze. Das Band der Medaille ad 1 ist dunkelblau, das der ad 2 purpurn, je mit vier weißen Längsstreifen. — Die Bänder der beiden ersten Klassen sind je 3.5 cm, die der beiden zweiten Klassen je 1.5 cm breit. Alle Dekorationen werden auf der linken Brust getragen.

Damenorden.

Königlicher Victoria und Albert-Orden.

Gestiftet 10. Februar 1862 in einer (I.) Klasse, mit Ausdehnungs-Ordres vom 10. Oktober 1864 (II. Klasse),

15. November 1865 (**III.** Klasse) und 15. März 1880 (**IV.** Klasse), jetzt also in vier Klassen eingeteilt, und lediglich für Frauen und Jungfrauen bestimmt.

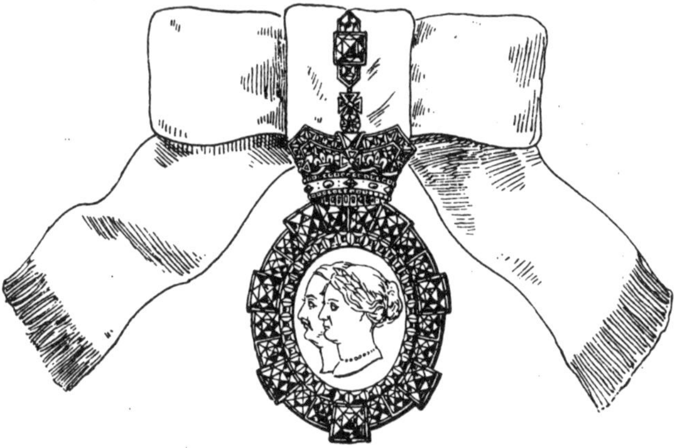

Fig. 156.
Victoria und Albert=Orden.
I. Klasse.

Fig. 157.
Victoria und Albert=Orden.
II. Klasse.

Ordenszeichen: 1. Kleinod (Fig. 156—159): wie abgebildet. Die ersten drei Klassen unterscheiden sich lediglich durch die Größe und mehr oder weniger reiche Besetzung mit Edelsteinen, respektive Perlen, sowie die Breite des Bandes.

Fig. 158.
Victoria und Albert-Orden.
III. Klasse.

Die IV. Klasse wird nur durch die aus Perlen und Edelsteinen gefertigte, von dgl. Krone überhöhte Initiale der

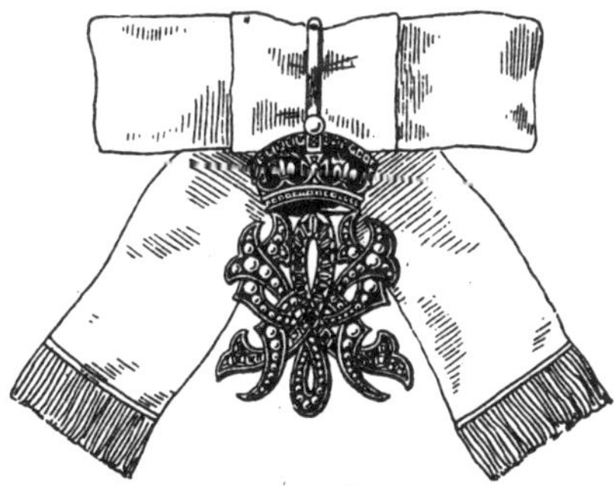

Fig. 159.
Victoria und Albert-Orden.
IV. Klasse.

Königin gebildet. 2. Das Band ist bei allen Klassen dasselbe, nämlich weiß. Der Orden wird an der linken Schulter getragen.

Kaiserlicher Orden der Krone von Indien.

Gestiftet von J. M. der Königin Victoria, Kaiserin von Indien, am 31. Dezember 1877, zur Erinnerung an die Annahme des Titels „Kaiserin von Indien“ (1. Januar 1878).

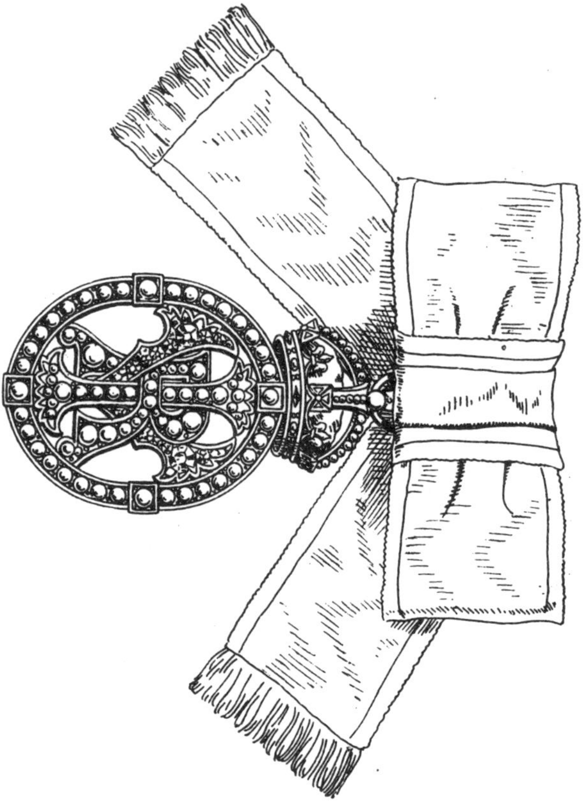

Fig. 160. Orden der Krone von Indien.

Der Orden, aus nur einer Klasse bestehend, soll ein Orden für weibliches Verdienst im Interesse der englisch-indischen Kolonien sein, wird indes auch an die Prinzessinnen des Großbritannischen Hauses nach zurückgelegtem 18. Lebensjahre, sowie an die Gemahlinnen und weiblichen Verwandten der eingeborenen indischen Fürsten verliehen, überhaupt ist er bestimmt für Damen indischer Abkunft in hervorragender Stellung, ferner für die Gemahlinnen und weiblichen Verwandten der als Vizekönige oder Generalgouverneure von Indien, Gouverneure von Madras und Bombay und als Staatssekretäre für Indien in den englisch-indischen Kolonien fungierenden oder fungiert habenden hohen englischen Staatsbeamten.

Ordenszeichen: 1. Kleinod (Fig. 160): wie abgebildet, aus Gold, der Reif und das R(egina) mit Perlen, das I(mperatrix) mit Türkisen, das V(ictoria) mit Brillanten besetzt. Oben die indische Kaiserkrone. 2. Band: hellblau mit zwei weißen Bordstreifen. Der Orden wird an der linken Schulter getragen. Als Stiftungstag gilt der 1. Januar 1878.

Königlicher Orden vom roten Kreuz (Fig. 161).

Gestiftet durch Urkunde vom 23. April 1883 zur Anerkennung von Verdiensten, welche sich Personen bei Pflege der Verwundeten der großbritannischen Armee und Marine erworben haben.

Ordenszeichen: 1. Kleinod: goldbordiertes, geschupptes, breitendiges rotemailliertes Kreuz, in der Mitte mit dem

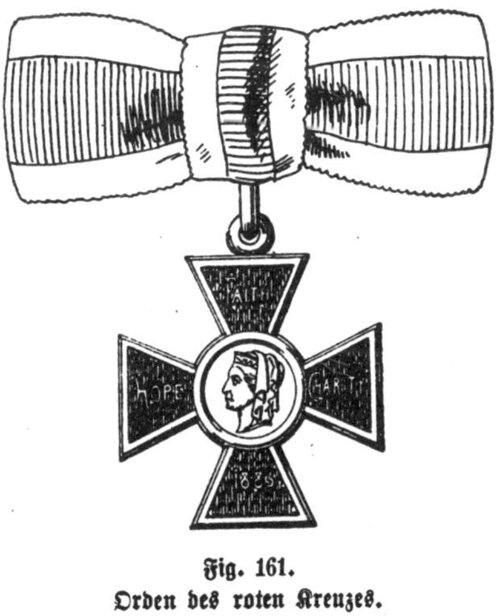

Fig. 161.
Orden des roten Kreuzes.

Bildnis der Erlauchten Stifterin in Relief. Auf den Armen die Worte (zu deutsch: Glaube, Hilfe, Barmherzigkeit), unten Stiftungsjahr. Auf der Rückseite in der Mitte die von der Krone überhöhte kaiserliche Namenschiffre. Die Dekoration wird an dunkelblauem Bande in Rosettenform an der linken Schulter getragen.

Erinnerungsmedaille,

gestiftet von der Königin Victoria am 21. Juni 1887 zur Erinnerung an das fünfzigjährige Regierungsjubiläum der Kaiserin-Königin. Sie wurde an die bei demselben anwesend gewesenen Prinzen und Prinzessinnen in Gold, an die begleitenden Herren und Damen in Silber, an die Beamten des Hofes ꝛc. in Bronze verliehen; sie enthält auf der Vorderseite das Bild der Stifterin mit der Umschrift: **Victoria D. G. Regina et imperatrix F. D.**, auf der Rückseite die Inschrift: **In commemoration of the 50th year of Reign and Queen Victoria 1887**, innerhalb eines Kranzes von Rosen, Disteln und Kleeblättern und wird an dunkelblauem, goldgerändertem Bande an der linken Brust getragen; eine Abbildung war nicht zu erlangen.

Haiti.

Unter dem Namen: „St. Faustin Soulouque" bestieg, nachdem der Senat der Republik Haiti am 26. August 1849 die Umwandlung derselben in ein Kaiserreich beschlossen hatte, der Präsident der Republik, General Soulouque, laut Proklamation vom 28. August **ejd.** den Kaiserthron, der auf seine Nachkommen vererblich sein sollte. Er stiftete, nachdem der päpstliche Delegat unter dem 18. April 1852 die Krönung vollzogen, zwei Orden, nämlich den des heiligen Faustin für die Militärs, den der Ehrenlegion für Civilpersonen. Im Jahre 1859 wurde er durch Geffrard vom Throne gestoßen und das Kaiserreich wieder zur Republik umgewandelt. Ob hiermit auch die Orden gänzlich aufgehoben sind, ist uns nicht bekannt, doch dürfte es wahrscheinlich sein.

Der Orden des heiligen Faustinus,

dem französischen Orden der Ehrenlegion nachgebildet, war wie bei diesem, ein von der Kaiserkrone von Haiti überhöhtes sechzehnspitziges Kreuz, dessen Arme abwechselnd blau und rot emailliert, goldbordiert, mit goldenen Kugeln besetzt und von Lorbeerkranz, unten mit goldener Schleife, durchzogen waren. Im goldenen Medaillon mit goldbordiertem roten Reife, darin die goldene Inschrift: **Faustin Emperor d'Haiti,** das Profilbild des Kaisers. Der Orden wurde an hellblauem Bande getragen, hierzu der große silberne Bruststern mit dem Adler von Haiti auf blauem Grunde mit Reif wie oben und goldener Schrift.

Der Orden der Ehrenlegion.

Ordenszeichen: 1. Kleinod: ein weißemaillierter, siebenstrahliger Stern, mit goldenen Borden, Kugeln, Krone und Lorbeerkranz wie oben, und dem Medaillon wie beim Faustinorden, hier mit der Umschrift: **Faustin Ier Fondateur** auf grünem Grunde, wurde an purpurnem Bande mit hellgrünem Mittelstreifen getragen. Hierzu der Bruststern in der Form des Ordenskleinods, aber silbern, liegend auf großem goldnen Stern und mit der haitischen, der napoleonischen fast gleichen, Kaiserkrone auf rotem Grunde, umgeben von goldbordiertem grünen Reif mit der goldenen Inschrift.

Hannover, ehemaliges Königreich*).

St. Georgsorden.

Fig. 162.
St. Georgsorden.

Gestiftet am 23. April 1839 durch König Ernst August und zugleich zum Hausorden der Krone Hannover erklärt. Der Orden hatte nur eine Klasse; die Zahl der Inländer, ausschließlich der Königlichen Prinzen, die geborene Ritter des Ordens waren, sollte in der Regel nur sechzehn betragen und ihn Niemand, mit Ausnahme der Prinzen, vor erreichtem 30. Lebensjahre erhalten; auch sollten die Aufzunehmenden von Adel sein.

Ordenszeichen:

1. Kleinod (Fig. 162): von Königskrone überhöhtes, goldbordiertes, achtspitziges, dunkelblau emailliertes Kreuz, mit

*) Nachdem durch Gesetz vom 20. September (Kgl. Patent vom 3. Oktober) 1866 das Königreich H. mit den preußischen Staaten für immer vereinigt worden war, wurde laut Bekanntmachung des Generalgouverneurs von Hannover gestattet, die bis zum Erlaß des Besitzergreifungspatents verliehenen Königlich Hannoverschen Orden und Ehrenzeichen weiter zu tragen.

Kugeln an den Spitzen und vorwärtssehenden Löwen in den Winkeln. Innerhalb goldenen Reifens zeigt das Medaillon im Avers auf hellem Grunde St. Georg den grünen Drachen mit der Lanze tötend, in stahlblauem Panzer und Helm, mit rotem Mantel (Fig. 163) auf rotgezäumtem Schimmel, der Revers den Namenszug E. A. R. auf Goldgrund. 2. Das Band, vermittelst dessen das Kreuz getragen wurde, war 10 cm breit, dunkelrot und ging von der rechten Schulter zur linken Hüfte. 3. Der Stern (Fig. 164) auf der linken Brust, war silbern und trug das

Fig. 163.
St. Georgsorden.

Fig. 164.
St. Georgsorden.

Medaillon wie oben, innerhalb roten Reifens mit der goldenen Devise. Laut Ordre vom 27. Mai 1860 wurde der Stern, anstatt wie bisher gestickt, von massivem Silber gefertigt.

Guelphenorden.

Gestiftet vom Prinzregenten, nachmaligen König Georg IV. d. d. Carltonhouse 12. August 1815. König Ernst August revidierte die Statuten durch Erlaß d. d. Hannover 20. Mai 1841, wonach der Orden aus fünf Klassen: Großkreuzen, Commandeurs I. und II. Klasse, Rittern und Inhabern des silbernen Kreuzes bestehen sollte. Das Großkreuz sollte nur für Verdienste, welche aus eigener Initiative des Betreffenden hervorgegangen, nur Personen in der Regel nicht unter Generallieutenants-, das Commandeurkreuz keinem unter Generalmajorsrang verliehen werden. Unter dem 28. Juni 1842 wurde der Orden in nur vier Klassen: 1. Großkreuze, 2. Commandeurs I. und II. Klasse, 3. Ritter, 4. Mitglieder der IV. Klasse geteilt und d. d. Hannover 1. Oktober 1849 als besondere Auszeichnung die „Schleife" bestimmt. König Georg V. bestimmte d. d. 18. August 1857, daß letztere auch den höheren Klassen bei der Dekoration zu verbleiben habe, ferner d. d. 27. Mai 1860, daß die bis dahin gestickten Sterne fernerhin aus

Fig. 165.
Guelphenorden.
Civil-Commandeurkreuz.

massivem Silber bestehen sollten, und endlich d. d. Herrenhausen 7. Juli 1860, daß die drei ersten Klassen des Ordens

Fig. 166.
Guelphenorden.
Militär-Commandeur-Stern.

den nicht adeligen Ordensmitgliedern für ihre Person die Rechte des Adels und die damit verknüpfte Hoffähigkeit gewähren sollten.

Ordenszeichen: 1. Kleinod (Fig. 165): achtspitziges, an den Spitzen mit Kugeln besetztes Kreuz, mit vorwärtssehenden Löwen in den Winkeln und von der hannoverschen Krone überhöht, bei Klasse **I.**, **II.** und **III.** alles von Gold, bei Klasse **IV.** von Silber. Das goldbordierte rote Medaillon enthielt auf dem Avers das laufende weiße Roß auf grünem Boden, der goldene Revers zeigte, unter der königlichgekrönten Initiale des Stifters, das Stiftungsjahr. Das Medaillon umgab ein blauer Reif mit der goldenen Devise,

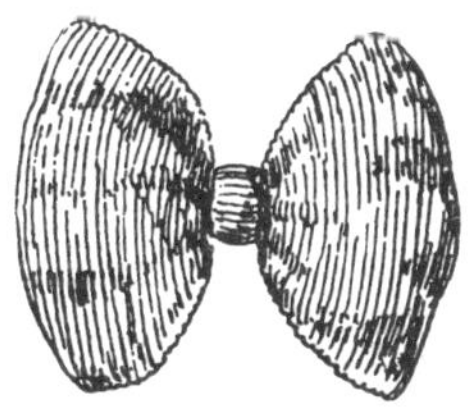

Fig. 167.
Guelphenorden.
Bandschleife der III. Klasse.

und letzteren umschloß ein grüner Kranz, der bei den Militärs aus Lorbeer, bei den Civilisten aus Eichenlaub bestand. Außerdem waren unter der Krone der militärischen Dekoration zwei gekreuzte Schwerter (Fig. 169) angebracht. 2. Das Band war hellblau und bei den Großkreuzen 9.5 cm breit und von der rechten Schulter zur linken Hüfte getragen, bei

Fig. 168.
Guelphenorden.
Civil-Großkreuz-Stern.

den Commandeurs I. und II. Klasse 6 cm breit, daran das Kreuz, um den Hals befestigt, die Ritter und Mitglieder trugen letzteres im Knopfloch an einem zweifingerbreiten Bande, die III. Klasse mit einer Schleife auf demselben (Fig. 167). 3. Der Stern der Großkreuze und Commandeurs I. Klasse (Fig. 168), mit dem gleichen Medaillon (Fig. 169) nebst Reif und Kreuz und bei den Militärs mit zwei gekreuzten goldenen Schwertern, war bei den Großkreuzen achtstrahlig, bei den Commandeurs in Form des Ordenskreuzes (Fig. 166) gestaltet und wurde auf der linken Brustseite getragen. 4. Bei feierlichen Gelegenheiten trugen

Fig. 169.
Guelphenorden.
Militär-Ritterkreuz, Revers.

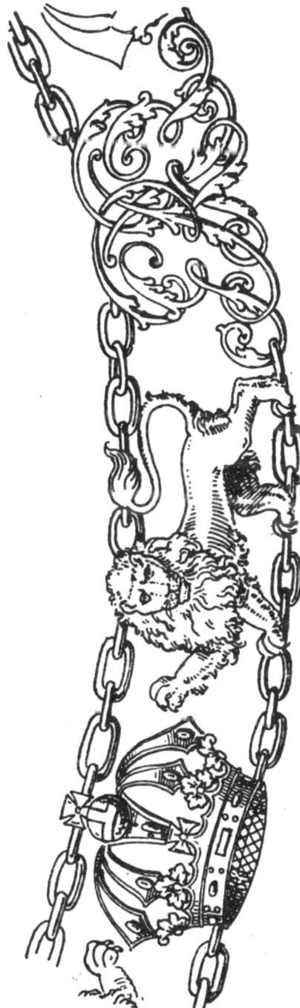

Fig. 170. Guelphenorden. Halskette.

die Großkreuze das Kreuz an einer goldenen Halskette (Fig. 170), bestehend abwechselnd aus der königlichen (vorn und hinten von zwei Löwen gehaltenen) Krone und der Initiale G(eorgius) R(ex) in Spiegelschrift.

Ernst August-Orden.

Gestiftet durch König Georg V. d. d. Aurich, 15. Dezember 1865 in fünf Klassen: Großkreuzen, Komturen I. und II. und Rittern I. und II. Klasse. Er wurde verliehen an Militär und Civil, besonders auch für Verdienste in Wissenschaft und Kunst. Inländer durften das Großkreuz nicht erhalten, wenn sie nicht die Rangklasse des Generallieutenants, das Komturkreuz I. Klasse, wenn sie nicht den Generalmajors-, das Komturkreuz II. Klasse, wenn sie nicht den Oberstenrang erreicht hatten.

Fig. 171.
Ernst August-Orden.
Komturkreuz.

Ordenszeichen:

1. Kleinod (Fig. 171): goldbordiertes, mit goldenen Kugeln an den

Fig. 172.
Ernst August-Orden.
Rückseite des Medaillons.

acht Spitzen und goldenen Königskronen in den Winkeln versehenes weißemailliertes Kreuz, mit rotem Medaillon, dessen goldbordierter blauer Reif im Avers die goldene Devise, im Revers (Fig. 172) das goldene Stiftungsdatum trägt. Innerhalb des Reifs im Avers die goldene Initiale König Ernst Augusts, im Revers die König Georgs V. (Fig. 172). Bei dem Kreuz der Ritter II. Klasse statt Gold überall Silber. Hierzu die Großkreuze (Fig. 173) und Komture I. Klasse (Fig. 174 S. 130) auf der linken Brust einen silbernen Stern mit demselben Medaillon, bei den Letzteren in Form des Ordenskreuzes. Das Band, an dem die Großkreuze das Zeichen über die rechte Schulter an

Fig. 173.
Ernst August-Orden.
Stern der Großkreuze.

der linken Hüfte trugen, war 9.5 cm, das der Komture (um den Hals) 6 cm, das der Ritter zwei Finger breit, scharlachrot mit dunkelblauen, den Rändern parallelen Streifen. — Dem Orden affiliiert war ein goldenes und ein silbernes Verdienstkreuz, ganz in der Form des ersteren, jedoch ohne Emaille.

Fig. 174.
Ernst August-Orden.
Stern der Komture I. Klasse.

Fig. 175.
Medaille für Kunst und Wissenschaft.

Goldene Ehrenmedaille für Kunst und Wissenschaft
(Fig. 175).

Gestiftet von König Ernst August am 30. April 1843, bestand aus Gold, wie abgebildet, und wurde an dunkelblauem Bande getragen.

Verdienstmedaille für Rettung aus Gefahr (Fig. 176 u. 177).

Fig. 176. Fig. 177.
Rettungsmedaille.

Gestiftet durch König Ernst August, 8. August 1845, bestand aus Silber, wie abgebildet, wurde an orangefarbenem, beiderseits mit hellblauen Bordstreifen versehenem Bande getragen.

Hawaïi,

Königreich der Hawaïschen oder Sandwichs-Inseln.

Verdienstorden Kamehamehas I.

Gestiftet d. d. Jolani-Palast zu Honolulu, 11. April 1865, durch den König Kamehameha in drei Klassen: Großkreuze (10), Commandeurs (30) und Rittergenossen (50).

Ordenszeichen: 1. Kleinod: von der goldenen hawaïschen Krone überhöhtes, mit goldenen Borden und Strahlen in den Winkeln versehenes, achtspitziges, weißemailliertes Kreuz, dessen ebensolches Medaillon ein goldenes K innerhalb goldbordierten blauen Reifens, der im Avers (Fig. 178) die goldene Devise (zu deutsch: Sei ein Mann), auf dem Revers (Fig. 179): Kamehameha I., trägt. Bei den Genossen ist das Kreuz von Silber. Hierzu die Großkreuze auf der linken Brust einen silbernen, mit demselben Kreuz, ohne Krone, be-

Fig. 178.
Orden Kamehamehas I.
Medaillon-Avers.

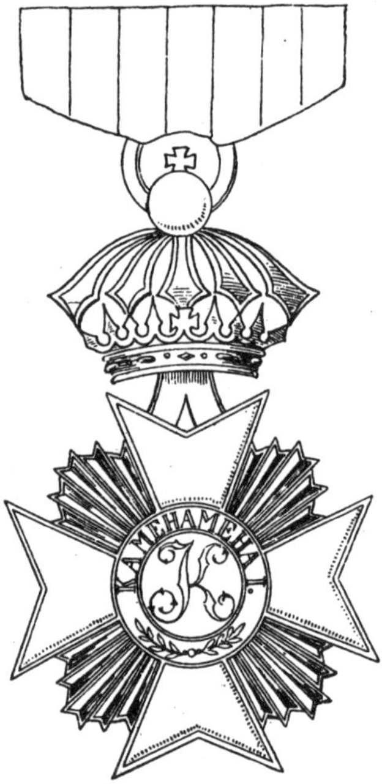

Fig. 179.
Orden Kamehamehas I.
Großkreuz (Revers).

legten Stern: Der Revers des Kreuzes innerhalb silberner Strahlen (Fig. 180 S. 133). Das Band (in der gleichen Breite wie bei den verschiedenen gleichen Graden der Französischen Ehrenlegion) ist bei den Großkreuzen scharlachrot, mit zwei schmalen weißen Bordstreifen, bei den anderen Klassen rot und weiß zu gleichen Teilen siebenfach senkrecht gestreift. Die Großkreuze tragen es über die Schulter die Commandeurs um den Hals, die Rittergenossen im Knopfloch.

Fig. 180.
Orden Kamehamehas I.
Stern der Großkreuze.

Orden Kalakauas I.

Gestiftet von König Kalakaua I. am 12. Februar 1874 (Statuten vom 28. September 1875) „zur Belohnung ausgezeichneter Dienste" in vier Klassen: 1. Großkreuze mit Cordon (12), 2. Großoffiziere (20), 3. Commandeure (30), 4. Genossen [Companions] (60).

Ordenszeichen: Das Großkreuz (Fig. 181 S. 134) ist ein mit goldgesäumtem, blauem Borde versehenes, weißemailliertes, achtspitziges Malteserkreuz, durch dessen Winkel zwei sogenannte „Puloulou", d. h. Stäbe mit Kugeln an den Enden, gekreuzt sind, welcher in alten Zeiten das Sanctuarium, zu dem sich Bedrohte flüchten konnten, kennzeichnete. Dieses

Kreuz ist belegt in der Mitte mit einem weiß- und blauemaillierten Medaillon, darin ein sogenanntes Kahili, d. h. eine aus verschiedenen bunten Federn zusammengesetzte schildförmige Fahne, deren sich die Häuptlinge von Hawaïi bei Staatsangelegenheiten bedienen. Das Medaillon ist umgeben von goldenem Reif, auf dem die Worte: „Kalakaua, February 12th 1874“. Das Ganze ruht auf einem silbernen Stern von acht Strahlen und hängt an einem breiten Bande von himmelblauer Farbe von der rechten Schulter zur linken Hüfte.

Fig. 181.
Orden Kalakauas. (Großoffizier.)

Das Zeichen der Großoffiziere ist ebenso, nur ist der Stern 0.5 cm kleiner als der des Großkreuzes, das Band das gleiche. Das Zeichen der Commandeure ist ein gleiches Kreuz, aber golden und ohne Stern, das der Ritter desgleichen, aber silbern, beide ohne Emaille, überhöht von der Königskrone von Hawaïi und statt des Kahilis das Wort: „Keola“ im Medaillon. Das Band, vermittelst dessen das Zeichen von den Commandeurs um den Hals, von den Rittern (Genossen) auf der linken Brust getragen wird, ist achtstreifig, abwechselnd blau und weiß. Ausnahmen zu gestatten ist der Souverän befugt.

Verdienstorden der Krone von Hawaïi.

Gestiftet von Kalakaua I., König der Hawaïschen Inseln, d. d. Palast zu Honolulu, 12. September 1882, zur Erinnerung an seine Thronbesteigung, zur Bezeigung seines Wohlwollens und zur Belohnung für dem Staate und dem König geleistete ausgezeichnete Dienste. Der Orden zerfällt

Fig. 182.
Orden der Krone von Hawaii.
Großkreuz-Stern.

in sieben Klassen, nämlich: Großkreuze, Großoffiziere, Commandeurs, Offiziere, Genossen (Ritter), Inhaber der goldenen (Militär-), Inhaber der silbernen (Civil-)Medaille. Die Großkreuze sollen die Zahl 20, die Großoffiziere 25, die der Commandeurs 30, die der Offiziere 35, die der Genossen 45 nicht überschreiten. Die Inhaber der goldenen Medaille sollen zwanzig Jahre im Militär, die der silbernen ebensolange im Civil gedient haben.

Ordenszeichen: 1. Kleinod: achtspitziges, goldbordiertes, weißemailliertes Kreuz mit goldenen Eckstrahlen. Im weißemaillierten Medaillon mit dgl. Reif, worin die Worte: Ordre Crown of Hawaii, das Bild der goldenen hawaïschen Krone. Die Großkreuze tragen das Kleinod (in der Größe des Ritterkreuzes) an blauem Bande mit weißen Bordrändern über die linke Schulter, hierzu auf der rechten Brust einen silbernen Strahlenstern (Fig. 182), auf dem das Kreuz wiederholt ist. Die Großoffiziere tragen nur den Stern; das Band (dies ohne das Kreuz), über die Schulter, aber 2 cm schmäler, den Stern 0.5 cm kleiner. Die Commandeure tragen das Kreuz nicht emailliert, in Gold, darüber die Hawaïische Krone um den Hals, die Offiziere das Commandeurkreuz, aber 0.2 cm kleiner, auf der linken Brust an blau und weißer Bandrosette, die Genossen das Kreuz in Größe wie die Offiziere, aber silbern, an ebensolcher Rosette wie die Offiziere. Die Medaillen werden an achtstreifig weiß und blau abgewechseltem Bande gleichfalls auf der linken Brust getragen. Der König kann jedoch Ausnahmen gestatten wie beim Kapiolaniorden (s. d.).

Kapiolaniorden.

Gestiftet vom König Kalakaua, zum Gedächtnis seiner Ahnin Kapiolani der Großen und in Anerkennung der hohen Dienste, welche dieselbe seinem Lande und Stamme geleistet, d. d. Palast zu Honolulu, 30. August 1880. Er soll verliehen werden an Herren wie Damen zur Belohnung hervorragenden Verdienstes, für Dienste auf dem Felde der Wohlthätigkeit, für Auszeichnung auf dem Gebiet von Genie, Wissenschaften und Künsten und für dem Staate, sowie dem König erwiesene Dienste. Er besteht aus Großkreuzen (12), Großoffizieren (15), Commandeurs (30), Offizieren (50), Genossen oder Rittern (60), sowie Medailleninhaber I. und II. Klasse in unbeschränkter Anzahl.

Ordenszeichen: 1. Kleinod (Fig. 183): achtspitziges, von der Hawaïischen Krone überhöhtes, in den vier Winkeln mit Königskrone versehenes, goldbordiertes, rotemailliertes Kreuz, dessen Oberarm das Bild Kapiolanis als Medaillon trägt. Das auf der Kreuzmitte aufliegende Medaillon zeigt innerhalb Reifs mit der Inschrift Kulia i ka Nuu die (von der Königskrone überhöhte) Initiale der Königin Kapiolani in Spiegelschrift. (Bei den Commandeurs, Offizieren und Rittern trägt der Reif in der oberen Rundung nur das Wort Kulia.) Dies Kreuz, von der Größe des Ritterkreuzes, tragen die Großkreuze an einem über die Schulter gehenden gelben Bande, beiderseits mit einem Bordstreifen in den hawaïischen Farben weiß-rot-blau, außerdem aber auf der Brust einen achtstrahligen silbernen, mit demselben Kreuz, ohne das Bild und die fünf Kronen, jedoch eine dgl. über der Initiale, belegten Stern (Fig. 184 S. 138). Die Großoffiziere tragen denselben (2 cm weniger im Durchmesser) und das Band (2 cm schmäler) ebenfalls über die Schulter, aber ohne das Kreuz, dagegen das Commandeurkreuz am Halse. Die Commandeurs tragen das Kreuz, ohne Stern, mit der obenerwähnten Abänderung an rot und gelb achtfach gestreiftem Bande um den Hals, die Offiziere dasselbe, ein wenig kleiner, auf der linken Brust und die Ritter das Offizierkreuz, jedoch statt Gold überall Silber, ebendaselbst. Der Souverän kann gestatten, daß anstatt am Bande die Großkreuze das Zeichen an einer Kette um den Hals tragen, auch den Großoffizieren erlauben, den Stern der Großkreuze zu tragen.

Fig. 183.
Kapiolaniorden.
(Commandeurkreuz.)

Damen tragen das Zeichen an einer Schleife des letztbeschriebenen Bandes.

Fig. 184.
Kapiolaniorden.
Großkreuz-Stern.

Die Medaillen, ohne die Krone, werden am selben Bande vermittelst Ringes getragen.

Orden des Sterns von Oceanien.

Gestiftet durch König Kalakaua von Hawaï am 16. Dezember 1886, zur Belohnung von dem Könige und dem Staate Hawaï geleisteten Diensten für In- und Ausländer. Der König ist Großmeister des Ordens; letzterer besteht aus sieben Klassen, nämlich 1. Großkreuzen, 2. Großoffizieren, 3. Commandeuren, 4. Offizieren, 5. Genossen, 6. Inhabern der goldenen, 7. Inhabern der silbernen Medaille. Die Anzahl der Genossen soll nicht 75, die der

Offiziere 60, die der Commandeurs 45, die der Großoffiziere 30, die der Großkreuze 15 übersteigen, jedoch nur hinsichtlich der im Staate Hawaïi Lebenden. An Ausländer kann eine beliebige Anzahl der Ordensklassen verliehen werden, ebenso ist die der Medailleninhaber unbeschränkt.

Ordenszeichen: 1. Kleinod (Fig. 185): fünfstrahliger, grün mit goldgesäumtem weißem Bord emaillierter Stern, in dessen Winkeln sich je sieben fassettierte goldene Strahlen von verschiedener Länge befinden. In der Mitte des Sterns befindet sich ein ebenfalls grünes Medaillon, welches ein aus dem Meere sich erhebendes strahlendes goldenes Licht zeigt, überhöht im Halbkreis von sechs fünfstrahligen dergleichen Sternen. Um das Medaillon ein scharlachroter goldgesäumter Reif, mit der goldenen Inschrift: KA.KOKU.O.OSIANIA (Kalakaua König von Oceanien). Über dem Stern befindet sich die Königlich Hawaïische goldene Krone, mit scharlach und weißemailliertem Kronenreif, rings umgeben von zwölf fassettierten rautenförmigen Strahlen (Edelsteinen). An der Krone hängt die obere Spitze des Sterns vermittelst viereckigen Ansatzes (Lappens). Die Inhaber der Medaillen tragen den Orden golden, bzw. silbern, ohne Emaille.

Fig. 185.
Stern von Oceanien.

2. Stern (Fig. 185); ebenso, wird von den Großkreuzen auf der linken Brust und ebenda auch von den Großoffizieren, jedoch um 1/8 geringer im Durchmesser getragen. 3. Band: grünseiden, mit weißen Bordstreifen. — Die Großkreuze tragen das Band breit über die Schulter, die Großoffiziere nur den Stern ohne Band, die Commandeure am Halse (der Orden 3 mm kleiner als der der Großoffiziere), die Offiziere nur den Stern, wiederum ein wenig kleiner (ohne Band) auf der linken Brust, die Genossen in der Größe noch etwas kleiner am Bande auf der linken Brustseite oder im Knopfloch. — Von allem diesen darf der König Ausnahmen gestatten. Zu dem Orden existiert auch eine Kette, welche jedoch nur von dem Ordenskonvent, respektive der speziellen Königlichen Kommission verliehen werden darf.

Hessen, ehemaliges Kurfürstentum.

Hausorden vom goldenen Löwen*).

Gestiftet 14. August 1770 vom Landgrafen Friedrich II. zu Hessen-Cassel, zur Belohnung und Würdigung ausgezeichneter Verdienste &c., unter Erwählung der heiligen Elisabeth von Ungarn, seiner Ahnin, zur Schutzpatronin desselben. Kurfürst Wilhelm I. erweiterte den Orden, der bis dahin nur aus einer Klasse bestand, d. d. 1. Januar 1818 auf vier Klassen: Großkreuze, Commandeurs I. und II. Klasse und Ritter, mit unbeschränkter Mitgliederzahl; Militärs

*) Nachdem durch Patent vom 3. Oktober 1866 der Kurstaat mit dem Königreich Preußen vereinigt worden und der obige Orden in die Reihe der Königl. Preußischen übernommen war, wurde laut Allerhöchsten Erlasses vom 27. August 1875 der Orden aus der Reihe der letzteren gestrichen; er ist seit dem 6. Juni 1876 ein ausschließlich Großherzoglich Hessischer Orden unter dem Namen: „Großherzoglich Hessischer goldener Löwenorden“.

erhielten ihn mit Schwertern. Unterm 20. August 1851 stiftete Kurfürst Friedrich Wilhelm I. aus den letzteren drei Klassen einen neuen Orden, den „Wilhelmsorden“, stellte den Hausorden vom goldenen Löwen als solchen in einer Klasse wieder her und bestimmte, daß, einschließlich des Ordensmeisters, der Prinzen des Kurhauses als geborenen Rittern, auswärtiger fürstlicher und anderer Personen und des Ordenskanzlers, der Orden in der Regel nicht mehr

Fig. 186.
Orden vom goldenen Löwen.

als 41 Ritter haben solle. Geburt und Konfession spielt bei der Verleihung keine Rolle, doch sollen Inländer ihn nicht erhalten, wenn sie nicht bereits Generallieutenantsrang und, falls sie Militärs, nicht vorher den Orden „pour la vertu militaire“ besessen haben.

Ordenszeichen: Kleinod (Fig. 186): gekrönter goldener Löwe innerhalb goldenen Ovalreifens auf dem Avers mit Devise, auf dem Revers mit der Inschrift: Fridericus II D. G. Hassiae Landgravius inst. 1770. — Dasselbe wird an handbreitem karmesinrotem Bande, von der rechten

Schulter zur linken Hüfte, getragen. Hierzu auf der linken Brust ein achtstrahliger, gestickter silberner Stern (Fig. 187), in dessen blauem Medaillon der goldgekrönte, von Weiß

Fig. 187.
Orden vom goldenen Löwen.

und Rot zehnfach quergestreifte Hessische Löwe, innerhalb eines mit doppeltem Goldbord eingefaßten, aus karmesinem Atlas bestehenden Reifens, darin die Ordensdevise in Silber-

Fig. 188.
Orden vom goldenen Löwen.

stickerei. Bei feierlichen Gelegenheiten das Kleinod an einer Kette, wie (Fig. 188) abgebildet, die Löwen, Buchstaben und Schilde golden.

Wilhelmsorden.

Gestiftet durch Kurfürst Friedrich Wilhelm I. d. d. 20. August 1851 aus den drei unteren Klassen des Hausordens vom goldenen Löwen (s. d.), unter Hinzufügung einer Großkreuzklasse, also in vier Klassen: Großkreuzen, Commandeurs I und II. Klasse, Rittern und Inhabern des Wilhelmsordens IV. Klasse. Die Zahl der Ordensglieder aller Klassen war unbeschränkt, der Orden für Civil und Militär bestimmt. Das Großkreuz sollte niemand erhalten, der nicht Generallieutenants-, das Commandeurkreuz keiner, der nicht Generalmajors-Rang hatte. Der Orden wird nicht mehr verliehen.

Ordenszeichen:

1. Kleinod (Fig. 189): A. der Großkreuze und Commandeure: karmesinrot emailliertes, achtspitziges, mit goldgesäumtem, weißemailliertem Bord versehenes Kreuz, in dessen Mitte ein achtstrahliger silberner Stern, belegt mit blauem Medaillon, darin der goldene gekrönte (hessische) Löwe innerhalb eines goldgesäumten karmesinroten Reifens, darin die goldene Ordensdevise und im Revers die Initialen: W(ilhelm) K(urfürst) ebenfalls auf blauem Grunde. Über dem Kreuze eine goldene Krone.

Fig. 189.
Wilhelmsorden.
Großkreuz.

2. Das Band, vermittelst dessen das Kreuz von den Großkreuzen handbreit über die rechte Schulter zur linken Hüfte, von den Commandeurs drei Finger breit um den Hals, von den Rittern der III. und IV. Klasse zwei Finger breit auf der linken Brust getragen wurde, war karmesinrot mit weißen Bordstreifen. B. Das Kreuz der Ritter III. Klasse (Fig. 190 u. 191) war etwas länglicher, als das beschriebene, ohne Krone, ohne den Stern

Fig. 190.
Wilhelmsorden.
Ritterkreuz.

Fig. 191.
Wilhelmsorden.
Ritterkreuz-Revers.

und mit ovalem Reif und Medaillon, das der Ritter IV. Klasse war, ausgenommen Reif und Medaillon, nicht emailliert, silbern; sein Revers ist in Fig. 192 abgebildet. 3. Der Stern der Großkreuze, auf der linken Brust getragen (Fig. 192 S. 145), war silbern, belegt mit einem silbernen achtspitzigen Kreuze, in dessen blauem Medaillon mit goldenem Reif sich der goldene Löwe befand. Nur das letztgenannte Kreuz (Fig. 193 S. 145) trugen die Commandeurs als Stern auf der linken Brust.

Fig. 192.
Wilhelmsorden.
Stern der Großkreuze.

Fig. 193.
Wilhelmsorden.
Stern der Komture.

Militär-Verdienstorden.

Gestiftet durch Landgraf Friedrich II. von Hessen am 25. Februar 1769. Der Orden hieß bis zum 22. Oktober 1820, an welchem Tage er obigen Namen erhielt: „Ordre pour la vertu militaire“. Er war bestimmt für Belohnung der Unerschrockenheit und sonstigen standhaften Betragens im Kriege. Er wird nicht mehr verliehen.

Das **Ordenszeichen:** 1. Kleinod (Fig. 194 u. 195) lehnt sich sehr an den preußischen Orden pour le mérite

Fig. 194. Avers.

Fig. 195. Revers.

Militär-Verdienstorden.

(s. d.) an, es bestand aus einem mit goldener Krone gekrönten achtspitzigen goldbordierten rosaemaillierten Kreuze, dessen Oberarm die goldnen Initialen W(ilhelm) K(**urfürst**), die drei übrigen die goldene Inschrift: Virtuti verteilt trugen. In jedem Winkel ein gekrönter goldener Löwe. 2. Das Band war himmelblau, am Rande silberdurchwirkt und wurde an ihm der Orden um den Hals getragen.

Orden vom eisernen Helm.

Gestiftet, augenscheinlich in Anlehnung an das preußische eiserne Kreuz (s. d.), d. d. 18. März 1814 durch Kurfürst Wilhelm I. zur Belohnung des Verdienstes im Kriege gegen Frankreich in zwei Klassen und einem Großkreuz.

Ordenszeichen: 1. Kleinod (Fig. 196 u. 197) ursprünglich (1814) ein Kleeblattkreuz, später (1815) ein breitendiges Kreuz, beide aus Gußeisen, mit silbernem Borde; in der

Fig. 196.

Fig. 197.

Orden vom eisernen Helm.

Mitte liegt der eiserne Helm, die Arme tragen die silbernen Buchstaben W(ilhelm) K(urfürst) und die Jahreszahl 1814 und wurde am roten Bande mit zwei weißen Bordstreifen im Knopfloch getragen. Die erste Klasse hatte neben dieser Dekoration noch ein Kreuz aus rotem Bande mit weißer Einfassung auf der linken Brust, das Großkreuz hatte die doppelte Größe. Das Kreuz ist außer an kurhessische Unterthanen ausnahmsweise auch an Militärs der alliierten deutschen Truppen, die im kurhessischen Corps dienten, erteilt worden, wurde aber später nicht mehr verliehen.

Hessen und bei Rhein, Großherzogtum.

Ludwigsorden.

Großherzog Ludwig gab d. d. Darmstadt, 14. Dezember 1831 diesem von seinem Herrn Vater am 25. August 1807 gestifteten Orden neue Statuten und obigen Namen. Er teilt sich in fünf Klassen: Großkreuze, Commandeure I., Commandeure II., Ritter I., Ritter II. Klasse. Die Anzahl der Mitglieder aller Klassen ist unbestimmt. Dem Orden ist eine goldene und eine silberne Verdienstmedaille affiliiert. Das Großkreuz erhalten nur Personen fürstlicher Geburt oder solche, welche das Prädikat Excellenz führen, bzw. in gleichem Range stehen.

Fig. 198.
Ludwigsorden.
Großkreuz.

Ordenszeichen:

1. Kleinod (Fig. 198): für alle Klassen gleich, nur in der Größe verschieden, schwarzemailliertes, mit goldgesäumtem roten Borde versehenes, achtspitziges Kreuz, darüber die goldene Krone; das rote Medaillon, mit weißem Reif, darin die goldene Inschrift: „Für Verdienste“, trägt im Avers ein von goldenen Lorbeerzweigen umrahmtes goldenes L; der Revers, welcher schwarz ist, zeigt, inner-

halb weißen mit Lorbeer und Eichenzweig belegten Reifs, die goldenen Worte: Gott, Ehre, Vaterland. 2. Das Band ist schwarz, mit roten Bordstreifen, bei den Großkreuzen handbreit, von der linken Schulter zur rechten Hüfte, bei den Commandeurs um den Hals, von den Rittern

Fig. 199.
Ludwigsorden.
Stern der Großkreuze.

auf der linken Brust getragen. 3. Der Stern der Großkreuze (Fig. 199) und Commandeure I. Klasse (Fig. 200 S. 150), auf der linken Brust getragen, bei Jenen achtspitzig, bei Diesen vierspitzig, ist silbern, bei ersterem mit dem Reversmedaillon des Kreuzes, bei letzterem mit dem Reverse des Kreuzes (groß, mit goldenen Kugeln an den Spitzen) belegt.

Großherzoglich Hessischer Philippsorden.

Gestiftet als „Verdienstorden Philipps des Großmütigen" vom Großherzog Ludwig II. am 1. Mai 1840, dem Namenstage seines Ahnen, zur Belohnung ausgezeichneter Dienste in vier Klassen: Großkreuze, Komture I., Komture II. Klasse und Ritter. Diesen vier Klassen wurde, laut Dekret des

Fig. 200.
Ludwigsorden.
Stern der Commandeure.

Großherzogs Ludwig III. vom 1. Mai 1849, eine fünfte, das silberne Kreuz, hinzugefügt und d. d. 10. November 1859

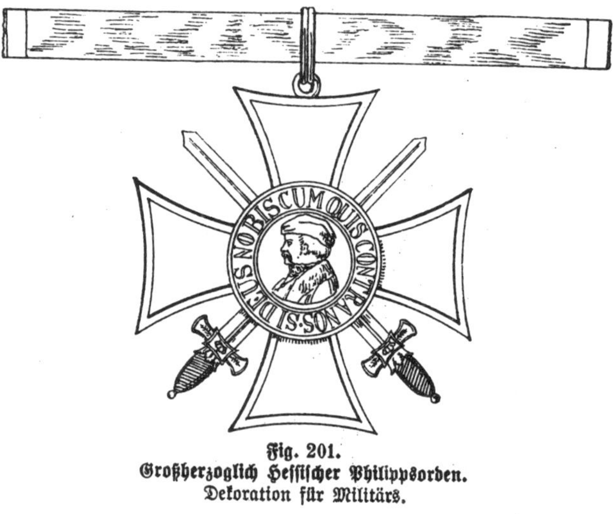

Fig. 201.
Großherzoglich Hessischer Philippsorden.
Dekoration für Militärs.

das bisherige Ritterkreuz in zwei Klassen eingeteilt, so daß nunmehr sechs Klassen existieren, von denen das silberne Kreuz die letzte bildet. Laut Dekret vom 14. März 1876 erhielt der Orden obigen Namen.

Fig. 201 a.
Philippsorden.
Rückseite des Medaillons, vergrößert, Ritterkreuz doppelt.

Ordenszeichen: 1. Kleinod (Fig. 201): goldbordiertes, weißemailliertes Kreuz, mit blauem Medaillon, worin im Avers die goldene Büste Philipps des Großmütigen, mit der goldenen Umschrift: Si Deus Nobiscum, quis contra Nos, auf goldbordiertem weißen Reif. Der Revers (Fig. 201 a) zeigt auf Blau den Großherzoglich Hessischen Löwen, der Reif die Umschrift: Ludovicus III Magnus Duc Hassiae instituit. So, nur durch Größe verschieden, die Kreuze

Fig. 202.
Philippsorden.
Stern der Großkreuze, Dekoration für Militärs.

der ersten fünf Klassen für Civilpersonen, wogegen die sechste ein nichtemailliertes silbernes Kreuz in gleicher Zeichnung zeigt. Für Militärs kreuzen die Winkel des Kreuzes zwei goldene (beim silbernen Kreuze silberne goldbegriffte) Schwerter. 2. Das Band (Fig. 201 S. 150), hochrot mit ganz schmalen blauen Bordstreifen, bei den Großkreuzen handbreit von der rechten Schulter zur linken Hüfte, wird von den Komturen halb so breit um den Hals, von

Fig. 203.
Philippsorden.
Stern der Komture, Dekoration für Militärs.

den Rittern noch schmäler auf der linken Brust getragen. 3. Der Stern der Großkreuze (Fig. 202 S. 151) ist silbern, mit dem Avers des Kreuzes; der der Komture (Fig. 203) ist das Ordenskreuz vergrößert, ganz von Silber gestickt, jedoch ohne den Devisenreif; beide werden auf der linken Brust, von Militärs (Fig. 203) noch mit den beiden bei den ersteren goldenen, bei den letzteren silbernen gekreuzten Schwertern getragen.

Hausorden vom goldenen Löwen.

Über diesen ursprünglich kurhessischen, nach dem Tode des letzten Kurfürsten 1875 durch Ordre vom 6. Juni 1876 zum Großherzoglich Hessischen Hausorden erhobenen Orden ist das nähere bereits sub Kurhessen gesagt. Derselbe ist jetzt lediglich bestimmt für volljährige Mitglieder des Gesamthauses Hessen und die neuen, sowie die etwa noch vorhandenen Ritter des ehemals kurfürstlichen Ordens heißen jetzt: „Ritter des Großherzoglich Hessischen goldenen Löwenordens". Der Orden rangiert hinter dem Großkreuz des Philippsordens.

Militär-Verdienstkreuz (Fig. 204, 204a und b).

Gestiftet durch Großherzog Ludwig III. in nur einer Klasse 12. September 1870, zur Belohnung ausgezeichneter Verdienste vor dem Feinde, besonderer Einsicht, Tapferkeit und

Fig. 204b.

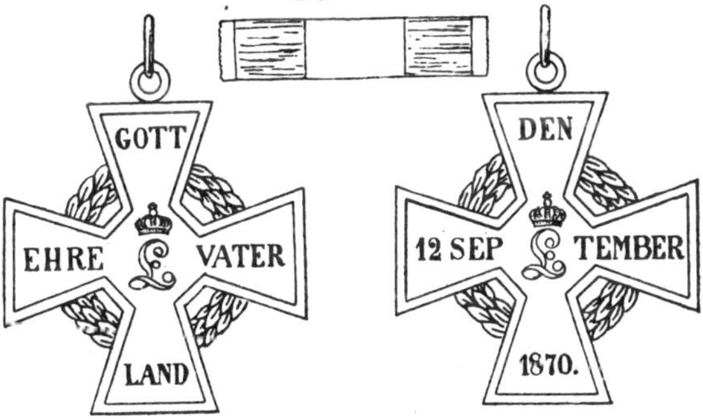

Fig. 204. Vorderseite. — Militär-Verdienstkreuz. — Fig. 204a. Rückseite.

Geistesgegenwart; es besteht aus einem Kreuz aus vergoldeter Bronze, wie abgebildet und wird an hellblauem, mit zwei breiten ponceauroten Bordstreifen versehenen Bande an der linken Brust getragen.

Militär-Sanitätskreuz (Fig. 205, 205a u. b S. 154).

Gestiftet durch Großherzog Ludwig III. am 25. August 1870 für Personen beiderlei Geschlechts, welche sich durch verdienstliche Leistungen im Sanitätswesen überhaupt, insbesondere aber bei der Pflege und dem Transport verwundeter und kranker Soldaten ausgezeichnet haben. Das

Fig. 205 b.

Fig. 205. Vorderseite.

Militär-Sanitätskreuz.

Fig. 205 a. Rückseite.

Ordenszeichen, in nur einer Klasse, besteht aus vergoldeter Bronze, wie abgebildet, und wird an ponceaurotem Bande mit zwei silbernen Bordstreifen auf der linken Brust getragen.

Fig. 206.

Fig. 206 a.

Medaille für Kunst und Wissenschaft.

Verdienstmedaille für Wissenschaft, Kunst, Industrie und Landwirtschaft (Fig. 206 u. 206a S. 154).

Gestiftet durch Großherzog Ludwig III. am 21. Mai 1853, wird in Gold oder Silber verliehen und an einem fünfmal ponceaurot und viermal weiß gestreiften Bande, wie abgebildet, getragen.

Hohenlohe, Fürstenhaus.

Fürstlich Hohenlohescher Haus- und Phönixorden.

Dieser Orden, der noch gegenwärtig mit Erlaubnis der Landesherren verliehen und getragen wird, wurde gestiftet am 29. Dezember 1757 durch Philipp Ernst I., Fürst zu Hohenlohe-Waldenburg-Schillingsfürst, an seinem fünfundneunzigsten Geburtstage, unter dem Namen der „Goldenen Flamme“, als ein Band der Freundschaft für seine Kinder, deren Nachkommen und nächsten Angehörigen. Des Stifters Sohn: Fürst Karl Albrecht I., seit 1763 als Senior der Hohenlohe-Waldenburgischen Hauptlinie Chef des Ordens, fügte demselben im Jahre 1770 eine zweite Klasse, den „Ritterorden vom Phönix“, hinzu und bestimmte, daß der Orden an Deutsche von Adel mit mindestens vier Ahnen und erwiesener Stiftsmäßigkeit, an Ausländer, nach bewiesener Adelsprobe wie für den Malteserorden, verliehen werden solle. 1795 gab Fürst Ludwig Leopold zu Hohenlohe-Bartenstein, als Senior der Hauptlinie, dem Orden neue Statuten. Hiernach sollte der Orden in zwei Klassen zerfallen, deren erste, der eigentliche Hausorden, nur an Mitglieder des Hauses Hohenlohe und anderer unmittelbarer fürstlicher und gräflicher Häuser, die zweite Klasse, der Phönixorden, an adelige Diener des Hauses Hohenlohe, auswärtige Standespersonen, wie auch Damen verliehen werden sollte. Die zweite Klasse ist seit 1829 nicht mehr verliehen worden.

Ordenszeichen: 1. Kleinod (der ersten Klasse, Fig. 207 a und b): goldbordiertes, weißemailliertes, mit zwölf goldenen Flammen besätes achtspitziges Kreuz, mit blauem Medaillon, worin, innerhalb goldgesäumten roten Reifens, unter der

Fig. 207 a. Kreuz.

Fig. 207 b. Kreuz, Rückseite.

Phönixorden.

goldenen Inschrift: In senio*) ein silberner Phönix aus einem brennenden Scheiterhaufen steigt**). Der Revers trägt einen goldenen Stern, innerhalb dessen, unter hermelingestülptem blauen Fürstenhute, sich die rote Initiale des Stifters befindet. Dies Kreuz wird an einem karmesinroten, mit zwei goldenen, von je zwei „perlfarbigen" Säumen eingefaßten Bordstreifen um den Hals, von Damen an einer Doppelschleife an der linken Schulter getragen. Nur

*) Bezieht sich sowohl auf das Greisenalter wie auf die Seniorstellung des Stifters.

**) Dem Helmkleinod des Wappens des Hauses Hohenlohe entnommen.

die Herren tragen hierzu auf der linken Brust den silbernen Stern (Fig. 208) mit dem goldenen achtspitzigen, aus den

Fig. 208.
Phönixorden.
Stern.

Winkeln flammensprühenden Kreuz, dessen blaues gold-umrahmtes Medaillon wieder in goldener Schrift die Devise: In senio trägt.

Hohenzollern, Fürstenhaus.

Fürstlich Hohenzollernscher Hausorden.

Gestiftet am 5. Dezember 1841 (Statut vom 1. Januar 1842) durch die (damals noch souveränen) Fürsten Friedrich von Hohenzollern-Hechingen und Karl von Hohenzollern-Sigmaringen. Er ist bestimmt für treue, dem Fürstenhause und Lande geleistete Dienste. Das Protektorat übernahm König Friedrich Wilhelm IV. von Preußen.

Der Orden wurde in vier Klassen:

1. Ehrenkreuz I. Klasse,
2. Ehrenkreuz II. Klasse,
3. die goldene Ehrenmedaille,
4. die silberne Verdienstmedaille:

geteilt und am 8. April 1844 eine fünfte: „Das silberne Ehrenkreuz III. Klasse" eingeschoben, wohingegen Nr. 3 und 4 in bzw. Klasse 4 und 5 weiter rückten.

Fig. 209.
Fürstlich Hohenzollernscher Hausorden.
Ehrenkreuz I. Klasse in Brillanten. 1857.

Fig. 210.
Fürstlich Hohenzollernscher Hausorden.
Ehrenkreuz II. Klasse mit der Krone (Revers).

Sämtliche Prinzen des Fürstenhauses Hohenzollern sind nach angetretenem 16. Lebensjahre zur Anlegung des angebornen Ehrenkreuzes I. Klasse befugt. Dasselbe dürfen im Übrigen nur höhere Staats- und Hofbeamte wegen ausgezeichneter Dienste, das Ehrenkreuz II. Klasse nur Personen im Range eines Kollegialrats, Amtsvorstandes 2c., oder die im Militär nicht unter Hauptmannsrang stehenden Personen erhalten.

Der Orden wurde (in etwas anderer Form) am 23. August 1851 auch unter die Preußischen Orden (s. d.) aufgenommen und die neuen Statuten vom 16. Februar 1852 am 20. März 1852 durch König Friedrich Wilhelm IV. bestätigt.

Ordenszeichen: 1. Kleinod: Ehrenkreuz I. Klasse (Fig. 209): weißemailliertes, mit schwarzem, beiderseits goldgesäumtem Borde versehenes Kreuz wie abgebildet; durch die Winkel ein grüner Lorbeer- und Eichenkranz; das weiße Medaillon mit goldgesäumtem blauen Reif, darin die goldene Inschrift: „Für Treue und Verdienst“, trägt unter der purpurn gefütterten Fürstenkrone den Hohenzollernschen Stammschild und wird als Stern auf der Mitte der linken Brust getragen. Das Ehrenkreuz II. Klasse (Fig. 211) ist kleiner und hat dasselbe Avers-Medaillon. Das weiße Revers-Medaillon zeigt die Buchstaben F und C unter einer Fürstenkrone, umgeben von blauem goldbordierten Reif, darin der Stiftungstag: den 5. Dezember 1841. Das silberne Ehrenkreuz III. Klasse desgleichen ebenso, jedoch ist der blauemaillierte Reif des Reverses anstatt der weißen Emaille nur silbern, und trägt im blauemaillierten Reif des Reverses die silberne Inschrift: den 8. April 1844. Beide werden an weißem Bande mit drei 3.5 cm breiten schwarzen senkrechten Streifen auf der linken Brust getragen, die Medaillen zeigen innerhalb des Lorbeerkranzes auch die Zeichen des

Revers.

Avers.

Fig. 211.
Der Fürstlich Hohenzollernsche Hausorden II. Klasse. 1841.
Mittelschild der Vorderseite.

Averses, respektive des Reverses. Es wird (laut Statutzusatz vom 18. Dezember 1866) für alle fünf Klassen auch mit Schwertern (Fig. 212) verliehen. Die Ritter des Schwarzen Adlerordens, welche Inhaber des Ehrenkreuzes I. Klasse obigen Ordens sind, tragen dasselbe unter dem Stern des erstgenannten Ordens, die Prinzen des Königlich Preußischen und Fürstlichen Hauses, welche Großkomture des Königlichen Hausordens von Hohenzollern sind, haben ausschließlich das Recht, entweder die I. Klasse des Fürstlichen Ehrenkreuzes, oder aber die II. Klasse, diese dann aber mit einer halbgefütterten goldenen Königskrone, wie in Fig. 210 S. 158 abgebildet, zu tragen.

Fig. 212.
Fürstlich Hohenzollernscher Hausorden.
Ehrenkreuz II. Klasse mit Schwertern 1866.
(Revers.)

Fürst Leopold hat d. d. Sigmaringen, 10. Februar 1891, mit Genehmigung Sr. Majestät des Königs von Preußen vom 23. Februar ejd., eine fernere Erweiterung des Hausordens von Hohenzollern eintreten lassen insofern, als zwischen die bis dahin bestehende I. und II. Klasse des Ehrenkreuzes noch ein Ehrenkomturkreuz eingeschoben ist. Dasselbe steht in der Größe zwischen dem Ehrenkreuz I. und II. Klasse, hat gleichen Avers und Revers wie das letztere und wird an einem weißen dreimal schwarz gestreiften gewässerten seidenen Bande um den Hals getragen.

Honduras, Republik.

Ritterorden von Santa Rosa (der heiligen Rose) und der Civilisation von Honduras.

Gestiftet durch gesetzgebendes Dekret des Präsidenten der Republik vom 21. Februar 1868, mit Statuten vom 18. September ejd. in fünf Klassen, nämlich: 1. Rittergroßkreuze, 2. Rittergroßoffiziere, 3. Rittercommandeurs, 4. Ritteroffiziere, 5. Ritter.

Fig. 213.
Santa Rosaorden.
III.—V. Klasse.

Die beiden oberen Grade sind zur Belohnung wichtiger der Republik geleisteter Dienste, die übrigen zur Anerkennung für heldenmütige Thaten, sowie um Dienste, die der Menschenliebe, Künsten, Wissenschaften oder der Gelehrsamkeit entsprungen sind, zu belohnen. Das Rittergroßkreuz soll nur Regenten, hohen Staatsbeamten und für außerordentliche der Nation lange und redlich geleistete Dienste verliehen werden.

Fig. 214.
Santa Rosaorden.
Medaillonrevers
der III.—V. Klasse.

Ordenszeichen: 1. Kleinod (der III., IV. und V. Klasse): weißemailliertes, schmal goldbordiertes, an den Spitzen mit goldenen Kugeln (oder Diamanten) besetztes Kreuz, hängend an einem grünen Myrtenkranz. Durch die Winkel des Kreuzes, die Spitzen fast berührend, schlingt sich ein grüner Lorbeerkranz, unten mit goldenem Bande zusammengebunden. Auf der Mitte des Kreuzes **III.** Klasse liegt ein goldenes Medaillon, im Avers mit dem Staatswappen, bei der **IV.** und **V.** Klasse nur mit der Inschrift des Reverses im Medaillon, umgeben von goldgesäumtem grünen Reif mit der goldenen Inschrift: **„Republica de Honduras“**. Der Revers hat auf dem Reif die Inschrift: **„Orden de Santa Rosa y de la civilizacion de Honduras“**, wogegen das goldene Mittelfeld entweder (je nach der Art

Fig. 215.
Ritterorden von Santa Rosa.
I. und II. Klasse.

des Verdienstes) die Worte **merito civil** (Civilverdienst) oder **merito militar** (Militärverdienst), Fig. 214, oder **merito religioso** (religiöses Verdienst), Fig. 213, trägt. Dieses Kreuz wird, 45 mm im Durchmesser, von der **III.** Klasse am Halse (an 55 mm breitem Bande), von der **IV.** und **V.** Klasse 35 mm im Durchmesser (das der **IV.** mit Rosette) an einem 40 mm breiten Bande auf der linken Brust getragen. Das Band ist dunkelrot, in der Mitte mit blau-weiß-blauem Streifen.

Die Ritter der ersten und zweiten Klasse (Fig. 215) haben das beschriebene Kreuz (statt des Myrtenkranzes durch die Kreuzwinkel einen Eichen- und einen Ölzweig und statt der auf dem Reifen befindlichen obigen Inschrift, die Worte: **Dios, honor, patria** [Gott, Ehre, Vaterland]), auferlegt einem Stern von vier längeren silbernen und vier kürzeren goldenen Strahlen; diese Dekoration wird, 60 mm im Durchmesser, von den Großkreuzen an einem 100 mm breiten Bande der ebenbeschriebenen Farbe von der linken Schulter zur rechten Hüfte und von den Großoffizieren, im Durchmesser von 70 mm, ohne Band, auf der rechten Brust getragen.

Italien, Königreich
(seit 17. März 1861).

Höchster Orden der Verkündigung (Annunziatenorden).

Gestiftet zwischen 1360 und 1363 von Amadeus VI., vierzehntem Grafen von Savoyen, genannt „der grüne Graf“, unter dem Namen: „Orden vom Halsbande“, zur Ehre Gottes, der heiligen Jungfrau Maria, der fünfzehn Freuden derselben, der Heiligen des Paradieses und des ganzen himmlischen Hofes.

Die ersten Statuten gab ihm Amadeus VIII., sechzehnter Graf, dann erster Herzog von Savoyen, d. d. Chatillon, 30. Mai 1409, in vierzehn Paragraphen, denen er am 13. Februar 1434 fünf andere hinzufügte.

Diese Statuten änderte Carl II., neunter Herzog von Savoyen (auch Carl III., der Gütige, genannt), d. d. Chamberi, 11. September 1518, dahin ab, daß er den Orden dem Geheimnis der Verkündigung (Mariä) weihte und ihm diesen Namen gab. Den ursprünglichen fünfzehn

Rittern wurden zugleich fünf weitere, welche zugleich die fünf Ordensämter erhielten, hinzugefügt.

Weitere Statutänderungen erhielt der Orden durch Herzog Emanuel Philipp von Savoyen, d. d. Turin, 18. Oktober 1577 und diese ergänzte sein Sohn Herzog Carl Emanuel, d. d. Turin, 1. Juni 1620. Erläutert wurden sie durch König Carl Albert 15. März 1840. Nach Erlangung der Königswürde von Sardinien, das Herzog Victor Amadeus II. im Austausch gegen das 1713 im Frieden mit Frankreich erworbene Sizilien erlangte, wurde der A.-O. der erste und vornehmste des neuen Königreichs und ist dies auch geblieben, nachdem König Victor Emanuel, infolge des Gesetzes vom 17. März 1861, den Königstitel von Italien angenommen hat. Der Orden hat nur eine Klasse; die Zahl der Mitglieder, welche alten Adels sein und bereits im Besitz des Mauritius- und Lazarusordens sein müssen, ist jetzt unbeschränkt (früher 22), sie führen das Prädikat: „Excellenz“. Ordenstag: 25. März am Tage der Verkündigung Mariä.

Fig. 216.
Annunziatenorden.
(Kleinod mit Kette.)

Ordenszeichen: 1. Kleinod (Fig. 216): ganz goldenes durchbrochenes Medaillon in eigentümlicher Form, innerhalb dessen die Verkündigung Mariä durch den Erzengel Gabriel plastisch dargestellt ist. Das Ganze ist umgeben von sogenannten Liebesseilen, die in Schleifen gezogen sind. 2. Die Kette, an der dieses Zeichen getragen wird, besteht für gewöhnlich aus einfachen runden Gliedern;

Fig. 217.
Annunziatenorden.
Stern.

bei feierlichen Gelegenheiten wird der Orden an einer Kette, wie Fig. 216, getragen. Dieselbe besteht ganz aus Gold und zeigt, immer abwechselnd, die altertümlichen Buchstaben **F. E. R. T.**, die den Wahlspruch eines alten Grafen von Savoyen: **Fortitudo ejus Rhodum tenuit** (sein Mut hat Rhodus errettet) bedeuten sollen. 3. Der Stern (Fig. 217) [seit 1680 eingeführt] wird auf der linken Brust getragen. Er hat eine eigentümliche Form, trägt ebenfalls die Darstellung der Verkündigung Mariä und besteht gleichfalls ganz aus Gold. Die Ordensbeamten tragen das Zeichen an himmelblauem Bande anstatt an der Kette. Die Ordenskleidung ist seit 1627 amaranthfarben, altspanisch mit Silber besetzt, blaugefüttert und mit weißem Überfallkragen; ferner Schuhe mit Rosetten, Mantel dunkelblau, mit hellblauem Futter und Goldverbrämung, Hut „à la longue cornette“ mit weißen Straußfedern.

Ritterorden vom heiligen Mauritius und Lazarus.

Gestiftet am 27. Dezember 1816 durch Victor Emanuel, König von Sardinien. Am 9. Dezember 1831 veränderte Carl Albert, König von Sardinien, die Statuten; fernere Abänderungen erfolgten 19. Juni 1837, 26. Oktober 1838, 22. Juni 1840, 24. Dezember 1841, 7. Januar 1842, 16. März 1851, 28. November und 14. Dezember 1855, und 11. Februar 1857. Der Orden wurde ursprünglich nur an Mitglieder des katholischen alten auf vier Ahnen mit der Gabel*) nachzuweisenden Adels vergeben. Nach den Statuten von 1831 ist der Orden jetzt in Rechtsritter und Gnadenritter eingeteilt. Die ersteren haben die obengenannten Proben abzulegen, zu Gnadenrittern dagegen können Offiziere und Civilbeamte, die mindestens im Oberstlieutenantsrange stehen, ernannt werden, ebenso Personen, die sich durch Werke der Barmherzigkeit ausgezeichnet haben. Vor dem siebzehnten Jahre darf niemand in den Orden aufgenommen werden, ausgenommen, wenn er von der Minderjährigkeit entbunden wird.

Der Orden ist eingeteilt in Großkreuze (60), Großoffiziere (150), Commandeure (500), Offiziere (2000) und Ritter in unbestimmter Zahl. Die Großoffizierklasse ist 1855, die Offizierklasse 1857 gestiftet. Laut Königlicher

*) d. h. zwei der Urgroßeltern von väterlicher wie mütterlicher Seite müssen ebenfalls adlig gewesen sein.

Bestimmung vom 20. Februar 1868 können das Großkreuz nur erhalten: Die Gesandten, Staatsminister, Staatssekretäre, der Präsident des Staatsrats und der Oberrechnungskammer, die ersten Präsidenten und Generalprokuratoren der Kassationshöfe, die Generale der Flotte, Admirale, der Präsident und die Generaladvokaten des obersten Gerichts. Ferner nach achtjähriger effektiver Dienstzeit in den Ämtern die ersten Präsidenten der Appellationshöfe**, die Generallieutenants und Vizeadmirale, die außerordentlichen Gesandten und die bevollmächtigten Minister erster Klasse, die Sektionspräsidenten des Staatsrats, der Kassationshöfe und der Oberrechnungskammer. 2. Das Kreuz der Großoffiziere: Die ersten Präsidenten und die Generalprokuratoren, sowie die vom Zeichen ** ab bis zum Schlusse von 1. oben bezeichneten Kategorien, ferner nach zehnjähriger effektiver Dienstzeit in ihrem Amte: *** Die Präfekten, Staatsräte, die Räte der Oberrechnungskammer und der Kassationshöfe, die Sektionspräsidenten der Appellationsgerichte, die Generalsekretäre und Generaldirektoren, die höheren Direktoren und Generalinspektoren der Ministerien, Generalmajore, Contreadmirale, die bevollmächtigten Minister zweiter Klasse, die Syndici der größeren italienischen Städte. 3. Das Commandeurkreuz: Die sub 2 vom Zeichen *** ab bezeichneten Kategorien, ferner die Syndici der Provinzialstädte nach ihrer Bestätigung und nach fünfjähriger Dienstzeit in der Charge, die Obersten, Schiffskapitäne, Abteilungsdirektoren der Ministerien, sowie der Großmeisterschaft des Mauritiusordens. 4. Das Offizierkreuz: Die Obersten, Schiffskapitäne, Appellationsgerichtsräte, Referenten des Staatsrats, die Kalkulatoren der Oberrechnungskammer und nach fünfjähriger Dienstzeit in ihrem Amt die Oberstlieutenants, Fregattenkapitäne I. Klasse, Unterpräfekten und Sektionschefs in den Ministerien, die Präsidenten der Kreisgerichte und Staatsanwälte, endlich die Syndici der Kreishauptstädte nach ihrer

Bestätigung. 5. Das Ritterkreuz: Die Präsidenten der Kreisgerichte und die Staatsanwälte bei diesen Gerichten, die Unterpräfekten, die Sektionschefs der Ministerien, die Majore in der Armee und die Fregattenkapitäne II. Klasse, sowie, nach zehnjähriger Dienstzeit in ihrer Charge, die Präfekturräte, die Richter der Kreisgerichte, die Stadtrichter der Provinzialhauptstädte und, nach fünfzehnjähriger Dienstzeit in der Charge, die Stadtrichter der Kreishauptstädte, Stadträte und Anwälte der Stadt nach

Fig. 218.
Mauritius und Lazarusorden.
Kleinod der Klassen I—IV.

Fig. 219.
Mauritius und Lazarusorden.
Ritterkreuz.

ihrer Bestätigung, endlich, nach zwölfjähriger Dienstzeit in der Charge, die Kapitäne. Das Aufrücken in höhere Klassen soll nur erfolgen, nachdem der Betreffende in der Ritter-, resp. Offizierklasse drei, in der Commandeurklasse vier, in der Großoffizierklasse fünf Jahre gewesen ist. Ausnahmen für besondere Verdienste zu machen, liegt in der Hand des

Souveräns, ebenso beziehen sich obige Vorschriften im allgemeinen nur auf Inländer.

Ordenszeichen: 1. Kleinod (Fig. 219): Dasselbe wird gebildet durch das goldbordierte, weißemaillierte Kleeblattkreuz des heiligen Lazarus, überlegt dem an den Spitzen mit kleinen goldenen Kügelchen verzierten goldbordierten grünen achtspitzigen Kreuze des St. Mauritius.

Fig. 220.
Mauritius und Lazarusorden.
Stern der Großkreuze.

Der Orden wird bei den obersten vier Klassen (Fig. 218) von der goldenen Königskrone überhöht; im übrigen unterscheiden sich die Klassen nur durch die verschiedene Größe.

Die Großkreuze (Fig. 220) und Großoffiziere (Fig. 221 S. 170) tragen hierzu den silbernen, mit dem Ordenskreuz ohne Krone belegten acht-, resp. vierspitzigen Stern auf der linken Brust.

Das Band ist dunkelgrün, wird bei der I. Klasse von der rechten Schulter zur linken Hüfte, bei Klasse II und III um den Hals, von den übrigen auf der linken Brust getragen.

Die Uniform des Ordens besteht in einem Rock von grünem Tuch, mit weißem Kragen, Futter, Ärmelaufschlägen und Rockschoßaufschlägen sowie zwei Reihen goldener Knöpfe, goldener Stickerei an Kragenaufschlägen,

Fig. 221.
Mauritius und Lazarusorden.
Stern der Großoffiziere.

Ärmeln und Taschen, einem Kremphut mit Schleife, Quasten und Tresse, weißen Kniehosen, weißen Strümpfen und Schuhen mit Goldschnallen oder Stiefeln mit Sporen, gelben Gemslederhandschuhen, goldenen Metallepauletten, mit Fransen, Degen mit goldener Scheide und Portépée ꝛc. ꝛc. Die sämtlichen Details für alle Klassen, auch die Galauniform ist, laut Ordre vom 19. März 1837, **verbotenus** abgedruckt in Schulzes Ordenswerk, Hauptteil, Seite 975 bis 982. — Für die Ritter, die den Orden fünfzig Jahre besitzen, ist am 19. Juli 1839 eine goldene Medaille geprägt, welche in zweierlei Größe am Bande des Ordens getragen wird.

Militärorden von Savoyen.

Gestiftet durch König Victor Emanuel, d. d. Genua, 14. August 1815, lediglich für solche Individuen, die sich während eines Krieges in einer Schlacht oder in anderer Art durch mit Tapferkeit, Vorsicht und Klugheit ausgeführte persönlichen Mut beweisende Handlungen, die, unbeschadet eines Verstoßes gegen die Ehre, hätten unterbleiben können, ausgezeichnet haben. Ein Ordensrat hat dieselben genau zu prüfen und Vorschläge für Verleihung zu erstatten. Auch an Ausländer darf der Orden unter obigen Voraussetzungen verliehen werden.

Der Orden besteht nach den neusten Statuten vom 28. September 1855 und 28. März 1857 aus fünf Klassen: 1. Großkreuze, 2. Großoffiziere, 3. Komture, 4. Offiziere, 5. Ritter. Die Ritter beziehen eine jährliche Pension von 250, die Offiziere von 400, die Komture von 800, die Großoffiziere von 1500, die Großkreuze von 2000 Lire. Die Anzahl der Pensionäre soll nicht 500 Ritter, 100 Offiziere, 40 Komture, 20 Großoffiziere und 10 Großkreuze übersteigen.

Hinsichtlich der Verleihung an Inländer bestehen folgende Vorschriften: Das Großkreuz, ausschließlich für außerordentliche Kriegsdienste, kann a) jeder Armeekommandant, Generallieutenant, Admiral, oder Vizeadmiral erwerben, der, ein Kommando seines Grades ausführend, mit der ihm untergebenen Macht ein hervorragendes und dem Staate nützliches Unternehmen vollbringt, das außerordentlichen Mut und ganz besondere Umsicht zu erkennen giebt, eben so b) im selben Falle und unter gleichen Bedingungen, wenn dieses Unternehmen ein Generalmajor oder Contreadmiral über seinen Grad ausführt. Das

Großoffizierkreuz ist mut. mut. für Generale bzw. Obersten, das Komturkreuz für Obersten und Oberstlieutenants, resp. Majore, das Offizierkreuz für Majore, bzw. Kapitäne, unter den resp. Bedingungen bestimmt. Das Ritterkreuz kann jeder Offizier ad a und b erwerben, der in Ausführung eines Kommandos seines Grades im Kriege mit der ihm untergebenen Truppe einen durch Wert und Nützlichkeit ausgezeichneten Erfolg erzielt oder sich durch eine Handlung persönlicher Tapferkeit hervorgethan hat, ebenso aber auch jeder Militär, gleichviel welchen Grades, der bereits im Besitz zweier Militärmedaillen ist und sich im Kriege durch eine glänzende Handlung persönlich ausgezeichnet hat. Im Frieden können die Ordensinsignien verliehen werden an Militärs, die ausgezeichnete, obigen Vorschriften entsprechende Handlungen ausführen oder sich durch Erfindungen, Vervollkommnungen, durch Handlungen, oder in der Verwaltung dem Militärwesen dienstbar gemacht haben, ferner an Fürsten von Geblüt, die an einem oder mehreren Feldzügen teilgenommen und zehn Jahre Dienste im Heere geleistet haben, endlich an Souveräne und fremde Fürsten, sowie fremde Militärs, die sich im Kriege ausgezeichnet haben.

Fig. 222.
Militärorden von Savoyen.
Kleinod der I.—III. Klasse.

Ordenszeichen: 1. Kleinod: Das Kreuz (Fig. 224) ist weiß, goldbordiert, bei den verschiedenen Graden in der Größe verschieden, bei der Offiziersklasse (Fig. 223) von goldener Trophäe, bei den drei oberen Klassen von goldener Krone (Fig. 222) überhöht. Im goldbordierten roten Medaillon, zwischen der goldenen Initiale des Stifters, zwei gekreuzte

Fig. 223.
Militärorden von Savoyen.
Offizierkreuz.

Fig. 224.
Militärorden von Savoyen.
Ritterkreuz.

Fig. 224 a.
Medaillonrevers der Kreuze.

goldene Degen; oben die goldene Jahreszahl 1855. Im roten Revers (Fig. 224 a) das weiße Savoyische Kreuz, mit der goldenen Umschrift auf rotem Reif: **Al merito militare** (für Kriegsverdienst). Durch die Winkel des Kreuzes geht ein grüner Lorbeer- und Eichkranz mit goldenen Früchten (Fig. 224). 2. Stern (Fig. 225 S. 174) der Großkreuze und Großoffiziere silbern, mit dem Kreuz, ohne Krone, belegt, von verschiedener Größe, von beiden auf der linken Brust getragen. 3. Das Band ist dunkelblau mit ponceaurotem Mittelstreifen, wird von den Großkreuzen von der rechten

Fig. 225.
Militärorden von Savoyen.
Stern der Großkreuze und Großoffiziere.

Schulter zur linken Hüfte, von den beiden folgenden Klassen um den Hals, von den beiden untersten Klassen auf der linken Brust getragen.

Civilverdienstorden von Savoyen.

Gestiftet durch Carl Albert, König von Sardinien, am 29. Oktober 1831 in einer Klasse. Der Orden wird verliehen entweder an Inländer oder an Personen, die gleiche Staatsrechte erworben haben und von anerkanntem Verdienst sind, insbesondere 1. an höhere Beamte, die ohne besonderen Auftrag hoher Administration eine That aus=

geführt haben, 2. an Gelehrte, Schriftsteller und Beamte, die ein wichtiges Werk verfaßt, 3. an Ingenieure, Baumeister und Künstler, die durch verdienstvolle Werke sich einen Namen gemacht, 4. an Personen, die wichtige Entdeckungen gemacht, oder Verbesserungen hinzugefügt haben, 5. an Professoren der Wissenschaften und der Litteratur, sowie Erziehungsanstaltsdirektoren von Ruf. Die Anzahl der Ritter wurde am 16. November 1850 auf fünfzig und am 20. Februar 1868 auf sechzig festgesetzt.

Fig. 226.
Civilverdienstorden.

Fig. 226 a.
Civilverdienstorden.
Revers.

Ordenszeichen: 1. Kleinod (Fig. 226 u. 226 a): blauemailliertes einfaches Kreuz, mit goldener Inschrift, dem Namenszuge des Stifters, bzw. den Worten al merito civile 1831. Band blau mit zwei weißen Streifen. Der Orden wird auf der linken Brust getragen. Die Uniform (festgesetzt durch Kgl. Patent vom 9. Februar 1841) ist ein kornblumenblauer Rock, mit Goldstickerei an Kragen, Aufschlägen und Taschen, zwischen letzteren hinten mit einer Blumenguirlande. Die goldenen Knöpfe tragen innerhalb Lorbeer=

kranzes das Ordenskreuz. Der Degengriff ist von Perlmutter mit Goldbeschlag, der Hut „à la française“ mit schwarzer Feder, goldener Agraffe und Quasten; die Beinkleider kornblumenblau, bei Galatagen weiß, dazu weißseidene Strümpfe und Schuhe mit goldenen Schnallen.

Orden der Krone Italiens.

Gestiftet am 20. Februar 1868 durch König Victor Emanuel von Italien, zum Andenken an die Einigung Italiens. Er ist bestimmt zur Belohnung von außerordentlichen, in direktem Interesse der Nation von Italienern wie Fremden geleisteten Diensten. Der Orden besteht aus fünf Klassen: Großkreuze (60), Großoffiziere (150), Commandeure (500), Offiziere (2000) und Ritter, diese von unbegrenzter Anzahl.

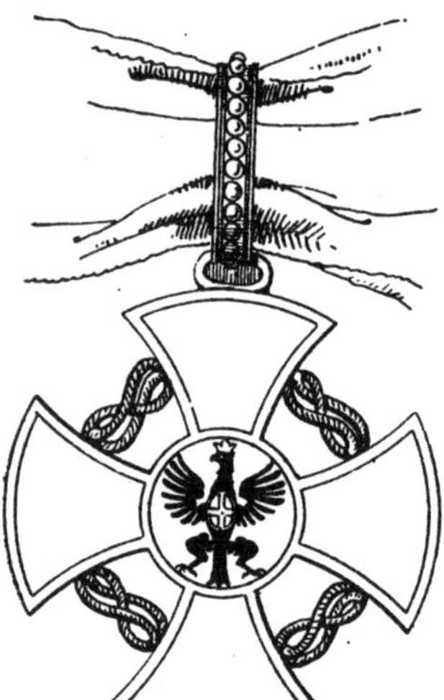

Fig. 227.
Orden der Italienischen Krone.
Großkreuz (Rückseite).

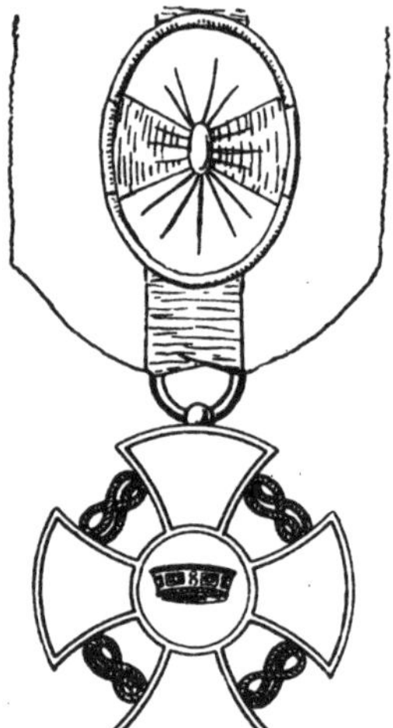

Fig. 228.
Orden der Italienischen Krone.
Offizierkreuz.

Ordenszeichen: 1. Kleinod (Fig. 227 u. 228): goldbordiertes, weißemailliertes Kreuz, durch dessen Winkel sich goldene „Liebesseile“ schlingen und in dessen goldbordierten himmelblauen Herzschild sich die „eiserne“ Krone Italiens in plastischer Darstellung befindet. Der Revers des Medaillons ist golden, darin ein gekrönter schwarzer Adler, mit dem Savoyisch-Italienischen weißen Kreuz im roten ovalen Brustschild. Das Kreuz hat bei den Rittern und Offizieren 35,

Fig. 229.
Orden der Italienischen Krone.
Stern der Großoffiziere.

bei den Commandeuren, Großoffizieren und Großkreuzen 60 mm Durchmesser. 2. Das Band ist hell kirschrot, in der Mitte mit weißem Streifen von 1/4 der Bandbreite. Die Großkreuze tragen es von der rechten Schulter zur linken Hüfte, Großoffiziere und Commandeure um den Hals, Offiziere und Ritter im Knopfloch, die Offiziere noch mit einer Rosette. 3. Stern. Derselbe ist silbern, bei den Großoffizieren (Fig. 229) von 65, bei den Großkreuzen

(Fig. 230) von 80 mm Durchmesser, wird auf der linken Brust getragen und ist bei Ersteren mit dem Ordenskreuze, bei Letzteren mit dem Medaillon des Kreuzes versehen, um-

Fig. 230.
Orden der Italienischen Krone.
Stern der Großkreuze.

geben von goldbordiertem weißemaillierten Reif, darin die goldene Inschrift, und über dem Medaillon mit dem Adler aus dem Reverse des Kreuzes belegt.

Rettungsmedaille
(Auszeichnungsmedaille für Mut).

Erweitert durch König Victor Emanuel II. am 15. April 1860, in Ergänzung der durch Königliche Verordnungen vom 1. März 1836 und 25. März 1847 für Seeleute nach Rettung von durch Schiffbruch in Gefahr geratenen

Personen gestifteten Medaille. Hiernach ist die Medaille bestimmt zur Belohnung von Personen jeden Standes, die sich mutvoll und mit eigener Lebensgefahr bei Rettung von auf der See in Gefahr schwebenden Personen auszeichnen. Es besteht eine goldene und eine silberne Medaille

Fig. 231.
Rettungsmedaille zur See.

(Fig. 231). Die goldene Medaille wird nur für sehr hervorragende Handlungen zuerkannt. Die Medaille hat je 33 mm im Durchmesser und zeigt auf der Vorderseite das Italienische Wappen mit entsprechender Umschrift. Das Band ist dunkelblau mit einem breitern und einem schmalern weißen Streifen.

Johanniterorden, s. bei Preußen, Rußland, Spanien.

Johanniter-Malteserorden, s. Malteserorden.

Japan, Kaiserreich.

Chrysanthemumorden
dai kun-i kiku ka dai dju sho (Orden Asterblume, Kikkwa Daijusho).

Gestiftet am 27. Dezember 1877 durch Kaiser Muts-Hito in nur einer Klasse. Wird verliehen an Souveräne, die Mitglieder ihrer Häuser und Präsidenten von Republiken.

Ordenszeichen: 1. Die Halskette (Fig. 232) wird entweder mit dem Orden zu gleicher Zeit verliehen oder, falls die betreffende Person bereits im Besitz des Ordens ohne die Kette ist, nachträglich gewährt. Sie besteht aus vier verschiedenartigen, immer abwechselnden Gliedern, nämlich

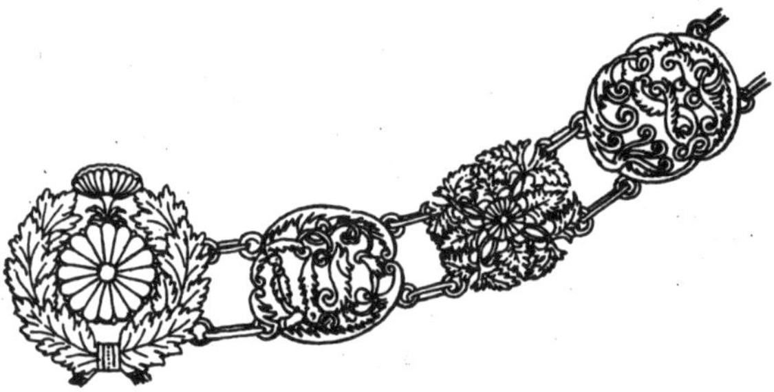

Fig. 232.
Chrysanthemumorden.
Kette.

a) innerhalb grünem, mit goldbefranstem goldenen Bande gebundenem Kranze eine goldene Kiku-(Chrysanthemum-) Blüte, aus der oben eine dergl. am Stengel wächst; b) einem goldenen aus Palmzweigen gebildeten Arabesken-Medaillon; c) einer goldenen Kiku-(Chrysanthemum-)Blüte, mittels Ringen an grüne Blätter, die einen reichen Kranz bilden, angeschlossen; d) einem ähnlichen, jedoch mehr aus Charakteren bestehenden ovalen goldenen Medaillon.

2. Das Band zum Großkreuz soll als Bilder tragen: Blumen und Blätter vom Chrysanthemum, sowie das Wort **Meiji** in alter Schreibart; es ist 9 cm breit, dunkelrot, mit violetten Bordstreifen (Fig. 233). 3. Der Orden selbst (Fig. 234 S. 182) hat einen Durchmesser von 6 cm, die Strahlen

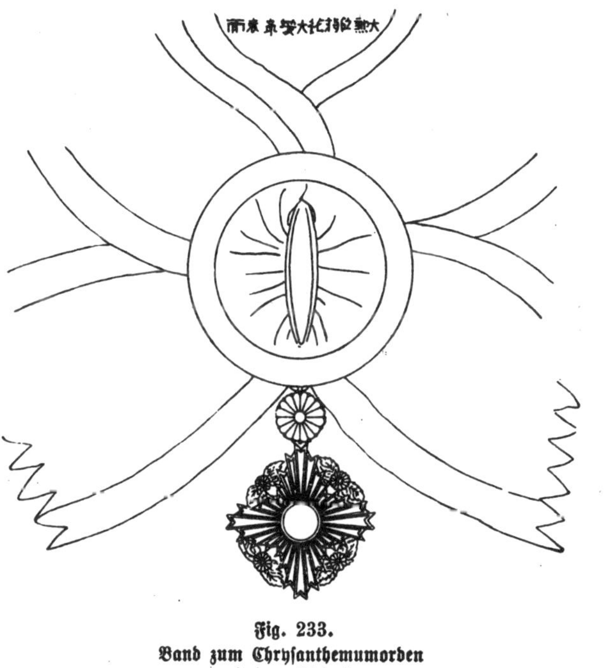

Fig. 233.
Band zum Chrysanthemumorden
mit dem Kleinod.

sind goldbordiert weiß, in der Mitte mit purpurnem goldbordierten Medaillon, die vier Kikublumen in den Winkeln und die darüber befindliche Kikublüte sind von gelber Emaille, alle Blätter grün. 4 Der Stern (Fig. 235 S. 183) hat einen Durchmesser von 8 cm und ist gleich dem Orden, aber etwas größer als derselbe und ohne die Blume oben; er wird auf der rechten Brust getragen. Das Band, rot mit violetten Bordstreifen, wird von der rechten Schulter zur linken Hüfte getragen.

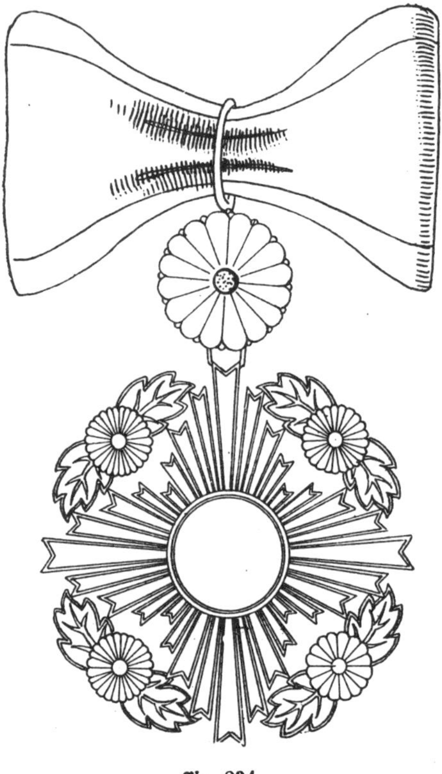

Fig. 234.
Chrysanthemumorden.

Paullownia-Sonnenorden I. Klasse (Großkreuz).
(Tokwa Daijusho.)

Gestiftet am 3. Januar 1888 durch Kaiser Muts-Hito in nur einer Klasse, gewissermaßen als Großkreuz zu dem

Orden der aufgehenden Sonne (s. d.) über dem er im Range steht. Er wird verliehen an Souveräne kleinerer Staaten

Fig. 235.
Chrysanthemumorden.
Stern.

und Mitglieder ihrer Familien, die Premierminister, Ministerpräsidenten, Generalfeldmarschälle, Minister des Äußeren, an Generale und Admirale, sofern sie den Orden der aufgehenden Sonne I. Klasse bereits besitzen, an außerordentliche Botschafter, außerordentliche Gesandten und bevollmächtigte Minister, sofern sie bereits im Besitz des Ordens der aufgehenden Sonne sind, bei besonderen Veranlassungen.

Fig. 236.
Paulowniaorden.
Kleinod.

Ordenszeichen: 1. Das Kleinod: sternförmig (Fig. 236 S. 183), die äußeren Strahlen weiß, goldbordiert, die inneren purpurn, silbern-bordiert, so auch der kreisrunde Mittelschild. Das Ganze stellt das Bild einer aufgehenden Sonne vor; oben über dem Orden die Paullownia-Blume, d. h. ein grünes goldgerändertes Blatt, auf jedem ein grüner

Fig. 237.
Band zum Paullowniaorden
mit dem Kleinod.

Stengel, von denen der mittlere sieben, die äußeren je fünf lila Blüten tragen; je drei entfaltete goldgesäumte lila Blüten erscheinen auch in den vier Winkeln des Sterns. 2. Band (Fig. 237) purpurrot mit zwei weißen Bordstreifen. 3. Der Stern (Fig. 235), der auf der linken Brust getragen wird, ist ebenso wie das Kleinod, doch etwas größer und ohne die Blume oben.

Orden der aufgehenden Sonne (Kiokuji tsusho),

gestiftet am 10. April 1875 durch Kaiser Muts-Hito in acht Klassen.

I. Klasse, wird verliehen an Mitglieder der souveränen Häuser kleinerer Staaten und die Mitglieder des höheren Adels, die ersteren entstammen, an Generale und Admirale und Beamte des Heeres, oder der Marine, in deren Range, außerordentliche Botschafter, Generallieutenants und Vizeadmirale bei besonderen Gelegenheiten, außerordentliche Gesandte und bevollmächtigte Minister, die über drei Jahre in Japan residiert haben, bei besonderer Veranlassung.

II. Klasse, wird verliehen an Generallieutenants, Vizeadmirale, Generalmajore und Contreadmirale, sowie Beamte des Heeres und der Marine und Civilbeamte, die mit diesen in demselben Range stehen, Obersten, Kapitäne zur See, sowie die mit ihnen gleichgestellten Beamten des Heeres und der Marine, sofern sie bereits im Besitz des Spiegelordens II. Klasse sind, an Ministerresidenten, die über drei Jahre in Japan residierten, oder den Spiegelorden II. Klasse besitzen.

III. Klasse, wird verliehen an Obersten, an Kapitäne zur See, sowie die diesen im Range gleichstehenden Beamten des Heeres und der Marine und an die Civilbeamten, an Oberstlieutenants bei besonderer Veranlassung, Geschäftsträger, die über drei Jahre in Japan residiert haben, die ersten Sekretäre in Begleitung außerordentlicher Botschafter, sowie der Gesandtschaften, die über drei Jahre in Japan residiert haben, oder den Spiegelorden III. Klasse besitzen, an Generalkonsuln, die über drei Jahre in Japan residiert haben oder den Spiegelorden III. Klasse besitzen, an die bei den Japanischen Staatsbehörden angestellten Fremden, die wie Chokanin-Beamte behandelt werden, über drei Jahre im Dienste stehen, oder den Spiegelorden III. Klasse besitzen.

IV. Klasse, wird verliehen an Oberstlieutenants, Majors, Korvettenkapitäne, Beamte des Heeres und der Marine und Civilbeamte vom selben Range, dritte Sekretäre in Begleitung außerordentlicher Botschafter, zweite Sekretäre der Gesandtschaften, sofern sie über drei Jahre in Japan residiert haben, oder den Spiegelorden IV. Klasse besitzen, Konsuln, Attachés und Dolmetscher der Gesandtschaften, wenn sie über zehn Jahre in Japan residiert haben und den Spiegelorden IV. Klasse besitzen, ferner Hauptleute und Kapitänlieutenants bei besonderem Anlaß, endlich die bei den (Japanischen) Staatsbehörden angestellten Fremden, welche als Sonin-Beamte behandelt werden, über drei Jahre im Dienst gestanden haben oder den Spiegelorden IV. Klasse besitzen.

V. Klasse, wird verliehen an Hauptleute, Kapitänlieutenants und Premierlieutenants, sowie die in gleichem Range stehenden Beamten des Heeres und der Marine und entsprechenden Civilbeamten, die Konsulatsverweser, die über drei Jahre in Japan residiert haben, die Attachés und Dolmetscher der Japanischen Gesandtschaft, die Attachés der (fremden) Gesandtschaften und die Attachés und Dolmetscher der Botschaften, welche über drei Jahre in Japan residiert haben, endlich an die bei den (Japanischen) Staatsbehörden angestellten Beamten, die wie Sonin-Beamte behandelt werden.

VI. Klasse, wird verliehen an Premierlieutenants, Sekondelieutenants, Lieutenants zur See, Beamte des Heeres und der Marine, sowie Civilbeamte in gleichem Range, Attachés und Dolmetschereleven der Gesandtschaften, die Begleiter der Souveräne, oder Mitglieder deren Familien, die weder vornehme Titel, noch eine öffentliche Stelle, noch Orden besitzen, endlich die bei den (Japanischen) Staatsbehörden angestellten Beamten, welche wie Hannin-Beamte behandelt werden, über drei Jahre im Dienst gestanden haben und den Spiegelorden VI. Klasse besitzen.

VII. Klasse, auch Paullownia-Medaille I. Klasse genannt, wird verliehen an Unteroffiziere des Militärs und der Marine, Oberpolizisten, alle anderen mit den Vorhergehenden in gleichem Range; ferner die bei den Japanischen Staatsbehörden Angestellten, die unter der Hannin-Klasse stehen, über drei Jahre im Dienste gestanden haben oder

Fig. 238.
Sonnenorden I. Klasse.

die Paullownia-Medaille II. Klasse oder den Spiegelorden VIII. Klasse besitzen, endlich an Bediente der Souveräne oder deren Familien.

VIII. Klasse, auch Paullownia-Medaille **II.** Klasse, verliehen an Soldaten, Marinesoldaten, Matrosen, die in gleichem Range Stehenden, die bei den (Japanischen) Staatsbehörden Angestellten unter der Hannin-Klasse, die Bedienten der Souveräne oder der königlichen Familien.

Ordenszeichen: 1. Kleinod **I.** Klasse (Fig. 238): goldene Nishiyo (Wappen des Mikado), d. h. purpurrote gold-

Fig. 239.
Sonnenorden II. Klasse.

bordierte Sonne von 75 **mm** Durchmesser mit 32 goldbordierten weißemaillierten Strahlen, das purpurne Medaillon goldbordiert, 22 **mm** im Durchmesser. Zwischen der Sonne und dem das Band umschlingenden Ringe Kikublüten am Stengel (d. h. **Paullownia Imperialis,** früher Wappen der Taikune, jetzt auch vom Mikado geführt) mit goldener Einfassung mit je auf dergl. grünem Blatt, die äußeren, fünf, die mittleren mit sieben Blüten, Ring golden. **II.** Klasse (Fig. 239): ist der Stern wie die **I.** Klasse, Durchmesser 9 **cm**, doch mit Doppelreihe von Strahlen und ohne die Kikublüten, die innere Reihe der Strahlen wie oben; die äußere silbernbordiert. Er wird ohne Band auf der Mitte der rechten Brust getragen. **III.** Klasse: Durchmesser 54 **mm**; über dem Orden wieder die violette Kikublume. Blätter: grüne Emaille, mit Gold gesäumt und gerieft. Ring golden länglich. **IV.** Klasse: Durchmesser 45 **mm**, sonst wie oben. **V.** Klasse: Der Nishiyo. Die Kikublume ist in der Mitte mit nur fünf, beiderseits mit drei Blüten versehen; die senkrechten und wagerechten Strahlen |— im ganzen 20 sind goldbordiert, die schrägen \/ zwölf: silbernbordiert. **VI.** Klasse: Alles wie V, statt Gold überall Silber. **VII.** Klasse (Fig. 240, 240**a**): die Paullowniablume allein, goldbordiert, fünf und drei Blätter, Durchmesser 3 **cm**. **VIII.** Klasse: Blume und Blätter wie **VII**, alle Borde Silber.

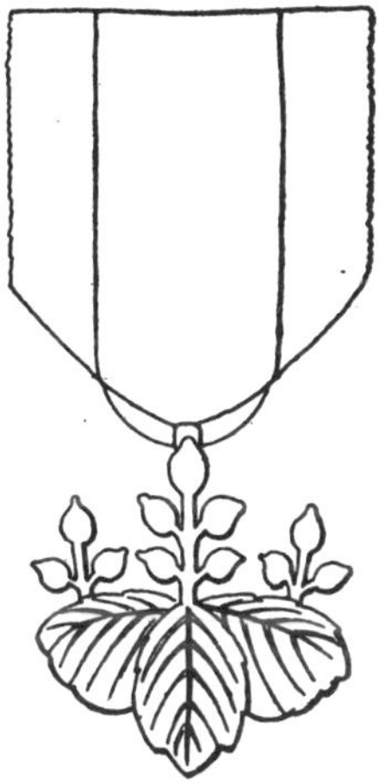

Fig. 240.
Sonnenorden VII. Klasse.

Fig. 240 a.
Sonnenorden VII. Klasse.
Revers.

Der Orden **I.** Klasse darf nur in Verbindung mit der **II.** Klasse getragen werden, die Klassen unter der **II.** nur allein. Das Band ist scharlachfarben mit weißem Mittelstreifen. Der Orden **I.** Klasse wird an 12 **cm** breitem Bande von der rechten Schulter zur linken Hüfte, der der **II.** Klasse ohne Band auf der linken Brust, die **III.** Klasse um den Hals (Band 55 **mm** breit), **IV.** bis **VIII.** Klasse (Band 35 **mm** breit) an der linken Brust getragen.

Orden des Spiegels oder „des glücklichen geheiligten Schatzes" (Zuihosho).

Gestiftet durch Kaiser Muts-Hito am 3. Januar 1888 in acht Klassen: 1. Großkreuz, 2. Großoffizier, 3. Commandeur, 4. Offizier, 5. Ritter I. Klasse, 6. Ritter II. Klasse, 7. Ehrenzeichen I. Klasse, 8. Ehrenzeichen II. Klasse.

I. Klasse, verliehen an Generallieutenants, Vizeadmirale, Generalmajore und Contreadmirale, sowie Beamte des Heeres oder der Marine, Civilbeamte, die mit denselben in einem Range stehen, außerordentliche Gesandte, bevollmächtigte Minister und Ministerresidenten, sofern sie bereits im Besitze des Ordens der aufgehenden Sonne II. Klasse sind.

II. Klasse, verliehen an Generalmajors, Contreadmirale, Obersten, Kapitäne zur See und Beamte des Heeres und der Marine und Civilbeamte, die schon den Orden der aufgehenden Sonne III. Klasse besitzen, endlich bei besonderer Veranlassung an Generalkonsuln mit demselben Orden.

III. Klasse, verliehen an Obersten, Kapitäne zur See, Oberstlieutenants, sowie Beamte des Heeres und des Civils in demselben Range, an Majors bei besonderer Veranlassung, an zweite Sekretäre in Begleitung eines außerordentlichen Botschafters, die ersten Sekretäre bei den Gesandtschaften, Generalkonsuln, Konsuln, die über sechs Jahre in Japan residiert haben und den Spiegelorden IV. Klasse besitzen, sowie die bei den Japanischen Staatsbehörden angestellten Fremden, die wie Chokanin-Beamte behandelt werden.

IV. Klasse, verliehen an Majors, Korvettenkapitäne, Hauptleute, Kapitänlieutenants, die Beamten des Heeres und der Marine, sowie Civilbeamte vom selben Range, die vierten Sekretäre in Begleitung außerordentlicher Botschafter, die zweiten und dritten Sekretäre der Gesandtschaften, die Vizekonsuln, die schon im Besitz des Ordens der aufgehenden Sonne V. Klasse sind, die Attachés, Dolmetscher der Gesandtschaften, die schon den Orden der aufgehenden Sonne V. Klasse besitzen, die bei den Japanischen Staatsbehörden angestellten

Fremden, die wie Sonin-Beamte behandelt werden, über drei Jahre im Dienste gestanden haben und den Orden der aufgehenden Sonne V. Klasse besitzen.

V. Klasse, verliehen an Hauptleute, Kapitänlieutenants, Premierlieutenants, Sekondelieutenants, Unterlieutenants zur See und die Beamten des Heeres und der Marine, sowie Civilbeamte in gleichem Range, die Konsulatsverweser, die Attachés und Dolmetscher in Begleitung des außerordentlichen Botschafters, die Attachés und Dolmetschereleven und die bei den (Japanischen) Staatsbehörden angestellten Beamten, die wie Hannin-Beamte behandelt werden, beide letztere Kategorien, wenn sie schon den Orden der aufgehenden Sonne VI. Klasse besitzen.

Fig. 241. Orden des Spiegels. Ritterkreuz.

VI. Klasse, verliehen an Sekondelieutenants und Unterlieutenants zur See und die Beamten des Heeres und der Marine, sowie Civilbeamte in gleichem Range, die Dolmetschereleven der Konsulate, die Begleiter der königlichen Familien, wenn sie keine vornehmen Titel, öffentliche Stellung oder Orden besitzen, die bei den (Japanischen) Staatsbehörden angestellten Beamten, die wie Hannin-Beamte behandelt werden.

VII., VIII. Klasse: dieselben Vorschriften wie bei der Paullownia-Medaille (Sonnenorden VII. und VIII. Klasse).

Ordenszeichen: 1. Kleinod (Fig. 241): kreuzartiger Stern, mit zwanzig ungleich langen goldbordierten weißemaillierten Strahlen um ein mit doppeltem goldenen Rande, der innere geperlt, eingefaßtes dunkelblaues Medaillon, in welchem ein sternförmiger silberner Spiegel. Die Strahlen sind verbunden durch einen doppelten Kreis von acht größeren und acht kleineren goldbordierten purpurnen Rundelen, die unter einander im Zickzack durch ebenso gefärbte Bänder zusammenhängen. Die Kleinode der ersten fünf Klassen sind in Größe und Form ganz gleich, doch hat die **V.** Klasse je die größeren äußeren der fünf Strahlen silbernbordiert und die **VI.** Klasse alle Strahlen das Medaillon, die Steine und Bänder silbernbordiert, ist auch etwas kleiner. Das Zeichen der **VII.** und **VIII.** Klasse (Fig 243) ist ein goldener resp. silberner Stern mit dem silbernen Spiegel,

Fig. 242.
Orden des Spiegels II. Klasse.

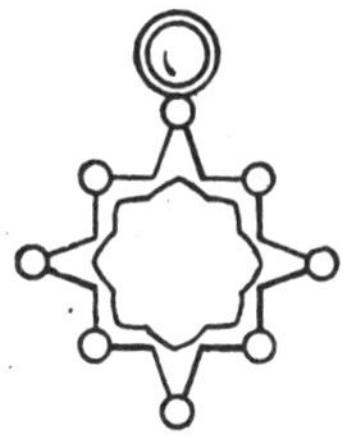

Fig. 243.
Orden des Spiegels VII. u. VIII. Klasse.

wie abgebildet. 2. Band: hellblau mit zwei orangefarbenen Streifen, in der Breite wie beim Sonnenorden geregelt; die **II.** Klasse trägt nur den obenbeschriebenen Stern auf der linken Brust. Die Commandeure (**III.** Klasse) tragen den Orden am Halse, die übrigen auf der linken Brust, die **IV.** Klasse noch mit Rosette auf dem Bande. 3. Stern (Fig. 242) der **II.** Klasse: besteht aus acht Bündeln Strahlen von ungleicher Länge, die senkrechten und wagerechten goldbordiert, die übrigen silbernbordiert; je zwei Bündel von Strahlen hängen aneinander vermittelst eines ganz kurzen silberbordierten, himmelblauemaillierten Strahls. Medaillon 2c. wie beim Kleinod.

Verdienstorden der goldenen Weihe.

Gestiftet durch Kaiser Muts-Hito am 11. Februar 1890 für Militärverdienst. Der Orden hat sieben Klassen und wird nach analogen Grundsätzen, wie bei dem Sonnenorden und Spiegelorden erwähnt, verliehen.

Ordenszeichen: 1. Kleinod: Stern, von acht Strahlen; die senkrechten und wagerechten aus je fünf purpurroten,

Fig. 244.
Orden der goldenen Weihe.
Stern der Großkreuze.

die übrigen aus je fünf gelben goldgesäumten Strahlenbündeln bestehend; zwischen je zwei roten zwei goldene, zwischen je zwei gelben zwei silberne kürzere, in der Größe ebenfalls abgestufte, auch etwas stumpfere schmale Strahlen. Der Stern ist belegt mit zwei japanischen dunkelblau emaillierten Kampfschilden, in Form eines Andreaskreuzes, auf denen je ein rotgoldener Speer mit silberner Spitze liegt; an den Spießen je ein purpurrotes fünfzipfliges Bannertuch, mit goldenem Medaillon, darin drei purpurne Sicheln im Dreipaß gestellt; das Ganze überdeckt ein Wehrgehenk. Dasselbe, in doppelter 8 über einander gelegt, ist auf der Vorderseite in den beiden oberen Biegungen weiß,

Fig. 245.
Orden der goldenen Weihe.
Band des Großkreuzes mit dem Kleinod.

in der unteren violett, alle drei mit goldenen Buckeln beschlagen, auf der Rückseite hellblau, unten wieder weiß, ohne Buckeln, mit violetten Fransen, der obere Teil dagegen, rechts vom Beschauer, ist mit zwölf goldenen Fransen versehen. Auf dem Wehrgehäng liegt, die Spitze abwärts, ein japanischer Degen, mit ornamentiertem goldenen Doppel-Parierbügel, grünem Griff und goldbeschlagener grüner

Scheide. Auf der oberen Biegung des Parierbügels sitzt flugbereit rechtssehend eine goldene Weihe. Der Durchmesser dieses ganzen Sterns beträgt bei der. I. Klasse $2^1/_2$ **sun***), bei der II. und III.: 1 **sun** 3 **bu**, bei der IV. und V.: 1 **sun** 5 **bu**, bei der VI. und VII.: 1 **sun** 7 **bu**. 2. Stern

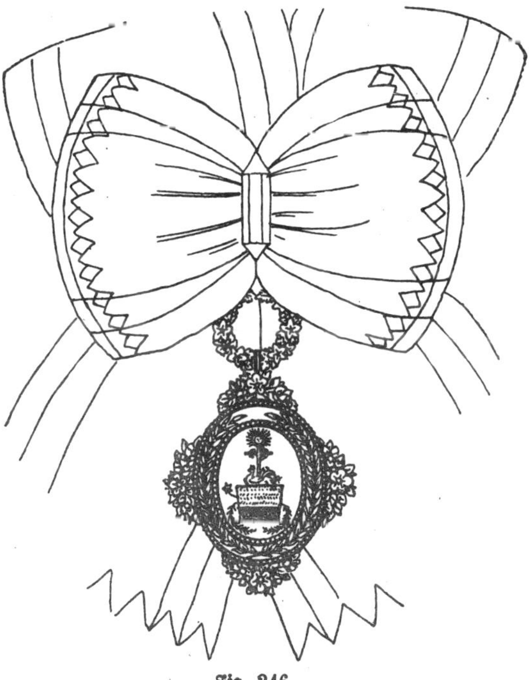

Fig. 246.
Kronenorden.
I. Klasse.

(Fig. 244): die I. und II. Klasse trägt, außer dem Kleinod, noch einen Stern von 3 **sun** auf der rechten, die zweite auf der linken Brust. Derselbe ist im übrigen genau wie das Kleinod, natürlich ohne den Ring. Die III. Klasse hat das

*) 10 sun (zu 10 bu) = 0.303 m.

Kleinod wie die **II.**, trägt aber keinen Stern. Die **IV.** Klasse trägt das Kleinod wie die **II.**, aber auf der linken Brust. Das Kleinod der **V.** Klasse hat statt Gold überall Silber, die **VI.** Klasse ist ganz golden, die **VII.** (ausgenommen Weihe und Ring) ganz silbern, beide ohne Emaille. 3. **Band** (Fig. 245): hellgrün mit zwei weißen Streifen; es wird von der **I.** Klasse 2 **sun** 6 **bu** breit von der linken Schulter zur rechten Hüfte, von der **II.** und **III.** Klasse 1 **sun** 2 **bu** breit am Halse, von der **IV.** bis **VII.** Klasse am schmalen „kleinen" Bande auf der linken Brust getragen.

Fig. 247.
Kronenorden.
II. Klasse.

Kronenorden (Hokwansho).

Damenorden, gestiftet durch Kaiser Muts-Hito, 3. Januar 1888 in fünf Klassen, nach der Rangordnung des Sonnenordens; soll nur an Frauen, zur Anerkennung verdienstlicher Handlungen, verliehen werden. Der Orden soll enthalten Abbildungen des Bambusrohres und der Kirsche.

Ordenszeichen: 1. Kleinod: ovales Medaillon, das außen oben, unten und zu beiden Seiten je mit einem Strauß, bestehend aus einer voll und zwei halb erblühten purpurnen Blumen (Rosen?) umgeben von grünen Blättern besteckt ist und von einem dreifachen Reif, der innere und äußere golden mit weißen Perlen, der mittlere purpurn mit zwei unten gekreuzten goldumsäumten purpurnen Zweigen (in Form der Ölzweige) belegt ist. Im Innern des Medaillons, welches dunkelblau ist, sitzt auf einer Art goldenen Blumenkorbes, aus dem eine oben mit goldener Sonne und Arabeske verzierte Stange hervorgeht, der goldene „Vogel Hoo". Dies in der Größe verschiedene, sonst ganz gleiche Medaillon hängt bei der **I.** Klasse (Fig. 246) an einem grünen Kranz von

Fig. 248.
III. Klasse.

Fig. 249.
Kronenorden.
IV. Klasse.

Fig. 250.
V. Klasse.

(Abzeichen oberhalb des Kleinods.)

Kikublättern, in den sechs lila Kikublüten eingeflochten sind, bei der **II.** an ähnlichem Kranze (Fig. 247), mit oben zwei weißen halb- und an jeder Seite einer ganz-erschlossenen weißen Aster eingeflochten. Die **III.** Klasse trägt das Kleinod an einem silbernen Schmetterling (Fig. 248), die **IV.** an einem grünen Blätterkranz mit goldenen Stielen (Fig. 249), die **V.** an zwei goldgeäderten grünen Bambusblättern (Fig. 250); außerdem hat diese (bis auf das innere Medaillon) statt Gold überall Silber. 1. Band (Fig. 246 und 247): orange mit zwei purpurnen Streifen, bei der **I.** Klasse in einer Doppelschleife von der Breite der Großkreuze, bei der **II.** und **III.** in geringerer Breite, bei der **IV.** und **V.** noch schmäler und sämtlich als einfache Schleife an der linken Schulter zu tragen. 2. Stern (der I. Klasse) [Fig. 251] auf der linken Brustseite zu tragen; besteht aus Gold und ist durchweg mit weißen Perlen montiert; zwischen den fünf Strahlen wachsen je drei grüne Blätter und zwei purpurne Blumen (Rosen). Der Raum dazwischen ist mit

Fig. 251.
Kronenorden.
Stern I. Klasse.

Gold gefüllt. Das Medaillon, hier kreisrund, hat die drei Reifen ganz wie beim Kleinod, doch fliegt der „Vogel Hoo" hier, ohne den Korb mit Zubehör, dem Beschauer zugewendet, mit hoch erhobenem Schweif und rechtsgewandtem Schnabel frei in dem blauen Innern nach abwärts.

Fig. 252.
Rettungsmedaille.

Rettungsmedaille

(Verdienstmedaille, Fig. 252).

Gestiftet 7. Dezember 1881 für Personen, die mit Lebensgefahr Menschen gerettet haben. Sie besteht aus Silber, ist rund mit erhabenem Kirschblütenzweige und japanischer entsprechender Inschrift. Sie hat 2 cm im Durchmesser, Haken und Schnalle sind gleichfalls von Silber, Band rot.

Dekoration der Kaiserlich Japanischen Gesellschaft vom roten Kreuz.

Dieselbe, unter dem Protektorat J. J. M. M., ist gestiftet, nachdem in Artikel 15 der im April 1887 genehmigten Statuten ein Verdienstkreuz und eine Mitgliedsmedaille, ersteres für Verdienste im Interesse der Gesellschaft, letztere an alle ordentlichen Mitglieder, ersteres nach Allerh. Genehmigung, letztere nach Allerh. Kenntnisnahme bestätigt worden waren.

Fig. 253.
Rotes Kreuz.
I. Klasse.

Fig. 254.
Rotes Kreuz.
II. Klasse.

Das Kreuz (Fig. 253) silbern, auf jedem Arme vier Strahlen von weißer Emaille, im Medaillon der „Vogel Hoo" über dem roten Kreuz, eingefaßt von Bambus- und Paullowniazweigen. Band: rot mit zwei blauen Randstreifen. Die Mitgliedsmedaille (Fig. 254) rund, ohne Emaille. Darauf Vogel, Kreuz und Zweige wie oben, Band gleich. Beide werden (von Herren und Damen) auf der linken Brust getragen.

Kaiserlich Japanische Erinnerungsmedaille

zur Erinnerung an die Verkündung der Kaiserlichen Verfassung vom 11. Februar 1889, gestiftet 2. August 1889 (Fig. 255 u. 255a), in Gold und Silber, verliehen an die Personen vom Range der Shinno (Kaiserlichen Prinzen) und darunter, welche der Verfassungsverkündigung beigewohnt haben, ausgenommen die Hannin-(Subaltern-) Beamten und darunter. Sie ist rund 9/10 japan. Zoll Durchmesser, von Gold oder Silber, zeigt auf der Vorderseite das Chrysanthemumwappen, sowie den Kaiserlichen Thronhimmel und die

Fig. 255.
Verfassungs-Erinnerungsmedaille.

Fig. 255a.
Verfassungs-Erinnerungsmedaille (Revers).

Halskette des Großcordons des Chrysanthemumordens. Der Revers trägt in Charakteren die Inschrift: 11. Februar 1889. Medaille zur Erinnerung an die Verkündung der Kaiserlich Japanischen Verfassung. Der Ring ist rund, golden oder silbern. Das Band, 3 cm breit, ist das des Ordens der aufgehenden Sonne mit dem Kiri-Wappen (Paullowniaorden), wird auf der linken Brust getragen, und zwar, wenn mit anderen, links neben den Orden, rechts neben den Medaillen.

Johore (Djohore), Sultanat.

Orden von Johore (Fig. 256); über die Stiftung und die Klassen dieses Ordens ist nichts näheres bekannt. Die gegebene Abbildung ist einer Originaldekoration entnommen.

Fig. 256.
Familienorden des Sultans von Johore.

Kambodscha, Königreich.

Orden von Kambodscha.

Gestiftet durch den König von Kambodscha 1864 in fünf Klassen, deren erste (V.) die Dekoration in Silber, die übrigen in Gold tragen und nur nach der Größe verschieden sind.

Ordenszeichen: 1. Kleinod (Fig. 257): Das ovale Medaillon ist dunkelblau mit dem goldenen Heiligtum von Kambodscha, das als Wappen gilt, innerhalb dunkelroten, goldbesäumten Reifens, die Strahlen golden. 2. Das Band ist rosa mit zwei grünen Bordstreifen und wird von der

Fig. 257.
Orden von Kambodscha.
V. (I.) Klasse.

V. (I.) Klasse über die rechte Schulter, von der IV. (II.) ohne Band auf der Brust, von der III. (III.) um den Hals, von der II. (IV.) und I. (V.) im Knopfloch getragen. Die V. (I.) Klasse trägt hierzu den großen silbernen, mit dem Ordensmedaillon belegten Stern (Fig. 258) auf der linken Brust.

Fig. 258.
Orden von Kambodscha.
V. (I.) Klasse. Stern.

Kirchenstaat, s. Päpstlicher Stuhl.

Souveräner Kongostaat.

Orden des afrikanischen Sterns.

Gestiftet durch Leopold II., König der Belgier, Souverän des unabhängigen Kongostaates, durch Dekret d. d. Laeken, 30. Dezember 1888; er ist bestimmt zur Belohnung von dem Kongostaate und der afrikanischen Civilisation im allgemeinen geleisteten Diensten. Der König (Souverän) ist Großmeister. Klassen: Großkreuze, Großoffiziere, Commandeure, Offiziere, Ritter, Inhaber der Medaille.

Ordenszeichen: 1. Kleinod (Fig. 259 u. 259 **a**): fünfstrahliger, weißer, blaubordierter Stern innerhalb eines aus Palmenzweigen gebildeten Kranzes. In der Mitte ein goldener fünfstrahliger Stern in blauem Medaillon, darum ein goldener Reif mit der Devise: **Travail et progrès.** Der Avers zeigt innerhalb goldenen Reifens ein rotes Medaillon, darin verschlungen zwei goldene L und ein S(ouverain) überhöht von der Königlichen Krone. Letztere auch über dem Kleinod der Dekoration groß. 2. Band: blau, in der Mitte mit gelbem Streifen von der Hälfte der Bandbreite. Die Großkreuze tragen hierzu, gleichviel ob sie die Dekoration am Bande oder an der Kette haben, einen Stern auf der linken Brustseite: fünfstrahlig, mit je fünf goldenen Strahlen in den Winkeln, in der Mitte mit dem Kleinod des Ordens. Leider war eine offizielle Zeichnung nicht zu erlangen. 3. Die Kette besteht abwechselnd aus der Krone, zwei L und zwei S verschlungen und einem blaubordierten weißen Stern mit desgleichen goldenem belegt, innerhalb Palmenkranzes. 4. Das Band der Großkreuze (von der rechten Schulter zur linken Hüfte) ist 11 cm breit. Die Großoffiziere tragen den Stern wie die Großkreuze (Durchmesser 85 mm). Die Commandeure tragen das Kleinod (60 mm Durchmesser) an 55 mm breitem Bande um den Hals, die Offiziere von 40 mm Durchmesser an Band von 36 mm Breite, darauf eine Rosette, die Ritter das Kleinod in Silber von 40 mm Durchmesser, an 36 mm

Fig. 259.
Orden des afrikanischen Sterns.
(Kleinod.)

Fig. 259 a.
Revers zum Orden des afrikanischen Sterns.

breitem Bande, die Medailleninhaber eine Medaille von 30 mm Durchmesser in Gold oder Bronze an 36 mm breitem Bande. Dieselbe zeigt den goldenen Stern auf blauem Grunde, umgeben von der Devise **travail et progrès.**

Königlicher Orden des Löwen.

S. Maj. der König der Belgier, als Souverän des Kongostaates, hat laut Dekret vom 9. April 1891 einen Verdienstorden, unter dem Namen „Königlicher Orden des Löwen" gestiftet. Die Statuten sind vom 28. Juli 1891 datiert. Der Orden besteht aus sechs Klassen, nämlich: Großkreuze, Großoffiziere, Commandeurs, Offiziere, Ritter, Medailleninhaber.

Ordenszeichen: 1. Kleinod: goldenes, von der Königskrone überhöhtes Tatzenkreuz, die vier Arme goldgesäumt, weißbordiert und blauemailliert. In den Winkeln je zwei verschlungene goldene **C**. Das Medaillon enthält im Avers in Blau einen gekrönten goldenen Löwen, innerhalb goldenen Reifens, mit der Devise: **Travail et progrès** und um diesen ein zweiter Reifen gewellt, golden, von blauer Emaille bordiert. Der Revers zeigt ein rotes Schildchen, darin, überhöht von der Königskrone, zwei goldene **LL** und ein **S** verschlungen. Das Kleinod hat bei den Commandeurs 50, bei den Offizieren 40, bei den Rittern, welche das Kreuz silbern haben, 40 mm Durchmesser. 2. Band: amaranthrot-moiriert mit blauer Einfassung, letztere getrennt in der Mitte durch blaßgelben Streifen; hat bei den vier ersten Klassen eine Rosette. Dasselbe wird von den Großkreuzen 11 **cm** breit von der rechten Schulter zur linken Hüfte, von den Commandeurs 45 mm breit um den Hals, von den Offizieren und den Rittern 36 mm, von den Medailleninhabern 30 mm breit auf der linken Brust getragen. 3. Stern, **a)** der Großkreuze: von 90 mm Durchmesser, hat acht silberne Strahlen, gebildet abwechselnd von fünf und drei doppelten silbernen Fäden, welche durch goldene Röhren (**„canaux"**) getrennt sind. In der Mitte das Medaillon. Avers: Löwe innerhalb des Devisenbandes, das außen und innen durch einen silbernen Reifen bordiert ist, und dies Ganze dann innerhalb eines zweiten gewellten („ondulé“) Reifens, bordiert mit blauer Emaille. Er wird auf der linken Brust getragen. b) der Großoffiziere: achtspitziges, silbernes, an den Spitzen mit kleinen Kugeln besetztes Kreuz von 85 mm Durchmesser. In den vier Winkeln Strahlen, gebildet aus drei doppelten silbernen Fäden. In der Mitte des Kreuzes das Medaillon wie beim Großkreuz. 4. Die Kette der Großkreuze für feierliche Gelegenheiten besteht 1. aus der Königl. Krone, 2. zwei LL und ein S verschlungen, 3. dem Medaillon, blaubordiert und enthaltend innerhalb goldenen Ovals den goldenen gekrönten Löwen in Blau. Dieselben wiederholen sich abwechselnd. 5. Die Medaille, die 30 mm Durchmesser hat, wird für die I. Klasse in Gold, für die II. in Silber, für die III. in Bronze verliehen, trägt im Avers den gekrönten goldenen Löwen auf blauem Grunde, innerhalb der Devise: **Travail et progrès.** Das Band ist 36 mm breit und darf nicht allein getragen werden. Zeichnungen waren bisher nicht zu erlangen.

Dienststern des Kongostaates.

Leopold II. König der Belgier, Souverän des unabhängigen Kongostaates, stiftete, mittels Dekrets **d. d.** Brüssel, 16. Januar 1889 für treue und ehrenwerte Dienste in Afrika den „Dienststern“, bestehend aus einem silbernen Stern, im Durchmesser von 30 mm, der auf einer Seite einen goldenen Stern, auf der andern die Devise des Kongostaats **Travail et progrès** trägt. Band: blau. Die Anzahl der Strahlen des erst nach einer gewissen Reihe von Jahren verliehenen Sterns richtet sich nach der Anzahl der Dienstjahre (je einer für ein Jahr).

Liberia, Freistaat.

Liberischer Wohlthätigkeitsorden der Afrikanischen Befreiung.

Gestiftet am 13. Januar 1879; die Inhaber, Herren und Damen, übernehmen, zu einem Corps formiert, Wohlthätigkeitspflichten und sollen die Civilisation befördern. Der Orden besteht aus drei Klassen: Großkreuze, Ritter-Commandeure und Offiziere.

Ordenszeichen: 1. Kleinod (Fig. 260): an Olivenkranz hängendes Kreuz, in Form eines fünfstrahligen, goldbordierten, an den Spitzen mit goldenen Kugeln besetzten, weißemaillierten Sterns, aus dessen Winkeln unregelmäßige

Fig. 260.
Orden der afrikanischen Befreiung.
Offizierkreuz (III. Klasse).

Fig. 260 a.
Orden der afrikanischen Befreiung.
Revers des Medaillons (vergrößert).

goldene Strahlen hervorgehen. Das Medaillon, umgeben von grünen Lorbeerzweigen, die auf goldenen Reif gelegt sind, zeigt auf Erdboden ein von zwei knieenden Negern (Mann und Frau) angebetetes Kreuz. Den Negern sind die Ketten gesprengt. Der Revers (Fig. 260a S. 207) enthält das Wappen von Liberia in natürlichen Farben; um das Medaillon die Devise von Liberia: **The love of Liberty brought us here.** Dies Zeichen wird getragen an einem Bande sechsmal weiß, fünfmal rot gestreift, mit zwei türkisch-blauen Bordstreifen (die Farben von Liberia), und zwar von den Großkreuzen 100 mm breit von der rechten

Fig. 261.
Orden der afrikanischen Befreiung.
Stern des Großkreuzes.

zur linken Schulter, von den Commandeurs 60 mm breit am Halse, von den Offizieren mit Rosette darauf 45 mm breit auf der linken Brust. Hierzu die Großkreuze einen Stern, doppelt so groß, auf der linken Brust (Fig. 261). Das Ordenskonsilium besteht aus fünf Würdenträgern. Der Präsident der Republik ist stets erster (Großkreuz), der Vizepräsident zweiter Würdenträger des Ordens.

Lone-Star-Medaille.

Eine Stiftung hat nicht stattgefunden, auch existieren Statuten nicht; sie wird nur von dem Präsidenten der Republik durch den Sicty of State als Zeichen der Achtung und Anerkennung für der Republik geleistete Dienste verliehen. Die Medaille besteht aus Gold, zeigt auf dem Avers innerhalb eines von vier Palmzweigen umgebenen blauen Emaillereifens einen fünfstrahligen weißen Stern und stellt so, an weißem, mit fünf roten Streifen versehenem Bande getragen, die Flagge der Republik dar. Auf der Kehrseite des Medaillons ist das Wappen von Liberia mit der Umschrift: **Republic of Liberia** zu sehen. — Ob diese Medaille nach Stiftung obigen Ordens noch verliehen wird, ist fraglich.

Lippe, Fürstentum.

Ehrenkreuz des Fürstlich Lippeschen Gesamthauses.

Gestiftet von den Fürsten Paul Friedrich Emil Leopold zur Lippe und Adolph Georg Fürst zu Schaumburg-Lippe am 25. Oktober 1869 in drei Klassen, mit einer dem Orden affiliierten goldenen und silbernen Verdienstmedaille. Durch neues Statut vom 23. Oktober / 4. November 1887 wurde dagegen der Orden in fünf Klassen: **I., II., III., IV., Va., Vb.,** und ein goldenes und silbernes Ehrenkreuz geteilt. Der Orden wird verliehen für hervorragende Dienstleistungen, aufopfernde Ergebenheit, sowie Treue und Redlichkeit, ferner um Ausländer zu ehren, die sich um die Fürsten und das Land verdient gemacht haben. Die Verleihung des Ehrenkreuzes **I.** (jetzt **II.**) Klasse erfordert bei Inländern in der Regel den Rang oder die Stellung als Vorstand einer höhern Behörde, für die **II.** (jetzt **III.**) Klasse den Rang eines Mitgliedes der höheren Kollegialbehörden.

D. d. Detmold, 23. Oktober und Steyrling, 4. November 1887 verfügten die Fürsten Woldemar und Adolph Georg

Fig. 262.
Ehrenkreuz.

Fig. 262 a.

eine Statutenänderung. Der Orden besteht hiernach aus vier Klassen (Ehrenkreuz I., II., III., IV. Klasse). Die II. Klasse kann als besondere Auszeichnung mit Eichenlaub verliehen werden; für Kriegsverdienst mit zwei gekreuzten Schwertern; die höheren Klassen tragen alsdann wie in Preußen die Schwerter am Ringe.

Affiliiert dem Orden ist ein goldenes und ein silbernes Verdienstkreuz.

Inzwischen hat eine vollständige Trennung des Ehrenkreuzes beider Häuser stattgefunden, indem Schaumburg-Lippe einen neuen Orden stiftete (vergl. hierüber Schaumburg-Lippe).

Ordenszeichen: 1. Kleinod (Fig. 262): achtspitziges, goldbesäumtes, durch die Größe unterschiedenes, bei den oberen Klassen weißemailliertes Kreuz, bei der I. Klasse

Fig. 262 b.
Ehrenkreuz III. u. IV. Klasse. (Rückseite.)

überhöht von einer goldenen Bügelkrone und mit Kugeln an den Spitzen. Dasselbe ist in der Mitte belegt mit einem (dem Sternberg-Schwalenbergschen) goldenen Stern, der im Avers ein weißes Medaillon mit der Lippeschen roten, mit goldgrünen Kelchblättern versehenen Rose, innerhalb goldbordierten, dunkelblauen Reifens mit der goldenen Inschrift, im Revers (Fig. 262 a) ein dunkelblaues Medaillon mit den goldenen von Bügelkrone überhöhten, verschlungenen Initialen der beiden Stifter trägt. 2. Das Band (Fig. 262) ist ponceaurot mit goldenem Rande. Seit

1887 entspricht die I. Klasse der früher ausnahmsweise mit der Krone verliehenen II. Klasse und wird an 6 cm breitem goldeingefaßten roten Bande um den Hals getragen. Desgleichen die II. ohne Krone (sie entspricht dem früheren Ehrenkreuze I. Klasse). Die III. Klasse (Fig. 262 b) etwas kleiner an 3 cm breitem Bande im Knopfloch oder auf der linken Brustseite (sie entspricht dem frühern Ehrenkreuz II. Klasse).

Fig. 263.
Lippisches Ehrenkreuz.
Stern.

Die IV. Klasse hat statt Gold überall Silber, ohne Emaille, ausgenommen das gleichfalls emaillierte Mittelschild. Das Verdienstkreuz hat die Form des Ordens, besteht aus Gold oder Silber, aber ohne Emaille. Den silbernen Stern (Fig. 263) mit dem Aversmedaillon (auf der linken Brust) und das große Band zu dem Orden trägt lediglich der Landesherr.

Lucca, ehemaliges Herzogtum.

St. Georgenkreuz für Militärverdienst.

Gestiftet von Carl Ludwig von Bourbon, Infanten von Spanien und Herzog von Lucca, am 1. Juni 1833. Nach den Statuten vom 7. Mai 1841 bestand dieselbe aus drei Klassen.

Ordenszeichen: 1. Kleinod (Fig. 264 u. 264**a**): das der ersten Klasse war goldbordiert, weißemailliert mit weißemailliertem Medaillon, darin, innerhalb goldbordierten hellblauen Reifens, beschrieben im Avers mit der goldenen Inschrift: **Al merito militare**, im Revers mit der Jahreszahl 1833 und zwei gekreuzten Zweigen, bzw. der goldene St. Georg, den Drachen erstechend, und der gekrönte Namenszug des Stifters. Es wurde an Generale, Stabsoffiziere und Offiziere von ausgezeichnetem Verdienst verliehen. Das Kreuz II. Klasse (Fig. 265 S. 214) war weißemailliert, silberbordiert, mit gleichem Medaillon ohne Rand, der St. Georg silbern. Das Kreuz III. Klasse ebenso, doch ganz silbern ohne Emaille, wurde nur an Offiziere verliehen. Die Dekoration der I. und II. Klasse wurde für ganz außerordentliche Dienste auch mit

Fig. 264 a.

Fig. 264.
St. Georgsorden.
I. Klasse.

Fig. 265.
St. Georgsorden.
II. Klasse.

Brillanten (wie Fig. 266 abgebildet) verliehen. — 2. Band (aller Klassen) war weiß mit ponceauroten Bordstreifen. Hieran wurde von der I. Klasse noch eine Rosette getragen. Der regierende Herzog trug das Kreuz I. Klasse und auf der linken Brust einen silbernen Stern mit dem Aversmedaillon des Kreuzes; der Umschrift war noch das Stiftungsjahr hinzugefügt. Kanzler und Sekretär des Ordens trugen einen ähnlichen aber kleinern Stern; der Archivar, Kaplan und die übrigen Ordensoffizianten auf der Brust ein Kreuz ohne Band mit dem St. Georg.

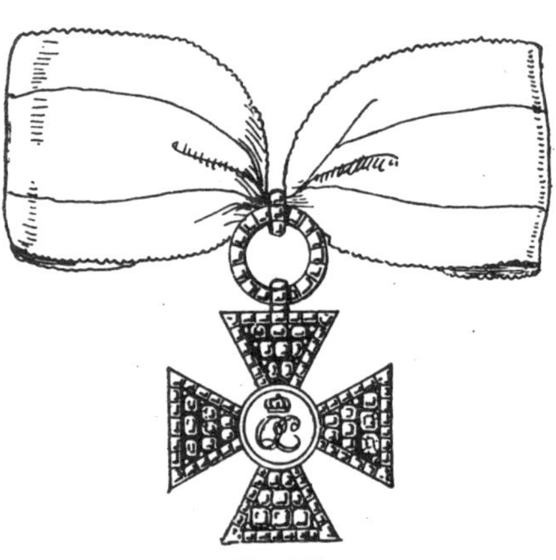

Fig. 266.
St. Georgsorden.
I. Klasse.

Der Orden des heiligen Ludwig für Civilverdienst
(vergl. sub Parma).

Gestiftet von obigem Herzog Carl Ludwig am 22. Dezember 1836 in fünf Klassen.

Ordenszeichen: 1. Kleinod: das Kreuz war bei der I. golden, bei der II. silbern durchbrochen, im gold-, resp. silbern-bordierten blauen Schildchen im Avers der heilige Ludwig von Gold, im Revers die Bourbonischen goldenen Lilien. Das Kreuz III. Klasse war ganz silbern, ohne Emaille. 2. Das Band aller Klassen war dunkelblau, mit zwei gelben Bordstreifen. Die Dekorationen wurden auf der linken Brust getragen. Kanzler und Sekretär trugen als Amtszeichen ein besonders geformtes Kreuz an hellblauem Bande.

Luxemburg, Großherzogtum.

Dieses seit dem Tode des Königs Wilhelm der Niederlande (23. November 1890) unter Großherzog Adolph (früher Herzog von Nassau) selbständige Großherzogtum hat folgende Orden:

Nassauischer Hausorden vom goldenen Löwen.

Gestiftet durch König Wilhelm III. der Niederlande und Herzog Adolph von Nassau d. d. Haag, 29. Januar 1858, bzw. d. d. Wiesbaden, 16. März 1858, zur Bethätigung der Eintracht der Ottonischen und Walramischen Linie des Gesamthauses Nassau. Derselbe bestand bis 1873 nur aus einer Klasse und wurde von den Chefs beider Linien verliehen. Laut Beschluß des Königs der Niederlande, als Großherzogs von Luxemburg, vom 13. März 1873 wurde dem Orden noch eine II., III. und IV. Klasse und am 29. März 1882 eine V. Klasse (Ritter) hinzugefügt. Der neue Großherzog erkannte jedoch die Klassen II. bis V. nicht mehr an, verleiht sie auch nicht mehr; der Orden ist jetzt lediglich

Fig. 267.
Hausorden vom goldenen Löwen.
Kreuz.

Fig. 267a.
Hausorden vom goldenen Löwen.
Rückseite des Medaillons.

Hausorden und hat wieder nur eine Klasse. Die Prinzen des Nassauischen Hauses, Söhne und Brüder des Chefs beider Linien sind geborene Ritter des Ordens, tragen ihn jedoch, ausgenommen bei erteilter Bewilligung, vor dem Alter der Volljährigkeit nicht. Im übrigen wird er verliehen nur an Souveräne und Prinzen aus souveränen Häusern, sowie an Personen, welche den Titel „Excellenz" und mindestens den Rang eines Ambassadeurs, Erzbischofs, Staatsministers, Generallieutenants oder einer obersten Hofstelle besitzen.

Fig. 268.
Hausorden vom goldenen Löwen.
Stern.

Ordenszeichen: 1. Kleinod: Kreuz (Fig. 267 u. 267**a**): weißemailliert mit goldenen **N**'s in den Winkeln, goldener Verzierung und schmalen goldenen Borden; im goldbordierten blauen Medaillon der von goldenen Schindeln umgebene goldene Nassauische Löwe. Revers: blau, goldgesäumt, mit goldener Inschrift. Stern (Fig. 268) silbern (auf der linken Brustseite), mit dem Medaillon wie oben, hier mit goldbordiertem weißen Rand, darin die goldene Devise des Reverses. Band: orange, mit zwei schmalen dunkelblauen Bordstreifen.

Herzoglich Nassauischer, jetzt Großherzoglich Luxemburgischer Militär- und Civil-Verdienstorden Adolphs von Nassau.

Gestiftet von Herzog Adolph von Nassau am 8. Mai 1858, zur bleibenden Erinnerung an seinen Ahnherrn, den deutschen Kaiser Adolph von Nassau, zur Belohnung

Fig. 269.
Verdienstorden Adolphs von Nassau mit Schwertern.
Großkreuz.

besonderer Verdienste, Treue und Anhänglichkeit an das Haus Nassau, sowie von Wissenschaft und Kunst und als Zeichen besonderen Wohlwollens, für In- und Ausländer. Die Prinzen des Hauses Nassau sind geborene Ritter des Ordens, tragen ihn indes erst nach erfolgter Einsegnung.

Der Orden besteht jetzt aus Großkreuzen, Komturen I. Klasse, Komturen II. Klasse, Rittern (IV. Klasse) und Inhabern des silbernen Verdienstkreuzes mit Schwertern, bzw. der affiliierten Medaille für Kunst und Wissenschaft in Gold und in Silber.

Ordenszeichen: 1. Kleinod: Kreuz (Fig. 269): weißemailliert, Borde, Kugeln, Verzierung und Krone golden, Medaillon weiß, mit goldbordiertem blauen Rande, darin zwei goldene Lorbeerzweige und das Wort: **Virtute;** der Buchstabe **A** und die Kaiserkrone darüber golden. Im Revers (Fig. 270) (goldbordiert, weiß) die goldenen

Fig. 270.
Verdienstorden Adolphs von Nassau.
Komturkreuz mit Schwertern (Rückseite).

Fig. 271.
Verdienstorden Adolphs von Nassau.
IV. Klasse.

Jahreszahlen 1292, 1858. Bei Verleihungen an Militärpersonen werden dem Kreuze, wie auch den unten beschriebenen Sternen, in allen Klassen zwei goldbegriffte gekreuzte silberne Schwerter hinzugefügt. Die Kreuze der verschiedenen Klassen unterscheiden sich nur durch die Größe, doch trägt das Ritterkreuz oben keine Krone, das Kreuz IV. Klasse keine Emaille und Krone, ist vielmehr ganz silbern (Fig. 271). 2. Das Band ist dunkelblau, mit schmalen orangefarbenen Streifen eingefaßt, wird von den Großkreuzen handbreit von der rechten Schulter zur linken Hüfte, von beiden Komturklassen halb so breit um den Hals, von den Rittern schmal auf der linken Brust, oder im Knopfloch getragen. 3. Der **Stern** der Großkreuze (Fig. 272) und Großkomture (Fig. 273), der erstere ganz silbern achtstrahlig, der letztere in Form des Ordenskreuzes, silbern-diamantiert,

Fig. 272.
Verdienstorden Adolphs von Nassau.
Stern der Großkreuze mit Schwertern.

goldbordiert, mit goldenen Kugeln und mit silbernen Strahlen in den Winkeln, beide mit dem Avers-Medaillon des Ordenskreuzes versehen, werden auf der linken Brust getragen. Die Abbildungen Fig. 272 u. 273 zeigen die Militärdekoration; bei den für Civilpersonen ermangeln die Sterne der Schwerter.

Fig. 273.
Verdienstorden Adolphs von Nassau.
Groß-Komturkreuz mit Schwertern.

Herzoglich Nassauisches Ehrenzeichen für Rettung aus Lebensgefahr (Fig. 274).

Fig. 274.
Rettungsmedaille.

Gestiftet 13. Februar 1843 durch Herzog Adolph von Nassau zur Belohnung derjenigen, welche mit eigener Lebensgefahr Personen aus Gefahren errettet haben. Die Medaille, aus Silber, wie abgebildet, wird im Knopfloch oder auf der linken Brust getragen. Ob dasselbe auch jetzt und in welcher Form in Luxemburg wieder verliehen wird, wissen wir nicht.

Luxemburgischer Orden der Eichenkrone.

Gestiftet von König Wilhelm der Niederlande, Großherzog von Luxemburg am 29. Dezember 1841 für insbesondere luxemburgische Unterthanen, zur Belohnung für Militär- wie Civildienste; er kann in besonderen Fällen auch an Ausländer verliehen werden. Der Orden bestand bis 1858

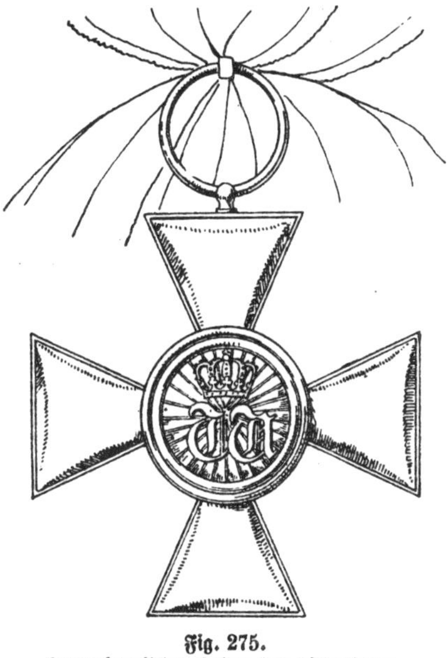

Fig. 275.
Luxemburgischer Orden der Eichenkrone.
Klasse I—III.

Fig. 276.
Luxemburgischer Orden der Eichenkrone.
Klasse IV—V.

aus vier Klassen: Großkreuzen, Rittern mit dem Stern des Ordens (seit 1858: Großoffiziere), Commandeuren, Rittern. Laut Dekret vom 5. Februar 1858 wurde zwischen der Commandeur- und Offizierklasse die neue Klasse eingefügt.

Ordenszeichen: 1. Kleinod der ersten drei Klassen (Fig. 275): goldgesäumtes, weißemailliertes Kreuz mit goldumrahmtem, grünemailliertem Medaillon, darin ein goldnes W, überhöht von der goldenen Königskrone. Die Offiziere und Ritter tragen das Kreuz (Fig. 276) in den Winkeln mit goldenem, bzw. silbernem Eichenlaub verziert. 2. Band: dunkelgrün, mit zwei orangefarbenen Streifen, bei den Großkreuzen vier Finger breit von der rechten Schulter zur linken Hüfte, bei den Großoffizieren und den Commandeurs drei Finger breit am Halse, bei den Offizieren und

Fig. 277.
Orden der Eichenkrone.
Stern zum Großkreuz.

Rittern zwei Finger breit im Knopfloch zu tragen; die Offiziere tragen außerdem auf dem Bande eine Rosette. 3. Stern: bei den Großkreuzen (Fig. 277) silbern, belegt mit dem Ordenskreuz-Medaillon, hier noch innerhalb eines grünen Eichenkranzes, der unten mit goldenem Bande gebunden ist, und eines goldbordierten roten Reifs mit der goldnen Inschrift: **Je maintiendrai** (ich werde erhalten,

Wahlspruch des Hauses Nassau-Oranien); bei den Großoffizieren (Fig. 278) ebenso, doch in Form eines achtspitzigen Kreuzes; beide werden auf der linken Brustseite getragen.

Fig. 278.
Orden der Eichenkrone.
Stern der Großoffiziere.

Malta.

Orden der Ritter von St. Johann von Jerusalem, genannt Malteserorden (Johanniter-Malteserorden).

Nach dem Erlöschen des alten religiösen Ordens unter dem letzten 1798 gewählten Großmeister und nachdem die Ritter im Jahre 1800 im Conclave zu Regensburg den Kaiser Paul von Rußland zum Großmeister erklärt, ging Malta, der letzte Besitz des Ordens, 1814, verloren, nachdem seine sonstigen Güter bereits durch die Rheinbunds-Akte und den Preßburger Frieden ihm entrissen und verteilt waren, somit war der Orden als ein souveräner Staat verschwunden. Trotz aller Restaurationsversuche blieb das Bemühen vergeblich, bis, durch den Einfluß des Papstes, 1839 Kaiser Ferdinand von Österreich ihn innerhalb der italienischen Staaten, durch Überweisung der Kirche der Malteserritter und des Prioratsgebäudes zu Venedig, als Sitz des mit einer jährlichen Revenue von 2000 Gulden aus dem Staatsschatze ausgestatteten Priorats wieder ins Leben rief. Ebenso geschah dies durch Dekret des Königs beider Sizilien am 7. Dezember 1839, des Herzogs von Modena am 15. Juni 1841, in Sardinien und Lucca, später auch im Königreich Italien. Gegenwärtig besteht der Orden aus drei von einander unabhängigen großen Gruppen und zwar

1. dem alten Stamm des Ordens, dessen Mitglieder sich „Malteser" oder „Johanniter-Malteser" nennen und sich im Besitz der vier Großpriorate von Rom, Neapel, Venedig und Prag mit etwa 100 Commenden befinden. Dieser Orden hat (seit 1834) seinen Sitz in Rom und besteht aus Rittern der Gerechtigkeit, die aus alten Adelsfamilien herstammen und ledig bleiben müssen, und Devotionsrittern, welche sechzehn Ahnen beider Eltern nachweisen müssen, obwohl sie von denen mütterlicherseits dispensiert werden können. Alle Mitglieder müssen römisch-katholisch sein;
2. dem Johanniterorden in Spanien, worüber Spanien;
3. dem Johanniterorden in Preußen („Balley Brandenburg"), der übrigens mit dem alten Orden durchaus nichts zu thun hat, vielmehr ein neugestifteter lediglich Königlich Preußischer Orden ist.

Der Malteserorden **ad** 1 dagegen besteht aus Großkreuzen und Komturen. Erstere tragen das große schwarze Band über die Brust, letztere um den Hals.

Das **Ordenszeichen:** 1. Kleinod (Fig. 279) ist das goldbordierte, weißemaillierte Johanniter-Ordenskreuz, mit goldenen Lilien in den Winkeln und überhöht von goldener

Fig. 279.
Johanniter-Malteserorden.

Lilien-Königskrone, welche an einer goldenen Armatur hängt, durch deren Ring das Band geht. Hierzu wird auf der linken Brust das einfache weiße achtspitzige Leinen-Kreuz getragen.

San Marino, Republik.

Ritterorden von San Marino.

Gestiftet von dem Regenten der Republik San Marino am 15. (revidiert 22.) März 1860 für Civil- und Militär-verdienst, in der Humanität, der Wissenschaft und Kunst, für

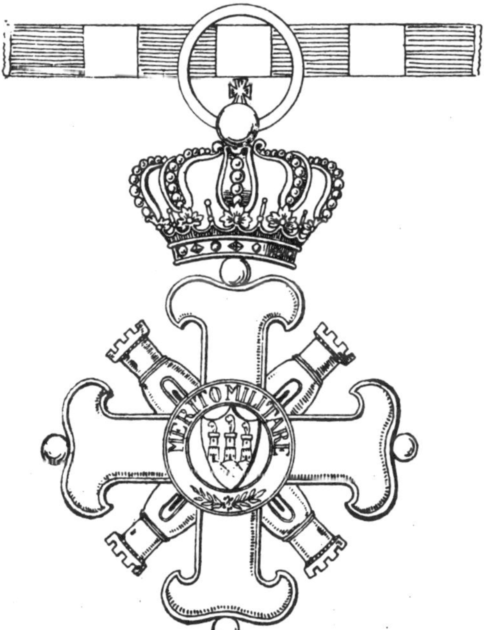

Fig. 280.
Ritterorden von San Marino.
Kreuz I. Klasse.

die Wohlfahrt und Ehre der Republik, zu Ehren des heiligen Marinus, des Protektors der Republik, in fünf Klassen: Ritter-Großkreuzen, Ritter-Großoffizieren, Commandeurs, Offizieren, Rittern. Die drei obersten Klassen sind zur

Belohnung ausgezeichneter, der Republik geleisteter Dienste, die beiden anderen zur Belohnung vorzüglicher Dienste in Menschenliebe, Wissenschaft und Kunst bestimmt. Die erste Klasse des Ordens wird gewöhnlich an Fürsten, hohe Staatsbeamte, Mitglieder regierender Familien und ausnahmsweise an Personen mit hochverdienstlichen Handlungen verliehen. Die zweite Klasse wird für gewöhnlich an Diplomaten und höhere Beamte vergeben.

Ordenszeichen: 1. Kleinod (Fig. 280 u. 280 **a**): goldbordiertes, weißemailliertes „Anker"-Kreuz, an den Armenden je mit goldener Kugel, in jedem Winkel mit goldenem Turm und weißemailliertem Medaillon. Darin ein goldener Schild mit dem Staatswappen: Drei Berge mit drei Türmen, auf jedem eine Straußfeder innerhalb goldbordierten, dunkelblauen Reifens mit der goldenen Inschrift: **Merito militari,** auf der andern Seite innerhalb gleichen Reifens mit der Schrift: **„S. Marino, protector"** das Brustbild dieses Heiligen in Goldrelief auf Goldgrund. Das Kreuz der **I.** Klasse hat 60, das der **II.** und **III.** 45, das der **IV.** und **V.** Klasse 35 **mm** Durchmesser. 2. Band: bestehend aus vier himmelblauen, dazwischen drei weißen Längsstreifen mit zwei schmalen weißen Bordstreifen. Das der **I.** Klasse, 100 **mm** breit, wird von der rechten Schulter zur linken Hüfte, das der **II.** und **III.** Klasse, 45 **mm** breit, um den Hals, das der **IV.** und **V.** Klasse, 40 **mm** breit, auf der linken Brust getragen. Das der **IV.** Klasse hat noch eine Rosette. 3. Stern (Fig. 281) der Ritter **I.** Klasse von 80, der der Ritter **II.** Klasse von 65 **mm** Durchmesser, auf der linken Brust zu tragen, besteht aus vierzig abwechselnd goldenen und silbernen Strahlen. Die letzteren sind belegt mit dem Ordenskreuz, jedoch ohne Krone, mit kleinen silbernen Knöpfen an den Armenden und mit einem grünen goldbefruchteten Öl- und Eichen-

Fig. 280 a.
Ritterorden von San Marino.
Medaillonrevers der Kreuze.

zweige durch die Winkel, sowie versehen mit goldbordiertem dunkelblauen Medaillon, darin die goldenen Worte: **Relinquo vos liberos ab utroque homine.**

Fig. 281.
Ritterorden von San Marino.
Stern I. und II. Klasse.

Mecklenburg, beide Großherzogtümer.

Hausorden der Wendischen Krone.

Gestiftet von den Souveränen beider Großherzogtümer am 12. Mai 1864 als gemeinsamer Orden beider Häuser. Der Orden besteht aus vier Abteilungen: 1. Großkreuzen, welche a) die Krone in Erz, b) die Krone in Gold erhalten,

2. Großkomturen, 3. Komturen, 4. Rittern. Ferner ist demselben ein „Verdienstkreuz“ affiliiert. Die Zahl der Großkreuze im Inlande (ausschließlich der Prinzen und Prinzessinnen) soll nicht mehr betragen als in Schwerin 6, in Strelitz 2, der Großkomture in Schwerin 18, in

Fig. 282.
Hausorden der Wendischen Krone.
Großkomturkreuz.
Schwerinsche Abteilung.

Strelitz 6, der Komture in Schwerin 24, in Strelitz 8, der Ritter in Schwerin 48, in Strelitz 16. — Das Großkreuz, das, mit der Krone in Gold, auch an Damen verliehen werden kann, ist im allgemeinen für Personen Fürstlichen Standes bestimmt, doch kann dasselbe auch an Personen aus anderem Stande verliehen werden, sofern sie ein Amt mit dem Prädikat „Excellenz“ bekleiden, oder solchen gleichstehen. Das Großkomturkreuz können nur Personen im Mindestrange eines Generalmajors erhalten.

Ordenszeichen: Kleinod (Fig. 282): achtspitziges, goldbordiertes, weißemailliertes Kreuz, mittels goldener Verzierung an goldener Krone hängend, mit dunkelblauem

Fig. 283.
Hausorden der Wendischen Krone.
Stern der Großkreuze.
Schwerinsche Abteilung.

Medaillon, worin die Wendische Krone in Erz, bzw. Gold, umgeben von goldbordiertem roten Reife, darin die goldene Devise bei Schwerin: **per aspera ad astra**, bei Strelitz: **avito viret honore.** In den Kreuzwinkeln je ein schreitender goldener Greif. Das Kreuz aller Klassen ist nur in der Größe verschieden, dagegen beim Großkreuz zwischen der Krone und dem Kreuz statt der Verzierung die goldene Initiale der Stifter, bzw. **F(riedrich) F(ranz)** und **F(riedrich)**

W(ilhelm) in Spiegelschrift. Dieselben Initialen zeigt der Revers (Fig. 285 u. 286) des Medaillons des Kreuzes innerhalb schmal bordierten blauen Reifens. Wird das Großkreuz an Fürstliche Damen verliehen, so tragen diese Krone und Devise in Diamanten an einer Schleife an der linken Schulter. Im übrigen kann die Verleihung in Diamanten auch, wenn für Damen, in der Klasse der

Fig. 284.
Orden der Wendischen Krone.
Stern der Großkomture.
Schwerinsche Abteilung.

Großkomture geschehen. Schwerter für kriegerisches Verdienst werden nur beim Großkreuz mit der Krone in Gold verliehen. Das Verdienstkreuz wird in Gold oder Silber verliehen, hat die Form des Ordens, aber keine Emaille. Das Band, bei den Großkreuzen 9 cm breit, von der rechten Schulter zur linken Hüfte, bei den Großkomturen und Komturen 7 cm breit um den Hals, bei den Rittern und dem Ehrenzeichen mit noch schmälerem Bande, auf der linken Brust getragen, ist beim Orden hellblau mit innen gelbem außen rotem schmalen Bordstreif, beim Verdienstkreuz rot mit blauem und gelbem Bordstreif. Der Stern für Großkreuze (Fig. 283 S. 231) und Großkomture (Fig. 284) silbern

Fig. 285.
Medaillonrevers des Kreuzes (Schwerin).

Fig. 286.
Medaillon des Kreuzes (Strelitz).

wie abgebildet, auf der linken Brust zu tragen mit dem Ordens-Medaillon (s. oben). Die Kette (Fig. 288 S. 234) kann zu dem Großkreuze mit der Krone in Erz verliehen werden; sie wird alsdann statt des großen Bandes getragen und ist ganz von Gold, enthaltend abwechselnd die Wendische

Fig. 287.
Initiale in der Ordenskette für die Strelitzsche Abteilung.

Krone zwischen zwei Greifen und den entsprechenden Namenszug des Landesherrn von Schwerin (Fig. 288 S. 234) oder von Strelitz (Fig. 287). Die Krone ist mit Smaragd versehen, grünemailliert, mit schmalen goldenen Reifen und Verzierungen.

Fig. 288.
Orden der Wendischen Krone.
Kette der Schwerinschen Abteilung.

Mecklenburg-Schwerin, Großherzogtum.

Greifenorden.

Gestiftet d. d. Schwerin, 15. September 1881 durch Friedrich Franz, Großherzog von Mecklenburg in vier Abteilungen. 1. Großkreuz, 2. a) Großkomturkreuz und b) Komturkreuz (um den Hals), 3. Ehrenkreuz (auf der linken Brust ohne Band zu tragen) (Fig. 290). 4. Ritterkreuz. Die Insignien von 1 können mit Schwertern, die von 1 und 2 mit Diamanten verliehen werden.

Ordenszeichen:

1. Kleinod (Fig. 289; die Klassen 1, 2 a und b und 4 nur in der Größe verschieden): goldbordiertes, achtspitziges Kreuz, mit goldenem Medaillon, darin erhaben ein schreitender Greif.

Fig. 289.
Greifenorden. (Komturkreuz.)

Fig. 290.
Greifenorden. (Ehrenkreuz.)

Fig. 291.
Greifenorden. (Stern der Großkreuze.)

Fig. 292.
Greifenorden. (Großkomtur-Stern.)

2. Band hellgelb, bei den Großkreuzen 9 cm breit mit schmalem roten Bordstreifen von der rechten Schulter zur linken Hüfte, von Großkomturen und Komturen um den Hals, von den Rittern auf der linken Brust zu tragen. 3. Stern der Großkreuze (Fig. 291): achtspitzig, silbern, mit gleichlangen Spitzen, belegt mit obigem Medaillon, hier umgeben von goldbordiertem roten Reif mit der goldenen Devise: **Altior adversis**; der Stern wird auf der rechten und von den Großkomturen (Fig. 292) etwas kleiner auf der linken Brust getragen.

Das Militärverdienstkreuz (Fig. 293).

Großherzog Friedrich Franz II. von Mecklenburg-Schwerin dehnte durch seinen Erlaß vom 24. Dezember 1870 die Verleihung des am 5. August 1848 gestifteten Militärverdienstkreuzes auch auf solche Personen aus, die nicht unmittelbar vor dem Feinde gestanden und bestimmte zugleich, daß in diesem Falle das Verdienstkreuz am roten Bande des Hausordens der Wendischen Krone getragen werden solle. Ferner wurde durch Verordnung vom 1. Mai 1871 verfügt, daß dieses Militärverdienstkreuz auch an Damen für während eines Krieges bewiesene Auszeichnung verliehen werden könne, in welchem Falle dasselbe mit einer Schleife an der linken Schulter zu tragen sei.

Fig. 293. Militär-Verdienstkreuz (auch Damenorden).

Dieses Verdienstkreuz besteht in einem, in der Form dem eisernen Kreuze ähnelnden Kreuz aus Bronze, dessen Vorderseite die Worte: „Für

Auszeichnung im Kriege“, die Rückseite im oberen Kreuzarme die großherzogliche Krone, in der Mitte die großherzoglichen Initialen **FF** — Friedrich Franz — und im unteren Kreuzarme die Jahreszahlen 1870/71 trägt. Das dazu gehörige Band ist ponceaurot und hat an jeder Seite zunächst einen schmalen hellblauen, sodann einen ebenso breiten gelben Randstreifen. An höhere Offiziere wird es ohne Band wie das eiserne Kreuz **I.** Klasse zu tragen verliehen, ebenso für besondere Auszeichnung. Es ist nirgends bestimmt, daß der Orden lediglich für den Feldzug 1870/1 bestimmt sei.

Fig. 294.
Medaille für Kunst und Wissenschaft.

Fig. 294 a.
Medaille für Kunst und Wissenschaft.
Revers.

Medaille für Kunst und Wissenschaft (Fig. 294, 294 a).

Gestiftet von Großherzog Friedrich Franz **I.** mit Statut vom 28. Februar 1859 für besonders ausgezeichnete Leistungen, namentlich für eigene Leistungen auf den Gebieten der Wissenschaften und Künste in Gold und

Silber verliehen. Das Band ist das des Hausordens der Wendischen Krone; die Medaille, wie abgebildet, wird in Gold am Halse, in Silber auf der Brust, bzw. im Knopfloch getragen.

Mexiko, ehem. Kaisertum.

Orden des Mexikanischen Adlers.

Gestiftet 1. Januar 1865 (Statut vom 10. April) durch Kaiser Maximilian „zum Andenken an die Wiederherstellung des Vaterlandes, zum Beweise brüderlicher Freundschaft für die hierbei förderlichen und freundlichen Fürsten und zur Belohnung jeglichen Verdienstes“ in sechs Klassen: 1. Ritter, 2. Offiziere, 3. Komture, 4. Großoffiziere, 5. Großkreuze, 6. Großkreuze mit der Halskette, die für Inländer hinsichtlich der Ritterklasse unbeschränkt war, hinsichtlich der übrigen Klassen, bzw. die Zahl von 200, 100, 50, 25, 12 nicht überschreiten durfte.

Fig. 295.
Orden des Mexikanischen Adlers
Großkreuz (Kleinod).

Die Verleihung des Großkreuzes mit der Kette sollte ausschließlich an fremde Souveräne erfolgen, im übrigen der Orden nur für glänzende und ehrenvolle Thaten aller Stände, Militär- wie Civildienste, sowie für hervorragende Werke und Schriften in Wissenschaften und Künsten verliehen werden.

Ordenszeichen: 1. Kleinod (Fig. 295): der mexikanische Adler auf einer grünen Nopalpflanze (Hieroglyphe der Stadt Mexiko), die grüne Schlange der inneren Zwietracht zer-

Fig. 296.
Orden des Mexikanischen Adlers.

reißend, gekrönt mit der Kaiserlichen Krone, haltend auf seiner Brust gekreuzt das Zepter (die „Billigkeit") und das Schwert (die „Gerechtigkeit"). Der Adler war silbern bei der Ritterklasse, golden bei den übrigen; seine Höhe betrug für Ritter und Offiziere 45 mm, für Komture und Großkreuze 55 mm. 2. Band: dunkelgrün mit zwei purpurnen Bordstreifen, von den Großkreuzen von der rechten Schulter zur linken Hüfte, von Großoffizieren und Komturen am Halse, von Offizieren und Rittern auf der linken Brust, bei ersteren noch mit einer Rosette getragen. 3. Der Stern (Fig. 296), von den Großoffizieren auf der rechten, von den Großkreuzen auf der linken Brustseite getragen, war silbern und enthielt im goldenen, von einem doppelten Bord aus innen roten, außen grünen Edelsteinen umgebenen Medaillon den Adler wie im

Fig. 297.
Orden des Mexikanischen Adlers.
Kettenglieder.

Ordenszeichen im Relief, in 15 mm Höhe und auf den größten der vier Strahlen am Ende gleichfalls einen grünen Stein. 4. Die Kette (Fig. 297), bei jedem offiziellen Akt anzulegen, bestand abwechselnd aus dem Adler wie im Ordenszeichen, 30 mm hoch, und der Kaiserlich gekrönten goldenen Doppelinitiale des Stifters. Beim gewöhnlichen Anzuge hatten die Inhaber der Halskette das Recht, das Ordenszeichen an schwarzer Schnur um den Hals zu tragen.

Orden Unserer Lieben Frau von Guadalupe.

Gestiftet unter diesem Namen, in Abänderung des von Kaiser Iturbide gestifteten Ordens von Guadalupe, dem Präsident Santa Anna am 11. November 1853 zuletzt neue Statuten gegeben hatte. Der Orden sollte ausgezeichnetes Verdienst und bürgerliche Tugenden belohnen; er bestand aus Rittern (unbeschränkt), Offizieren (500), Komturen (200), Großoffizieren (100) und Großkreuzen (30), Ausländer jedoch in diese Zahlen nicht eingerechnet.

Ordenstag: 12. Dezember (Tag des Festes „U. L. F. von Guadalupe").

Fig. 298 a.

Fig. 298.
Orden Unserer Lieben Frau von Guadalupe.
Großkreuz.

Ordenszeichen: 1. Kleinod (Fig. 298): dunkelrot emailliertes Kreuz, mit beiderseits schmal-goldgesäumtem weißen Borde, kleinen goldenen Kugeln an den Spitzen, goldenen Strahlen in den Winkeln, liegend auf zwei zum Kranze geformten goldenen, bzw. Öl- und Palmzweigen, und überhöht von dem Adler wie im vorher beschriebenen Orden des Mexikanischen Adlers, mit Kaiserkrone, Nopalpflanze und Schlange, alles von Gold. Auf der Kreuzmitte ruhte ein ovales weißes Medaillon, im Avers mit dem Bilde

U. L. F. von Guadalupe, innerhalb grünen, schmal goldgesäumten Ovalreifens, der die goldene Inschrift: **Religion, Independencia, Union** (Religion, Unabhängigkeit, Einigkeit) trägt. Der Revers (Fig. 299) enthielt innerhalb gleichen, aber unbeschriebenen Reifens die Worte: **Al patriotismo heroico** (für heldenmütige Vaterlandsliebe). Das Kreuz war bei allen Klassen bis auf die verschiedene Größe dasselbe.

Fig. 299.
Orden Unserer Lieben Frau von Guadalupe.
Rückseite.

2. Das Band (Fig. 298**a**) war dunkelblau, mit violetten Bordstreifen, wurde von den Großkreuzen von der rechten Schulter zur linken Hüfte, von den Großoffizieren und Komturen um den Hals, von Offizieren (diese mit Rosette) und Rittern auf der linken Brust getragen. 3. Der Stern (Fig. 300 S. 244), von den Großkreuzen auf der rechten, von den Großoffizieren auf der linken Seite getragen, war von Gold

und mit dem Ordenskreuz, ohne den Adler, belegt. 4. Die Kette (Fig. 301) der Großkreuze (nur bei großen Festlich-

Fig. 300.
Orden Unserer Lieben Frau von Guadalupe.
Stern der Großkreuze.

keiten um den Hals zu tragen) bestand abwechselnd aus dem oben beschriebenen Adler und innerhalb goldenen Kranzes

Fig. 301.
Orden Unserer Lieben Frau von Guadalupe.
Kettenglieder.

aus Lorbeer- und Palmzweigen den Initialen des Stifters des Ordens: A(ugustin) I(turbide), der (vom 18. Mai 1822 bis 19. März 1823) Kaiser von Mexiko war.

Der San Carlos-Orden (Fig. 302).

Am 10. April 1865 stiftete Kaiser Maximilian von Mexiko einen Damen-Orden unter dem Namen: „San Carlos-Orden, zur Belohnung des weiblichen Verdienstes, der Handlungen der Barmherzigkeit, Selbstverleugnung und Entsagung“. Der Orden wurde durch den Kaiser und die Kaiserin Charlotte gemeinschaftlich verliehen. Er bestand aus zwei Klassen, dem Großkreuz und dem kleinen Kreuz. Das Kreuz war weißemailliert, von langer (lateinischer) Form (Passions-Kreuz), endigte in lilienförmigen Ansätzen und hatte in der Mitte ein kleineres lateinisches, grünemailliertes Kreuz, dessen Querarm auf dem Avers die silberne, emaillierte Inschrift: „**Humilitas**“ (Demut, Devise des heil. Carl Borromeus), auf dem Revers die silberne Inschrift: „**San Carlos**“ — beides in gotischen Buchstaben — trug. Das Großkreuz hatte eine Höhe von 63 mm und wurde am Ende eines großen seidenen, karmesinroten Bandes von 68 mm Breite (von der rechten Schulter nach der linken Hüfte) getragen. Das kleine Kreuz hatte die gleiche Form,

Fig. 302.
San Carlosorden.
Großkreuz.

war aber nur 50 mm hoch und wurde an der linken Schulter getragen, vermittelst eines schleifenförmigen Bandes von gleicher Farbe und einer Breite von 38 mm. Die Anzahl der Großkreuze im Kaiserreiche Mexiko war auf vierundzwanzig beschränkt und im Auslande ausschließlich den Damen souveräner Häuser vorbehalten. Die Zahl der Kleinkreuze war unbeschränkt. Mit Vorbehalt besonderer Ausnahmen sollte der Orden vorzugsweise am 4. November (dem Tage des Schutzheiligen) und am 7. Jüni (Geburtstag der Kaiserin Charlotte) verliehen werden.

Modena, Herzogtum

(seit 18. März 1860 dem Königreich Sardinien einverleibt, dann dem Königreich Italien).

Orden des Adlers von Este.

Gestiftet am 27. Dezember 1855 von Herzog Franz V. in drei Klassen: Großkreuze, Commandeure und Ritter.

Ordenszeichen: 1. Kleinod (Fig. 303): achtspitziges, an den Spitzen mit goldenen Kugeln besetztes Kreuz, weißemailliert, mit ringsum schmal goldgesäumtem dunkelblauen Rande. Das Medaillon im Avers blau, mit dem Königlich gekrönten weißen Adler von Este-Modena, innerhalb goldgesäumten weißen Bordes, welcher oben die goldene Inschrift: **Proxima soli,** unten die Jahreszahl 1855 trug. Der Revers (Fig. 304) ebenso, jedoch weiß mit dem goldenen Bilde des Schutzheiligen von Modena; die Umschrift lautete: **S. Contardus Atestinus.** Das Kreuz für Civil hing an grünem Eichenkranz und für Militärverdienst an Trophäe wie beim Malteserorden. 2. Band: weiß mit zwei blauen Bordstreifen. 3. Stern: für Großkreuze und Komture achtstrahlig.

Fig. 303.
Orden des Adlers von Este.

Fig. 304.
Orden des Adlers von Este.
Medaillon-Rückseite.

Näheres war leider nicht zu ermitteln; auch Schulze a. a. O. Suppl. I, S. 244 bestätigt dies.

Monaco, Fürstentum.

Orden vom heiligen Karl.

Gestiftet am 15. März 1858 durch den regierenden Fürsten Karl III. von Monaco, erhielt neue Statuten am 16. Januar 1863. — Hiernach ist der Orden zur Belohnung des Verdienstes und zur Anerkennung der dem

Fürsten und dem Staate geleisteten Dienste bestimmt, auch für Fremde. Der Orden besteht aus fünf Klassen: Großkreuzen, Großoffizieren, Commandeurs, Offizieren, Rittern. Jeder Inländer muß den niederern Grad erlangt gehabt haben, ehe er in den höheren Grad aufgenommen wird, und zwar hat er vier Jahre als Ritter, drei als Offizier, vier als Commandeur, fünf als Großoffizier in der betreffenden Klasse zu verbleiben, ehe er aufrückt, ausgenommen bei außerordentlichen Diensten. Das Fürstenhaus ist hiervon ausgeschlossen.

Fig. 305.
Orden vom heiligen Karl.
Kreuz der Großoffiziere.

Fig. 306.
Orden vom heiligen Karl.
Medaillon-Rückseite zum Kreuz.

Ordenszeichen: 1. Kleinod (Fig. 305): von goldener Bügelkrone überhöhtes achtspitziges weißemailliertes Kreuz, mit schmal-goldgesäumtem roten Borde, goldenen Kugeln an den Spitzen und befruchtetem grünen Lorbeer-, bzw. Oliven-Zweig durch die Winkel, unten mit Goldband gebunden. Das rote Medaillon trägt innerhalb beiderseits schmal-goldgesäumten weißemaillierten Bordes, mit der goldenen Inschrift: **Princeps et patria** im Avers, **Deo juvante** im Revers (Fig. 306), in Ersterem die von der Krone überhöhte goldene Initiale des Stifters (C in Spiegelschrift), im Revers die rot und weißen Rauten von Monaco. Das Kreuz hat bei den Großkreuzen 54, bei den Großoffizieren 40, bei den Commandeurs 54, bei den Offizieren 40, bei den Rittern 35 mm Durchmesser. 2. Band: rot und weiß, bei den Großkreuzen 10 cm breit, von der rechten Schulter zur linken Hüfte, bei den Großoffizieren und Commandeurs 53 mm breit um den Hals, bei den Offizieren 38 mm breit, mit Rosette, im Knopfloch der linken Rockseite, bei den Rittern 38 mm breit, ohne Rosette ebenda zu tragen.

Fig. 307.
Orden vom heiligen Karl.
Stern der Großkreuze.

3. Der Stern der Großkreuze (Fig. 307), 85 mm Durchmesser, auf der linken, für die Großoffiziere auf der rechten Brustseite, ist silbern und mit dem Avers des Ordenskreuzes ohne Krone belegt.

Montenegro, Fürstentum.

Tschernagorischer Unabhängigkeitsorden.

Gestiftet 1855 durch Fürst Danilo I. von Montenegro in drei Klassen: Großkreuze, Commandeurs und Ritter I. und II. Klasse.

Ordenszeichen: 1. Kleinod a) der Großkreuze (Fig. 308): dunkelblauemailliertes, mit rotem, dann weißem Borde, beide schmal=goldbordiert, umgebenes Kreuz, über dem die goldene Fürstenkrone. Hierzu ein silberner, mit dem Kreuz, ohne Fürstenkrone, belegter Stern (Fig. 309). Das Medaillon von Kreuz und Stern ist rot, mit der fürstlich gekrönten goldenen Namenschiffre des Stifters, darum ein goldgesäumter blauer Bord, mit der goldenen Umschrift in russischer Sprache und Schrift z. d.: Für Unabhängigkeit der Schwarzen Berge. Das Kreuz hängt an einem breiten weißen, mit zwei roten Bordstreifen versehenen Bande, welches von der rechten Schulter zur linken Hüfte geht.

Fig. 308.
Tschernagorischer Unabhängigkeitsorden.
Großkreuz.

b) Der Commandeure (Fig. 310): das Kreuz ist hier etwas länglicher, schwarz mit einem goldgesäumten weißen Bord und trägt im Avers des goldgesäumten roten Medaillons nebst Reif die goldene Inschrift: Danilo I., Fürst Tschernagorsky. Auf dem Revers (Fig. 312) ebenso: Für die

Fig. 309.
Tschernagorischer Unabhängigkeitsorden.
Stern der Großkreuze.

Fig. 310.
Tschernagorischer Unabhängigkeits-Orden.
Commandeurkreuz.

Fig. 311.
Tschernagorischer Unabhängigkeits-Orden.
Ritterkreuz.

Unabhängigkeit der Schwarzen Berge 1852—55 in russischer Sprache und Schrift; es wird am Halse getragen. **c)** Der Ritter (Fig. 311): Kreuz ganz schwarz, nur mit drei schmalen weißen Säumen, Medaillon rot, Reif weiß, Inschrift golden, wie sub **b**; es wird auf der linken Brust getragen. Die Commandeure tragen das Kreuz am Halse an dreifingerbreitem Bande und das Ordenskreuz silbern auf der linken Brustseite. Die Ritter **I.** Klasse, deren Zahl nicht über 96 hinausgehen soll, tragen das Kreuz an zweifingerbreitem Bande mit einer Rosette daran, die Ritter der **IV.** Klasse ein kleineres ebensolches Kreuz an einem fingerbreiten Bande im Knopfloch; die Anzahl der Letzteren soll nicht über 182 hinausgehen.

Fig. 312.
Tschernagorischer Unabhängigkeits-Orden.
Medaillon-Rückseite der Kreuze (doppelte Größe).

Nicaragua, Republik.

Amerikanischer Orden von San Juan
(oder Grey Town).

Gestiftet 1. Mai 1857 von den Stadtbehörden der Stadt Grey Town in Nicaragua, als ein Zeichen der Dankbarkeit der Bewohner für die zu ihren Gunsten (infolge des Bombardements vom 14. Juni 1854 durch die Vereinigten Staaten) erfolgten Bemühungen. Der Orden hat drei Klassen: Großkreuze, Commandeure und Ritter. Der jedesmalige Bürgermeister von Grey Town ist Chef des Ordens, der nur durch gemeinsamen Beschluß des Stadtrats verliehen werden kann.

Fig. 313.
Amerikanischer Orden von San Juan I. Klasse.

Ordenszeichen der Großkreuze (Fig. 313): auf der linken Brust zu tragender silberner Stern, belegt, innerhalb eines goldbefruchteten grünen Eichenkranzes, mit weißemailliertem, goldbesäumtem und in der Mitte jedes Strahls mit Goldstreif versehenem achtstrahligen Stern, dessen blaues, von grünem Olivenkranz eingerahmtes blaues Medaillon zwei goldene, mit goldenem Bande gebundene Fackeln und die

Fig. 314 a.

Fig. 314.
Amerikanischer Orden von San Juan III. Klasse.

goldene Umschrift: **Cives** (oben) und **Urbis reparatae memores** (unten herum), im Reverse (Fig. 314 **a**) einen fünfstrahligen goldenen Stern in Blau zeigt. Die Commandeure und Ritter tragen zweitbeschriebenen weißen Stern, mit Kranz von Eichenlaub umgeben, an goldener Mauerkrone hängend (Fig. 314), vermittelst ponceauroten Bandes mit dunkelblauen Streifen, am Halse, bzw. auf der Brust.

Niederlande, Königreich.

Seit Abtrennung des Großherzogtums Luxemburg hat das Königreich nur noch drei Orden, nämlich:

Militär-Wilhelm-Orden.

Gestiftet unter König Wilhelm der Niederlande, durch Gesetz vom 30. April 1815, zur Belohnung hervorragender

Fig. 315. Großkreuz (Revers).

Militär-Wilhelm-Orden.

Fig. 316. Ritterkreuz.

Thaten des Mutes, der Hingebung und Treue für In- und Ausländer (Militärs). Derselbe wird, ohne Unterschied von Stand und Rang, verliehen in vier Klassen: Großkreuze, Commandeurs, Ritter III. Klasse und Ritter IV. Klasse.

Ordenszeichen: 1. Kleinod (Fig. 315: Großkreuz; Fig. 316: Ritterkreuz): weißemailliertes, schmal goldgesäumtes Kreuz, mit goldenen Kugeln an den Spitzen und

Fig. 317.
Militär-Wilhelm-Orden.
Stern der Großkreuze.

einem aus goldgesäumten grünen Lorbeerzweigen geformten Burgundischen (Andreas-)Kreuz durch die Winkel. Die Krone, sowie die Inschrift auf den Armen (zu deutsch: Für Mut, Hingebung und Treue) ist golden. In der Mitte ist das Kreuz belegt mit einem goldenen Feuerstahl*). Im

*) Ein „Burgunderkreuz", bestehend aus zwei schräg gekreuzten geknorrten Ästen, begleitet in den Winkeln von je einem Feuerstahl (wie in der Kette vom Goldenen Vließ), erscheint seit der Vermählung Maximilians I. mit Maria von Burgund als Zeichen in den kaiserlichen Fahnen.

goldgesäumten weißen Revers ein goldenes W innerhalb grünen Lorbeerkranzes. Das Kreuz ist nur in der Größe verschieden, sonst bei allen Klassen gleich, doch bei den Rittern IV. Klasse statt Gold überall Silber angewandt. 2. Band: orange, mit zwei schmalen dunkelblauen Bordstreifen, wird von den Großkreuzen vier Finger breit über die rechte Schulter zur linken Hüfte, von den Commandeurs an drei Finger breitem Bande um den Hals, von den Rittern III. und IV. Klasse zwei, bzw. einen Finger breit auf der linken Brust, oder im Knopfloch getragen. 3. Stern der Großkreuze (Fig. 317 S. 255) silbern, belegt mit dem Ordenskreuz ohne Krone, und der Commandeurs (Fig. 318): letzteren bildet das Ordenskreuz mit der Krone, gestickt auf der linken Brust ohne Band. Die Ritter IV. Klasse ohne Offiziersrang erhalten eine Solderhöhung, die bei Ernennung zu Rittern III. Klasse verdoppelt wird.

Fig. 318.
Militär-Wilhelm-Orden.
Stern der Commandeure.

Civilverdienstorden vom Niederländischen Löwen.

Gestiftet unter König Wilhelm der Niederlande durch Gesetz vom 29. September 1818 für Inländer und ausnahmsweise auch für Ausländer, zur Belohnung von Aufopferung für das Vaterland, Eifer und Treue in Erfüllung der Bürgerpflicht und außerordentlicher Fähigkeit in Wissenschaften und Künsten, als „Civilverdienstorden des Belgischen“, seit Trennung Belgiens „vom Niederländischen Löwen“. Er besteht aus drei Klassen: Großkreuze, Commandeure, Ritter. Außerdem können Personen, die durch nützliche Handlungen, Aufopferung für Andere oder Proben von Humanität sich ausgezeichnet haben, unter dem Namen von Brüdern dem Orden beigesellt werden.

Ordenszeichen: 1. Kleinod (Fig. 319): goldgesäumtes weißes Kreuz mit goldenen Kugeln an den Spitzen, in den vier Winkeln je ein goldenes W; das Medaillon blau, goldbordiert, mit der goldenen Inschrift: Virtus nobilitat, auf

Fig. 319.
Civil-Verdienstorden vom Niederländischen Löwen.
Großkreuz.

Fig. 320.
Civil-Verdienstorden vom Niederländischen Löwen.
Commandeurkreuz (Rückseite).

der andern Seite (Fig. 320) der gekrönte Löwe mit Schwert und Pfeilen aus dem Niederländischen Wappen. Über dem Kreuze die goldene Königskrone. 2. Band: dunkelblau, mit zwei schmalen orange Streifen, bei den Großkreuzen vier Finger breit, von der rechten Schulter zur linken Hüfte, bei den Commandeuren drei Finger breit am Halse, von den Rittern zwei Finger breit im Knopfloch zu tragen; die Brüder tragen ebenda eine Medaille an

Fig. 321.
Civil-Verdienstorden vom Niederländischen Löwen.
Stern der Großkreuze.

Fig. 322.
Civil-Verdienstorden vom Niederländischen Löwen.
Brustkreuz der Commandeure.

1½ daumenbreitem Band. 3. Stern: der Großkreuze (Fig. 321) golden, belegt mit dem Ordenskreuz ohne die vier W und ohne Krone. Die Commandeurs (Fig. 322) tragen dasselbe Kreuz ohne Strahlen, mit rotgefütterter Krone, auf der linken Brustseite gestickt.

Deutscher Orden, Balley Utrecht.

Über die Geschichte des Ordens bis zur Reformation wolle man das bei Österreich Gesagte vergleichen.

Nachdem die Reformation in den Vereinigten Niederlanden eingeführt und die protestantische Religion zur Staatsreligion erklärt worden war, wurde die Utrechter Balley der Oberherrschaft des Großmeisters zu Mergentheim entrissen und 1580 von den Generalstaaten unter ihren Schutz genommen.

Napoleon hob 24. April 1809 den Deutschen Orden und durch kaiserliches Dekret vom 27. Februar 1811 auch die Balley Utrecht auf. Nach Rückkehr des Oranischen Hauses wurde indes der Orden durch Gesetz vom 8. August 1815 wiederhergestellt.

Der Orden nimmt nur protestantische Edelleute, mit Nachweis von vier Ahnen, aus mindestens 200jährigem Ritter- oder Stiftsadel auf und besteht aus Großkomturen, Komturen und Rittern; die Ritter tragen das um 2/3 kleinere Kreuz als die Großkomture (schwarz mit goldgesäumtem weißem Borde) in Emaille, am schwarzen Band mit Rosette im Knopfloch, Großkomture und Komture (ersteres etwas größer) an dreifingerbreitem Bande um den Hals, außerdem dasselbe gestickt auf der linken Brustseite (Fig. 323).

Fig. 323.
Deutscher Orden Balley Utrecht.
Brustkreuz.

Rettungsmedaille.

Dieselbe, gestiftet am 22. September 1855, besteht aus Bronze und wird für Rettung aus Gefahr erteilt. Statuten derselben existieren jedoch nicht, auch war eine Abbildung nicht zu erlangen.

Orden von Oranien-Nassau.

Gestiftet durch Gesetz der Generalstaaten der Niederlande d. d. 4. April 1892 (publiziert im Staatsblatt Nr. 55) für In- und Ausländer, die sich ein Verdienst um den Staat erworben haben. Der Orden, dessen Großmeisterschaft mit der Krone der Niederlande verbunden ist, besteht aus fünf Klassen und einer Ehrenmedaille. Die Ritter I. Klasse führen den Titel: Großkreuze, die der II.: Großoffiziere, die der III.: Commandeure, die der IV.: Offiziere, die der V.: Ritter.

Ordenszeichen*): A. Kleinod: blauemailliertes, mit breitem weißen Borde versehenes Kreuz mit acht geperlten Spitzen (jedenfalls wohl achtspitzig, an den Spitzen je mit kleiner Kugel — Perle — besteckt). Durch die Winkel schlingt sich bei der Civilklasse ein Lorbeerkranz, der bei den Militärs wegfällt und durch zwei goldbegriffte silberne gekreuzte Schwerter ersetzt wird. Über dem Kreuze die Königliche Krone, bei Klasse I bis IV von Gold, bei Klasse V diese, wie auch Perlen und Lorbeerkranz silbern. Auf der Mitte des Kreuzes, innerhalb goldgesäumten weißen Reifens, der im Avers die goldene Inschrift: „Je maintiendrai", im Revers die goldene Inschrift: „God zij met ons" (Gott sei mit uns) trägt, ein blaues Medaillon, das im Avers den Niederländischen Wappenlöwen, im Revers ein von Königskrone überhöhtes goldenes W zeigt. B. Band dunkelblau, orange, dunkelblau senkrecht gestreift, die Farben je durch schmalen weißen Streifen getrennt. Die Großkreuze tragen es 101 mm breit von der rechten Schulter zur linken Hüfte, die Großoffiziere und Commandeure 55 mm breit um den Hals, die Offiziere und Ritter 37 mm breit im linken Knopfloch, die Offiziere außerdem noch mit Rosette versehen. C. Stern, a) der Großkreuze: silbern, achtstrahlig, in der Mitte mit dem Medaillonavers des Kleinods, auf der linken Brust; b) der Großoffiziere

*) Zeichnungen waren bisher nicht zu erlangen, daher die bildliche Darstellung unterblieben ist.

vierstrahlig mit demselben Medaillon. Die Sterne der Militärs sind, ebenso wie beim Kleinod, mit den das Medaillon durchkreuzenden Schwertern versehen.

Die **Ehrenmedaille**, die in Gold, Silber und Bronze verliehen wird, ist rund, mit der Königskrone verziert und zeigt im Avers das Ordenskreuz, bzw. mit Lorbeerkranz oder Schwertern; im Revers das W mit der Umschrift: „God zij met ons". Sie wird an 27 mm breitem Bande, das ohne sie nicht angelegt werden darf, im linken Knopfloch getragen.

In **Nordamerika** besteht eine **Rettungsmedaille** I. und II. Klasse. Dieselbe wird an Personen verliehen, welche im Gebiet der Vereinigten Staaten oder auf einem amerikanischen Schiffe bei Rettung oder bei Versuchen zur Rettung von Leben aus Seegefahr ihr eigenes in Gefahr bringen. Die I. Klasse aus Gold wird in Fällen besonderer Unerschrockenheit und Kühnheit, die II. Klasse im übrigen verliehen.

Österreich, Kaisertum.

Orden vom goldenen Vließ (de la toison d'or).

Gestiftet am 10. Januar 1429 durch Philipp den Gütigen, Herzog von Burgund, am Tage seiner dritten Vermählung mit der Prinzessin Isabella von Portugal, zu Ehren der Jungfrau Maria und des Apostels Andreas, Schutzpatrons seines Hauses, zur Verteidigung des katholischen Glaubens, zum Schutz und zur Verbreitung der Kirche, Tugenden und guten Sitten. Der Name soll herrühren von einem seitens des Stifters geplanten Kreuzzug gegen die Türken nach Syrien, bei welcher Gelegenheit er seinen Rittern die Argonauten, Eroberer des goldenen Vließes, als Vorbild hingestellt habe. Das erste Statut vom 27. November 1430 setzt die Mitgliederzahl auf 31 fest und bestimmt, daß beim Erlöschen des Burgundischen

Hauses die Erbtochter Oberhaupt des Ordens sein solle. Der Papst Eugen IV. bestätigte dies 1433. Genannter Fall trat ein, als Carl der Kühne bei Nancy blieb (2. Januar 1477). Seine Tochter Maria brachte demgemäß durch ihre Vermählung (19. August 1477) mit dem Erzherzog (später Kaiser) Maximilian I. von Österreich, außer den burgundischen Erblanden, auch das Großmeistertum des Ordens an das Haus Habsburg.

Nachdem Kaiser Carl V. dem Throne entsagt, blieb die Spanisch-Niederländische Linie des Hauses Österreich im Besitz des Ordens, dessen Mitgliederzahl inzwischen mit Genehmigung des Papstes Leo X. vom Jahre 1516 auf 52 erhöht worden war.

Nachdem diese Linie am 1. November 1700 mit Carl II. erloschen war, entstand der Spanische Erbfolgekrieg und nun sprachen sowohl Carl III. (nachmals Kaiser Carl VI.), wie auch Philipp V. von Spanien (aus dem Hause Bourbon) sich, außer dem Recht auf die Niederlande, auch das auf den Besitz des Ordens zu.

Carl behauptete endlich das Recht auf die Niederlande, somit auch auf den Orden, als dessen alleinigen rechtmäßigen Großmeister er sich erklärte, und 1713 feierte er zu Wien das Erneuerungsfest des Ordens mit großem Prunk.

Philipp V. von Spanien protestierte auf dem Kongresse zu Cambrai 1721 gegen Carls Erklärung.

Es kam 1725 im Wiener Frieden zu einem Vergleich, wonach beide Souveräne die angenommenen Titel, darunter den des Großmeistertums vom Goldenen Vließ, stillschweigend weiterführen, ihre Erben aber nur die Titel der wirklich in ihrem Besitz befindlichen Länder führen sollten.

Kaiserin Maria Theresia übertrug, nach dem Tode ihres Vaters, das Großmeistertum auf ihren Gemahl Franz I. Hiergegen protestierte 1741 beim Wahlkonvent zu Wien und Frankfurt König Philipp V. von Spanien, mit dem Begehr, daß nunmehr das Großmeistertum der Krone Spanien allein zustehen solle.

Fig. 324.
Orden vom goldenen Vließ. (Hals-Dekoration am Bande.)

Nach langen Streitigkeiten blieb alles beim Alten.

Die vielfach veränderten Statuten, welche zuletzt 1757 in Wien gegeben und gedruckt sind, bestimmen u. a., daß das Oberhaupt die Ritter aus eigener Machtvollkommenheit ernennt. Dieselben müssen von namhaftem alten tadellosen Adel und katholischer Religion*) sein ꝛc.

Die Ordenskleidung bei feierlichen Gelegenheiten ist ein hochroter Samttalar und Mütze (diese mit niederfallendem Mäntelchen nebst Binde links), rote Schuhe und Strümpfe, desgleichen Purpurmantel; dieser und der Rock mit weißem Taffet gefüttert. Der Mantel ist mit Feuersteinen und Stahlen abwechselnd gestickt, der weiße Atlassaum mit der oft wiederholten Ordensdevise: „Je l'ay empris" (ich habe ihn — den Orden — empfangen) versehen. Dieses Ordenskostüm wird seit einer Reihe von Jahren nicht mehr verwendet.

Ordensfest jährlich am Andreastage (30. November) oder falls dies ein Wochentag am nachfolgenden Sonntage.

Ferner ist am ersten Osterfeiertage in der Hofkirche „Toisonamt" und Ordenskapitel.

Die Ritter leisten einen Eid und empfangen den Ritterschlag unter großen Feierlichkeiten. Der Kronprinz von Österreich wird gleich nach seiner Geburt Ritter, die Erzherzöge erhalten ihn nach erlangter Großjährigkeit.

Ordenszeichen: 1. Kleinod (Fig. 324 S. 263): wie abgebildet; die Flammen sind rotgolddurchzogen und -bordiert, der Feuerstein goldbordiert, mit weißen Tupfen, der Feuerstahl, blaubordiert sonst golden, enthält: Jasons Kampf mit dem Drachen in Relief, der oben daran befindliche goldbordierte blaue Griff die goldene Devise: Pretium laborum non vile (Kein geringer Preis der Arbeit) und auf der Rückseite: non aliud (nicht anders), wohingegen die Ordensdevise: ante ferit quam flamma micet (bevor die Flamme erglänzt, schlägt man) lautet. Die Agraffe (Schieber oder „coulant") am Bande

*) Dispens zur Verleihung an Protestanten kann nur der Papst erteilen — cfr. auch Spanien.

ist außen blau, goldbordiert, innen golden und alles übrige gleichfalls golden. 2. Ordensband: 5 cm breit, feuerrot, wird für gewöhnlich und am Halse getragen, dagegen bei feierlichen Gelegenheiten die Kette (collane), Fig. 325, um

Fig. 325.
Orden vom goldenen Vließ.
Collane (Halskette) mit Kleinod.

Hals und Schultern; sie ist ganz golden (nur die Feuerstahle sind schwarz mit weißen Flecken) und besteht abwechselnd aus mit den Griffen verschlungenen Feuerstahlen und flammensprühenden Feuersteinen; das Kleinod bildet hierbei nur das Vließ.

Militärischer Maria Theresia-Orden.

Gestiftet 13. Mai 1757 durch die Kaiserin Maria Theresia, versehen mit Statuten vom 12. Dezember 1758, die am 15. Oktober 1765 und am 12. Dezember 1810 erweitert und abgeändert wurden. Der Ordenstag ist der 15. Oktober.

Der Orden ist bestimmt für ausgezeichnetes Verhalten vor dem Feinde, insbesondere zur Belohnung freiwillig übernommener und mit Glück durchgeführter Wagnisse, Angriffe und herzhafter Thaten, die jeder Offizier von Ehre ohne Vorwurf hätte unterlassen können.

Der Orden besteht gegenwärtig aus Großkreuzen, Commandeurs (seit 15. Oktober 1765) und Rittern, die, ohne Unterschied von Rang, Religion, Hoch und Niedrig, bei gegebenem Anlaß aufgenommen werden.

Anspruch auf das Großkreuz erlangt der Armee-Oberkommandant und ein Armee- oder Flotten-Kommandant nach dem Gewinn einer Hauptschlacht oder der Beendigung eines durch glückliche Gefechte ausgezeichneten Feldzugs, ebenso ein Armee-Kommandant, der nicht selbständig, unter Leitung des Armee-Oberkommandanten zum Gewinn einer Hauptschlacht beiträgt, ferner der Kommandant eines großen und sehr wichtigen Waffenplatzes durch mutvolle Zähigkeit in der Verteidigung der Hauptarmee, gleichviel wie der Erfolg ausfällt.

Das Commandeurkreuz können Corpskommandanten und Kommandanten einer Flotten- oder selbständig operierenden Truppendivision, oder eines bedeutenden Waffenplatzes, die in ähnlicher Weise wie oben beschrieben sich auszeichnen, desgleichen Generalstabs-, Artillerie- und Genie-Chefs des Armeekommandos und der Armeekommandanten durch hervorragend ersprießliche Ratschläge und erfolgreiches geistiges Eingreifen in die wichtigen Phasen des Kampfes, erhalten.

Das Ritterkreuz kann jedweder Offizier ohne Unterschied des Ranges durch herzhafte That wie oben angegeben erringen. Der nächsthöhere Ordensgrad wird durch eine abermalige ähnliche That seitens des Ritters oder des Commandeurs nicht erlangt.

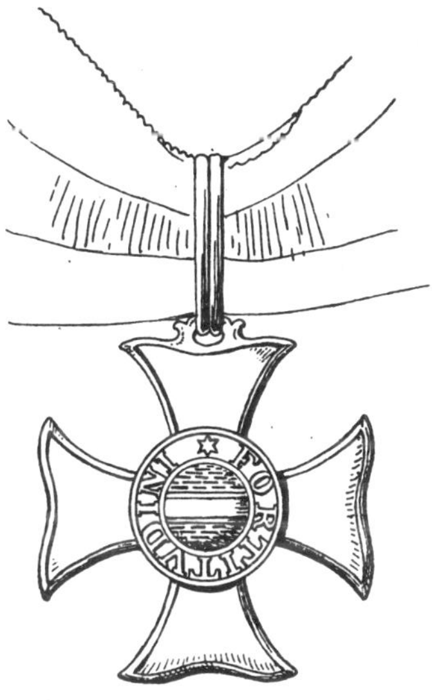

Fig. 326.
Militärischer Maria Theresia-Orden.
Commandeurkreuz.

Fig. 327.
Militärischer Maria Theresia-Orden.
Medaillon-Rückseite.

Die Aufnahme in den Orden verleiht, wenn der Empfänger unadelig ist, den Ritterstand (ohne Diplomsausfertigung) bei schriftlichem Ersuchen sogar, selbst wenn vorher nur bürgerlich, den Freiherrnstand erblich.

Der Orden verleiht auch Pensionen und zwar (seit 1878): sechs Pensionen für Großkreuze zu je 6000 fl., sechzehn Pensionen für Commandeure zu je 1500 fl., hundert Ritter (I. Abteilung) zu je 800 fl. und fünfzig Ritter (II. Abteilung) zu je 600 fl. ö. W.

Ordenszeichen (nach der Größe in den Graden abgestuft): 1. Kleinod (Fig. 326): Kreuz, wie abgebildet, weiß, goldbordiert, Medaillon rot, mit goldbordiertem, weißem Balken, innerhalb Reifens der goldbordiert weiß, mit goldener Inschrift: Fortitudini (der Tapferkeit) im Avers; im Revers (Fig. 327) mit den verschlungenen goldenen Initialen M(aria) T(heresia) und F(ranz) golden auf weiß, innerhalb goldbordierten blauen Reifens versehen ist. 2. **Band**: ponceaurot, mit weißem Mittelstreif, von den Großkreuzen 10 cm über die rechte Schulter zur linken Hüfte, von den Commandeurs 5 cm breit um den Hals, von den Rittern 3.75 cm breit im Knopf-

Fig. 328.
Militärischer Maria Theresia-Orden.
Stern der Großkreuze.

loch, oder auf der Brust getragen. 3. **Stern**: der Großkreuze (Fig. 328), gestiftet 15. Oktober 1765, in der Form des Kreuzes, aber silbern, diamantiert, mit goldenem Perlenbord, Medaillon wie beim Kleinod, aber gleichfalls mit Perlenbord; durch die vier Winkel zieht sich ein goldbordierter befruchteter grüner Lorbeerkranz. Der Stern wird auf der linken Brust getragen.

Königlich Ungarischer Orden des heiligen Stephan.

Gestiftet 5. Mai 1764 durch Kaiserin Maria Theresia, am Tage der Krönung des Erzherzogs Joseph zum Römischen König, zur Belohnung von Talent und ganz besonderem

Verdienst im Civil; der Orden hat seinen Namen vom Schutzpatron Ungarns. Die Anzahl der Ritter wurde (Statut vom 6. Mai 1764) auf 100 festgesetzt, und zwar in drei Klassen: Großkreuze (20), Commandeurs (30), Kleinkreuze (50), ungerechnet die kirchlichen Würdenträger.

Fig. 329.
St. Stephans-Orden (Ungarn).
Großkreuz.

Fig. 330.
St. Stephans-Orden (Ungarn).
Kleinkreuz.

Ordenstag: Der St. Stephanstag (20. August).

Das Großkreuz erhalten nur Personen, welche den Adel durch vier Grade nachweisen, doch können Ausnahmen stattfinden; den Kämmerern ist sie ohnedem erlassen. Das Großkreuz bringt, falls der Grad des Geheimen Rats seitens des Begnadeten noch nicht erreicht ist, diesen, das Commandeurkreuz den der Dekretal-Geheimen Räte mit sich, das Kleinkreuz den Baron- oder Grafenstand taxfrei. Letztere Verordnung ist mittels Allerh. Handschreibens vom 18. Juli 1884 aufgehoben.

Ordenszeichen: 1. Kleinod (Fig. 329 u. 330 S. 269, in der Größe nach den Klassen abgestuft): Kreuz in der Form des Maria Theresiakreuzes, aber dunkelgrün, mit goldenen Borden, überhöht von der Ungarischen Königskrone. Medaillon rot, mit dem weißen Patriarchenkreuz (Wappen von Altungarn) auf gekröntem grünen Dreihügel, beiderseits die goldenen Buchstaben **M(aria) T(heresia)**. Um das Medaillon goldbordierter weißer Reif mit der goldenen Inschrift (zu deutsch: Belohnung öffent-

Fig. 329 a.
St. Stephans-Orden (Ungarn).
Medaillon-Rückseite.

Fig. 331.
St. Stephans-Orden (Ungarn).
Stern des Großkreuzes.

licher Verdienste). Revers (Fig. 329 a): innerhalb Eichenkranzes auf Weiß die goldene Inschrift: S(anc)to St(ephano) R(eg)i Ap(ostolico). 2. Band: dunkelgrün mit purpurrotem Mittelstreif, von den Großkreuzen 10 cm breit über die rechte Schulter zur linken Hüfte, von den Commandeurs 5 cm breit am Halse, von den Rittern 3.75 cm breit an einer Knopfschlinge (Knopfloch) getragen. Die Geistlichen tragen das Großkreuz am Halse. 3. Stern (Fig. 331): silbern, diamantiert, mit weißem, mit grünem Eichenkranz belegtem Reif, innerhalb dessen in Rot auf dem gekrönten grünen Dreiberg das weiße Patriarchenkreuz. 4. Kette (Collane) der Großkreuze (Fig. 332) ganz golden, bei großen Festlichkeiten um Hals und Schultern getragen, bestehend abwechselnd aus dem Namenszug König Stephans des Heiligen (13) und der Stifterin (12), zwischen denen jedesmal die ungarische Krone (25 Glieder). In der Mitte eine fliegende goldene Lerche als das Sinnbild des Erzhauses, innerhalb der Devise:

Fig. 332.
St. Stephans-Orden (Österreich).
Mittelstück und Gliederkette.

Stringit amore (er bindet durch Liebe), auf einem von Verzierung umgebenen Bande; an diesem Gliede hängt das Kleinod. Nur dem Großmeister und dem Erbprinzen ist gestattet, ohne erfolgte besondere Verleihung das Ordenszeichen oder Kleid mit Edelsteinen zu verzieren.

Die Ordenskleidung: hermelinverbrämter, mit karmesinrotem Taffet gefütterter grüner Samtmantel, mit Ärmeln; das Unterkleid und der hermelinverbrämte Hut von rotem Samt; am Hute Reiherfedern und rotgrünemaillierte Agraffe. Der Mantel und Hut der Großkreuze hat Eichenlaubstickerei, der der Commandeurs und Ritter einen breiteren und schmaleren gestickten Bord.

Leopoldsorden.

Gestiftet durch Kaiser Franz I. von Österreich am 8. Januar 1808, dem Tage der Vermählung mit seiner dritten (am 7. April 1816 verstorbenen) Gattin, der Prinzessin Ludovika von Österreich-Modena, in Andenken an seinen Vater, Kaiser Leopold II., zur Belohnung besonderen Civil- und Militärverdienstes um Kaiser und Vaterland, Gelehrsamkeit, große und gemeinnützige Unternehmungen; in drei Graden: Großkreuzen, Commandeurs, Rittern. Die Statuten vom 14. Juli 1808 haben Veränderungen am 2. und 7. Januar 1818, 12. und 23. Januar und 23. Februar 1860 erhalten. Jede einzelne Klasse des Leopoldordens steht derselben Klasse des Stephansordens nach.

Laut Allerhöchster Entschließung vom 12. Januar (Zirkularverfügung vom 12. März) 1860 wurde die Dekoration des Ordens bei Verleihung für Verdienste vor dem Feinde abgeändert.

Der Ordenstag ist der erste Sonntag nach dem heiligen Dreikönigstag.

Die Ordensfestkleidung besteht aus rotsamtenem Rock, Strümpfen, Beinkleidern, Schuhen mit Goldrosetten und Barett, dreifach mit goldner Schnur umwunden, mit weißen

Federn. Der Rock, mit Stehkragen und weißem Futter, ist an den Kanten mit 9 cm breiten Eichzweigen goldgestickt.

Fig. 333.
Leopoldsorden.
Großkreuz.

Fig. 334.
Leopoldsorden.
Commandeurkreuz mit der Kriegsdekoration des Ritterkreuzes.

Fig. 333 a.
Leopoldsorden.
Medaillon-Rückseite.

Gürtel: weißseiden mit goldenen Fransen. Das Schwert hat goldbronzenen Griff und Parierstange, auf dem Knopf die

Buchstaben: **F. J. A.** und die Jahreszahl 1808. Scheide: rotsamten; der Halskragen von weißem Batist mit goldnen Spitzen; weißlederne mit goldenen Fransen besetzte Handschuhe mit goldener Stickerei und hermelinartigem Seidenvelpel, weißer Mantel von Samt, doch wird dieses Kostüm seit einer Reihe von Jahren nicht mehr verwendet.

Fig. 335.
Leopoldsorden.
Stern des Großkreuzes mit der Kriegsdekoration.

Mit dem Großkreuze ist der Geheime Rats-Rang verbunden, die Commandeure erhielten früher den Freiherrn-, die Ritter den erblichen Ritterstand, sobald sie darum nachsuchten. Letztere Bestimmung ist durch Allerhöchstes Handschreiben vom 18. Juli 1884 in Wegfall gekommen.

Ordenszeichen: 1. Kleinod (Fig. 333 S. 273), in der Größe nach den Klassen abgestuft: Kreuz dunkelrot, mit goldbordiertem weißen Rande und rotem Medaillon mit der goldenen Chiffre **F(ranciscus) I(mperator) A(ustriae)**, innerhalb goldbordierten weißen Reifens mit der goldenen Devise (zu deutsch: durch Unbescholtenheit und Verdienst). Der Revers des Medaillons (Fig. 333 **a** S. 273) enthält innerhalb goldenen Eichkranzes auf Weiß die goldene Inschrift (zu deutsch: Die Macht der Regenten sind die Herzen der Unterthanen). Das Kreuz hängt an purpurngefütterter goldener

Fig. 336.
Leopoldsorden.
Stern des Großkreuzes mit der Kriegsdekoration niederen Grades.

Kaiserkrone. Die Kriegsdekoration besteht aus einem die Krone umschließenden blaßgrünen Lorbeerkranz. Falls demnächst die höhere Friedensklasse erteilt wird, geht derselbe durch die Kreuzwinkel (Fig. 334 S. 273). 2. Band: scharlachrot mit weißer Einfassung, von den Großkreuzen 10 **cm** breit über die rechte Schulter zur linken Hüfte, von den Commandeurs 5 **cm** breit um den Hals, von den Rittern 3.75 **cm** breit im

Fig. 336 a.
Leopoldsorden.
Mittelstück und Glieder der Halskette.

Knopfloch zu tragen. 3. Stern der Großkreuze (auf der linken Brust) silbern, brillantiert, mit dem Ordenskreuz ohne Krone (um die Legende ein goldener diamantierter Reif) belegt. Bei der Kriegsdekoration schlingt sich ein goldener Lorbeerkranz durch die Sternspitzen (Fig. 335 S. 274). Falls der Stern als Friedensklasse einem Ritter der niedern Klasse mit Kriegsdekoration erteilt wird, ist das auf dem Stern liegende Kreuz in den Winkeln mit goldenem Lorbeerkranz versehen (Fig. 336 S. 275). 4. Kette der Großkreuze (Fig. 336 **a**) bei Ordensfeierlichkeiten um den Hals zu tragen, ganz golden; abwechselnd Eichkränze und die von der Kaiserkrone überhöhten Initialen **F(ranz)** und **L(eopold)**.

Orden der eisernen Krone.

Gestiftet, in Anlehnung an den von Napoleon als König von Italien am 5. Juni 1805 gegründeten gleichnamigen

Orden, durch Kaiser Franz I. von Österreich an seinem Geburtstag, 12. Februar 1816, in drei Klassen (Ritter I., II. und III. Klasse) für Civil und Militär, zur Belohnung von Anhänglichkeit an Kaiser und Staat und für Auszeichnung in großen and gemeinnützigen Unternehmungen. Die Zahl der Ritter ist (ausgenommen der Prinzen) auf 100 (20 der I., 30 der II., 50 der III. Klasse) festgesetzt.

Fig. 337.
Orden der eisernen Krone.
Dekoration I. Klasse.

Ordensfest: am ersten Sonntage nach dem 7. April (Errichtung des Lombardisch-venetianischen Königreichs). Ritter der I. Klasse haben den Rang der Wirklichen Geheimen Räte; Ritter der II. Klasse erhielten früher den Freiherrn-, Ritter der III. Klasse den Ritterstand taxfrei, sobald sie darum nachsuchten. Letztere Bestimmung ist durch Allerh. Handschreiben vom 18. Juli 1884 außer Kraft gesetzt.

Durch Allerh. Entschließung vom 12. Januar (Zirkularverfügung vom 12. März) 1860 sind im Falle der Verleihung des Ordens für Verdienst vor dem Feinde die Ordensdekorationen abgeändert.

Die Ordenskleidung bei großen Festlichkeiten besteht aus gelbem Samtwams, auf der rechten Seite von der Höhe des Arms bis zum Schenkel vermittelst silberner Schnur mit reichen Bouillonquasten bis zum Knie zusammengeschnürt. Dasselbe ist silberngefüttert und an allen Kanten silberngestickt, abwechselnd mit der Krone, aus der mit Lorbeerkranz verschlungene Palmzweige hervorgehen, und Eichkränzen, darin die Devise **„avita et aucta“**. Die Ritter **I.** Klasse haben diese Stickerei 10, die der **II.** und **III.** Klasse 8 **cm** breit.

Beinkleider und Strümpfe (Tricots) weißseiden, Schuhe von weißem Samt mit drei gelben Schlitzpuffen und blauen Atlasschleifen mit silbernen Fransen.

Fig. 338.
Orden der eisernen Krone III. Klasse mit der Kriegsauszeichnung.

Fig. 339.
Orden der eisernen Krone II. Klasse mit der Kriegsauszeichnung III. Klasse.

Schwert mit silbernem Griff und Parierstange, um den Knopf die eiserne Krone, der Griff von zwei Palmzweigen, die Parierstange von Eich- und Lorbeerzweigen abwechselnd umwunden. Die Schwertscheide blausamten, silbernbeschlagen.

Barett: blausamten, die Krempe mit Silberschnüren umwunden, darauf weiße Straußfedern.

Handschuhe: weißledern mit silberngestickten Stulpen.

Mantel: blausamten, mit weißem Atlasfutter und blausamtenem Schulterkragen, beides mit Stickerei wie auf dem Unterkleid; er wird auf der linken Schulter mit Haken

Fig. 340.
Orden der eisernen Krone.
Stern der Ritter I. Klasse.

zusammengehalten und ist bei der I. Klasse mit Schleppe versehen. Die Stickerei hierbei 12 Zoll Wiener Maß breit, der Ordensstern befindet sich auf der linken Seite. Der Mantel der Ritter II. Klasse reicht nur bis zu den Hacken, seine Stickerei ist $8^1/_2$ Zoll Wiener Maß breit; der Mantel der Ritter III. Klasse reicht nur bis zum Knie, die Stickerei hat $6^1/_2$ Zoll Wiener Maß Breite. Über den Mantel hinaus liegt bei allen drei Klassen eine 5 Zoll Wiener Maß breite Spitzenkrause. Dies Ordenskostüm wird indes seit einer Reihe von Jahren nicht mehr verwendet.

Ordenszeichen: 1. Kleinod (Fig. 337 S. 277): nur in der Größe nach den Klassen abgestuft. Die mit roten Edelsteinen geschmückte goldene „eiserne Krone", darauf stehend, von

Fig. 341.
Orden der eisernen Krone.
Stern der Ritter I. Klasse mit der Kriegsauszeichnung.

rotgefütterter Kaiserkrone überhöht, der beidköpfig-gekrönte, Zepter, Schwert und Reichsapfel haltende Kaiserliche Adler, mit goldbordiertem dunkelblauen Brustschild, darin ein goldenes **F(ranz).** Die Kriegsdekoration enthält hierzu noch zwei aus der eisernen Krone wachsende, den Adler umgebende grüne Lorbeerzweige (Fig. 338 S. 278). Wenn ein Ritter der niedern Klasse mit Kriegsdekoration die höhere Friedensklasse erhält, so wird der Lorbeerkranz um den Adlerbrustschild gelegt (Fig. 339 S. 278). Revers: Das Stiftungsjahr. 2. Band (goldgelb mit schmalen dunkelblauen Bordstreifen), von der I. Klasse 10 cm breit über die rechte Schulter zur linken Hüfte, von den Commandeurs 5 cm breit um den Hals, von den Rittern 3.75 cm breit im Knopfloch getragen. 3. Stern

Fig. 342.
Orden der eisernen Krone.
Stern der Ritter I. Klasse mit der Kriegsauszeichnung niederen Grades.

(Fig. 340 S. 279), auf der linken Brust, silbern, brillantiert, mit goldenem Medaillon, darin die eiserne Krone, innerhalb goldbordierten dunkelblauen Reifens mit der goldenen Inschrift (zu deutsch: altherkömmlich und erweitert). Bei der Kriegsdekoration (Fig. 341) geht durch die Spitzen des Kreuzes der goldene Lorbeerkranz. Derselbe umschlingt den Devisenbord, sofern der Besitzer des Kriegsordens die nächsthöhere Friedensklasse erhält (Fig. 342 S. 281). 4. Kette (Fig. 343), bei Feierlichkeiten um den Hals von der I. Klasse getragen, ganz golden, besteht aus zwölf ovalen Eichenkränzen und zwölf verschlungenen Buchstaben **F(ranciscus)** P(rimus). An dem mittleren größeren Runden, durch den Palm- und Eichzweig geschlungen ist, hängt das Kleinod.

Fig. 343.
Mittelstück und Glieder der Kette des Ordens der eisernen Krone.

Franz Josephs-Orden.

Gestiftet am 2. Dezember 1849 durch Kaiser Franz Joseph I. am ersten Jahrestage seiner Thronbesteigung als Belohnung an Österreicher für unerschütterliche, thätig bewährte Anhänglichkeit an Kaiser und Vaterland in Krieg und Frieden, für wichtige Dienste im Interesse des Allgemeinwohls, nützliche Erfindungen, Entdeckungen oder Verbesserungen, Hebung der Bodenkultur, durch Wirken in Industrie, Handel, Wissenschaft, Kunst, Humanität rc. Desgleichen für Ausländer.

Der Orden, dessen Mitgliederzahl unbeschränkt, besteht aus Großkreuzen, Komturen und Rittern (Kleinkreuzen). Neue, erweiterte Statuten erhielt der Orden am 25. Dezember 1850 und 18. Dezember 1869.

Fig. 344. Franz Joseph-Orden. Komturkreuz.

Fig. 344 a. Franz Joseph-Orden. Rückseite des Medaillons auf den Kreuzen.

Ordenszeichen: 1. Kleinod (Fig. 344), nur in der Größe nach den Graden abgestuft: der Kaiserliche, von goldener Kaiserkrone (bei den beiden ersten Klassen mit Purpurmütze) überhöhte schwarze goldverzierte goldbewehrte Adler, belegt mit goldbordiertem scharlachroten Kreuz mit goldbordiertem weißen Mittelschild, darin die goldenen Buchstaben: **F(ranz) J(oseph)**; auf der Rückseite die goldene Zahl 1849 (Fig. 344 a). Der Adler hält im Schnabel eine sich um das Kreuz oben und unten schlingende Kette, unten belegt mit der goldenen Inschrift: **Viribus unitis** (mit vereinten Kräften), Devise des Kaisers Franz Joseph. 2. Band: hochrot, von den Großkreuzen 10 cm breit, von der rechten Schulter zur linken Hüfte, von den Komturen 5 cm breit um den Hals, von den Rittern 3.75 cm breit im Knopfloch getragen. 3. Stern a) der Großkreuze (Fig. 345 S. 284), auf der linken Brust:

silbern, diamantiert, mit dem Ordenskreuz belegt; b) der Komture (entweder sofort oder als besondere Auszeichnung verliehen), auf der rechten Brust zu tragen, ebenso, aber kleiner. 4. Kette en miniature im Knopfloch zu tragen — wie abgebildet — a) für die Großkreuze (Fig. 346): 11 mm breit, golden, die Adler schwarzemailliert, mit dem österreichischen Bindenschild auf

Fig. 345.
Franz Joseph=Orden.
Stern des Großkreuzes.

der Brust, die Namenszüge golden mit der Kaiserkrone, fünfmal abgewechselt; b) für die Komture (Fig. 347): 8 mm breit, die Kaiserkrone, der ungekrönte Adler, mit weißem Herzschilde, darin der rote Namenszug F. J., fünfmal abgewechselt; c) für die Ritter (Fig. 348): 6 mm breit, weiße Medaillons mit goldener Kaiserkrone und weiße Medaillons mit dem roten Namenszuge F. J., fünfmal abgewechselt.

Elisabeth-Theresien-Orden.

Gestiftet durch Testament v. J. 1750 der Kaiserin Elisabeth Christine, Witwe Kaiser Karls VI., mit einer Jahresrente von 16000 Fl. für 20 österreichische Offiziere vom Obersten bis zum General, welche dem Hause Österreich wacker gedient haben, sich in dürftigen Umständen befinden und durch besondere Thaten, Blessuren oder andere Leibesgebrechen Anspruch auf Berücksichtigung haben. Diese Ritter

Fig. 346.
Glieder der Kette des Großkreuzes.

Fig. 347.
Franz Joseph-Orden.
Glieder der Kette des Komturkreuzes.

Fig. 348.
Glieder der Kette des Ritterkreuzes.

waren in drei Klassen eingeteilt, von denen die erste 1000, die zweite 800, die dritte 500 Fl. jährlich erhält. Kaiserin Maria Theresia erneuerte und veränderte den Orden am 16. November 1771, setzte die Zahl der Ritter auf 21 fest, von denen die erste Klasse 853 Fl. 75 Kr., die zweite 683 Fl., die dritte 426 Fl. 85 Kr. (damalige ö. W.) jährlich erhalten. Nation, Religion 2c. ist hierbei gleichgültig. Ordenstag ist der 19. November.

Ordenszeichen: 1. Kleinod (Fig. 349): an der Kaiserkrone hängendes, ovales weißes goldbordiertes, von acht halb weiß, halb rot emaillierten goldbordierten Spitzen umgebenes Medaillon, darin unter gelber Kaiserkrone die schwarzen Initialen **E(lisabeth) C(hristine)** und **M(aria) T(heresia)** mit der Umschrift (zu deutsch: Maria Theresia hat der Stiftung ihrer Mutter immerwährende Dauer geben wollen). 2. Band: schwarz; auf der linken Brust zu tragen.

Fig. 349.
Elisabeth-Theresia-Orden.

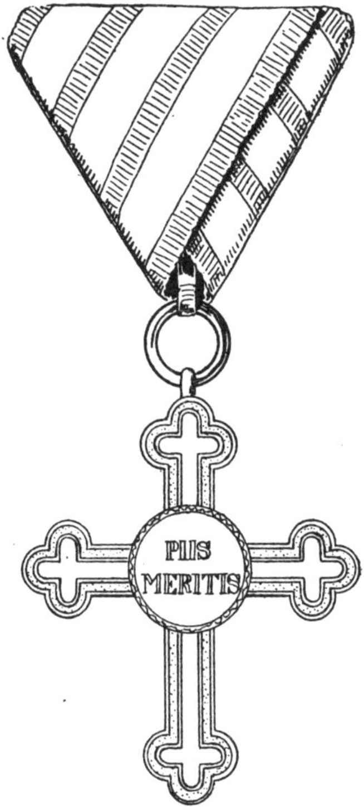

Fig. 350.
Verdienstkreuz für Militärgeistliche.

Verdienstkreuz für Militärgeistliche (Fig. 350).

Gestiftet durch Kaiser Franz **II.** am 23. November 1801 für vorzügliche, strenge und mit Gefahr verbundene Pflichterfüllung in der Militärseelsorge auf dem Schlachtfelde oder in Feindesgefahr; ferner für eigene militärische Handlungen gegen den Feind, bei Anführung oder Aneiferung der Truppen im Kampfe und persönliches Eingreifen hierbei.

Ordenszeichen: 1. Kleinod: das Kreuz hat zwei Klassen, das goldene und das silberne, beide in Form des Passionskleeblattkreuzes. Die erste Klasse hat goldbordiertes weiß-, die zweite silbernbordiertes blauemailliertes Medaillon mit der goldenen, bzw. silbernen Inschrift (zu deutsch: für frommes Verdienst). 2. Band: weiß mit drei roten Streifen. Die Kreuze werden auf der linken Brust getragen.

K. u. k. österreichisch-ungarisches Ehrenzeichen für Kunst und Wissenschaft (Fig. 351).

Fig. 351. Ehrenzeichen für Kunst und Wissenschaft.

Gestiftet d. d. Ischl 18. August 1887 durch Kaiser Franz Joseph, an Stelle der bisher verliehenen goldenen Medaille für Kunst und Wissenschaft. Dieselbe, für In- und Ausländer gestiftet am 15. Juli (17. Oktober) 1835, erweitert am 29. September 1837, abgeändert am 24. Febr. 1849, wurde 13. April 1867 in die große und kleine Medaille geteilt, jedoch niemals als Dekoration getragen.

Ordenszeichen: 1. Kleinod: goldenes ovales Medaillon, umgeben von schwarzem schmalen Reif und zwei oben, unten und beiderseits mit schwarzverziertem goldenen Band zusammengebundenen schwarzemaillierten Lorbeerzweigen; im Medaillon das Bild des Stifters, im Kostüm des Goldenen Vließes mit der entsprechenden Titulaturumschrift. Der Revers zeigt die Inschrift (zu deutsch: Den Wissenschaften und Künsten). Das Medaillon hängt an goldener purpurngefütterter Kaiserkrone. 2. Band: feuerrot, 45 mm breit, von Herren um den Hals, von Damen mittels Schleife an der linken Schulter getragen.

Damenorden:

Der hochadelige Sternkreuz-Orden.

Dieser Orden verdankt seine Stiftung der folgenden Begebenheit.

Als am 2. Februar 1668 in der Hofburg zu Wien ein großes Feuer ausbrach und vornehmlich die Gemächer der Kaiserin-Mutter Eleonore ergriffen wurden, gingen, bei der damaligen Mangelhaftigkeit der Löschvorrichtungen, ungemein viele Kostbarkeiten zu Grunde. Unter diesen betrübte aber die Kaiserin am meisten der Verlust eines kleinen, schon Jahrhunderte lang in der kaiserlichen Familie fortgeerbten Crucifixes, das schon Kaiser Maximilian I., weil es angeblich ein Stück vom Kreuze Christi enthielt, in so großen Ehren gehalten, daß er es immer bei sich führte, und das auch später stets als seltenes Kleinod des Hauses Habsburg betrachtet worden war. Wunderbarerweise fand man dieses kleine Crucifix nach fünf Tagen beim Aufräumen des Schuttes unversehrt wieder, und die fromme Kaiserin wurde dadurch so erfreut, daß sie zum immerwährenden Gedächtnisse dieses Ereignisses einen Orden zu stiften beschloß. Diesen Entschluß führte sie auch, nachdem sie die Einwilligung des Papstes, des Bischofs von Wien und ihres Sohnes, Kaiser Leopolds I., dazu erhalten hatte, durch die Stiftungsurkunde vom 18. September 1668 aus.

Die Statuten dieses (nach dem Sternbilde des Südlichen Kreuzes benannten?) Ordens enthalten u. a. folgende

Bestimmungen: Die Schutzfrau und das Haupt des Ordens soll stets eine durchlauchtige Frau aus dem Erzhause Österreich sein. Aufnahme finden nur hochadelige römisch-katholische Damen (Frauen oder Jungfrauen), welche eine Ahnenprobe auf sechzehn Schilde bestehen können, auf besonderes Ansuchen. Jedes Mitglied des Ordens soll sich sowohl in geistlichen als leiblichen Werken christlicher Liebe üben, vor allem die Spitäler besuchen, den Kranken dienen, ihnen die Speisen selbst reichen, zur Bekehrung der Lasterhaften verhelfen, die Jungfräulichkeit beschützen, den hausarmen Leuten Almosen erteilen u. s. w. Außerdem ist den Ordensdamen ein guter Lebenswandel vorgeschrieben, wie sie sich auch zu einer Menge religiöser Übungen verpflichten müssen. — Ordenstage: Kreuzerfindung (3. Mai) und Kreuzerhöhung (14. September).

Fig. 352.
Sternkreuz-Orden.

Ordenszeichen: 1. Kleinod (Fig. 352): ovaler, blauer, goldbordierter und verzierter Reifen, über dessen Oberteil ein Band mit der weißemaillierten goldbordierten Devise: „SALUS ET GLORIA“ (Heil und Ruhm) in schwarzen Buchstaben sich quer hinzieht. Innerhalb des Reifens steht ein schwarzer goldbewehrter doppelköpfiger Adler, überdeckt von einem roten griechischen Kreuze mit einem goldenen, einem blauen und noch zwei feinen goldenen Rändern. Dasselbe trägt in der Mitte ein goldenes Kreuzchen mit dem Namen des Erlösers. 2. Band: schwarz, in Schleifenform, an der linken Brust zu tragen.

Der hohe deutsche Ritterorden; das Marianerkreuz.

Gestiftet am 19. November 1190 durch Herzog Friedrich von Schwaben, indem er den Verein der Brüder des St. Marienhospitals, das 1128 in Jerusalem zur Aufnahme kranker und hilfsbedürftiger Pilgerinnen zum heil. Grabe durch einen frommen Deutschen gegründet worden war, zu einem geistlichen Ritterorden erhob, mit der Bestimmung, daß die Ritterbrüder von adeligem Geblüte sein und sich der Bekämpfung der Ungläubigen wie der Krankenpflege widmen sollten. Von Papst Clemens III. am 6. Februar 1191 bestätigt, erhielt der Orden durch Papst Cölestin 1215 die Gleichberechtigung mit dem Templer- und Johanniterorden. Er trug nacheinander verschiedene Namen und verehrt als ersten Hochmeister Hermann v. Salza (1210 bis 1239). Nach dem Falle von Akka 1291 wandte sich der Orden nach Venedig und 1309 nach Marienburg in Preußen. Durch die Schlacht von Tannenberg (15. Juli 1410), den Vertrag von Thorn (19. Oktober 1466), durch den der Orden Ostpreußen verlor, und die Reformation, sowie die Umwandlung Preußens in ein erbliches Herzogtum, verlor der Orden allen Einfluß. Den „Deutschmeister" (zum Unterschiede von dem Meister in den welschen Landen in Italien, welche Würde im 15. Jahrh. erlosch) Walther von Cronberg erwählte der Orden zum Administrator des Hochmeistertums in Preußen (bestätigt d. d. Burgos 6. Dezember 1527 durch Kaiser Karl V.) mit der Residenz zu Mergentheim in Franken. Seine Belehnung mit „Preußen" erfolgte d. d. Augsburg 26. Juli 1530. Er nannte sich, wie seine Nachfolger, „Hoch- und Deutschmeister", und der jedesmalige Hoch- und Deutschmeister wurde von den Kaisern in seiner Würde bestätigt und mit seinem Sitze als Reichslehen belehnt.

Nachdem die Balley Utrecht (s. Niederlande) protestantisch geworden und sich vom Orden gelöst, gingen durch den Frieden von Luneville (9. Februar 1801) und Amiens

(25. März 1802) die linksrheinischen Besitzungen verloren, während die rechtsrheinischen an die Rheinbundsfürsten verteilt wurden.

Durch den Frieden zu Preßburg (26. Dezember 1805) wurde die Großmeisterwürde prinzipiell mit dem Mannsstamme des Hauses Habsburg-Lothringen verbunden, worauf Kaiser Franz I. von Österreich am 17. Februar 1806 den Titel „Großmeister des deutschen Ritterordens in Österreich" annahm. Eine Reorganisation der alten Satzungen des Ordens fand durch denselben Monarchen am 8. März 1834 statt und Kaiser Ferdinand I. bestätigte am 28. Juni 1840 die neuverfaßten Ordensstatuten, nach denen der Orden als selbständiges geistliches ritterliches Institut mit einem Erzherzog als Ordensoberhaupt, der den Titel „Hoch- und Deutschmeister" führt und in Wien residiert, existiert.

Fig. 353.
Deutscher Ritterorden.
Großmeister-Halskreuz.

Die Ordensmitglieder teilen sich in: Hoch- und Deutschmeister, Großkomture (seit 24. April 1872), Großkapitulare, Komture (Ratsgebietiger) und Ritter müssen von altem Adel, römisch-katholisch sein und 16 Ahnen deutschen Geblüts nachweisen.

Laut Kapitelsbeschluß, bestätigt l. A. E. 13. Juli 1865, werden außerdem Ehrenritter aufgenommen, die jedoch nur hinsichtlich der Mannsstamms-Ascendenz deutsche, im übrigen fremde Ahnen nachweisen, 1500 fl. Aufnahmegebühren und einen Jahresbeitrag von 100 fl. leisten

Fig. 354.
Deutscher Ritterorden.
Großmeister-Brustkreuz.

müssen. Der Orden hat auch Priester und Schwestern (letztere zur Krankenpflege und zum Unterrichte). Durch Kaiserliche Verordnung vom 30. Juli 1869 und 3. September 1874 ist für Profeß- und Ehrenritter eine neue Uniform eingeführt, deren Mantel weiß und mit dem schwarzen Kreuze bezeichnet ist.

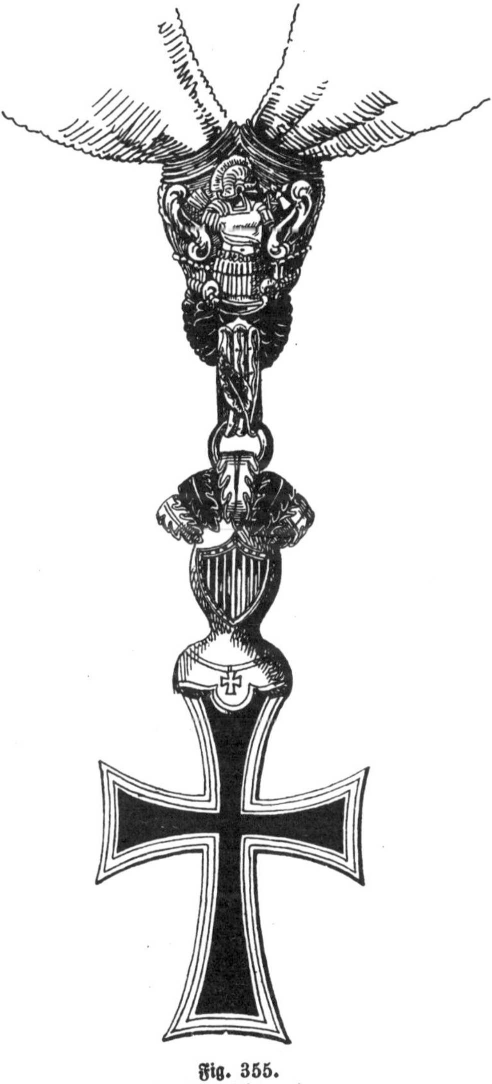

Fig. 355.
Deutscher Ritterorden.
Halskreuz der Rechtsritter.

Wenn dieser Orden auch im Laufe der Jahrhunderte sich in seiner Wirksamkeit änderte, so blieb er doch unbestritten den Grundsätzen seiner hohen und barmherzigen Hauptmission, der Krankenpflege, treu, wie die Kriege der Jahre 1859 (Italien), 1864 (Schleswig) und 1866 uns lehren, wo der Deutsche Orden mit dem Malteserorden Schulter an Schulter in Werken christlicher Liebe „arbeitete“, außerdem aber namhafte Unterstützungen an Genesende, Witwen und Waisen spendete.

Fig. 356.
Deutscher Ritterorden.
Brustkreuz der Ritter.

Bei den ungeheuren Anforderungen der Neuzeit, mit ihren blutigen Kriegen, zeigten sich indessen selbst die großen Mittel des Ordens unzureichend. Deshalb rief der Hoch- und Deutschmeister Erzherzog Wilhelm von Österreich am 26. März 1871 eine Stiftung ins Leben, welche, vom Kaiser bestätigt, als eine Erweiterung des Deutschen (marianischen) Ritterordens anzusehen ist und den Zweck hat, schon im Frieden Fürsorge für die hinreichenden Mittel zur Pflege und Unterstützung im Kriege zu treffen, besonders aber die Kräfte zu vereinigen, fest zu ordnen und eine einheitliche Leitung anzubahnen.

Diese Stiftung ist der Orden der dem Deutschorden zugesellten Marianer-Ritter und -Damen, dessen vorzüglichste Aufgabe die Förderung der Gesundheitspflege im Kriege ist. Seine Thätigkeit besteht daher im Kriege besonders in der Pflege der Kranken und Verwundeten und der thätigen

Hilfe bei den Feld- und den Standlazaretten. Im Frieden haben die Ordensmitglieder für Vermehrung und Verbesserung der Krankenanstalten zu sorgen, sowie zu bewirken, daß schon während der Friedenszeit die erhöhten

Fig. 357.
Deutscher Ritterorden.
Ehrenritterkreuz.

Fig. 358.
Deutscher Ritterorden.
Priesterkreuz.

Einkünfte des Deutschordens-Spitalfonds zur Anschaffung des Materials für Ambulanzen, Lazarette und Krankenwagen verwendet werden; sie haben überhaupt allen, das Gebiet der Krankenpflege im Kriege betreffenden Fragen die regste Teilnahme zuzuwenden. Jeder, der dem österreichisch-ungarischen katholischen Adel angehört, ohne Unterschied der Nationalität und des Geschlechts, der ein gewisses Alter — Herren das zwanzigste, Damen das achtzehnte Jahr — erreicht hat und unbescholten ist, kann das Marianerkreuz erlangen, sobald er entweder einen jährlichen Beitrag von mindestens fünfundzwanzig Gulden leistet, oder sich im Falle eines Krieges zu persönlicher Krankenpflege verpflichtet, oder endlich für die Ordenszwecke nach Kräften zu wirken gelobt. Laut Allerh. Entschließung vom 20. November 1880 ist die Wirksamkeit des Ordens auch auf adelige Nicht-Österreicher christlichen Glaubens ausgedehnt worden, sobald sie einen einmaligen Betrag von 500 fl. ö. W. erlegen.

Fig. 359.
Deutscher Ritterorden.
Marianer-Herrenkreuz.

Fig. 359a.
Medaillonrückseite der Marianerkreuze.

Ordenszeichen: A. des Deutschordens. 1. Großmeister (Fig. 353 S. 391): a) am Halse vermittelst schwarzen Bandes das Halskreuz: schwarz mit goldgesäumtem weißen Rande und belegt mit dem goldenen Lilienkreuz; in der Mitte, innerhalb goldgesäumten schmalen schwarzen Randes, ein goldener Schild mit schwarzem Adler. Das Kreuz hängt an schwarzem goldgesäumtem verzierten Reif mit dgl. Ring. b) Brustkreuz (Fig. 354 S. 292) ebenso, ohne die Verzierung, der Adler mit Königlicher (!) Krone gekrönt, der Rand des Schildes gerieft, der des Kreuzes silbern, mit Lorbeerblättern verziert. Der Coadjutor trägt dasselbe Halskreuz.

2. Großkapitulare, Komture, Rechtsritter. Halskreuz (Fig. 355 S. 293) wie oben, ohne Lilienkreuz und Adler, oben auf dem Kreuze der stahlfarbene, goldverzierte, rotge-

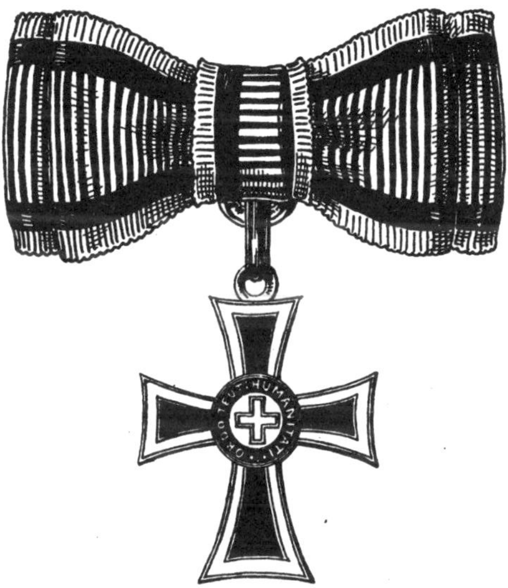

Fig. 360.
Deutscher Ritterorden.
Marianer-Damenkreuz.

fütterte Helm, mit zwei schwarzen zwischen drei weißen Straußfedern, an deren mittlerer ein goldener Ring, daran ein ovaler, eine Schlange darstellender ovaler Reif, der an dem Bande, über das sich ein trophäenartiger Schieber schiebt, hängt. Das Band ist wie oben schwarz. Das Kreuz der Großkapitulare ist etwas größer als das der Komture und Ritter. Die Ordenspriester (Fig. 358 S. 295) tragen statt des Helmes einen urnenförmigen, schwarz-weiß-gewunden-emaillierten Knauf mit goldenem Ringe, daran der Reif, durch den statt des Bandes eine dreifache schwarze Seidenschnur sich schlingt; die Ordensschwestern tragen dasselbe Ordenskreuz ohne Schieber und ohne Brustkreuz. Das Brustkreuz aller Grade (Fig. 356 S. 294) ist sonst wie abgebildet, der Rand silbern. Die Ehrenritter tragen das Halskreuz wie die Komture, mit Helm, jedoch ohne den Armaturschieber (Fig. 357 S. 295) und ohne Brustkreuz.

Fig. 361.
Deutscher Ritterorden.
Marianer-Halskreuz.

B. Marianerkreuz (Fig. 359 S. 296), Kreuz des Deutschen Ordens, jedoch hier silbern- statt goldgesäumt, ohne den Helm und in der Mitte belegt mit einem weißen Medaillon mit dem „Genfer Kreuz“ (rot mit schmalem goldenen Rande), welches innerhalb eines silbernbordiert-schwarzemaillierten Randes die silberne Inschrift: „ORDO TEUT. HUMANITATI“ trägt. Die weiße Rückseite dieses Medaillons (Fig. 359a S. 296) zeigt statt des Kreuzes die schwarze Jahreszahl 1871 in Email. Das Kreuz wird (Vfg. v. 23. Mai 1886) an einem schwarzweiß bordierten und weiß gerippten Bande von anderthalb Centimeter Breite, von Herren im Knopfloche (Fig. 359 S. 296), von Damen an einer Schleife auf der linken Brust (Fig. 360 S. 297) getragen.

Außerdem existiert ein Halskreuz (Fig. 361), das, für besondere Leistungen verliehen, am Halse getragen wird. Das Marianerkreuz kann übrigens auch als Zeichen dankbarer Anerkennung an Standespersonen, die sich im freiwilligen Sanitätsdienste des Ordens besondere Verdienste erworben haben, verliehen werden.

Johanniter-Malteserorden

(Böhmisches Großpriorat), vgl. auch oben sub Malteserorden.

Nachdem der Orden Malta bis zum Jahre 1798 behauptet hatte, setzte er sich in Ferrara fest, nahm 1827 den Hauptsitz in Rom und existiert jetzt nur noch in Italien und Österreich. Papst Leo XIII. rief durch Breve v. 28. März 1879 die aufgelassene Großmeisterwürde wieder ins Leben und Kaiser Franz Joseph erteilte dem ersten neuernannten Großmeister (Freiherr Joh. Baptist Ceschi di Santa Croce) in Rom, l. A. E. d. d. Wien, 27. Dezember 1880, vererblich auf alle Nachfolger, den Rang eines Österreichischen Fürsten, mit Titel „Fürstliche Gnaden", sowie dem Großprior von Böhmen und Österreich (Othenio Graf v. Lichnowsky-Werdenberg) vererblich auf alle seine Nachfolger, dieselben Würden, unter Anerkennung als Fürst-Großprior von Böhmen und Österreich, d. d. Wien, 2. April 1881.

Die Ordensmitglieder bestehen aus 1. dem Großmeister, 2. den Großprioren, 3. den Baillis, 4. den Komturen, 5. den Profeßrittern, 6. den Gnadenrittern, 7. den Ordensdonaten I. (Justiz-) und II. Klasse, 8. den Ehren- (Devotions-) Damen und 9. den Ordensgeistlichen. Aufgenommen werden (im Großpriorat Böhmen) nur Edelleute römisch-katholischer und altadliger Abstammung (ausnahmsweise finden auch andere christliche Konfessionen Zutritt). Sie müssen ihren Adel auf 16 Ahnen nachweisen, eine angesehene gesellschaftliche Stellung und Opferwilligkeit besitzen. Die Profeßritter dürfen sich nicht vermählen.

Ordenszeichen: A. Halskreuz (Fig. 362 S. 300) in den verschiedenen Klassen nur durch die Größe abgestuft), goldbordiertes, weißemailliertes Malteserkreuz, mit je einem goldenen Doppeladler mit Kaiserkrone über den Köpfen in den Winkeln. Das Kreuz hängt an reichverzierter goldener Bügelkrone (bei der Schlesischen Assoziation; bei allen übrigen

Fig. 362.
Johanniter-Malteserorden.
Halskreuz der Profeßritter mit der „Distinction von Jerusalem".

Fig. 362 a.
Johanniter-Malteserorden.
Halskreuz der Gnadenritter mit der „Distinction von Jerusalem".

die französische Bügelkrone). Über dieser Krone tragen die Großkreuze, Komture, Profeß-, Justiz- und die Ehrenritter eine goldene Armatur, die Gnadenritter*), Fig. 362a, die Inhaber des geistlichen Kreuzes, die Donaten I. Klasse, die Ehren- und Devotionsdamen eine goldene Schleife, die Donaten II. Klasse das Kreuz ohne dieselbe. Der Durchmesser des Kreuzes ist bei Großkreuzen und Baillis 6.5 cm, bei bei Komturen, Profeß-, Justiz- und Ehrenrittern, Gnadenrittern, Inhabern des Geistlichen Kreuzes, Donaten I. Klasse 5.2 cm, bei Ehren- und Devotionsdamen 3.9 cm, bei Donaten II. Klasse 3.7 cm. Die Donaten**) haben den oberen Kreuzarm von blankem Golde. Auf der Trophäe oder der Schleife kann noch ein goldbordierter roter Schild mit weißem Kreuz, die „Distinction von Jerusalem“ (Fig. 362 und 362a) angebracht sein, die bedeutet, daß ihr Inhaber dem Hospitalfonds zu Jerusalem den einmaligen Betrag von mindestens 500 fl. ö. W. geschenkt hat.

Fig. 363.
Johanniter-Malteserorden.
Profeß-Brustkreuz.

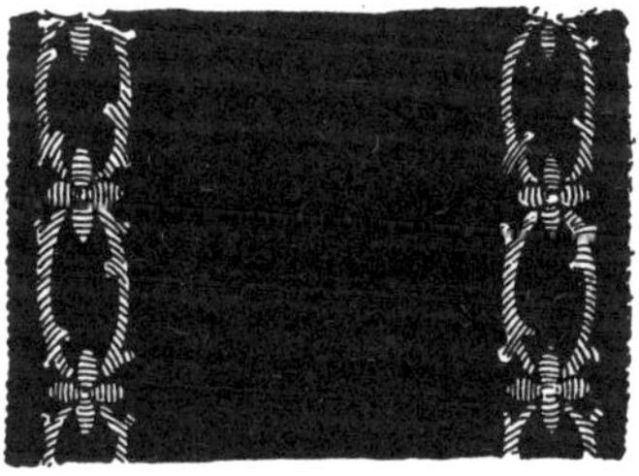

Fig. 364.
Band der Großkreuze.

B. Brustkreuz (Fig. 363): die Großkreuze, die Profeßritter, die Ordensgeistlichen (letztere nur dieses) und die Justizdonaten tragen

*) Gnadenritter, desgl. Devotionsdamen werden nur adlige Personen von höherer Stellung.

**) Donaten I. und II. Klasse können nichtadlige Personen mit Verdiensten um den Orden werden.

auf der linken Brustseite ein achtspitziges 5.2 cm messendes, linnenes oder weißemailliertes (Steck-)Kreuz, dem bei den Donaten der obere Kreuzarm fehlt. Das Band für alle Klassen ist schwarz (nur für die Inhaber des Geistlichen Kreuzes hochrot moiriert um den Hals zu tragen), wird von den Großkreuzen (gestickt, Fig. 364 S. 301), von Baillis und Ehrendamen 10 cm breit über die rechte Schulter getragen (hieran bei den Großkreuzen das Brustkreuz ganz groß, außerdem Hals- und Brustkreuz). Die Ehrengroßkreuze, wenn souveräne Fürsten, tragen auch das Profeßkreuz, die Ehrenbaillis wie die Baillis das große Brustkreuz ohne das Profeßkreuz. Die Ehrendamen tragen das Band wie die Großkreuze und daran (nicht am Halse) das Ordenskreuz der Gnadenritter. Die übrigen (bis auf die Donaten II. Klasse, die es 3.75 cm breit auf der linken Brustseite, und die Devotionsdamen, die es 5 cm breit als Schleife an der linken Schulter [ohne Brustkreuz] tragen) haben das Band um den Hals. Die Großkreuze (Baillis) bedecken das Band des Halskreuzes durch ein 5 cm breites Band aus Tuch oder Seide, das beiderseits mit einem aus zwei verflochtenen goldgestickten Dornzweigen gebildeten Rande eingefaßt ist. Die Ordensritter haben am 24. Februar 1870 eine neue Ordenskleidung angelegt, ihr Mantel ist schwarz mit dem weißen Kreuz.

Laut Zirkularverfügung Sr. Majestät des Kaisers vom 13. Juni 1878 werden in Österreich die einheimischen Orden in event. folgender Reihenfolge getragen:

A. Auf der Brust von der rechten zur linken Schulter gerechnet:

I. Von Offizieren:

1. Ritterkreuz des Maria Theresien-Ordens.
2. Kleinkreuz des St. Stephans-Ordens.
3. Kleinkreuz des Leopold-Ordens.
4. Orden der eisernen Krone III. Klasse.
5. Ritterkreuz des Franz Joseph-Ordens.

6. Dekoration der Elisabeth-Theresien-Militär-Stiftung.
7. Militärverdienstkreuz.
8. Das goldene } Verdienstkreuz.
9. Das silberne }

II. Von Soldaten und Unteroffizieren:

1. Goldene Tapferkeitsmedaille
2. silberne " I. } Klasse.
3. " " II. }
4. goldenes Verdienstkreuz mit der Krone.
5. " "
6. silbernes " " " "
7. " "
8. Kriegsmedaille.
9. Erinnerungsmedaille an den Feldzug 1864.
10. Erinnerungsmedaille für die Tiroler Landesverteidiger 1848 und 1866.
11. Militär-Dienstzeichen.

Nach den k. k. österreichischen Dekorationen folgen vor den fremdländischen die toscanischen, modenesischen, das Donatkreuz II. Klasse des St. Johanniterordens, darauf das Marianerkreuz.

Die fremdländischen Orden beginnen alsdann und zwar mit denen der Großmächte, an welche sich die von Königen, dem Papst, den Großherzögen, Kurfürsten, den Herzögen, Fürsten und die freistaatlichen anschließen.

B. Um den Hals (von oben nach unten gerechnet): 1. Die Commandeurkreuze der k. k. österreichischen Orden, alsdann 2. die Kreuze des Deutschen und Johanniter-Ordens, dann 3. die Commandeurkreuze der ausländischen Orden.

Wer im Besitze mehrerer Commandeurkreuze ist, trägt die höchste österreichische, oder in deren Ermangelung die höchste ausländische direkt um den Hals, die übrigen, nach ihrem Range, zwischen den Knöpfen hervorragend.

Oldenburg, Großherzogtum.

Haus- und Verdienstorden des Herzogs Peter Friedrich Ludwig.

Gestiftet und statutiert durch Großherzog Paul Friedrich August von Oldenburg zu Ehren des Herzogs Peter Friedrich Ludwig am 27. November 1838, am Tage der 25jährigen Wiederkehr der Rückkehr des angestammten Fürsten.

Der Orden besteht aus zwei Abteilungen: Kapitularen und Ehrenmitgliedern, jede Abteilung aus Großkreuzen mit und ohne die Krone, Großkomturen, Komturen, Rittern erster und zweiter Klasse.

Die erste Ritterklasse besteht aus den Kapitular-Ritterkreuzen und höchstens 20 inländischen Ehrenmitgliedern, die zweite enthält ebensoviel. Kapitulare können nur oldenburgische Unterthanen werden. Die Kapitularen der unteren Klasse können zugleich Ehrenmitglieder von höherer Ordensklasse sein.

Die Prinzen des Großherzoglichen Hauses sind Ehrengroßkreuze, der Erbgroßherzog Großprior des Ordens.

Inländer müssen, um Großkreuze zu werden, in der ersten, um Großkomturkreuze zu werden, in den zwei ersten, um Komturkreuze zu werden, in den drei ersten, um Ritterkreuze zu erhalten, in den fünf ersten Dienstrangklassen des Großherzogtums stehen. Doch kann der Orden auch an Inländer, die nicht im Dienste stehen, verliehen werden. Tapferkeit im Kriege oder sonstige Dienstauszeichnung befähigt alle Offiziere oder im gleichen Range Stehende zum Ritterkreuz.

Die Abteilung der Kapitularen soll bestehen aus zwei Großkreuzen, mit Präbenden von je 400 Thaler Gold, zwei Großkomturen von je 300 Thaler Gold, 4 Komturen mit Präbenden von je 200 Thaler Gold und 8 Rittern, von denen die vier ältesten Präbenden von je 100 Thaler Gold genießen sollen.

Die Anzahl der Ehrenmitglieder im Großherzogtum ist, ausgenommen die Prinzen des Großherzoglichen Hauses, beschränkt auf: 4 Großkreuze, 4 Großkomture, 8 Komture und Ritter, von je 24 in jeder Klasse, doch nehmen Kriegsverdienste hiervon aus.

Die Orden werden im Todesfall oder beim Aufrücken in höhere Klassen zurückgegeben.

Ordenstag ist der 17. Januar, Geburtstag des Herzogs Peter Friedrich Ludwig. Dem Orden ist ein allgemeines Ehrenzeichen, resp. in Gold, Silber und Eisen, affiliiert. Als höhere Auszeichnung wird dasselbe (laut Nachtragsstatut vom 17. Januar 1863) in der I. Klasse mit der Krone, für Kriegsverdienst mit Schwertern wie der Orden selbst (s. d.) verliehen.

Fig. 365.
Verdienstorden Peter Friedrich Ludwigs.
Großkreuz mit der Krone und Schwertern.

Ordenszeichen:

1. Kleinod: Kreuz weiß, mit goldenen Rändern, überhöht von goldener Krone. Auf dem Kreuz ein Medaillon, im Avers dunkelblau mit dem Königlich gekrönten goldenen Namenszuge des Herzogs Peter Friedrich Ludwig, umgeben von goldbordiertem dunkelroten Reif, darin die goldene Ordensdevise. Der Revers (Fig. 366 **a**) zeigt das Oldenburg-Delmenhorstsche (kleine) Wappen emailliert, auf weißem Grunde. Die Arme des Kreuzes tragen hier in Gold die Daten: 17. Januar 1755 (Geburts-

tag des Herzogs), 6. Juli 1785 (Tag, an dem Höchstderselbe die Verwaltung der Oldenburgischen Lande angetreten hat), 21. Mai 1829 (Todestag des Herzogs) und 27. November 1838 (Stiftungstag des Ordens). Das Kreuz ist in allen Klassen gleich, nur in der Größe verschieden. Für Kriegsverdienst (Fig. 365) werden zwei gekreuzte Schwerter dem

Fig. 366.
Verdienstorden Peter Friedrich Ludwigs.
Großkomturkreuz mit der Krone und Schwertern am Ringe.

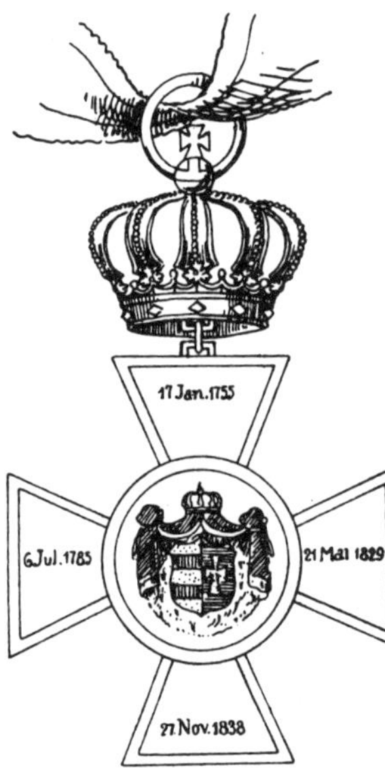

Fig. 366a.
Verdienstorden Peter Friedrich Ludwigs mit der Krone.
Revers.

Orden hinzugefügt, welche beim Einrücken in höhere Klassen sich unter der Krone kreuzen (Fig. 366). Die Kapitulare tragen außerdem an 4 cm breitem Ordensbande das Kapitularordenszeichen, Avers und Revers wie oben beschrieben, umgeben von Eichenkranz, die Großkreuze in Gold, die Großkomture in Silber gefaßt, darüber eine goldene, resp.

silberne Krone, die Komture gold-, die Ritter silbern-gefaßt, beide aber ohne Krone. Die unterm 17. Januar 1841 dekretierte Einteilung der Großkreuze in solche mit und ohne Krone wurde bald darauf dahin modifiziert, daß beide Kategorien über dem Kreuze die Krone tragen sollen, doch mit dem Unterschiede, daß, mit Ausnahme des Wappens, bei den „Großkreuzen mit Krone" alles golden, bei den

Fig. 367.
Verdienstorden Peter Friedrich Ludwigs.
Stern mit Schwertern.

„Großkreuzen" alles von Silber sein soll. 2. Stern: silbern, achtzehnstrahlig, mit dem silbern-bordierten Ordensmedaillon, unter dem bei Kriegsverdienst sich die Schwerter (Fig. 367) wie beim Kreuze kreuzen; den Stern tragen die Großkreuze auf der linken, die Großkomture auf der rechten Brust. Die Ordenszeichen können auch mit Diamanten verliehen werden. 3. Band: dunkelblau, mit schmalem roten Bande, von den Großkreuzen breit von der rechten Schulter zur linken

Hüfte, von den Großkomturen 5 cm breit, von den Komturen 3 cm breit um den Hals, von den Rittern 3 cm breit

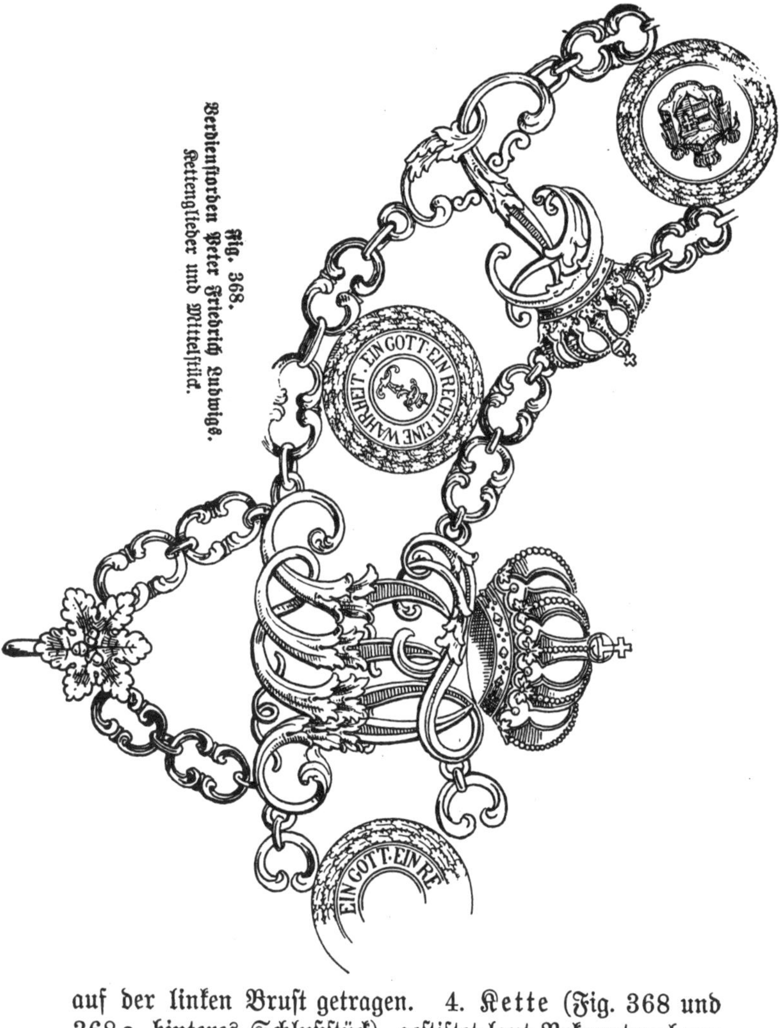

Fig. 368. Verdienstorden Peter Friedrich Ludwigs. Kettenglieder und Mittelstück.

auf der linken Brust getragen. 4. Kette (Fig. 368 und 368 a, hinteres Schlußstück), gestiftet laut Bekanntmachung vom 17. Januar 1863. Dieselbe, 90 cm lang, 4 cm breit, wird von den „Großkreuzen mit der goldenen Krone“ bei feierlichen Gelegenheiten getragen; sie besteht aus 14 Medaillons, 8 mit goldner Namenschiffre, 6 mit dem Wappen; die Medaillons zeigen den Avers und Revers des Kreuzmedaillons, je von grünem Eichkranz umgeben. Vorn einmal der Namenszug des Stifters, sonst die des Herzogs Peter Friedrich Ludwig. Ebenfalls laut Bekanntmachung vom 17. Januar 1863 wurde als Uniform bestimmt:

Fig. 368a.
Verdienstorden Peter Friedrich Ludwigs.
Vorderschlußstück der Kette.

dunkelblauer Waffenrock, mit scharlachrotem Kragen und Aufschlägen, roten Brustrabatten, unten 9 cm breit, goldenen Knöpfen mit der Ordenschiffre, blauen, bei Gala weißen Beinkleidern mit goldenen Tressen, schwarzem Zweispitzhut mit großer Oldenburgischer Kokarde, goldener Agraffe, goldrotblauen Cordons und weißen Federn, der Degen an goldener Koppel mit blaurot durchwirktem goldenen Portépée, Epaulettes rot mit goldenen Tressen, Bouillons und Monden, im Epaulettenfelde der Ordensstern.

Verdienstmedaille wegen Rettung aus Gefahr (Fig. 369).

Gestiftet laut Beschluß des Ordenskapitels vom 17. Januar 1848 für Personen, die mit eigener Gefahr das Leben oder Eigentum Anderer gerettet, oder durch außerordentliche Anstrengungen zu solcher Rettung beigetragen haben. Die Medaille besteht aus Silber wie abgebildet und wird am Bande des Hausordens getragen.

Fig. 369.
Rettungsmedaille.

Fig. 370.
Verdienstkreuz.

Das Verdienstkreuz für Aufopferung und Pflichttreue in Kriegszeiten (Fig. 370).

Großherzog Peter von Oldenburg stiftete am 12. Juni 1871 dieses Ehrenzeichen durch einen Erlaß folgenden Inhaltes:

„Während der Dauer des durch Gottes gnädigen Beistand nunmehr glorreich beendeten Krieges hat sich, wie in ganz Deutschland, so auch in Unserem Lande in allen Kreisen der Bevölkerung ein einmütiger Geist selbstverleugnender

Hingabe und Opferwilligkeit bethätigt, welcher wesentlich dazu beigetragen hat, die durch die heldenmütige Tapferkeit und Ausdauer der Armee erzielten Erfolge sicher zu stellen und die durch seine in der Geschichte fast beispiellose Reihe blutiger Kämpfe herbeigeführten Leiden zu mildern. Damit die Erinnerung an die unmittelbar hinter uns liegende, für immer denkwürdige Zeit auch unter denen, welche nicht der Fahne in Feindesland gefolgt, sondern in der Heimat ihre Dienste dem Vaterlande gewidmet haben, in äußeren Zeichen dauernd erhalten bleibe, haben Wir beschlossen, zum Andenken an die patriotische Erhebung der letzten Monate ein Verdienstkreuz zu gründen, welches Wir Personen zu verleihen beabsichtigen, die für, durch den Krieg veranlaßte Zwecke sich in Unserem Lande Anspruch auf besondere Anerkennung erworben haben. Es soll dieses Verdienstkreuz ohne Unterschied Männern, Frauen und Jungfrauen aus allen Kreisen der Bevölkerung verliehen werden."

Die Dekoration hat eine dem preußischen Erinnerungskreuz von 1866 sehr ähnliche Form, die eines sogenannten Grabkreuzes, mit rundem Medaillon, in dessen Mitte innerhalb eines erhabenen Eichenkranzes das rote Genfer Kreuz erscheint. Auf dem oberen Kreuzarm steht unter der großherzoglichen Krone ein gotisches großes P (als Initiale des Großherzogs); der untere Arm trägt die Jahreszahl 1870/71. Das Kreuz wird an blauem Bande mit zwei gleich breiten roten Längsstreifen und schmalem, rotem Rande getragen.

Verdienstorden für Bühnenangehörige.

Über die Stiftung und das Nähere über diesen jedenfalls ganz neuerdings gestifteten Orden, den u. a., wie uns mitgeteilt wurde, der berühmte Hofschauspieler Friedrich Haase besitzt, fehlen Nachrichten.

Päpstlicher Stuhl.

Orden des heiligen Grabes zu Jerusalem.

Gestiftet wahrscheinlich durch Papst Alexander VI. ums Jahr 1496 als militärischer Orden, zum Schirme des heil. Grabes. Der Papst ist Großmeister, doch ist, außer Sr. Heiligkeit selbst, dem Guardian der **patres minores** in Jerusalem, denen die Bewachung des heil. Grabes anvertraut ist, das Recht übertragen, Ritter zu ernennen. Das Recht wurde den Brüdern des heil. Franziskus von den Päpsten Leo X. am 4. Mai 1515, Pius IV. am 1. August 1561, Alexander VII. am 3. August 1665 und Benedict XIII. am 3. März 1727 bestätigt. Später erhielt dies Recht der Patriarch von Jerusalem, als Repräsentant des Papstes, zuerkannt. Die aufzunehmenden Ritter müssen nachweislich römisch-katholisch sein, eine amtliche Bescheinigung über ihre Ämter und Würden beibringen, sich verpflichten, ungerechte Kriege, Duelle zu vermeiden, überhaupt „vorwurfsfrei vor Gott und den Menschen zu leben". Durch Breve Sr. Heiligkeit des Papstes Pius IX. vom 24. Januar 1868 ist der Orden in drei Klassen, Großkreuze, Komture und Ritter, eingeteilt.

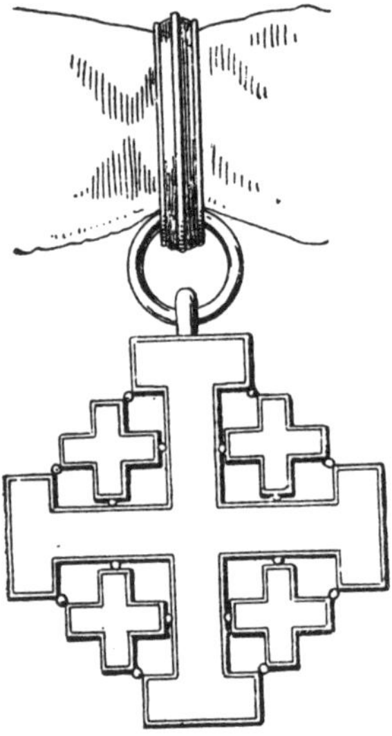

Fig. 371.
Orden vom heil. Grabe.

Ordenszeichen: 1. Kleinod (Fig. 371), blutrot emailliertes, goldbordiertes „Krückenkreuz", bewinkelt von vier dergleichen einfachen Kreuzchen. Die **I.** Klasse trägt dasselbe an schwarzmoiriertem breiten Bande über die rechte Schulter zur linken Hüfte, dazu auf der linken Brust einen silbernen Stern (Fig. 372), in dessen Mitte die Kreuze sich wiederholen, hier umgeben von goldenem Reif, belegt mit zwei gekreuzten, unten mit goldenem Bande gebundenen grünen Palmzweigen. Die Ritter der **II.** Klasse tragen dasselbe Ordenszeichen um

Fig. 372.
Orden vom heil. Grabe.
Stern.

den Hals, die Ritter der **III.** Klasse in kleinerer Form an der linken Brust. Außerdem tragen alle drei Klassen eine nach den Ordensklassen verschiedene goldgestickte Uniform, weiß, mit schwarzer Brustrabatte, Kragen und Aufschlägen, weiße Beinkleider mit goldenen Tressen, einen weißen Mantel mit dem Ordenskreuz, einen schwarzen Hut mit goldenen Tressen und schwarzer Feder.

Christus-Orden.

Gestiftet 1319, eigentlich gegründet in Portugal 1312 nach Auflösung des Tempelherrenordens, bestätigt durch Bulle Papst Johanns XXII., der sich darin (s. Portugal) das Recht vorbehielt, auch seinerseits den Orden zu verleihen. Der Orden wird an Einheimische und Fremde, für Civil- und Militärverdienst verliehen und zwar selten. Er hat nur eine Klasse.

Fig. 373.
Christus-Orden.

Ordenszeichen: 1. Kleinod (Fig. 373), schmal goldgesäumtes, dunkelrot emailliertes, mit dergleichen weißem lateinischen Kreuz belegtes Kreuz in der Form des Templerordens, darüber an goldener Arabeske eine goldene Bügelkrone, über der, wenn für Militärverdienst verliehen, eine goldene Waffentrophäe. 2. Band: ponceaurot, nach Gefallen am Halse oder auf der Brust zu tragen. Hierzu ein silberner Stern (Fig. 374), darin innerhalb goldenen Eichenkranzes das Kreuz wiederholt; auf der linken Brust zu tragen. Die hierzu gehörige Uniform ist scharlachfarben, hat mit goldenen Eichblättern gestickte Patten, Kragen und Aufschläge von weißem Tuche und goldene Knöpfe. Hierzu weiße Hosen mit 4 cm breiter Goldtresse, einen Hut mit weißer Feder und goldenen Quasten, sowie einen mit goldenen Flittern gestickten Halbmantel.

Orden des Mohren.

Derselbe ist kein eigentlicher Ritterorden, sondern nur eine Auszeichnung für den jedesmaligen Präsidenten der Malerakademie zu St. Lucas in Rom, gestiftet von Papst Pius VII. 23. September 1806.

Fig. 374.
Christus-Orden.

St. Gregoriusorden (Orden St. Gregors des Großen).

Gestiftet von Papst Gregor XVI. am 1. September 1831, erläutert durch Statut vom 30. Mai 1834, in Erinnerung an Papst Gregor den Großen, zur Belohnung von Fleiß, Anhänglichkeit, Treue und Geist im Dienst des heil. Stuhls für Civil und Militär in vier Klassen: Großkreuz, Ritter **I.** und **II.** Klasse, Komture und Ritter.

Ordenszeichen: 1. Kleinod: goldbordiertes, mit goldenen Kugeln an den Spitzen versehenes, rotes, achtspitziges Kreuz mit blauem Medaillon, dessen Avers das Bild des heil.

Gregor, innerhalb goldenen Reifens mit der Inschrift: **St. Gregorius Magnus**, der Revers die Worte: **Pro deo et principi** (für Gott und den Fürsten) innerhalb goldenen Reifens mit der Umschrift: **Gregorius XVI. P(ontifex) M(aximus)** — d. h. Papst — **Anno I** (d. h. im ersten Jahre

Fig. 375.
Gregoriusorden.
Militärklasse (Revers).

Fig. 376.
Gregoriusorden.
Civilklasse.

seiner Regierung) zeigt. Über dem Kreuze befindet sich, wenn für Militärverdienst verliehen (Fig. 375), eine goldene Waffentrophäe, wenn für Civildienst (Fig. 376) ein grüner Olivenkranz. 2. Band: rot, mit gelben Bordstreifen, von den Großkreuz-Rittern **I.** Klasse breit von der rechten Schulter zur linken Hüfte, von der **II.** und **III.** Klasse um den Hals, von der **IV.** auf der linken Brust getragen. 3. Stern (Fig. 377) der beiden Großkreuz-Ritter-Klassen (auf der

Fig. 377.
Gregoriusorden.

linken Brust) silbern, belegt mit dem Avers des Ordenskreuzes.

Orden vom heiligen Silvester.

Gestiftet unter dem Namen: „Orden vom goldenen Sporn“, als eine Art von Miliz, durch Papst Pius **IV.** um das Jahr 1559 für Römisch-Katholische. Papst Gregor **XVI.** gab ihm am 31. Oktober 1841 neue Statuten, wonach er, und zwar in zwei Klassen: Komture und Ritter, als Belohnung für ausgezeichnete Rechtschaffenheit, hervorragende Leistungen in Künsten und Wissenschaften und Civil- und Militärverdienst verliehen werden soll.

Ordenszeichen: 1. Kleinod (Fig. 378, 379): goldbordiertes, achtspitziges weißes Kreuz, nach den Klassen in der Größe verschieden, mit goldenen Strahlen in den Winkeln und goldenem unten daranhängenden Sporn. Medaillon blau, mit dem goldenen Bilde St. Silvesters, der Reif in Avers und Revers (Fig. 380) goldbordiert und entsprechend beschrieben. Der Grund des Reversmedaillons ist weiß, die Inschrift golden. 2. Das Band ist schwarz, mit zwei dunkel-

Fig. 380.
Revers.

Fig. 378.
Silvesterorden.

Fig. 379.
Silvesterorden.

roten Bordstreifen und wird von den Commandeuren am Halse, von den Rittern auf der linken Brust (Fig. 379) getragen. Erstere tragen ihn bei feierlichen Gelegenheiten an ganz goldener Halskette (Fig. 381). Die Uniform ist ein scharlachtuchener Rock, mit zwei Patten, goldenen Knöpfen, „dragonergrünem“, mit goldenen Ölzweigen gesticktem Kragen und Aufschlägen. Beinkleider: weiß, mit goldenen, 4 cm breiten Tressen, zweispitziger schwarzer Hut mit weißen Plumeaux, goldener Agraffe und Quasten und der päpstlichen Kokarde, schwarze Stiefeln mit goldenen Sporen, Mantel scharlachfarben, mit dem Stern und goldenen Knöpfen.

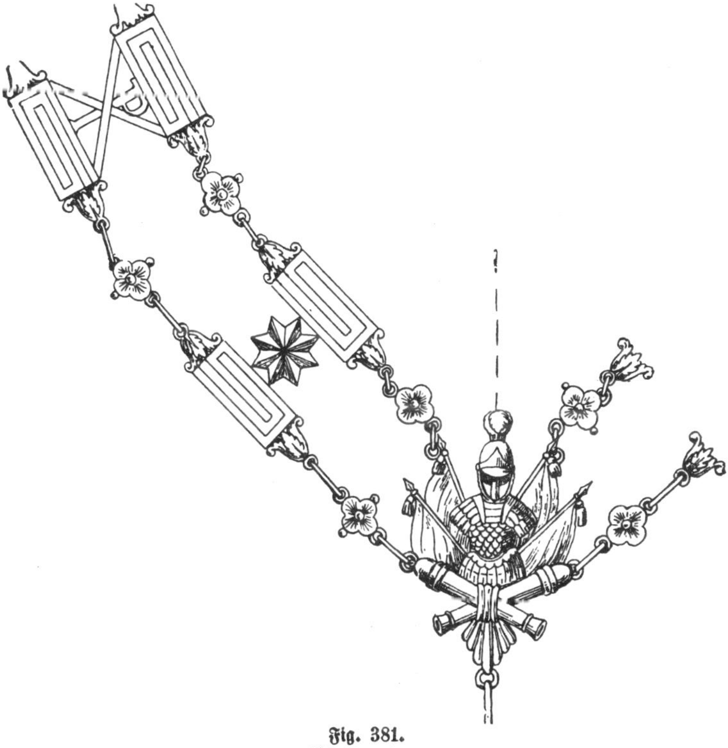

Fig. 381.
Silvesterorden.
Kette.

Orden des heiligen Johannes vom Lateran des Täufers zu Jerusalem.

Gestiftet 1560 von Papst Pius IV. in einer Klasse, doch seit etwa Anfang dieses Jahrhunderts nicht mehr verliehen, daher wohl als erloschen zu betrachten.

Ordenszeichen: 1. Kleinod (Fig. 382 u. 382**a**): schmal goldbordiertes, an den Spitzen mit goldenen Kugeln bestecktes, rotes achtspitziges Kreuz, mit goldenen Lilien in den Winkeln und blauem ovalen Medaillon, dessen Avers das Bild

Fig. 382.
Orden St. Johanns vom Lateran.

Fig. 382a.
Orden St. Johanns vom Lateran (Revers).

St. Johannis des Täufers mit der Umschrift (auf goldenem Reif) **Praemium Virtuti Pietati**, der Revers die goldene Tiara mit den Schlüsseln und der Umschrift auf Gold: **Ordine institutio MDLX** zeigt. Band: schwarz. Der Orden wurde im Knopfloch getragen.

Pius-Orden.

Gestiftet durch Papst Pius **IX.** am 17. Juni 1847, in Erinnerung eines bereits von Papst Pius **IV.** gestifteten, wieder eingegangenen Ordens, deklariert durch Breve vom 17. Juni 1849. Der Orden enthält Ritter **I.** und **II.** Klasse, die ersteren erhalten den bis auf die Söhne erblichen, die zweiten den persönlichen Adel.

Fig. 383.
Pius-Orden. (Großkreuz.)

Ordenszeichen: 1. Kleinod (Fig. 383): achtstrahliger, mit schmalen goldenen Borden und Mittelstreifen versehener dunkelblauer Stern, mit goldenen Flammen in den Winkeln. Im weißen Medaillon, das im Avers ein goldener Reif, mit der blauen Inschrift: **Virtuti et merito** (für Tugend und Verdienst) umgiebt, die goldene Inschrift: **Pius IX.** und im Revers (Fig. 384) das Stiftungsjahr. Das Zeichen der Ritter **II.** Klasse ist kleiner. 2. Band (Fig. 384), von den Rittern **I.** Klasse um den Hals, von den Rittern **II.** Klasse

Fig. 384.
Pius-Orden. Ritterkreuz (Revers).

auf der linken Brustseite getragen, ist dunkelblau mit doppelten roten Bordstreifen. 3. Stern (besonders verliehen für Ritter I. Klasse) ist gleich dem des Ordens, doch größer,

Fig. 385.
Pius-Orden.
Stern.

die Flammen in den Ecken silbern; er wird auf der linken Brust (Fig. 385) getragen. Ordenskleid blau mit roten Borden und nach dem Grade goldene Verzierungen.

Orden der heiligen Cäcilie.

Gestiftet durch Papst Pius IX. am 17. Juni 1847, hervorgegangen aus einer unter Papst Gregor XIII. gestifteten musikalischen Brüderschaft. Derselbe ist bestimmt für die vier Präsidenten, Sekretäre und Kämmerer dieser „Akademie für Musik", welche den ärmeren Volksklassen die Mittel zum Musikstudium gewährt. Der Orden ist daher ein eigentlicher Ritterorden nicht und nur der Vollständigkeit wegen hier erwähnt.

Parma, ehemaliges Herzogtum.

Laut Dekret König Victor Emanuels vom 28. März 1863 dem Königreich Italien einverleibt.

Constantin-Orden.

Gestiftet durch Kaiser Constantin, renoviert durch Kaiser Isaak Angelus Flavius Comnenus im Jahre 1191, bestätigt 1261 durch Kaiser Paleologus. Der Orden ging mit der Familie Angeli, genannt Drivasti, welche ihre Abstammung von den Comnenen nachwies, nach Italien über, was Papst Paul **III.** und Julius **III.** bestätigte. Der bald sehr ausgebreitete Orden mit vielen Komtureien in Italien und zahllosen Gönnern wurde von Johann Andreas Angelus Flavius, dem Letzten der Paleologen, auf Franz **I.** Farnese, Herzog von Parma, am 27. Juli 1697 übertragen, was Kaiser Leopold **I.** am 5. August 1699 bestätigte. Nach dem Aussterben der Farnese übernahmen die Bourbons den Orden mit dem

Fig. 386.
Constantin-Orden.

Herzogtum Parma, bis letzteres durch den Wiener Tractat an Österreich überging und Carl **III.** nunmehr König von Neapel, den Orden auch dorthin verpflanzte. Nachdem die Kaiserin Marie Louise durch den Wiener Tractat vom 11. April 1814, bestätigt durch die Wiener Kongreßakte vom 9. Juli 1815 den Thron von Parma bestiegen, erklärte sie sich **d. d.** 26. Februar 1816 zur Großmeisterin, was indes der zurückgekehrte König von Neapel gleichfalls

Fig. 387.
Constantin-Orden. (Kette.)

that. In Parma wurde der Orden eingeteilt in: Senatoren-Großkreuze mit der Kette, Senatoren-Großkreuze, Komture, Ritter **I.** und **II.** Klasse.

Ordenszeichen: 1. Kleinod: Kreuz goldbordiert, rot, überlegt von dem goldenen Monogramm Christi und auf den Kreuzarmen die goldenen Buchstaben **J(n) H(oc) S(igno) V(inces)** — in diesem Zeichen wirst du siegen —, ferner die griechischen Buchstaben Alpha und Omega (das Kreuz ist der Anfang und das Ende). Die Größe der verschiedenen

Klassen ist verschieden (Fig. 386). 2. Band: himmelblau. 3. Kette (des Großmeisters, Fig. 387): himmelblaue Ovale mit goldenen Inschriften und Borden. St. Georg golden. 4. Stern (auf der linken Brust, Fig. 388): silbern mit dem Ordenskreuz. Die Großkreuze tragen das Ordenszeichen am Bande von der rechten Schulter zur linken

Fig. 388.
Constantin-Orden.
Stern.

Seite; die Komture um den Hals, die Ritter I. Klasse im Knopfloche, die Ritter II. Klasse nur das Kreuz ohne Band auf der linken Brust. Die Sterne der Großkreuze und Komture, auf der linken Brust, sind gleich, nur in der Größe verschieden.

Orden des heiligen Ludwig für Civilverdienst
(siehe auch unter Lucca).

Dieser Herzoglich Lucchesische Orden erhielt durch Dekret des Herzogs Karl III. von Parma unterm 11. August 1849 eine Abänderung und Erweiterung der früheren Statuten. Hiernach bestand der Orden, außer dem Großmeister, aus fünf Graden: 20 Großkreuze, 30 Commandeurs, 60 Ritter I. und 80 II. Klasse und 100 Inhaber des Kreuzes V. Klasse, ausgenommen Regenten, regierende Fürsten und andere Fremde. Der Orden war für gewöhnlich Römisch-Katholischen vorbehalten, doch konnten Ausnahmen stattfinden. Das Großkreuz erhielten nur Personen, die mit hoher gesellschaft-

Fig. 389.

Fig. 390.

Orden des heiligen Ludwig.

licher Stellung persönliche Verdienste oder nützliche, dem Staate geleistete Dienste vereinigten, den Commandeurgrad nur Personen in ähnlicher Stellung nebst Verdienst, das Ritterkreuz I. Klasse nur Personen von hervorragendem Verdienst, die sich in Civil- oder Militärämtern durch Ausübung einer freien Kunst oder durch tugendhafte oder nützliche Handlungen ausgezeichnet hatten, das Ritterkreuz II. Klasse Personen, die neben wahrem persönlichen

Verdienst sich durch Treue, Anhänglichkeit an Regent und Staat, oder besondere Handlungen ausgezeichnet, endlich das Kreuz der V. Klasse Personen von reinen Sitten, die durch ähnliche Handlungen sich hervorgethan hatten. Das Großkreuz und Commandeurs verlieh den erblichen, die drei anderen Klassen den persönlichen Adel.

Ordenszeichen: 1. Kleinod (Fig. 389 u. 390): Bei der **I.** bis **III.** Klasse von emailliertem Golde, mit goldener Krone, bei der **IV.** Klasse von Silber, emailliert, mit silberner Krone, bei der **V.** Klasse von Silber, emailliert, ohne Krone. Die Großkreuze und Commandeurs hierzu einen goldenen emaillierten Stern auf der linken Brust. 2. Band: gelb und blau, bei den Großkreuzen von der rechten Schulter zur linken Hüfte, von den Geistlichen und Commandeurs um den Hals, von den Übrigen auf der linken Brust getragen.

Persien.

Ali-Orden (Fig. 391 S. 328).

Stiftung unbekannt; den Orden trägt allein der Schah, vielleicht auch ist er an auswärtige Souveräne verliehen worden. Derselbe zeigt das Bild des persischen oberen Heiligen Imam Ali.

Löwen- und Sonnenorden
(Nischân-i-schir-u-khorschîd).

Gestiftet im Jahre 1808 durch den Schah Feth-Ali (1795 bis 1834) für Militär- und Civildienst, hinsichtlich der Klassen rangierend genau mit denen des französischen Ordens der Ehrenlegion.

Fig. 391.
Ali-Orden.

Fig. 392.
Sonnen- und Löwenorden I. Klasse.

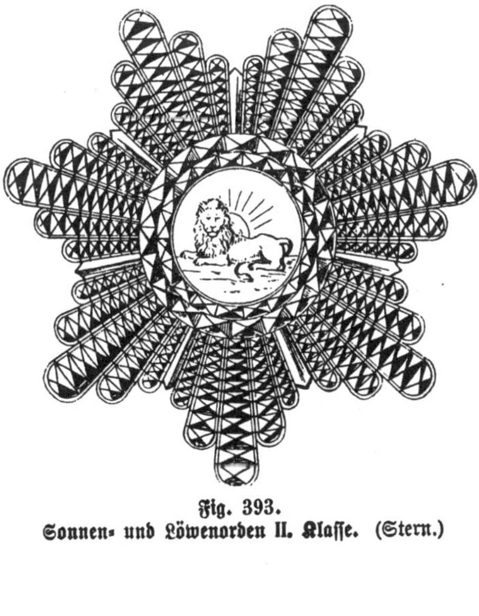

Fig. 393.
Sonnen- und Löwenorden II. Klasse. (Stern.)

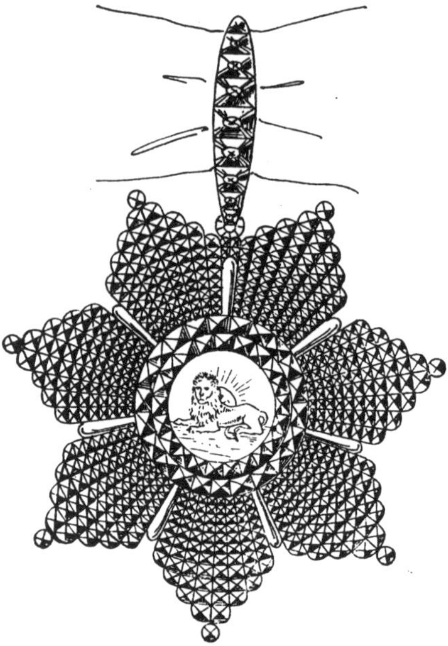

Fig. 394.
Sonnen- und Löwenorden II. Klasse. (Kleinod.)

Fig. 395.
Sonnen- und Löwenorden III. Klasse.

Ordenszeichen:

1. Kleinod: silberner Stern, mit blauem Medaillon, darin liegt auf grünem Rasen ein vorwärtssehender Löwe natürlicher Farbe (für Ausländer) oder ein dergleichen stehender, haltend in der erchten Pranke einen Säbel (für Inländer), hinter dem Rücken dieses Löwen erscheint stets eine goldene Sonne. Die **I.** Klasse (Fig. 392 S. 329) des Ordens hat acht spitze, die **II.** (Fig. 393 S. 329) sieben stumpfe Strahlenbündel von je fünf Strahlen; zwischen den einzelnen Strahlenbündeln je ein einzelner roter Strahl. Die Sterne dieser beiden Klassen werden an der Brust getragen; hierzu die **II.** Klasse den Stern (Fig. 394) um den Hals. Dieser Stern hat sieben halbspitze Strahlen, die einzelnen Strahlenbündel durch je goldenen Strahl getrennt. Das

Fig. 396.
Sonnen- und Löwenorden IV. Klasse.

Fig. 397.
Sonnen- und Löwenorden V. Klasse.

Zeichen der III. Klasse (Fig. 395) hat sechs stumpfe Strahlenbündel, ebenfalls mit goldenen Trennungsstrahlen und wird gleichfalls um den Hals getragen, das der IV. Klasse (Fig 396) hat fünf spitze Strahlenbündel, getrennt durch goldene Einzelstrahlen, und wird, zum Unterschiede von dem der V. Klasse (Fig. 397), das dieser letzteren entbehrt, an einer am Ringe befestigten sonnenähnlichen Rosette getragen, beide Klassen auf der linken Brust. Das Band ist blau für den persischen Hof, grün für Ausländer; für die übrigen Perser rot oder weiß. Dem Orden affiliiert ist eine Medaille, die, in Gold, mit und ohne Emaille, Silber und Bronze verliehen, den Löwen wie oben zeigt, von Persern an Kettchen, von Ausländern an grünem Bande getragen wird.

Neschane-Aftab, Damenorden.

Gestiftet von Schah Nasr-Eddin im Jahre 1873, gelegentlich seiner Reise an die Europäischen Höfe in einer Klasse. Den Orden besitzt (in Deutschland wohl allein) die regierende deutsche Kaiserin Auguste Victoria seit Juni 1887.

Fig. 398.
Neschane-Aftab.

Ordenszeichen: A. Kleinod (Fig. 398): Der obere Teil einer halben Sonne mit menschlichem Gesicht im brillantenumrahmten Medaillon; die Strahlen abwechselnd spitz und breit, sämtlich aus Brillanten bestehend. B. Band (von der rechten Schulter zur linken Seite zu tragen): rosa mit grünem Bordstreifen und einem zweiten etwas breiteren dgl., dem ersteren parallelen am Rand. C. Stern (Fig. 399), auf der linken Brust zu tragen, in Form einer Sonne, welche ebenso wie die obige geformt, aber g a n z erscheint.

Fig. 399.
Neschane-Aftab.
Stern.

Medaille für Wissenschaft und Kunst.

Gestiftet im Jahre 1851, bei Entstehung des wissenschaftlichen Collegs zu Teheran, in vier Klassen. Die **IV.** Klasse in Medaillenform (Fig. 400 und 400 **a**) aus

Fig. 400.

Fig. 400 a.

Medaille für Kunst und Wissenschaft.
IV. Klasse.

Kupfer, wie abgebildet wird, ebenso wie die III. und II. Klasse (Fig. 401), in Form eines achtstrahligen Sterns, erstere silbern, letztere silber-vergoldet, lediglich an Schüler des genannten Collegs für hervorragende Leistungen verliehen. Diese Klassen zeigen im blauen Medaillon den liegenden Persischen Löwen, dahinter die Sonne. Die I. Klasse

Fig. 401.
Medaille für Kunst und Wissenschaft.
II. und III. Klasse.

Fig. 402.
Medaille für Kunst und Wissenschaft.
I. Klasse.

(Fig. 402), die Lehrern des Collegs, sowie Ausländern verliehen wird, hat die Form des Sonnen- und Löwenordens, zehn goldene Zacken und das Medaillon der III. und II. Klasse. Band bei allen Klassen: grün. Der Orden wird auf der linken Brust getragen.

Portugal, Königreich.

Christus-Orden.

Dies ist der erste und vornehmste Orden des Königreichs. Er wurde gestiftet, nach Aufhebung des Templerordens, durch Verleihung der Schlösser, Vasallen und Statuten desselben an den neuen Orden unter obigem Namen, im Jahre 1317. 1319 bestätigte Papst Johann XXII. diesen Orden, behielt sich indes vor, daß der päpstliche Stuhl gleichfalls Ritter desselben ernennen könne. Der ursprünglich rein geistliche Orden wurde später immer mehr weltlich und unter König Johann III. vereinigte Papst Hadrian VI. das Großmeistertum desselben mit der Krone Portugal. Seit 1789 bestehen die inländischen Ordensmitglieder, die römisch-katholisch und adlig sein müssen, aus dem Großmeister, dem Großkomtur, 450 Komturen und Rittern in unbeschränkter Anzahl. Dieselben besitzen in Portugal 26 Dörfer und Flecken, sowie 454 Komtureien. Für Fremde soll der Orden nur ein Ehrenzeichen sein, doch sind sie in Portugal hoffähig; die Ritter gelten als adlig, die Commandeurs als Barone. Die Auswärtigen haben keinen Anteil an den Einkünften, sind aber auch den Vorschriften nicht unterworfen. Der Großkomtur hat den Rang des Generallieutenants, die Großkreuze haben den Rang der Generalmajors, die Commandeure den Rang der Obersten, die Ritter Majorsrang.

Ordenszeichen: 1. Kleinod: der Orden wird in zweierlei Formen verliehen und ist den Ordensmitgliedern aller Klassen gestattet, sie sich mit Diamanten verzieren zu lassen, und Militärs, beliebig diese oder jene Form zu tragen. Die ältere Form ist dasselbe Kreuz, wie es beim päpstlichen Christus-Orden bereits beschrieben ist, hier jedoch hängt dasselbe bei Großkreuzen und Komturen an einem ringsum mit goldenen Strahlen versehenen weißemaillierten Stern, in dessen Mitte auf mattem Goldgrund sich das Herz Jesu befindet.

Dasselbe ist dunkelrot emailliert, von Dornenkrone umflochten, und trägt oben an der Mündung, aus der natürliche Flammen hervorsteigen, ein aus letzteren hervorgehendes schmal goldbordiertes dunkelblaues Kreuz (Fig. 403). Die Großkreuze tragen dieselbe Dekoration in Goldrahmen (Fig. 405). Den Ritterkreuzen fehlt diese Verzierung, auch sind sie etwas kleiner. Diese Ordensform ist nur für

Fig. 403.

Fig. 404.

Christus-Orden.

Commandeurkreuz (alter Form). Commandeurkreuz (neuer Form).

Civilisten im Gebrauch. Die neuere, vorzugsweise für Uniform gebräuchliche Form (Fig. 404) ist: unter goldener Königskrone ein achtspitziges hellblau emailliertes (im Revers goldenes) Kreuz mit weißem goldgesäumten Rande und goldenen Kugeln an den Spitzen. Durch die vier Winkel schlingt sich ein goldener Lorbeerkranz. Außerdem finden sich, in die Winkel hineingelehnt (doch fehlen sie auch oft) vier ovale weiße Schildchen mit den fünf blauen, je mit fünf weißen Kugeln belegten Wappenschildchen aus dem Portugiesischen Wappen. Im weißen goldumrahmten Medaillon das Kreuz älterer Form. 2. Das **Band** ist scharlachrot, dasselbe wird von den Großkreuzen von der rechten Schulter zur linken Hüfte, von den Commandeurs am Halse, von den

Fig. 405.
Christus-Orden.
Großkreuz.

Rittern im Knopfloch getragen. Doch ist Letzteren freigestellt, das Kreuz bei feierlichen Gelegenheiten auch um den Hals zu tragen. 3. Die **Kette** der Großkreuze, bei Feierlichkeiten um den Hals zu tragen, besteht aus dreifacher Reihe gewöhnlicher goldener Kettenglieder; die Commandeure durften bei feierlichen Gelegenheiten das Kreuz (älterer Form) an ähnlicher aber silberner Kette um den Hals (und Schultern) tragen. 4. Der Stern (für Großkreuze und Komture gleich) [Fig. 406] besteht aus ungleichen, durch kleine Fascetten verbundenen silbernen Strahlen, trägt oben das Herz Jesu und im weißen Medaillon innerhalb goldenen, mit 4 weißen Blüten auf grünen Blättern belegten Reifens das Kreuz älterer Form.

Fig. 406.
Christus-Orden.
Stern zum Groß- und Komturkreuz.

Militär-Verdienstorden vom St. Bento d'Aviz.

Entstanden aus einer etwa 1144 von vornehmen Portugiesen zur Bekämpfung der Mauren gebildeten „neuen Miliz", die König Alphons, nachdem er ihr 1162 das von ihnen eroberte Schloß Mafra geschenkt hatte, bestätigte und in einen geistlichen Ritterorden verwandelte. Sie nannten sich seit 1166 nach der eroberten Stadt Evora, bis sie im Jahre 1187 von der ihnen geschenkten Stadt und Festung

Aviz fortan den Namen annahmen. Königin Maria von Portugal verwandelte den Orden am 10. Juni 1789 in einen militärischen und bürgerlichen Verdienstorden; er besaß damals 18 Dörfer, 49 Komtureien und ein Jahreseinkommen von über 80 000 Dukaten. Der Orden hat drei Klassen und besteht, außer dem Großmeister und Großkomtur, aus 6 Großkreuzen, 49 Commandeurs und Rittern in unbeschränkter Zahl.

Fig. 407.

Kleinod.

Fig. 408.

Stern.

Aviz-Orden.

Ordenszeichen: 1. Kleinod (Fig. 407): in allem genau wie beim Christus-Orden, nur daß das Kreuz von anderer Form und goldbordiert, grün ist, ebenso ist das Band grün. Der Stern (Fig. 408) ebenfalls fast gleich. Die Herz-Jesu-Dekoration*) wie a. a. O.

*) Dieselbe wurde 1789 von Königin Maria dem Christus-, Aviz- und San Thiago-Orden verliehen, als Zeichen, daß sie unter des Heilands Schutz die drei Orden stellte.

Verdienstorden von St. Thiago oder Jacob vom Schwert.

Fig. 409.
S. Thiago-Orden.
Groß- und Commandeurkreuz.

Fig. 409a.
S. Thiago-Orden.
Offizier- und Ritterkreuz.

Derselbe ist eine Abzweigung des spanischen St. Jago-Ordens und wurde vom ersten unabhängigen Könige von Portugal: Alphons Henriquez im Jahre 1290 gestiftet, durch Bulle des Papstes Johann XXII. 1320 bestätigt und als Vorschrift für die Aufnahme 16 adlige Ahnen gefordert. Mit dem Christus- und Avizorden fiel er unter die Großmeisterschaft der Krone. Er besaß 47 Dörfer und Flecken, 150 Komtureien, 4 Mönchs- und ein Nonnenkloster in Santos und hatte seinen Hauptsitz in Palmella. 1789 wurde er durch Königin Maria säkularisiert und eingeteilt in: Großmeister, Großkomtur, 6 Großkreuze, 150 Commandeure und Ritter in unbestimmter Zahl. Laut Königlicher Ordre vom 31. Oktober 1862 erfolgte eine gänzliche Umgestaltung des Ordens, indem derselbe zunächst in einen Orden für wissenschaftliches, schriftstellerisches und künstlerisches Verdienst umgewandelt und (außer Großmeister und Großkomtur) in fünf Klassen: Großoffiziere, Großkreuze, Commandeurs, Offiziere und Ritter eingeteilt wurde. Großmeister ist der Souverän, Großkomtur der Thronfolger. Die Zahl der Großkreuze beträgt sechs portugiesische, zwei ausländische. Die Großoffiziere sind: der Ober-Commandeur, Kanzler und Fähnrich, die über die Statuten wachen. Die Zahl der Commandeurs beträgt 25 Portugiesen und 5 Fremde, der Offiziere: 40 Portugiesen und 10 Fremde, der Ritter:

Fig. 410.
S. Thiago-Orden.
Stern.

60 Portugiesen und 10 Fremde. Der Orden wird lediglich für ausgezeichnetes persönliches Verdienst und hervorragende, in den Wissenschaften, der Gelehrsamkeit und den schönen Künsten geleistete Dienste, sowohl im öffentlichen Unterricht, wie in geschriebenen oder Kunstwerken verliehen.

Ordenszeichen: 1. Kleinod: hängend bei den Großkreuzen und Komturen (Fig. 409) an einem Stern mit Herz Jesu wie oben beim Christus-Orden beschrieben, das goldbordierte rote Kreuz von St. Jago, umgeben von zwei grünen Palmzweigen, die ein goldbordiertes weißes Band mit der goldenen Inschrift: **Sciencias, letras e artes** (den Wissenschaften, der Litteratur und den Künsten) tragen. Die Offiziere und Ritter (Fig. 409a S. 340) haben statt der Herz Jesu-Dekoration zwei grüne Lorbeerzweige; alle Kreuze sind in der Größe abgestuft. 2. Band: dunkelviolett, die Breite rc. wie beim Christus- und Avizorden, bei den Offizieren mit Rosette; die Ritter tragen das Band an Hof- und Galatagen um den Hals. 3. Stern (Fig. 410 S. 341): ganz wie der des Christusordens, nur

Fig. 411.
S. Thiago-Orden.
Kette.

statt des Christuskreuzes das obenbeschriebene, innerhalb silbernen Reifens mit obiger Inschrift und dieser innerhalb verzierten goldnen Randes. 4. Kette (Fig. 411): aus Palmenzweigen, mit Ordenskreuzen, Devisenband und Lorbeerkränzen abwechselnd bestehend, bei den Offizieren silbern, bei Commandeuren und Großkreuzen von Gold ähnlich, emailliert wie abgebildet, um den Hals an Hof- und Galatagen zu tragen, die Großkreuze außerdem das darunter zu tragende Band.

Für die vorbenannten drei portugiesischen Orden giebt es ein gemeinschaftliches Ordenszeichen, bestehend in mit Königskrone gekröntem goldenen verzierten Medaillon, in dem sich drei kleinere dgl. mit den betreffenden Kreuzen befinden (Fig. 412). Die Dekoration wird an grün-rotviolett gestreiftem Bande von der Schulter zur Hüfte getragen. Diese ursprünglich von den Königen von Portugal als Großmeister allein getragene Dekoration ist in neuerer Zeit auch an fremde Souveräne vergeben worden. Ebenso enthält

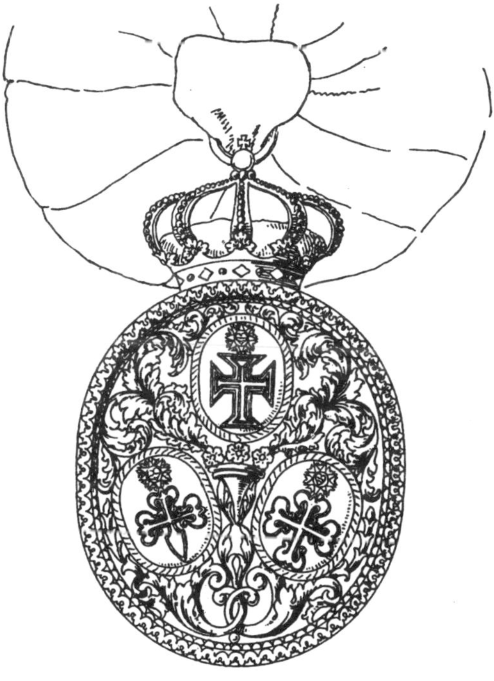

Fig. 412.
Gemeinschaftliches Ehrenzeichen der drei Hauptorden.
Kleinod.

der Stern, der bei großen Feierlichkeiten auf dem weißen, mit weißer Schnur um den Hals befestigten Mantel getragen wird, im Medaillon alle drei Kreuze (Fig. 413 S. 344). Hierzu gehört ein rotes Barett, Maroquinstiefeln, sowie goldene Sporen und Degen.

Orden vom Turm und Schwert.

Gestiftet 1459 durch König Alphons V. nach Eroberung von Fez. König Johann VI. bestätigte und erneuerte den Orden zeitgemäß als politischen Orden am 13. Mai 1808 und verlieh ihm unterm 29. November ejd. Statuten. Er wurde indes bereits am 28. Juli 1832 durch den Herzog von Braganza total erneuert und, zur Belohnung von Tapferkeit, Ergebenheit und Verdienst, für Civil und

Fig. 413.
Gemeinschaftliches Ehrenzeichen der drei Hauptorden.
Stern.

Militär bestimmt. Der Orden besteht, außer dem Großmeister, aus Großoffizieren (Großkomtur, Schatzmeister, Großfähnrich und Großkanzler), Großkreuzen, Commandeurs, Offizieren und Rittern von unbestimmter Zahl. Tapfere Thaten der Militärpersonen auf dem Schlachtfelde, ausgezeichnete Thaten der Hingebung und des Bürgermutes berechtigen ebenso, wie hervorragende Verdienste Einheimischer und fremder Gelehrten, zum Empfang des Ordens. Die

Ritter haben Fähnrichs-, die Offiziere Oberstlieutenants-, die Commandeurs Obersten-, die Großkreuze Brigadiers-, die Großoffiziere Generalmajorsrang.

Ordenszeichen:

1. Kleinod (Fig. 414): fünfstrahliger, von goldenem Turm überhöhter, goldbordierter, weißemaillierter, an den Spitzen mit goldenen Kugeln besetzter Stern, durch dessen Strahlen sich ein grüner Eichkranz zieht, und mit goldenem Medaillon, das im Avers, innerhalb gold-

Fig. 414.
Turm- und Schwertorden. (Kleinod.)

Fig. 415.
Turm- und Schwertorden. (Stern.)

bordierten blauen Reifens, mit der goldenen Inschrift (zu deutsch: Tapferkeit, Ergebenheit und Verdienst) einen Degen umgeben von grünem Eichenkranz; im Revers, innerhalb gleichen Reifens mit der goldenen Inschrift (zu deutsch: Für König und Gesetz), ein aufgeschlagenes Buch vorstellend, die „Charte der Monarchie“ vorstellend, enthält. — Bei den

Fig. 416.
Turm- und Schwertorden.
Kette.

Rittern ist statt Gold überall Silber. 2. Band: dunkelblau, in der Art wie beim San Thiago-Orden zu tragen. 3. Stern der Großkreuze und Komture (Fig. 415) auf der linken Brustseite: genau wie die Ordensdekoration oben, jedoch der Turm mit spitzem Dach, zwischen den Strahlen des Sterns goldene Strahlen; das Medaillon hat den

Avers der Dekoration mit dem Reif des Reverses. 4. Kette (Fig. 416): bei Feierlichkeiten (Hof- und Galatagen) die der Ritter silbern, der Offiziere golden, einfache Kettenglieder um den Hals, die Commandeurs und Großkreuze wie abgebildet, bestehend aus goldenen Türmen, Kranz und Degen und goldbordierten blauen „Bremsen“.

Orden U. L. F. zur Empfängnis von Villa Viçosa.

Gestiftet durch König Johann VI. von Portugal und Brasilien d. d. Rio-de-Janeiro, 10. September 1819, zur Ehre der Jungfrau Maria als der Patronin des Königreichs. Der Orden besteht aus: dem Großmeister, 12 wirklichen und Ehren-Großkreuzen, 40 Commandeuren, 100 Rittern und 60 Dienenden, ungerechnet die außerordentlich zu Ernennenden. Das Ehrengroßkreuz erhalten Personen von Range, das Commandeurkreuz: Edelleute von Portugal, das Ritterkreuz: Adelige oder Beamte für besondere Dienste.

Fig. 417.
Villa Viçosa-Orden.

Ordenszeichen: 1. Kleinod (Fig. 417): neunstrahliger, an goldener Krone hängender goldbordierter weißemaillierter Stern, mit goldenem Medaillon, darin die Initialen **M. A.** innerhalb goldbordierten blauen Reifens mit der goldnen Inschrift (zu deutsch: Patronin des Königreichs). Zwischen den Strahlen des Sterns befinden sich dergleichen goldene und je ein kleiner goldbordierter fünfstrahliger weißer Stern. So, in der

Größe abgestuft, bei allen Klassen. Nur die V. hat das Zeichen ganz von Silber ohne Emaille. 2. **Band:** hellblau mit weißen Bordstreifen, von den Großkreuzen über die rechte Schulter, sonst wie bei den übrigen Orden. 3. **Stern:** der Großkreuze und Commandeure (Fig. 418) wie das Ordenszeichen, doch die Krone auf die obere Sternspitze geschoben, auf der linken Brustseite zu tragen.

Fig. 418.
Villa Viçosa-Orden.
Stern.

Orden der heiligen Isabella.

Dieser Orden, gestiftet am 4. November 1801 (publiziert durch Dekret vom 17. Dezember 1801) vom Prinz-Regenten Johann VI. von Portugal auf Ansuchen seiner Gemahlin, der Prinzessin Charlotte von Spanien, empfing von Letzterer unter dem 25. April 1804 seine Statuten.

Ordenszeichen: (Fig. 419 und 420) weißemailliertes Medaillon mit dem Bilde der heiligen Isabella, purpurngekleidet, einem vor ihr knieenden grüngekleideten Bettler Almosen austeilend, Boden, Sonne, Säule golden, Balustrade braun. Den Rand der Medaille bildet ein fest umwickelter grüner Lorbeerkranz, um welchen sich noch ein breiterer Kranz von goldenen Rosen schlingt. Auf diesem liegt, unter dem Medaillon, ein goldbordiertes, dunkelblaues Spruchband mit der goldenen Inschrift: „Pauperum Solatio" (Trost der Armen); auf der weißen Rückseite der Medaille befinden sich die goldenen, von dergleichen Kranz überhöhten, Initialen der Prinzessin Charlotte, mit der Umschrift: „Real Orden de santa Isabel" (königlicher Orden der heiligen Isabella) und der Angabe des Stiftungsjahres, golden auf blau.

Fig. 419.
Orden der hl. Isabella (Damenorden).

Fig. 420.
Orden der hl. Isabella.
Revers.

Die Verbindung der Medaille mit dem Bande wird hergestellt durch zwei ineinanderfassende Ringe, an denen eine große Königskrone und unter dieser ein Engelskopf mit Flügeln hängt, aus dessen Munde wieder ein Ring hervorgeht, durch den sich das Band des erwähnten Rosenkranzes schlingt, alles von Gold. Das Ordenszeichen hängt an einem rosa und weiß vierfach gestreiften, von der rechten Schulter nach der linken Seite hin über das Kleid geschlungenen Bande. In dieser Weise wird es an den Ordensfesten, an Galatagen und bei allen öffentlichen Verrichtungen getragen, für gewöhnlich aber auf der linken Brust mit einer schmäleren Bandschleife derselben Farbe befestigt.

Abgesehen von den Damen der königlichen Familie, darf die Zahl der Mitglieder die von 26 nicht übersteigen; Damen, welche auf ihren Antrag in den Orden aufgenommen werden, müssen von Adel und 26 Jahre alt oder verheiratet sein.

Die Ordens-Damen haben der Reihenfolge nach jede Woche das „Hospital der ausgesetzten Kinder" zu besuchen, „auch die zum Spezialreglement und zu der Haushaltungsführung des Hospitals gehörenden Arbeiten, sowie die übrigen Handlungen der Milde, welche die Behandlung der Ausgesetzten erheischt, zu beaufsichtigen 2c.". Ferner ist den Ordens-Damen die Verpflichtung auferlegt, beim Tode einer von ihnen sechs Messen lesen zu lassen und eine Messe anzuhören.

Am Tage der heiligen Isabella, der Schutzherrin des Ordens, haben alle, nicht durch Abwesenheit oder Krankheit behinderten Ordens-Damen der kirchlichen Feier des Festes derselben beizuwohnen und dann die Oberherrin des Ordens in das obenerwähnte Hospital, wo an diesem Tage der Allerhöchste Hauptbesuch erfolgt, zu begleiten. Auch werden an diesem Tage und dem des heiligen Carlos die Ordens-Damen zu einem besonderen, in Form eines Ordenskapitels abzuhaltenden Allerhöchsten Handkuß versammelt.

Preußen, Königreich.

Der Hohe Orden vom Schwarzen Adler..

Gestiftet von König Friedrich I. in Preußen am Tage vor Seiner Krönung, den 17. (Statuten vom 18.) Januar 1701.

Fig. 421.
Kreuz und Band des Schwarzen Adlerordens.

Die Anzahl der inländischen Mitglieder, ausgenommen die Prinzen des Königl. Hauses, wurde auf 30 festgesetzt und sollte ohne erhebliche Ursache nicht überschritten werden*).

*) Diese Anzahl scheint nicht mehr festgehalten zu werden, war jedenfalls schon beim Regierungsantritt Sr. Majestät des Kaisers und Königs Wilhelm II. erheblich überschritten. Ich mache bei dieser Gelegenheit auf das wertvolle, wenn auch heraldisch sehr schlecht ausgestattete Buch des Grafen Stillfried über die Ritter des Schwarzen Adlerordens aufmerksam.

Personen von nicht reichsfürstlicher Geburt sollten den Orden vor Erreichung des 30. Lebensjahres nicht und erst nach nachgewiesener Abstammung von acht adeligen Ahnen erhalten, die Preußischen Prinzen dagegen mit der Offiziersuniform bei erreichtem 10. Lebensjahre. Unterm 20. Februar 1848 genehmigte König Friedrich Wilhelm IV. den Neudruck

Fig. 422.
Stern des Schwarzen Adlerordens.

der Statuten, welche zeitgemäß abgeändert sind. Hiernach ist die Ahnenprobe abgeschafft und ein Ritter nicht adeligen Standes tritt durch Verleihung des Ordens in den erblichen Adelstand ein. Die Ritter des Schwarzen Adlerordens tragen stets das Großkreuz des Roten Adlerordens (am Halse). Seit der Verleihung des Schwarzen Adlerordens durch König Friedrich III. ist der Gebrauch eingeführt, daß die geadelten Ritter, weil eben statutenmäßig das Ordensdiplom bereits den Adel verleiht, lediglich einen Wappenbrief über das ihnen von Sr. Majestät bewilligte Wappen erhalten. Der Orden wird jetzt auch an Fürstliche Damen verliehen.

Ordenszeichen: 1. Kleinod (Fig. 421 S. 351): schmal goldbordiertes dunkelblau=emailliertes Kreuz, zwischen den oberen Spitzen mit goldenem Halbkreis, durch den der

Fig. 423
Kette des Schwarzen Adlerordens.

Ring geht; im goldenen Medaillon die goldene Initiale des Stifters, in jedem Winkel ein goldbewehrter Königlich=gekrönter schwarzer Adler. 2. Stern (Fig. 422): silbern, mit orangefarbenem Medaillon, darin der Adler wie beschrieben, hier im rechten Fang einen grünen Lorbeerkranz, in dem anderen einen goldenen Donnerkeil mit Blitzen haltend, innerhalb weißemaillierten, mit der goldenen Ordensdevise und zwei goldgebundenen grünen Lorbeerzweigen belegten Reifes. Der Stern war früher gestickt, seit 1. Januar 1858 (laut Kab.-Ordre vom 25. September 1857) massiv silbern. Er darf von den Rittern, die zugleich Ritter des Englischen Hosenbandordens sind, mit dessen „garter“ an den Spitzen durchflochten werden. Stern und Kreuz werden auch in Brillanten verliehen. 3. Band (Fig. 421): orangefarben, von der linken Schulter zur rechten Hüfte zu tragen. Bei feierlichen Gelegenheiten tritt statt des Bandes die durch die Investitur besonders verliehene Hals-Kette (Fig. 423 S. 353) in Gebrauch, bestehend abwechselnd aus goldbewehrten schwarzen Adlern auf goldenen Donnerkeilen und schmal goldgesäumten blauen Reifen, außen mit vier goldnen Königskronen besteckt und mit goldbordiertem weißen Medaillon mit der goldenen Ordensdevise. Das Medaillon ist mit dem Reif verbunden durch die Initialen **F(ridericus) R(ex)**, welche acht mal im Kreise herum (das **F** viermal in Spiegelschrift) gestellt, goldbordiert und hellgrün sind.

Von der durch Statut vom 18. Januar 1701 verordneten Ordenskleidung ist nur der Ordensmantel übriggeblieben. Derselbe ist von rotem Samt, mit himmelblauem Moiré gefüttert, wird mittels goldener Quastenschnüre am Halse zusammengebunden und ist links mit dem Ordensstern versehen.

Orden pour le mérite.

1. Militärklasse.

Gestiftet von Kurprinz Friedrich, nachmaligem ersten König in Preußen, im Mai 1667 als Orden **de la générosité**. König Friedrich II. verwandelte ihn in den Orden **pour le mérite**, erteilte ihn sowohl für Militär- wie für Civildienst und durchaus nicht selten. Erst durch die Erweiterungsurkunde König Friedrich Wilhelms **III.** vom 18. Januar 1810 wurde der Orden als ein ausschließlich zur Belohnung für das im Kampfe gegen den Feind erworbene Verdienst zu verleihender bezeichnet.

Ordenszeichen: 1. Kleinod (Fig. 424): schmal goldbordiertes himmelblaues Kreuz mit goldenen ungekrönten*) Adlern in den Winkeln, der Königlich-gekrönten Chiffre F(riedrich) und der goldenen Inschrift Pour le mérite auf den Armen. Für besondere Auszeichnung werden ihm drei

Fig. 424 a. Band für einmalige kriegerische Auszeichnung.

Fig. 424 b. Band für mehrfache kriegerische Auszeichnung.

Fig. 424.

Fig. 424 d.
Krone.

Fig. 424 c.
Eichenlaub.

Kreuz &c. des Ordens pour le mérite (Militärklasse).

goldene Eichenblätter (Fig. 424c) und für 50jährigen Besitz die goldene Krone (Fig. 424 d) hinzugefügt. Laut Kabinettsordre vom 20. September 1866 ist eine besondere Ordens-

*) Warum der Preußische Adler dieses ihm zukommenden Schmuckes hier entbehrt, ist nicht zu ermitteln. Bei der Stiftung des Großkreuzes zu dem Orden (mit dem Bildnis Friedrichs des Großen) ist dieser offenbare Fehler verbessert worden.

klasse, das Großkreuz (Fig. 425) mit dem Bildnisse Friedrichs des Großen in goldenem Medaillon, gekrönten Adlern und einem goldenen, auf der linken Brust zu tragenden Stern (Fig. 426) mit blauem Reif, darin die Ordensdevise und zwei grüne goldgebundene Lorbeerzweige, gestiftet und zuerst an II. KK. HH. den Kronprinz und Prinz Friedrich Karl, dann nur noch am 9. März 1879 (zu seinem 60. Dienstjubiläum) an den Generalfeldmarschall

Fig. 425.
Kreuz des Ordens pour le mérite (Militärklasse).
Großkreuz.

Grafen v. Moltke verliehen worden, der zuletzt (auch S. Maj. Kaiser Wilhelm I. hatte ihn auf Wunsch der Prinzen angelegt) diesen Orden nur noch ganz allein trug. Band: schwarz mit zwei (Fig. 424 a) und, wenn der Orden für abermaliges Kriegsverdienst eigentlich hätte zum zweiten Male verliehen werden müssen, anstatt dessen drei (Fig. 424 b) silbernen Streifen; daran der Orden um den Hals zu tragen.

2. Klasse für Wissenschaften und Künste.

Gestiftet durch König Friedrich Wilhelm IV. d. d. Potsdam 31. Mai 1842, bei Gelegenheit des 102. Jahrestages des Regierungsantritts Friedrichs II. Der Orden wird nur solchen Männern verliehen, „die sich durch weitverbreitete

Fig. 426.
Stern zum Großkreuz des Ordens pour le mérite.
(Militärklasse.)

Anerkennung ihrer Verdienste auf obigen Gebieten einen ausgezeichneten Namen erworben haben". Die Anzahl der Ritter ist auf 30 festgesetzt; ausgeschlossen aus dieser Zahl sind die Ausländer, deren Anzahl jedoch zusammen auch nicht die Zahl 30 übersteigen darf. Laut Ordre vom 24. Januar

1846 wählt*) — ähnlich wie beim Königlich Bayerischen Maximiliansorden — die Akademie der Wissenschaften und Künste, bei jedesmaligem Tode eines Ritters, mittels absoluter Stimmenmehrheit je drei Kandidaten, die Sr. Majestät namhaft gemacht werden und von denen dann Einer bestätigt wird.

Ordenszeichen: Kleinod (Fig. 426a): sehr ähnlich dem Kettengliede des Schwarzen Adlerordens, doch die Kronen kleiner und am Rande, statt des R. eine II., alles golden. Das Medaillon golden mit dem Preußischen Adler im Relief; Umschrift und Band wie bei der Militärklasse. (Wunderbar ist, daß bei dem hohen Kunstsinn Sr. Majestät des Königs Friedrich Wilhelm IV. ein so wenig geschmackvolles Zeichen gewählt wurde. Man vergleiche damit den schönen Bayerischen Maximiliansorden.)

Fig. 426a.
Der Orden pour le mérite für Wissenschaften und Künste.

Der Rote Adlerorden.

Gestiftet durch Erbprinz Georg Wilhelm von Brandenburg-Bayreuth, als Orden „de la Sincerité“, mittels Statuts vom 17. November 1705. Organisiert und zum

*) Ob gerade dieser Modus in allen Fällen die richtigen Männer zu finden geeignet ist und nicht vielmehr gewissen Nepotismen Thür und Thor öffnet, sowie verdiente Männer, die nicht im Fahrwasser der offiziellen abstrakten Wissenschaft segeln, ausschließt, ist bereits mehrfach durch die öffentlichen Blätter ventiliert worden.

Hausorden erklärt ward er durch Georg Wilhelm 1712. Laut diesen Statuten sollten die Ordensmitglieder Fürstliche Personen, sonst aber hohe Herren von gutem Lebenswandel und Barmherzigkeit sein, die das 25. Lebensjahr zurückgelegt hätten. Das Ordenszeichen war ein unter Fürstenhut hängendes, weißemailliertes, goldbordiertes, breitendiges Kreuz, mit kleinen goldenen Verzierungen in den Winkeln und goldbordiertem weißen Medaillon, das im Avers den Brandenburgischen, mit goldenem Kurhut gekrönten, goldbewehrten roten Adler, mit dem goldbordierten Hohenzollern-Brustschild, über der goldenen Inschrift: **Toujours le même**, im Revers auf weiß die roten Initialen Georg Wilhelms verschlungen trug. Bei Hoffestlichkeiten hierzu, auf der linken Brust zu tragen, ein vielstrahliger goldener Stern, in dessen Mitte das Ordenskreuz, belegt mit dem Avers des Kreuzes und einem goldenen Reif, darin oben die rote Inschrift **Toujours le même**, unten zwei gekreuzte grüne Zweige sich befanden. Das Band des Ordens war ponceaurot mit zwei

Fig. 427.
Roter Adlerorden I. Klasse.
Kreuz.

Fig. 427 a.
Reversmedaillon des Roten Adlerordens I. Klasse.

goldenen Streifen am Rande durchwirkt. Er wurde am Halse mittels diamantverzierter Agraffe getragen. Hierzu gehörte eine Ritterkleidung, Rock und Weste amaranthfarben, mit weißem Futter, goldenen Knöpfen, ferner weißseidene Strümpfe, ein goldener Degen und ein schwarzer Hut mit dergleichen Kokarde, weißer Feder und goldener Tresse. Nach dem Tode des Markgrafen Georg Wilhelm geriet der Orden bis 1734 fast in Vergessenheit. Markgraf Georg Friedrich Carl reorganisierte ihn und gab ihm d. d. St. Georgen am See, 13. Juli 1734 neue Statuten. Er hieß fortan: „Orden des Brandenburgischen Roten Adlers". Markgraf Friedrich erweiterte ihn 1759 durch zwölf Großkreuze, die den Orden an obenbeschriebenem Bande von der rechten Schulter zur linken Hüfte trugen. Der Stern war seit 1734 silbern, mit der heutigen Ordensdevise, die Ordenskleidung wenig verändert. Unter Markgraf Friedrich Christian 1763 bis 1769 geriet der Orden abermals in Verfall, so daß Markgraf Christian Carl Alexander von Brandenburg=

Fig. 427 b.
Roter Adlerorden I. Klasse
mit der Krone, Schwertern am Ringe und Eichenlaub.

Ansbach und Bayreuth ihm d. d. Onolzbach, 23. Juni 1777, abermals neue Statuten gab und ihn „Hochfürstlich Brandenburgischer Roter Adlerorden“ benannte. Die Zahl der Ritter wurde auf 50, davon 12 Inländer, berechnet, der Orden auch nur an Wirkliche Geheime Räte, mit dem Prädikat „Excellenz“, fremde Generalleutenants und einheimische Generalmajors verliehen, ferner eine Adelsprobe verlangt. Das Kreuz des Ordens war nunmehr goldbordiert, achtspitzig, in den vier Winkeln mit goldenen Strahlen, diese belegt im Avers mit den blauen Buchstaben **A**(**lexander**) **M**(**arkgraf**) **Z**(**u**) **B**(**randenburg**), im Revers mit den auf Markgraf Friedrich bezüglichen Buchstaben. Die Medaillons und der Fürstenhut blieben. Der Orden wurde an einem handbreiten Bande in Farbe wie jetzt, von der linken Schulter zur rechten Hüfte und der Stern, der dem heutigen fast gleich, auf der linken Brustseite getragen. Als der Stifter am 2. Dezember 1791 die Fürstentümer an Preußen abtrat, ging auch der Orden an die Krone Preußen über und erhob ihn König Friedrich Wilhelm II. durch Bestätigungsurkunde vom 12. Juni 1792 zum zweiten Ritterorden des Königreichs. König Friedrich

Fig. 427 c.
Roter Adlerorden I. Klasse mit der Krone (Rückseite).

Wilhelm III. gab ihm durch Erweiterungsurkunde, wodurch die II. und III. Klasse gestiftet wurde, am 18. Januar 1810 die heutige Gestalt, nämlich: Kreuz breitendig, weißemailliert (IV. Klasse mattsilbern) mit goldenen (IV. Klasse poliertsilbernen) Rändern und dgl. weißemailliertem Medaillon, darin der rote, goldbewehrte Brandenburgische Adler,

Fig. 428.
Großkreuz und Band des Roten Adlerordens.

mit Königskrone gekrönt, mit goldenen Kleestängeln in den Flügeln und Hohenzollern-Brustschild, einen grünen Lorbeerkranz in den Fängen im Avers; im Revers der Königlich-gekrönte goldene Namenszug König Friedrich Wilhelms IV. — Großkreuz: ebenso, doch achtspitzig; im goldenen Medaillon der Namenszug König Wilhelms I. innerhalb goldbordierten dunkelblauen Reifens mit der Ordensdevise im Avers;

Revers (Fig. 428a) ganz golden; die Adler in den Ecken ohne Brustschild, mit Kurhut gekrönt. Im Stern der Adler ebenso, bewaffnet mit Zepter und Schwert, auch goldbordiertem blauen Brustschild, darin der goldene Erzkämmererzepter; der Stern selbst golden, ebenso die Kränze mit Schwert und Zepter in der Kette; die beiden andern Medaillons derselben gleich denen des Sterns und Großkreuzes, doch der Namenszug auf Weiß. Die Schwerter und das Eichenlaub stets golden. Die „Schleife" emailliert in den Farben des Ordensbandes. Letzteres weiß, mit zwei Orangestreifen, dagegen bei dem

Fig. 428a.
Reversmedaillon des Großkreuzes zum Roten Adlerorden.

Großkreuz orange mit vier weißen Bordstreifen. König Friedrich Wilhelm III. stiftete ferner am 18. Januar 1811 das „Eichenlaub" (Fig. 429 S. 366 und Fig. 433 S. 370) für I. und II. Klasse, am 18. Januar 1830 den Stern zur II. (Fig. 432 S. 369), sowie die IV. Klasse und am 22. Januar 1832 die „Schleife" (für die III. Klasse). Für Kriegsverdienst wurden durch König Friedrich Wilhelm IV. am 16. September 1848 die „Schwerter" (Fig. 433 S. 370) und am 26. Februar 1851 die (sternförmige) Form für Nichtchristen*) gestiftet.

*) Diese Maßnahme erregte, speziell in Berliner jüdischen Kreisen, große Mißstimmung, man gab Sr. Majestät zu bedenken, daß, besonders im Falle der Verleihung an jüdische Landwehroffiziere, diese Ungleichheit zu Reibereien und auch sonst zu Unzuträglichkeiten Veranlassung geben könne. Der König hat indes den Orden doch in dieser Form verliehen, bis König Wilhelm am 5. Juni 1861 bestimmte, daß nur auf besondere Ordre der Orden fernerhin in der für Nichtchristen befohlenen Form ausgegeben werden solle. In dieser Form wird er z. B. an Mohammedaner, Buddhisten ꝛc. verliehen.

König Wilhelm I. stiftete zu diesem Orden am 18. Oktober 1861 das Großkreuz (Fig. 428 S. 362) mit Stern (Fig. 429 S. 366) und Kette (Fig. 430 S. 367).

Fig. 428 b.
Großkreuz des Roten Adlerordens mit der Krone und Schwertern am Ringe.

Kaiser und König Wilhelm II. bestimmte mittels Kabinetts-ordre d. d. Neues Palais 12. Juni 1892, daß fortan alle

Klassen des Ordens für besondere Auszeichnung auch mit der Krone (Preußischen Königskrone — NB. hier mit Purpurmütze —) verliehen werden könnten.

Fig. 428 c.
Großkreuz des Roten Adlerordens mit der Krone und Eichenlaub.

Hinsichtlich des Tragens der einzelnen besonderen Abzeichen des Roten Adlerordens existieren folgende Bestimmungen:

1. Das Eichenlaub, drei goldene Blätter am Bandringe (Fig. 427b S. 360 und 428c S. 365, 431 bis 433 (S. 368—370) erhalten diejenigen Ritter der II. Klasse, die vorher die III. Klasse besessen haben, ebenso die Ritter I. Klasse, die es in diesen beiden Klassen hatten, am Reif, der das große Ordensband zusammenhält (Kab.-Ordre vom 18. Januar 1811). Erhalten Ritter

Fig. 429.
Stern zum Großkreuz des Roten Adlerordens mit Eichenlaub.

der II. Klasse des Ordens „mit Eichenlaub", die nicht mehr im Dienste stehen, die I. Klasse des Ordens, so sollen sie das Eichenlaub nur am Ringe des Kreuzes, nicht am Stern tragen (Kab.-Ordre vom 18. Juni 1825). Bei Verleihung des Sterns zum Orden II. Klasse wird, wenn die Verleihungsordre besagt: mit Eichenlaub und mit dem Stern, das Kreuz auch mit Eichenlaub verliehen (Kab.-Ordre vom

18. Januar 1830). Das Eichenlaub geht auch auf das Großkreuz über (Fig. 428c S. 365, 429 S. 366). Vergl. Ordre vom 18. Januar 1861.

2. Die Schleife, angebracht auf dem das Band haltenden Ringe, von der Farbe des Ordensbandes, wird nur verliehen an Personen, die vorher die **IV.** Klasse besaßen (Kab.-Ordre vom 22. Januar 1832). Die Schleife zum Roten Adlerorden **III.** Klasse mit Schleife und Schwertern wird bei Neuverleihungen dieser Ordensklasse aus schwarzem Bande mit weißer Einfassung getragen, dagegen wird bei nachträglicher Verleihung der Schwerter zum

Fig. 430.
Kette zum Großkreuz des Roten Adlerordens.

Orden **III.** Klasse mit der Schleife diese aus dem für die ursprüngliche Friedensklasse bestimmten weiß- und orangefarbenen Bande beibehalten (Kab.-Ordre vom 22. April 1864). Ausländer erhalten stets die **I.**, **II.** und **III.** Ordensklasse, bzw. ohne Eichenlaub und Schleife, selbst dann, wenn sie vorher die **IV.** Klasse besaßen (Kab.-Ordre vom 25. April 1840).

3. Die Schwerter (Fig. 432—434 S. 369 u. 370) werden nur für Kriegsverdienst verliehen, sind golden und gehen durch die Kreuzwinkel, resp. das Medaillon des Sterns. Bei Verleihung höherer Ordensklassen für Friedensverdienst werden sie an letzteren am Ringe (Fig. 428b u. 427b, 433 u. 434 S. 370 f.) befestigt, desgl. über dem Medaillon der

Sterne (Fig. 431 u. 432). Schleife und Eichenlaub fällt dann weg (Kab.=Ordre vom 16. September 1848). Bei erneutem Verdienst vor dem Feinde werden dem Orden mit Schwertern am Ringe auch noch die Schwerter wie bei der ersten Verleihung hinzugefügt (Ordre vom 27. Februar 1864), Fig. 432 u. 433. Bei Verleihung einer höheren Klasse für Friedensverdienst, mit Schwertern am Ringe,

Fig. 431.
Roter Adlerorden I. Klasse
mit dem Emaillebande des Kronenordens, Schwertern am Ringe (event. Eichenlaub).

wird die niedrigere Klasse, die direkt für Kriegsverdienst verliehen worden war, nebenbei weiter getragen (Ordre vom 22. April 1864). Die Schwerter gehen auch auf das Großkreuz über (Kab.=Ordre vom 18. Januar 1861). Fig. 428 b S. 364.

4. Die Jahreszahl „50" bzw. „60" für Jubilare (vergl. Fig. 437 S. 373) beim Kronenorden), für die **I.**, **II.** und **III.** Klasse wird in weißer Emaille, bei der **IV.** von Silber

auf einem goldnen Schildchen (Fig. 439 S. 375) oder auf dem Eichenlaub am Ringe, bzw. oberhalb des Medaillons des Sterns, oder auf der Schleife, hier ohne Schildchen (Kab.-Ordre vom 29. Dezember 1851) angebracht.

5. Die Brillanten werden für besondere Verdienste verliehen und zwar nur in I. und II. Klasse; der Stern ist alsdann, anstatt silbern, aus diesen Edelsteinen zusammengesetzt, bei dem der I. Klasse auch die Devise, sowie der Bord,

Fig. 432.
Stern zum Roten Adlerorden II. Klasse
mit Eichenlaub, event. Schwertern und Schwertern am Ringe.

der den Reif, bzw. den Adler, umschließt. Beim Stern der II. Klasse ist um den Devisenreif ein Reif von Diamanten angebracht, ein ebensolcher bei beiden Kreuzen um das Medaillon, auch der Ring, durch den das Band geht, damit besetzt. Ein Besitzer des Roten Adlerordens I. Klasse mit Brillanten trägt, bei Verleihung des Großkreuzes desselben Ordens, nur das Kreuz des ersteren am Halse (Kab.-Ordre vom 18. Oktober 1861).

6. Krone über dem Kreuz und über dem Stern, sowie zwei Zepter (durch Ecken, bzw. Medaillon gekreuzt) sind laut A. Kab.-Ordre vom 18. Januar 1849 nur den damaligen Ministern als besondere Auszeichnung verliehen worden.

7. Das Johanniterkreuz (Fig. 447 S. 382) ist seit 18. Oktober 1864 mehrfach bei Verleihung dieses wie des Hohenzollernschen Hausordens an Johanniter-Ritter für

Fig. 433.
Roter Adlerorden II. Klasse
mit Schwertern, Schwertern am Ringe und Eichenlaub.

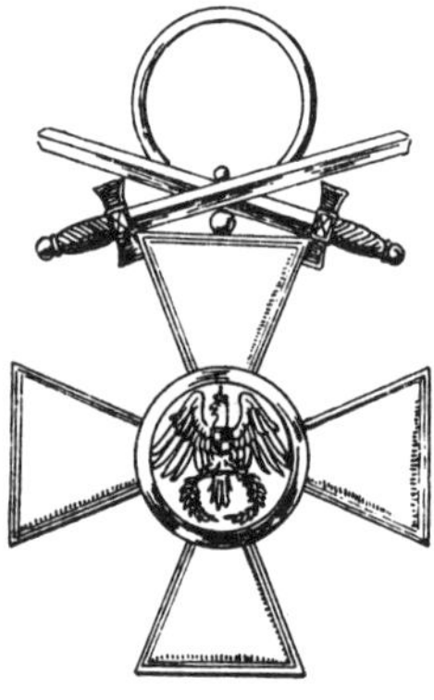

Fig. 434.
Roter Adlerorden III. Klasse
mit Schwertern am Ringe.

Pflege verwundeter und erkrankter Krieger als besondere Auszeichnung erteilt worden; es wird dann en miniature in Emaille auf dem Ordensring, der Krone, oder dem Eichenlaub angebracht.

8. Das Band des Hohenzollernschen Hausordens ist seit 14. August 1864 einige Male als besondere Auszeichnung Rittern des Roten Adlerordens anstatt des statutenmäßigen verliehen worden.

Ordenszeichen: 1. Kleinod: wie oben beschrieben die Ordenskreuze der verschiedenen Klassen. Die Großkreuze und die Ritter der I. Klasse tragen das Band handbreit über die linke Schulter zur rechten Hüfte, von der II. wird es um den Hals, von der III. und IV. an der linken Brust getragen. Bei Verleihung der Kriegsdekoration

Fig. 435.
Roter Adlerorden I. Klasse
mit dem Emaillebande des K. Kronenordens.

(den Schwertern) wird bei der ersten Verleihung des Ordens an Inländer, oder wenn ihnen die Schwerter zu der bereits innehabenden Friedensklasse verliehen werden, die Dekoration an einem schwarzen Bande mit 2 weißen Bordstreifen getragen. Dagegen erfolgt bei der Verleihung einer höheren Klasse der Kriegsdekoration eines bereits innehabenden Kriegsordens die Verleihung eines zweimal schwarz- und dreimal weißgestreiften Bandes. Werden die Schwerter am Ringe zu einer höheren Friedens-klasse verliehen, so wird der Orden an dem statuten-

Fig. 436.
Kronenorden I. Klasse mit Schwertern.

Fig. 436a.
Revers des Medaillons des Kronenordens.

mäßigen Bande getragen. Auf das Großkreuz des Roten Adlerordens und die I. Klasse dieses und des Kronenordens hat diese Bestimmung keine Anwendung. Die Schleife zum Roten Adlerorden III. Klasse mit Schleife und Schwertern am Ringe besteht bei Neuverleihungen dieser Ordensklasse aus schwarzem Bande mit weißen Bordstreifen, bleibt dagegen weiß mit orangefarbenen Streifen, wenn die Schwerter zu dieser Klasse nachträglich verliehen

Fig. 437.
Kreuz des Kronenordens I. Klasse
mit dem Emaillebande des Roten Adlerordens, Eichenlaub mit Jahreszahl 50, Schwertern am Ringe und der Jahreszahl 60.

werden. Militäroberbeamte, die für ausgezeichnete Dienste im feindlichen Feuer Schwerterorden erhalten, tragen das Band weiß, mit zwei schwarzen Bordstreifen, und den Orden ohne Schwerter, sobald sie ihn für dergleichen Dienste im Kriege, aber nicht im feindlichen Feuerbereiche erhalten.

Königlicher Kronenorden.

Gestiftet am 18. Oktober 1861 bei der Krönung Sr. Majestät des Königs Wilhelm I. in Königsberg durch Allerhöchstdenselben. Der Orden steht (laut Schr. des Chefs

Fig. 438.
Kronenorden I. Klasse mit Schwertern.

des Civilkabinetts vom 21. und 24. Novbr. 1861) dem Roten Adlerorden im Range gleich*).

Der Orden hat vier Klassen und innerhalb derselben die nämlichen Unterabzeichen (Schwerter [vergl. Fig. 434

*) Die öfters zu Tage tretende Behauptung, daß der Kronenorden minderwertig sei, wird hierdurch am besten widerlegt; Thatsache ist indes, daß die Friedensklasse des Roten Adlerordens vorzugsweise an Staatsbeamte, der Kronenorden zumeist an andere Persönlichkeiten verliehen wird.

S. 370 des Roten Adlerordens], Schwerter am Ringe [Fig. 441 S. 377 und 437 S. 373], Eichenlaub [Fig. 437 und 440 S. 376], Johanniterkreuz, Jubiläumszahlen) wie der Rote Adlerorden, hinsichtlich deren dieselben Kabinettsordres (ausgenommen die, welche die dem Kronenorden fehlende „Schleife" betrifft) wie bei erstgenanntem Orden gelten. Eine dem Kronenorden be-

Fig. 439.
Stern des Kronenordens II. Klasse
mit der Jahreszahl 50 (für Jubilare).

sonders eigene Auszeichnung ist die des Roten („Genfer") Kreuzes (weiß, dann schwarz feinbordiert); sie wird für Verdienst um die freiwillige Krankenpflege innerhalb des Kriegsschauplatzes verliehen und auf dem oberen Kreuzarm der III. und IV. Klasse des Kronenordens angebracht. Das dazu gehörige Band ist dann weiß, sechsmal schwarz gestreift und rot bordiert. Für anderweite patriotische Handlungen während eines Krieges außerhalb des Kriegsschauplatzes wird der Kronenorden III. und IV. Klasse in der gewöhnlichen Form, aber ebenfalls an diesem Bande verliehen (Kab.-Ordre vom 22. Juni 1871).

Ordenszeichen: 1. Kleinod (Fig. 436 u. 437 S. 372—373): breitendiges, eingebogenes, bei der IV. Klasse goldenes, bei den übrigen doppelt fein-goldbordiertes, weißemailliertes Kreuz,

Fig. 440.
Stern des Kronenordens I. Klasse
mit dem Emaillebande des Roten Adlerordens, Eichenlaub und der Jahreszahl 50.

mit ebensolchem Medaillon, darin die Königliche Krone innerhalb goldbordierten dunkelblauemaillierten Reifes mit der goldenen Inschrift: Gott mit uns. Der Revers (Fig. 436a S. 372) zeigt den Namenszug König Wilhelms innerhalb gleichen Reifens mit dem goldenen Stiftungstag und -Jahr. 2. Band: himmelblau, bei der I. Klasse 9 cm breit von der linken Schulter zur rechten Hüfte, bei der II. Klasse

Fig. 441.
Kronenorden II. Klasse
mit Schwertern am Ringe.

4.5 cm breit am Halse, bei der III. und IV. Klasse 3 cm breit an der linken Brust oder im Knopfloch getragen. Hinsichtlich des Bandes für die Kriegsdekoration und für Militäroberbeamte sind dieselben Bestimmungen maßgebend wie beim Roten Adlerorden (s. d.). 3. Stern der I. Klasse (Fig. 438 S. 374) achtstrahlig, silbern, der II. Klasse (Fig. 439 S. 375) vierstrahlig, silbern, beide mit dem Kreuz-Medaillonavers auf der linken Brust zu tragen. Auch der Kronenorden wird mit dem Johanniterkreuz, den Jubiläumszahlen, Schwertern bzw. Schwertern am Ringe (Fig. 441) verliehen.

Königlicher Hausorden von Hohenzollern.

Infolge des Staatsvertrages vom 7. Dezember 1849 ging, mit den Fürstentümern Hohenzollern-Hechingen und -Sigmaringen, auch der Fürstlich Hohenzollernsche Hausorden (s. Hohenzollern) in die Reihe der Königlich Preußischen Orden über und wurde laut Ordre d. d. Charlottenburg, 16. Januar 1851 von Sr. Majestät als solcher anerkannt. Die Statuten vom 23. August ejd. bestimmen, daß die Verleihung dieses Ordens „nur an solche Personen erfolgen soll, die um die Erhaltung des Glanzes und der Macht des Königlichen Hauses sich verdient gemacht und eine besondere Hingebung an die Person Sr. Majestät und das Allerhöchste

Haus an den Tag gelegt haben, sowohl durch gegenwärtiges fruchtbringendes Verdienst, aufopferndes und mannhaftes Benehmen im Kampfe gegen äußere und innere Feinde,

Fig. 442.
Kreuz des K. Hausordens von Hohenzollern.

Fig. 443.
Adler des K. Hausordens von Hohenzollern.

als auch durch Wirken für die Zukunft, zur Ermunterung und Vorbereitung der heranwachsenden und kommenden Geschlechter zu gleicher Treue und Thun". Für erstere Personen ist das Kreuz, für letztere (Prediger, Lehrer, Künstler, Männer der Wissenschaft) der Adler bestimmt*). Jede dieser Abteilungen hat drei Klassen: Großkomture, Komture und Ritter. Den drei Klassen ist durch A. E. vom

Fig. 442 a.
Revers des K. Hausordens von Hohenzollern.

*) Zur Zeit bekommen den Adler usuell nur noch Diener der Kirche und der Schule.

9. März 1861 eine vierte „das Kreuz, bzw. der Adler der Inhaber" beiden Abteilungen hinzugefügt, ferner wurden am 18. Oktober 1861 die Klassen der Großkomture und Komture in je zwei Abteilungen geteilt. Beide Abteilungen rangieren unter sich wie mit dem Roten Adler- und Kronenorden gleich, können auch nebeneinander getragen werden.

Fig. 444.
Stern der Großkomture des K. Hausordens von Hohenzollern.

Es besteht somit der Königliche Hausorden von Hohenzollern heute aus:

1. Großkomture, a) Adler oder Kreuz mit dem Stern, b) Adler oder Kreuz ohne Stern;
2. Komture, a) Adler oder Kreuz mit dem Stern, b) Adler oder Kreuz ohne Stern;
3. Ritter, Kreuz oder Adler;
4. Inhaber, Kreuz oder Adler.

Der Stern der Großkomture und Komture wird auch bei Verleihung anderer preußischer Dekorationen (selbst des Schwarzen Adlerordens) niemals abgelegt, ja der erstere kann vorkommenden Falls auch noch nach dem Schwarzen Adlerorden verliehen werden, wird jedoch auf der Brust unter demselben getragen. Als besondere Auszeichnungen werden auch bei diesem Orden: Schwerter,

Fig. 445.
Stern der Komture des K. Hausordens von Hohenzollern.

Schwerter am Ringe (Fig. 447), die Jahreszahl 50 und das Johanniterkreuz (Fig. 448) verliehen und gelten hier dieselben Bestimmungen wie beim Roten Adlerorden erwähnt.

Ordenszeichen: 1. Kleinod: A. Das Kreuz (Fig. 442 S. 378) ist sehr ähnlich wie das des Fürstlich Hohenzollernschen Hausordens, jedoch über dem Kreuze die Königskrone, auch enthält der Reif im Avers die Worte

„vom Fels zum Meer“ und das Medaillon den Königlich Preußischen Adler mit dem Hohenzollern-Brustschildchen, im Revers (Fig. 442a S. 378) den Königlich-gekrönten goldenen Namenszug F. W. R. und der Reif das Datum der Reorganisierung (den 18. Januar 1851). Sonst sind die Kreuze der Großkomture und Komture gleich groß, das der Ritter etwas kleiner, überall Silber. Das Kreuz der Inhaber hat nur das Medaillon emailliert, am Reif und Bord, Schrift und Zweige mit Silber statt Gold versehen, die Kreuzarme sind mattsilbern mit schwarzemailliertem Bordstreifen. B. Der Adler (Fig. 443 S. 378): derselbe ist schwarzemailliert goldverziert, bei Großkomturen und Komturen gleich groß, bei Rittern und Inhabern kleiner;

Fig. 446.
Kette (der Großkomture) des K. Hausordens von Hohenzollern.

bei letzteren ganz von Silber, nur der Hohenzollernschild emailliert. 2. Band: weiß, mit drei schwarzen Streifen, der mittlere etwas schmaler. Die Komture (Adler oder Kreuz) tragen dasselbe am Halse, Ritter und Inhaber an der Brust oder im Knopfloch. Hinsichtlich des Bandes der mit der Kriegsdekoration oder an Militäroberbeamte verliehenen Ordenskreuze bestehen dieselben Bestimmungen wie beim Roten Adlerorden (s. d.). 3. Stern der Großkomture (Fig. 444 S. 379) achtstrahlig und Komture (Fig. 445) sechsstrahlig, auch in der Größe verschieden, silbern, mit dem Ordenskreuz ohne die Krone belegt, auf der linken Brust zu tragen. 4. Kette (Fig. 446): an dieser tragen die Großkomture Adler bzw. Kreuz um den Hals; sie ist silbern und mit den Wappenschilden von Nürnberg*), Zollern**) und dem Erzkämmererzepter***), goldgefaßt und emailliert, versehen.

Auch der Hohenzollernsche Hausorden wird, wie die anderen, mit Schwertern, Schwertern am Ringe, dem Johanniterkreuz und den Jubiläumszahlen verliehen.

Allgemeine Bestimmungen.

Hinsichtlich des Tragens der Insignien des Roten Adlerordens I. Klasse und des Kronenordens I. Klasse bei gleichzeitigem Besitz beider Orden ist d. d. 18. Januar 1865 folgendes bestimmt: Die Sterne beider ersten Klassen werden gleichzeitig nicht mehr getragen, vielmehr der des Roten Adlerordens I. Klasse bei nachträglicher Verleihung des Kronenordens I. Klasse abgelegt und das Band des Roten Adlerordens in Email durch die Winkel des Kreuzes (Fig. 437 S. 373) und um die Spitzen des Sterns des Kronenordens (Fig. 440 S. 376) geschlungen und das Kreuz I. Klasse des Roten Adlerordens um den Hals getragen.

Fig. 447.
Kreuz des K. Hausordens v. Hohenzollern mit Schwertern, Schwertern am Ringe und dem Johanniterkreuz.

Wird dagegen der Rote Adlerorden I. Klasse nach dem Kronenorden I. Klasse verliehen, so wird um Kreuz und

*) Golden, mit rot-gekröntem schwarzen Löwen und einem weißrot gestickten Borde.

**) Weißschwarz geviert.

***) Gold in blauem Feld — sämtliche Schilde.

Stern des ersteren das blaue Emailband des Kronenordens geschlungen (Fig. 435 S. 371, bezw. 431 S. 368) und das Kreuz I. Klasse des letzteren am Halse getragen.

Das Eichenlaub geht, wenn der früher verliehene Orden es besaß, auf den neuverliehenen gleichfalls über.

War der Rote Adlerorden oder Kronenorden I. Klasse mit Schwertern verliehen, so wird bei Verleihung des höheren Ordens nur das Kreuz dieser Klasse, aber an schwarzweißem Bande, um den Hals getragen.

Bei Inländern wird in der Regel die I. Klasse des Kronenordens nur an solche Personen verliehen, die bereits den Roten Adlerorden I. Klasse besaßen.

Bei Verleihung des Großkreuzes des Roten Adlerordens oder des Schwarzen Adlerordens wird der Stern des Kronenordens abgelegt, bzw. das Kreuz desselben mit dem Emailbande des Roten Adlerordens, resp. umgekehrt um den Hals fortgetragen.

Auf der Ordensschnalle geht jeder Orden mit Schwertern dem andern (sogar der höhern Klasse) eines andern Ordens ohne Schwerter vor (s. die Bestimmungen am Schluß).

Die Rettungsmedaille am Bande.

Gestiftet durch König Friedrich Wilhelm III. am 16. August 1833 für Personen, die mit eigener Lebensgefahr das Leben ihres Nebenmenschen gerettet haben. Die Medaille ist silbern, in Größe eines Markstückes, trägt im Avers die Inschrift „für Rettung aus Gefahr", im Revers das Bild des Stifters und wird an orangefarbenem, mit zwei weißen Streifen versehenem Bande auf der linken Brust getragen.

Johanniterorden.

Durch Urkunde vom 23. Mai 1812 sprach König Friedrich Wilhelm III. die gänzliche Auflösung der Balley Brandenburg des Johanniterordens (s. diesen unter Malteserorden) aus, stiftete dagegen „zu einem ehrenvollen Andenken der aufgelösten und erloschenen Balley“ einen neuen Orden unter dem Namen „Königlich Preußischer St. Johanniterorden“. Souveräner Protektor*) ist der König von Preußen, ein Großmeister ist seit dem Tode des letzten: Prinzen Heinrich von Preußen († 12. Juli 1846) nicht mehr bestellt worden.

Adelige Geburt, um die Ritterwürde zu erlangen, ist in dieser Urkunde nicht ausgesprochen, doch ist kein Fall bekannt, daß dieser, auch als Verdienstorden gestiftete Orden wissentlich einem Nichtadeligen verliehen wäre.

Unter dem 15. Oktober 1852 richtete Se. Maj. König Friedrich Wilhelm IV. die „Balley Brandenburg“ wieder auf, gab ihr Korporationsrechte und dem Orden eine seiner ursprünglichen gemeinnützigen Bestimmung ähnliche zurück. Als Herrenmeister wurde Prinz Carl von Preußen am 14. März 1853 gewählt und am 8. August 1853 erhielt der Orden neue Statuten.

Der Orden besteht hiernach aus: 1. dem Herrenmeister, 2. den von diesem aus der Anzahl der Rechtsritter zu ernennenden Kommendatoren, 3. Rechtsrittern und 4. Ehrenrittern. Die Kommendatoren, für jede Provinz einer, führen, unter der durch die Provinzialstatuten festgestellten Mitwirkung der Provinzialkonvente, wo solche bestehen, die Aufsicht über Ordensspitäler und sonstige Stiftungen und Anstalten, ziehen die Ordensrevenüen ein, entwerfen die Provinzialetats, legen Rechnung ab über Gelder und Verwaltung, schlagen dienende Brüder und Schwestern vor, ernennen Beamte, Geistliche ꝛc. für die Spitäler, sofern die Provinzialstatuten nicht anderes vorschreiben. Aus den Kommendatoren besteht das Ordenskapitel, das jährlich am Tage Johannis des Täufers und sonst, wenn erforderlich, zusammentritt und dem der Herrenmeister präsidiert.

*) S. M. trägt als solcher das Kreuz mit unter der Krone gekreuztem goldenen Zepter und Schwert.

Die Rechtsritter müssen dem deutschen Adel angehören, evangelischer Konfession und in der Regel vier Jahre Ehrenritter gewesen sein; sie erhalten bei der Aufnahme in Sonnenburg den Ritterschlag; ihre Zahl ist unbeschränkt. Rechtsritter besonderer Verdienste können zu Ehrenkommendatoren ernannt werden.

Fig. 448.
Johanniterorden.
Kreuz der Rechtsritter.

Fig. 449.
Johanniterorden.
Kreuz der Ehrenritter.

Ehrenritter sollen nur Edelleute nach dem 30. Lebensjahre und evangelischer Konfession werden, sie erhalten den Ritterschlag nicht.

Der Orden errichtet, soweit es seine Mittel gestatten, im ganzen Lande Krankenhäuser und zweckentsprechende Anstalten, erstere vorzugsweise in kleinen Städten und auf dem platten Lande, übernimmt auch derartige Anstalten, die sich seinem Schutze anvertrauen und seinen Regeln sich unterwerfen. Jeder Ehrenritter zahlt 60 Mark jährlich, jeder Rechtsritter bei der Aufnahme ein Eintrittsgeld von 300 Mark an die Ordenskasse. Das Eintrittsgeld der Ehrenritter beträgt 1000 Mark.

Fremde Souveräne, deren Gemahlinnen und Witwen, sowie die Gemahlin des Herrenmeisters erhalten, sofern evangelischer Konfession, auf Wunsch die Insignien des Ordens, bestehend in dem Ehrenritterkreuze mit der Krone der Rechtsritterdekoration; dasselbe wird, von den Souveränen wie gewöhnlich, nebst dem leinenen Kreuze, von den Damen ohne letzteres an der linken Schulter getragen.

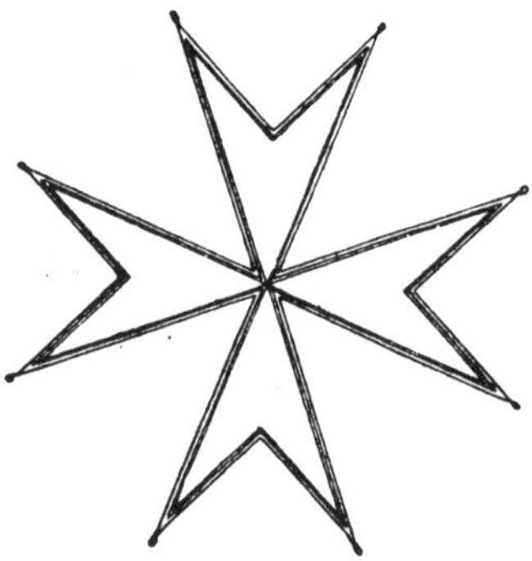

Fig. 450.
Das Johanniterkreuz (auf dem Gewande).

Die Kommendatoren legen ihr Wappen auf das Johanniterkreuz, die Rechtsritter nehmen es in den Schild auf, die Ehrenritter dürfen es nur unten an den Schild hängen.

Ordenszeichen:

1. Kleinod: weißes achtspitziges Kreuz, das vom Herrenmeister, den Kommendatoren und Rechtsrittern (Fig. 448 S. 385) — das der letzteren 1/2 mal so klein wie das der Kommendatoren und ein mal so klein wie das des Herrenmeisters — an goldener Krone und mit vier gekrönten goldenen Adlern in den Winkeln, von den Ehrenrittern (Fig. 449 S. 385) ohne Krone mit gekrönten schwarzen Adlern an schwarz-moiriertem Bande um den Hals getragen wird. Hierzu, in gleichen Größenabstufungen, das leinene weiße Kreuz ohne die Adler auf der linken Brust (Fig. 450).

Ordenskleidung: Der bei großen Feierlichkeiten getragene Mantel des Herrenmeisters ist von schwarzem Samt, mit weißem Atlas gefüttert, mit langer Schleppe und links mit großem weißseidenen Kreuz benäht; der der Kommendatoren ähnlich, jedoch nur bis zu den Sporen reichend, ist weißseiden gefüttert; der der Rechtsritter schwarzseidengefüttert, beide ebenfalls mit dem linnenen Kreuz in besagter Abstufung.

Fig. 451. Schwanenorden.

Die Uniform der Rechtsritter, die eventuell auch vom Herrenmeister und den Kommendatoren angelegt werden kann, besteht aus rotem weißgefütterten Leibrock, mit geschweiften weißen Rabatten, Kragen, Aufschlägen und Schoßbesätzen, goldenen Knöpfen mit dem Johanniterkreuz, goldenen Epaulettes mit demselben, ferner Beinkleidern von weißem Kasimir, mit breiter goldener Tresse, schwarzer Halsbinde, Sporenstiefeln, dreieckigem schwarzen Hut mit Kokarde, goldener Agraffe und Cordons und weißer Plümage. Der Degen, mit goldenem Portepée, zeigt am Griff das Ordenskreuz. Die Uniform der Ehrenritter unterscheidet sich dadurch, daß der Leibrock nur eine Reihe Knöpfe, keine Rabatten, dagegen Goldstickerei an Kragen und Aufschlägen, Beinkleider ohne Tresse, Hut ohne Plümage hat. Offiziere erscheinen bei Ordensfesten stets in ihrer Militäruniform. Im Felde tragen die Johanniterritter schwarze Interimsuniform.

Der Schwanenorden.

Gestiftet 29. September 1440 von Markgraf Kurfürst Friedrich II. zu Brandenburg, als „Gesellschaft Unserer Lieben Frauen“, mit Statut versehen am 15. August 1443. Dasselbe wurde verändert 1484 durch Kurfürst Albrecht Achilles, erneuert durch König Friedrich Wilhelm IV. am 24. Dezember 1843, „als eine freie Gesellschaft von Männern und Frauen aller Stände und Konfessionen, mit der Aufgabe, durch vereinte Kräfte physische und moralische Leiden zu lindern“. Die edle Absicht kam, da bald darauf der Sturm der Revolution durch das Land brauste, nicht zur

Fig. 452.
Mittelstück der Kette des Schwanenordens.

Ausführung. Die der Zeit entsprechend vom König umgestaltete Form des Ordenszeichens lehrt die Abbildung. Über den Orden selbst existiert eine ausführliche, im Jahre 1846 vom Freiherrn von Stillfried-Rattowitz mit vielen Kunstbeilagen herausgegebene Monographie.

Kleinod ist in Fig. 451 S. 387, Kette in Fig. 452 abgebildet. Die Herzen und der große achteckige Stein in der Kette und das Medaillon mit der Mutter Gottes sind purpurn, die Kette sonst golden, mit Brillantfüllungen, ebenso die Strahlen um das Bild. Der Schwan ist weißemailliert, das um ihn geschlungene (Hand-)Tuch golden, mit Purpursäumen, unten daran sechs goldene Kettchen je mit birnförmiger Perle.

Das eiserne Kreuz.

Gestiftet am 10. März 1813 durch König Friedrich Wilhelm **III.** von Preußen für den bevorstehenden (Befreiungs=)Krieg, in zwei Klassen, mit einem Großkreuz,

Fig. 453.
Großkreuz des Eisernen Kreuzes von 1813.
Rückseite.

erneuert für den bevorstehenden Krieg mit Frankreich durch König Wilhelm **I.**, **d. d.** Berlin, 19. Juli 1870, in denselben Klassen.

Ordenszeichen (1813): Kleinod (Fig. 453): breit=endiges, schwarzeisernes, silbernbordiertes Kreuz, auf der Vorderseite ohne Inschrift, auf der Rückseite oben der

Namenszug mit der Krone, in der Mitte drei Eichblätter, unten die Jahreszahl 1813, das Kreuz **II.** Klasse an schwarzem Bande mit zwei weißen Streifen für Erwerb vor dem Feinde, sonst weiß mit zwei schwarzen Streifen, das der **I.** Klasse auf der linken Brust, das Großkreuz noch einmal so groß am beschriebenen schwarzen Bande mit zwei weißen Streifen um den Hals. Die **II.** Klasse wurde zuerst, das Großkreuz nur für eine entscheidende Schlacht, Wegnahme einer feindlichen, oder erfolgreiche Verteidigung einer

Fig. 454.
Das Eiserne Kreuz von 1870.
Vorderseite.

eigenen Festung verliehen. Blücher erhielt hierzu noch am 7. Juli 1815 einen goldenen Stern mit dem Kreuz. Am 3. August 1841 wurden Ehrensolde für die Ehrensenioren: 12 aus dem Offizier-, 12 aus dem Unteroffizierstande des Kreuzes **I.** Klasse mit jährlichem Einkommen von 150, und 36 aus beiden Ständen der **II.** Klasse mit Einkommen von 50 Thaler jährlich gestiftet.

Das Kreuz von 1870 (Fig. 454) zeigt auf der Mitte ein von Königskrone (oben) überhöhtes **W**, unten die Jahreszahl 1870. Alles übrige blieb genau so wie bei dem von 1813.

Reihenfolge,

in welcher die Preußischen Orden, Ehrenzeichen und Denkmünzen an der Schnalle (im Knopfloch oder auf der Brust) zu tragen sind (Kab.=Ordre vom 4. Dezember 1871):

1. Eisernes Kreuz II. Klasse von 1870,
2. Ritterkreuz des Königl. Hausordens von Hohenzollern mit Schwertern, bzw. am weißen Bande,
3. Roter Adlerorden III. oder IV. Klasse, do. do.
4. Kronenorden III. oder IV. Klasse, do. do.
5. Militärverdienstkreuz,
6. Militärehrenzeichen I. Klasse,
7. Militärehrenzeichen II. Klasse,
8. Rettungsmedaille,
9. Ritterkreuz des Königl. Hausordens von Hohenzollern (ohne Schwerter, bzw. am statutenmäßigen Bande),
10. Roter Adlerorden III. oder IV. Klasse (desgl.),
11. Kronenorden III. oder IV. Klasse (desgl.),

12*).

12a. Das Allgemeine Ehrenzeichen,

13. Das 25jährige Dienstauszeichnungskreuz der Offiziere,
14. Das Fürstlich Hohenzollernsche Ehrenkreuz II. und III. Klasse mit und ohne Schwerter,
15. Düppelkreuz,
16. Alsenkreuz,
17. Kriegsdenkmünze für 1813/5,
18. Erinnerungsmedaille von 1863,
19. Kriegsdenkmünze von 1870/1,
20. Erinnerungskreuz für 1866,
21. Kriegsdenkmünze für 1864,
22. Hohenzollernsche Denkmünze,
23. Krönungsmedaille.

---

*) Hierhin dürfte das inzwischen von S. M. König Wilhelm II. lt. Allerh. Erlaß d. d. Neues Palais, 17. Juni 1890 „für Personen des Civil= und Militärstandes, die sich bereits im Besitz des ‚Allgemeinen Ehrenzeichens' befinden und sich einer weitern Auszeichnung würdig machen" gestiftete „Allgemeine Ehrenzeichen in Gold" jetzt rangieren und hinter diesem dann das Allgemeine Ehrenzeichen.

Die noch im Besitz des Eisernen Kreuzes von 1813/4/5 befindlichen Personen tragen die Kriegsdenkmünze aus jenen Jahren, sowie die Erinnerungsmedaille von 1863, unmittelbar hinter dem Eisernen Kreuze von 1870.

Damenorden:

Der Luisen-Orden.

Dieser Orden, dessen ebenso einfaches wie sinniges Zeichen an die unvergeßliche Königin, deren Namen er trägt, erinnert, wird nicht besser charakterisiert, als durch die Worte, mit denen die Stiftungsurkunde beginnt, vermittelst deren S. M. König Friedrich Wilhelm **III.** ihn am 3. August 1814 ins Leben rief. Es heißt darin wörtlich:

„Als die Männer Unserer tapferen Heere für das Vaterland bluteten, fanden sie in der pflegenden Sorgfalt der Frauen Labsal und Linderung. Glaube und Hoffnung gab den Müttern und Töchtern des Landes die Kraft, die Besorgnis um die Ihrigen, die mit dem Feinde kämpften, und den Schmerz um die Verlorenen durch ausdauernde Thätigkeit für die Sache des Vaterlandes zu stillen und ihre wesentlichen Hilfsleistungen für den großen Zweck wurden nirgends vermißt. Unmöglich ist es, diese Handlungen des stillen Verdienstes bei Allen öffentlich zu ehren, die ihr Leben damit schmückten; aber Wir finden es gerecht, Denjenigen unter ihnen eine Auszeichnung zu verleihen, deren Verdienst besonders anerkannt ist."

Die Stiftungsurkunde bestimmte ferner, daß das Abzeichen des „Luisenordens" (Fig. 455 u. 455 **a**) aus einem kleinen, schwarz-emaillierten goldenen Kreuze, mit einem himmelblau emaillierten Medaillon in der Mitte bestehen solle, dessen Vorderseite den von einem Sternenkranze umgebenen goldenen Buchstaben L (Luise) und die Rückseite die ebenfalls goldenen Jahreszahlen 1813/1814 zeigt. Dieses Kreuz wird an einer Schleife von weißem Bande (weiße, gewässerte Seide mit schwarzen Rändern), das des eisernen Kreuzes für Nichtkombattanten auf der linken Brust

Fig. 455.
Der Luisenorden von 1814.
(I. Abteilung.)

getragen. Die Verleihung sollte an weibliche Personen, ohne Rücksicht auf verheirateten oder ledigen Stand, geschehen, die aber in Preußen geboren oder in diesem Lande nationalisiert sein sollten, und deren Zahl Hundert nicht überschreiten durfte. Es wurde ein besonderes Ordenskapitel von vier Frauen, unter Vorsitz der Frau Prinzessin Wilhelm von Preußen, eingesetzt, dem die Pflicht oblag, aus allen dem preußischen Staate nach dem Jahre 1806 verbliebenen Provinzen möglichst vollständige Nachrichten über verdienstliche Handlungen des weiblichen Geschlechts einzuziehen, sie sorgfältigst zu prüfen und die Betreffenden sodann dem Könige zur Dekoration vorzuschlagen.

Fig. 455 a.
Luisenorden von 1814
(I. Abteilung). Rückseite.

Fig. 456 a.
Luisenorden von 1850.
Rückseite.

Am 15. Juli 1850 erneuerte, auf Vorschlag des Ordenskapitels, König Friedrich Wilhelm IV. den Luisenorden „auf Veranlassung des erhebenden Beispiels, welches der hingebende Patriotismus vieler Frauen und Jungfrauen in den Jahren 1848 und 1849 durch Pflege von Verwundeten und andere hochherzige Handlungen gegeben hat“, für diejenigen Frauen und Jungfrauen, die in den beiden gedachten Jahren sich um das Vaterland verdient gemacht hatten. Die bei dieser Gelegenheit verliehene Dekoration (Fig. 456 a) ist der nach der Stiftungsurkunde von 1814 vollkommen gleich, nur zeigt der Revers des Medaillons statt der Jahreszahlen 1813/1814 die Zahlen 1848/1849.

Endlich fand durch König Wilhelm, den nachmaligen deutschen Kaiser, eine abermalige Erneuerung und Ausdehnung des Luisenordens statt. Die darüber unterm 30. Oktober 1865 vollzogene Urkunde bestimmt, daß der

Fig. 456.
Der Luisenorden II. Abteilung mit der Krone.

Luisenorden künftig in zwei besonderen Abteilungen verliehen werden solle, und zwar bleiben für die erste Abteilung die Bestimmungen der Stiftungsurkunde von 1814, mit der Maßgabe bestehen, daß die darin festgestellte

Dekoration künftig im Schilde der Rückseite die Jahreszahl des Krieges tragen soll, in dem der Orden erworben wurde.

Die neu errichtete zweite Abteilung soll an Frauen und Jungfrauen verliehen werden, „die in edler Selbstverleugnung ein ehrenvolles Vorbild liefern, nicht bloß durch ausgezeichnete Verdienste um die Krankenpflege überhaupt, selbst wenn sie dieselbe zum Lebensberufe gewählt haben, sondern auch durch andere hochherzige und aufopfernd menschenfreundliche, verdienstvolle Handlungen im Kriege und in Friedenszeiten; namentlich auch an solche, die mit vollster Uneigennützigkeit und reinster Nächstenliebe durch Leistungen oder Sammlungen für Bedürfnisse der im Felde stehenden Truppen, deren Angehörigen, sowie der Hinterbliebenen der im Felde Gefallenen Hervorragendes gethan, oder bei besonderen Unglücksfällen, Notständen, bei Epidemien und anderen Landeskalamitäten sich vorzugsweise und erfolgreich ausgezeichnet und ihren patriotischen Sinn bewährt haben".

Die Dekoration dieser zweiten Abteilung (Fig. 456 S. 395) zerfällt in zwei Klassen. Die erste Klasse besteht in einem, dem bisherigen Luisenorden (der ersten Abteilung) ähnlichen emaillierten Kreuze, jedoch überall statt der goldenen Verzierungen mit solchen von Silber, und mit einer veränderten Form des Buchstaben L. Diese erste Klasse der zweiten Abteilung kann zu außerordentlicher persönlicher Auszeichnung auch mit einer goldenen oder silbernen Krone verliehen werden, womit dann eine Bevorzugung im Range verbunden ist. Die zweite Klasse besteht in einem Kreuze von Silber, mit dem Emailmedaillon des bisherigen Luisenordens, das gleichfalls das veränderte L trägt. Die Kreuze beider Klassen der zweiten Abteilung werden an einer einfachen Schleife des Bandes des Hohenzollernschen Hausordens (dreimal schwarz gestreiftes Band von weißer gewässerter Seide) getragen und zeigen im Reversmedaillon das Datum des Stiftungstages (30. Oktober 1865), im Falle der Verleihung für verdienstvolle Handlungen in Kriegszeiten aber die Jahreszahl des Krieges, in dem der Orden erworben wurde. Auch für diese Abteilung ist ein besonderes Ordenskapitel, bestehend aus gegenwärtig fünf Ordensdamen der Abteilung, eingesetzt.

Fig. 457.
Verdienstkreuz für Frauen und Jungfrauen.

Am 3. Januar 1890 haben J. M. entschieden, daß in Zukunft der Luisenorden zweiter Abteilung, Klasse I, in der Regel nur an solche Damen verliehen werden soll, welche sich bereits im Besitz der II. Klasse dieser Abteilung befinden.

Das Verdienstkreuz für Frauen und Jungfrauen.

Dieser Orden wurde gestiftet am 22. März 1871, dem 75. Geburtstage des Kaisers Wilhelm, und zwar, wie es in der Stiftungsurkunde heißt, „in Folge der vollen Anerkennung der großartigen aufopfernden Thätigkeit, welche die Frauen und Jungfrauen des gesamten Deutschlands zum Wohle der Kämpfenden und deren Angehörigen gewidmet haben, und um hervorragenden Verdiensten auf diesem segensreichen Felde durch ein gemeinsames Zeichen die Dankbarkeit des Vaterlandes zu sichern“. Das Vorschlagsrecht zu diesem Orden steht J. M. der Kaiserin zu, welche in erhabenem Vorbilde stets zum Wohle der Kranken und Verwundeten regen Eifers gewirkt hat und nie zu wirken aufhört. Die Verleihung geschieht durch den Kaiser. Ansprüche auf den Orden erwerben einesteils Verdienste um die Kranken- und Verwundeten-Pflege (im Kriege gegen Frankreich), anderenteils ausgezeichnete „anderweitige Thätigkeit für das Wohl der Kämpfenden und deren Angehörigen“.

Fig. 457 a. Verdienstkreuz für Frauen und Jungfrauen. Rückseite.

Die Ordensdekoration (Fig. 457 S. 397) besteht in einem, der Form, Gestalt und Ausschmückung nach dem Eisernen Kreuze ganz ähnlichen Kreuze aus Eisen mit Silberrand, dessen Vorderseite mit dem roten, emaillierten, silberbordierten „Genfer Kreuz“ belegt ist, und dessen Rückseite (Fig. 457 a) im obern Arme die Königliche Krone, darunter (in der Mitte des Kreuzes) die verschlungenen lateinischen Initialen des Kaisers und der Kaiserin (A und W) und im Unterarme die Jahreszahlen 1870/1871 — Alles aus Silber, — zeigt.

Das an silbernen Ringe hängende Kreuz wird auf der linken Brust an einer Schleife vom weißen Bande des eisernen Kreuzes für Nichtkombattanten getragen. Der Orden ist seit dem Deutsch-Französischen Kriege, für den er auch wohl nur bestimmt war, m. W. nicht mehr verliehen worden.

Reuß ä. L., Fürstentum.

Civil-Ehrenkreuz.

Gestiftet durch Fürst Heinrich XX., d. d. Greiz, 15. September 1858, zur Belohnung treuer und verdienter Männer im Fürstl. Hof-, Staats- und Kommunaldienst, sowie von Mit-

Fig. 458.

Fig. 458 a. (Rückseite.)

Civil-Ehrenkreuz.

gliedern der Ritter- und Landschaft und Fürstl. Unterthanen, die eine längere Reihe von Jahren im Kirchen-, Schul- oder Kommunaldienst gestanden haben. Das Ehrenzeichen hat zwei Klassen, deren erste in der Regel nur an höhere

Hofchargen, Mitglieder einer Ober=, oder Vorstände einer Unterbehörde, oder an Personen, die den Rang eines Fürstlichen Rates haben, verliehen werden soll.

Ordenszeichen: Kleinod (Fig. 458 u. 458**a** S. 399): die erste Klasse von Gold, die zweite von Silber; beide tragen innerhalb Eichenkranzes im Avers die Inschrift: „Für treue Dienste", im Revers die Namenschiffre des Stifters und zwar bei der **I.** Klasse Gold auf weißem Email, der Kranz grün, bei der **II.** ohne Emaille. Beide Klassen werden an amaranthrot=bordiertem, ultramarinblauem Bande auf der linken Brust oder im Knopfloch getragen.

Reuß j. L., Fürstentum.

Civil-Ehrenkreuz.

Gestiftet durch Fürst Heinrich **LXVII.**, **d. d.** Schloß Osterstein, 20. Oktober 1857, mit Statuten vom 1. Januar 1858. Dasselbe ist zur Belohnung treuer und verdienter Männer im Fürstlichen Hof=, Staats= und Kommunal=dienst bestimmt. Die Dienstzeit soll bei Verleihungen für gewöhnlich nicht unter 25 Jahren bemessen sein. Ausnahmsweise soll der Orden auch an Personen erteilt werden, die in inländischem Kirchen=, Schul= und Kommunaldienst stehen. Das Ehrenkreuz **I.** Klasse soll in der Regel nur an Personen in oberen Hofchargen, Mitglieder einer Ober=, oder Vorstände einer Unterbehörde, oder mit dem Prädikat eines Fürstlichen Rats, verliehen werden.

Ordenszeichen: 1. Kleinod (sehr ähnlich dem der anderen Linie): ebenfalls von Gold, oder von Silber, mit der Fürstlichen Namenschiffre und der Inschrift innerhalb Eichenkranzes. 2. Das Band ist ganz amaranthrot und wird auch dieses Ehrenzeichen wie das der älteren Linie (s. d.) getragen.

Fürstlich Reußisches (j. L.) Ehrenzeichen.

Ehrenkreuz.

Gestiftet durch Fürst Heinrich **XIV.** am 24. Mai 1869 für In- und Ausländer. Das Statut von diesem Jahre wurde **d. d.** Schloß Osterstein 23. Mai 1885 aufgehoben und dafür das nachstehende in Kraft gesetzt: Das Ehrenzeichen, das sowohl an Inländer, wie an Angehörige anderer Staaten für besonders treue Dienste und als Anerkennung ausgezeichneter Leistungen verliehen werden kann, besteht aus fünf Abstufungen, und zwar aus: 1. dem Ehrenkreuz in vier Klassen, 2. der silbernen Verdienstmedaille.

Fig. 459.
Avers.

Fig. 459 a.
Ehrenkreuz I. Klasse mit der Krone. (Revers.)

Ordenszeichen: A. Ehrenkreuz. 1. Kleinod: goldbordiertes weißemailliertes achtspitziges Kreuz, mit Strahlen von poliertem Gold in den Winkeln und einem von goldenem Reif umgebenen schwarzemaillierten Medaillon, dessen Avers (Fig. 459) das Wappen des Hauses Reuß, der Revers (Fig. 459 **a**) ein von Krone überhöhtes goldenes H(**einrich**) zeigt. Die **I.** und **II.** Klasse unterscheidet sich nur durch die Größe, doch wird erstere als besondere Auszeichnung auch mit einer Krone über dem Kreuze verliehen.

Die **III.** Klasse (Fig. 460 S. 402) hat (ausgenommen die Medaillons) statt der weißen Emaille mattes Silber, die Ränder und die Strahlen sind von poliertem Silber.

Die IV. Klasse (Fig. 461) hat keine Strahlen, die Medaillons sind von poliertem Silber (ohne Emaille). Das Wappen und der Namenszug ist golden.

Fig. 460.
Ehrenkreuz II. und III. Klasse.
Revers.

Fig. 461.
Ehrenkreuz IV. Klasse.
Revers.

Die silberne Verdienstmedaille trägt auf dem Avers innerhalb eines Eichenkranzes die Inschrift: „Für Verdienst", auf dem Revers den Namenszug H(einrich). Sämtliche Kreuze und die Medaille werden an amaranthrotem Bande, die I. Klasse um den Hals, alle übrigen an dgl. schmälerem auf der linken Brust, bzw. im Knopfloch getragen.

Rumänien, Königreich.

Orden der Krone von Rumänien.

Gestiftet durch Gesetz vom 14. März (Statut 10. Mai) 1881 durch König Carol in fünf Klassen: Großkreuze (25), Großoffiziere (80), Commandeure (150), Offiziere (300) und Ritter in unbeschränkter Anzahl.

Kleinod (Fig. 462 und 463): dunkelrot-emailliertes, achtspitziges Kreuz, mit goldbordiertem weißen Rande, in den Winkeln mit der Königl. goldenen Namenschiffre in Spiegelschrift. Im Medaillon die silberne Königl. Krone auf dunkelrotem Grunde und um dies Medaillon auf gold-

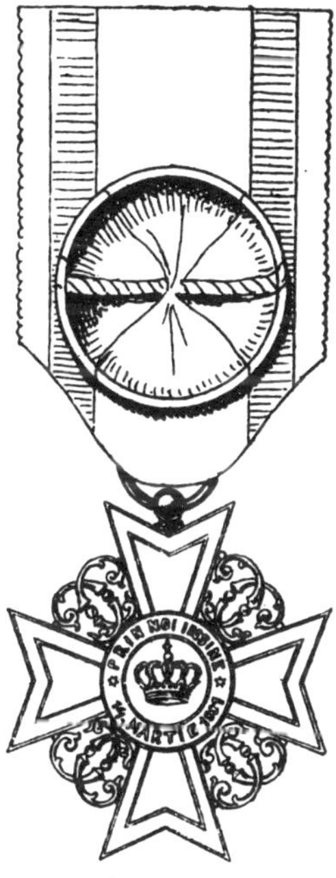

Fig. 462. Fig. 463.

Orden der Krone von Rumänien.

Ritterkreuz (Rückseite). Offizierkreuz.

bordiertem weißen Reif die Inschrift (zu deutsch): „Durch uns selbst" und der Stiftungstag: 14. März 1881. Der Revers hat im Medaillon den Tag des Statuts und im Reif die Jahreszahlen 1866, 1877, 1881 (als die drei wichtigsten in der Geschichte Rumäniens) golden auf dunkelrotem, bzw. weißem Grunde. **Band**: hellblau mit zwei silbernen Streifen.

Die Ritter tragen das Ordenszeichen auf der linken Brust, in einer Größe von 40 **mm**, zwischen den Kreuzarmen der Königliche Namenszug in Silber (hier der Revers, Fig. 462 S. 403), die Offiziere (Fig. 463 S. 403) haben dasselbe Kreuz, der Namenszug und die Chiffre golden und auf dem Bande eine Rosette.

Fig. 464.
Orden der Krone von Rumänien.
Stern der Großoffiziere.

Die Commandeure tragen es an einem Bande von 60 **mm** Breite um den Hals, mit der Chiffre ebenfalls in Gold.

Die Großoffiziere ebenso; dazu auf der linken Brust einen silbernen Stern (Fig. 464) in Größe von 85 **mm** Durchmesser, in dessen silberner Mitte die weiße Königskrone, umgeben von dem Reif des Averses des Kreuzes.

Die Großkreuze tragen es in einer Größe von 70 mm Durchmesser von der rechten Schulter zur linken Hüfte und auf der Brust einen achtstrahligen silbernen Stern von 90 mm Durchmesser, belegt mit dem Ordenskreuz (Fig. 465).

Fig. 465.
Orden der Krone von Rumänien.
Stern der Großkreuze.

Um höhere Klassen des Ordens zu erhalten, ist es nötig, bzw. drei Jahre Ritter, zwei Jahre Offizier, drei Jahre Commandeur, fünf Jahre Großoffizier gewesen zu sein, doch können im Kriege und aus besonderen Veranlassungen Ausnahmen gemacht werden.

Orden des Sterns von Rumänien.

Gestiftet durch Gesetz vom 10./22. Mai 1877, abgeändert hinsichtlich des Artikels 4 (Anzahl der Ordensmitglieder) durch Gesetz vom 17./29. April 1880. Der Orden ist bestimmt zur Belohnung der dem rumänischen Staate geleisteten Civil- und Militärdienste. Der Orden besteht aus 1000 Mitgliedern und zwar Großkreuzen (20), Großoffizieren (60), Komturen (120), Offizieren (300) und Rittern (500), in welche Zahl jedoch, laut obigen Gesetzes, die auf dem Schlachtfelde oder während des Feldzuges Ernannten nicht eingerechnet sind, ebensowenig Ausländer.

Vor allen Rittern und Offizieren des Ordens wird das Gewehr angefaßt, vor den höheren Graden präsentiert. Die höheren Grade werden erst verliehen, nachdem die niederen erreicht waren; ausgenommen bei schweren Verwundungen und verdienstvollen Handlungen.

Die Unteroffiziere, die den Orden besitzen, erhalten 240, die Korporale 180, die Soldaten 144 Francs Jahrespension.

In Friedenszeiten muß man, um in den Orden aufgenommen zu werden, 18 Jahre hindurch mit Auszeichnung im Civil oder Militär gedient haben.

Um höhere Grade zu erlangen, ist es nötig, bzw. drei Jahre im Ritter-, zwei Jahr im Offizier-, drei Jahre im Commandeur-, fünf Jahre im Großoffizier-Grade gewesen zu sein. Jedes Feldzugsjahr zählt doppelt, auch können außerordentliche Dienste in Civil-, oder Militär-Ämtern in Friedens-, wie in Kriegszeiten, sowie in den Wissenschaften, den Künsten, und in sonstigen Zweigen, von den Bedingungen über Aufnahme und Aufrücken im Orden entbinden.

Die Großkreuze stehen den Divisions-, die Großoffiziere den Brigade-Generalen, die Commandeurs den Obersten, die Offiziere den Kapitäns, die Ritter den Lieutenants und Unterlieutenants im Range gleich.

Ordenszeichen: 1. Kleinod (Fig. 466): goldbordiertes, dunkelblau-emailliertes sogenanntes Wiederkreuz, im Durchmesser von 40 mm für Offiziere, von 60 mm für Commandeure und Großoffiziere und 70 mm für Großkreuze; über

Fig. 466.
Orden des Sterns von Rumänien.
Ritterkreuz (Revers).

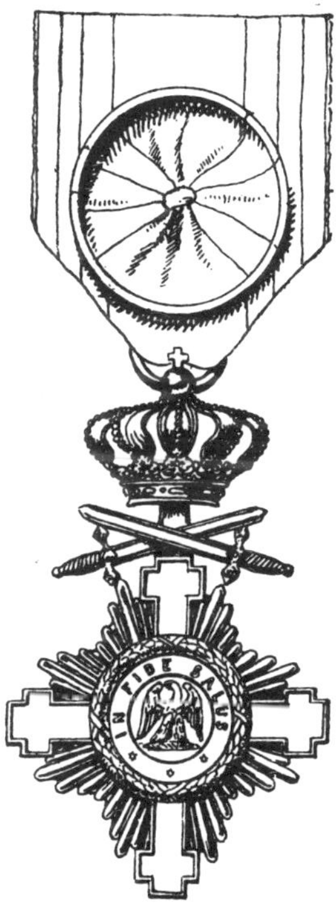

Fig. 467.
Orden des Sterns von Rumänien
für Kriegsverdienst (Offizierkreuz).

dem Kreuze eine goldene Königskrone, in den Ecken goldene Strahlen. Für Kriegsverdienst (Fig. 467) sind unter der Krone zwei goldene Schwerter gekreuzt. Bei den Rittern ist statt Gold überall Silber angewandt. Für alle Klassen hat das Ordenskreuz ein rotes Medaillon, in dessen Revers die goldene Initiale des Stifters C(arol) I., überhöht von Königskrone, innerhalb mit goldenen Bändern viermal kreuzweis gebundenen grünen Eichkranzes, im Avers ein auf goldenem Donnerkeil sitzender goldener Adler, dieser umgeben von goldbordiertem roten Reifen, worin die

Fig. 468.
Orden des Sterns von Rumänien.
Stern der Großkreuze und Großoffiziere.

goldene Inschrift: **In Fide salus** (in der Treue ist das Heil) erscheint. 2. Band: rot, mit je zwei dunkelblauen Bordstreifen, von den Rittern und Offizieren (Fig. 466, 467 S. 407) — von letzteren mit einer Bandrosette auf dem Bande — auf der linken Brust, von den Commandeuren und Großoffizieren an breiterem Bande um den Hals, von den Großkreuzen von der rechten Schulter zur linken Hüfte getragen. 3. Stern (der Großkreuze von 95 und der Großoffiziere von 90 mm Durchmesser, auf der linken Brust zu tragen), silbern, belegt mit dem Ordenskreuz ohne Krone (Fig. 468). Für Kriegsverdienst hat auch der Stern und zwar durch die Ecken des Kreuzes zwei gekreuzte goldene Schwerter (Fig. 469).

Fig. 469.
Orden des Sterns von Rumänien.
Stern der Großkreuze und Großoffiziere (für Kriegsverdienst).

Medaille bene merenti (Fig. 470 u. 470a S. 410).

Gestiftet zur Belohnung für Verdienste um Kunst und Wissenschaft von König Karl I. im Jahre 1876, in zwei Klassen, Gold oder Silber. Dieselbe zeigt auf dem Avers die Inschrift: **bene merenti** innerhalb Eichenkranzes, der Revers das Bild des Stifters mit Umschrift, wie abgebildet. Band: ponceaurot, mit zwei silbernen Bordstreifen.

Erinnerungskreuz für Damen
für im Kriege 1877/78 geleistete Dienste um Verwundete und Kranke.

Fig. 470 a.
Medaille bene merenti.
Rückseite.

Fig. 470.
Medaille bene merenti.

Fig. 471 a.
Gedenkkreuz fur Damen.
Rückseite.

Dasselbe besteht aus Bronze, ist goldbordiert, in Form des Wiederkreuzes und enthält im Aversmedaillon den gekrönten Namenszug Ihrer Majestät: ein doppeltes

E(lisabeth), Fig. 471, im Revers die Jahreszahl 1877/78, und als Umschrift: **Alinare si mangare**, alles (auch der Rand des Medaillons) in vergoldetem Relief (Fig. 471 **a**). Das

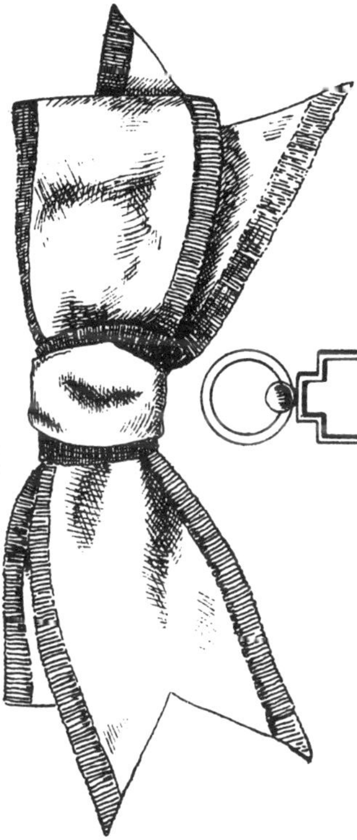

Fig. 471b.

Fig. 471.
Gedenkkreuz für Damen an den Krieg 1877/8.

Zeichen wird an hellblauem, am Rande mit Silber durchwirktem Bande (Fig. 471b) an der linken Schulter getragen.

Rußland, Kaiserthum.

St. Andreasorden.

Gestiftet 30. November (11. Dezember) 1698 durch Zar Peter Alexjewitsch, nachmal. Kaiser Peter I., für Tapferkeit im Türkenkriege und Verdienste bei Bekämpfung der empörten Strelitzen. Der Orden hat nur eine Klasse. Die Statuten von 1720 geben den Rittern Generallieutenantsrang und verleihen ihnen zugleich den Alexander Newsky-, St. Annenorden und weißen Adlerorden. Die Ritter müssen mindestens Funktionen der III. Beamtenklasse haben.

Fig. 472.
Andreasorden mit Schwertern.

Ordenszeichen (so laut Ukasen vom 17. Juni 1855 und 25. März 1856 festgestellt, während die Schwerter für Kriegsverdienst (Fig. 472) unterm 23. Juli (5. August) 1855 gestiftet sind):

1. Kleinod: blaues, goldbordiertes, mit dem aufgenagelten St. Andreas (Heiligenschein golden, Hüftschurz weiß) und den goldenen Buchstaben: S(anctus) A(ndreas) P(atronus) R(ussiae) belegtes Andreaskreuz, liegend auf dem Kaiserlich Russischen goldbewehrten, mit dreifacher

rotgefütterter Kaiserkrone (mit goldbordierter blauer Stola) gekrönten schwarzen Doppeladler, dem in der Abbildung die obenerwähnte Kriegsdekoration beigefügt ist. Die Kehrseite zeigt den Rücken des Adlers mit einem Emailband, darauf die Worte (zu deutsch: Für Glaube und Treue). 2. Band: himmelblau, von der rechten Schulter zur linken Hüfte. 3. Stern (Fig. 473): silbern, mit goldenem

Fig. 473.
Andreasorden.
Stern.

Medaillon, darin der Russische Adler, mit Donnerkeil in den Fängen und Andreaskreuzchen auf der Brust, umgeben von silberbordiertem blauen Reif, darin die goldenen Worte wie oben. 4. Die Kette (Fig. 474 S. 414), an der bei feierlichen Gelegenheiten das obenbeschriebene Kleinod hängt, besteht aus drei verschiedenen Gliedern: dem Adler, dem strahlenumgebenen Andreaskreuz und dem Namenszuge Kaiser Pauls I.

Fig. 474. Andreasorden (Kette).

a) Der Adler, wie oben, mit Zepter, Reichsapfel und goldbordiertem roten Brustschild, darin das Wappen des Großfürstentums Moskau: der den grünen Drachen mit goldener Lanze erstechende gekrönte, von Heiligenschein umgebene, mit blauem Mantel versehene, auf einem Schimmel sitzende silberngeharnischte Märtyrer St. Georg in rotem Felde.

b) Das Andreaskreuz, ohne den Heiligen und die Buchstaben, die aber in seinen Winkeln, innerhalb des goldbordierten roten, von abwechselnd roten und goldenen (mit goldenen Kugeln besetzten) Strahlen umgebenen Medaillons stehen.

c) Der goldene Namenszug Kaiser Pauls I. in goldbordiertem blauen, mit der Kaiserkrone gekrönten, von grün und weiß gestreiften Fahnen und goldenen Waffen umgebenen Medaillon.

Mit Brillanten verziert ist der Orden eine ganz außerordentliche und ehrenvolle Verleihung für ausgezeichnete Verdienste.

Das Ordenskostüm besteht in langem grünen, mit weißem Taffet gefütterten und mit silbernen Aufschlägen, Schnüren und Bandelieren versehenen Samtmantel, weißer Oberweste, schwarzem Samthut mit roter Feder und auf dem Hutbande ein St. Andreaskreuz.

Der Katharinenorden.

Dieser hohe russische Damenorden, der seinen Rang unmittelbar hinter dem höchsten, dem Andreasorden, einnimmt, der „Orden der heiligen Märtyrin Katharina", hieß ehemals Orden der Befreiung, weil ihn Peter der Große, zu Ehren und zum Andenken seiner tapfern Gemahlin, der Kaiserin Katharina Alexjewna, für den im Jahre 1711 bewiesenen Mut in der Schlacht gegen die Türken am Pruth, sowie für seine eigene Befreiung aus der Gefangenschaft stiftete. Am 24. November 1714, dem Namenstage der Kaiserin, heftete der Kaiser in St. Petersburg seiner, sowie der ganzen russischen Armee Befreierin zum ersten Male diesen Orden an. Während der Regierungszeit Peters des Großen hat diesen hohen Orden niemand weiter erhalten; später wurden seitens der Kaiserin Katharina und ihrer Nachfolger mehrfache Verleihungen vorgenommen.

Aus den im Jahre 1713 zu St. Petersburg gedruckten Ordensstatuten entnehmen wir folgende ursprüngliche Hauptbestimmungen:

Der Orden besteht aus einer Großmeisterin als Oberhaupt und so viel Damen des „großen Kreuzes", wie Prinzessinnen von kaiserlichem Blute vorhanden sind, zwölf anderen Damen des „großen Kreuzes" und vierundneunzig „Ritterdamen", alle adeliger Geburt.

Die Pflichten jeder mit dem Kreuze beliehenen Dame sind: „täglich Gott für die Befreiung des Kaisers zu danken; täglich Gott um Gesundheit, langes Leben, Waffenglück für ihn und das Kaiserhaus zu bitten; jeden Sonntag dreimal das Vaterunser zu Ehren der heiligen Dreieinigkeit herzusagen; sich zu bemühen, so viel es geht, Ungläubige durch tugendhafte Mittel und Ermahnungen, aber nicht durch Drohung oder Zwang dem christlichen Glauben zuzuführen; schließlich einen Christen mit eigenen Mitteln aus grausamer Sklaverei loszukaufen". Jede dekorierte Dame hat durch einen Eid auf das Evangelium, in Gegenwart der Oberherrin und sämtlicher am Hofe zur Zeit vorhandener Ordensdamen, sowie eines die geistlichen Ceremonien leitenden Priesters, das feierliche Versprechen zu leisten, dem russischen Zaren treu zu sein und niemals ein Vorhaben gegen seine Person oder seine unumschränkte Gewalt zu planen. Auswärtige Damen können den Eid vor besonders dazu bestimmten Personen ableisten. Damen von noch nicht sechzehn Jahren werden bis zu diesem Alter vom Eide entbunden.

Die Würde der Großmeisterin des Ordens ist der Kaiserin vorbehalten; alle Prinzessinnen von kaiserlichem Blute gehören von ihrer Geburt, ohne besondere Ernennung, dem Orden an. Sämtliche Ernennungen, ebenso wie etwaige Entfernungen aus dem Orden, stehen lediglich der Großmeisterin zu.

Ordenszeichen (nach dem Statut von 1713): goldenes, mit Brillanten verziertes, breitendiges sogenanntes Grabkreuz, mit ovalem, purpurnem, brillantenbordiertem Medaillon. Dieses zeigt ein weißemailliertes, in der oberen rechten Ecke von rundem goldnen purpurnen Medaillon, worin der Buchstabe **R**, begleitetes Ankerkreuz; gehalten wird letzteres von der heiligen Märtyrin Katharina, mit Krone, Glorie und Hermelinmantel, in der linken Hand einen Palmzweig; hinter ihr erscheint ihr Märtyrerrad, als Symbol der Reinheit, welches zu erkennen giebt, daß eine jede Dame, die den Orden trägt, eher sterben, als ihr Gelübde brechen will. Auf der Mitte des Kreuzes liegt ein anderes kleines Kreuz, mit Strahlen verziert (jetzt aus Brillanten bestehend), welches, nach Kap. 49 des Propheten Jesaias, das Licht des Evangeliums bedeutet.

Zwischen den Spitzen dieses Kreuzes sind die vier Buchstaben: **D. S. F. R. (Domine salvum fac regem)**, die zu Anfang des 19. Psalmes stehenden Worte: Gott schütze den (König) Kaiser, angebracht. Die Kehrseite des Ordenszeichens zeigt ein Nest voll junger Adler auf der Höhe eines alten Turmes, an dessen Fuß zwei alte Adler mit

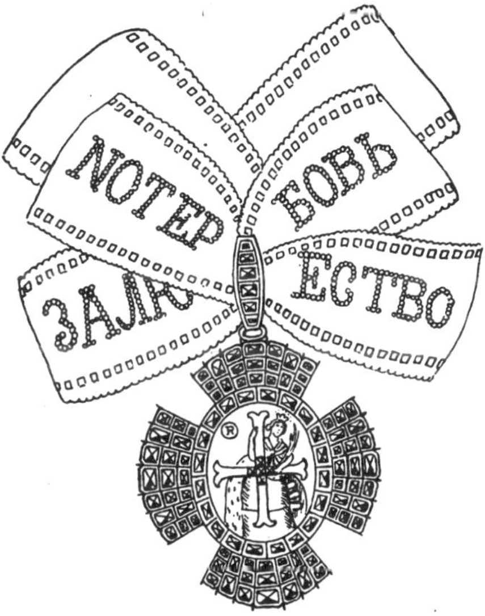

Fig. 475.
Katharinenorden I. Klasse (Damenorden).

den Schnäbeln Schlangen gepackt haben. Über diesem Bilde stehen die Worte: **Aequant munia comparis** (zu deutsch: kollegialische Pflichten machen gleich). Jede „Ritterdame" trug dieses Kreuz auf der linken Seite an einem weißen Bande befestigt, auf welchem mit silbernen Buchstaben die Worte (zu deutsch: Für Liebe und Vaterland) eingestickt sind.

Durch Manifest des Kaisers Paul I. vom 5. April 1797 wurden die Paragraphen der Statuten, welche die Ordensdekoration betreffen, in folgender Weise verändert:

Das Großkreuz, ganz aus Brillanten bestehend (Fig. 475 S. 417), wird an einer dreifachen Schleife getragen. Das Ordenszeichen blieb im übrigen dasselbe, doch wurde die Farbe des Bandes in hochrot, mit silberner Borte, ver-

Fig. 476.
Katharinenorden II. Klasse (Damenorden).

ändert. Der auf der linken Seite zu tragende Stern (Fig. 477) ist von fascettiertem Silber (zuerst gestickt, später geprägt) und zeigt in einem runden purpurnen Medaillon, das durch eine Einfassung von aneinandergereihten Silberovalen von der Ordensdevise (in goldenen Buchstaben auf purpurnem Reif) getrennt ist, ein silbernes, mit Kreuz geziertes altertümliches Diadem im roten Felde; über dem Rande des Bordes, denselben durchbrechend, erscheint die russische Kaiserkrone in Silberfascetten.

Das Ordenszeichen der II. Klasse (Fig. 476) ist das gleiche Kreuz, wie das der ersten; die Arme des Kreuzes bestehen abwechselnd aus goldenen und Brillantstreifen; auch ist es mit kleineren Diamanten verziert, es wird an einer nur zweifachen Schleife von demselben Bande, wie das I. Klasse, auf der linken Seite des Kleides getragen.

Fig. 477.
Katharinenorden (Damenorden).
Stern der I. Klasse.

Das Ordenszeichen der I. Klasse ist übrigens erst infolge einer Verfügung des Kaisers Alexander II. vom 20. Oktober 1855 mit Brillanten, das der II. Klasse mit Diamanten verziert zu verleihen.

Zu den Dekorationen gehört noch ein Hut von grünem Samt, der bei der Kaiserin am Rande mit großen Diamanten versehen, bei den übrigen Damen mit Silber gestickt ist. Die Kaiserin trägt hierzu noch einen hermelingefütterten grünen Samtmantel.

Das Großkreuz können, außer den kaiserlichen Prinzessinnen, nur zwölf Damen vom höchsten Adel erhalten. In die zweite

Klasse können auch Fremde von hohem Range aufgenommen werden; doch besteht sie gewöhnlich nur aus Hofdamen der Kaiserin, im Ganzen aus vierundneunzig adeligen Mitgliedern. Das Amt der „Ordensdiakonissin" kommt der höchstgestellten Person der kaiserlichen Familie zu, gewöhnlich der Kaiserin, wenn nicht die Kaiserin-Witwe sich noch im Besitz der Großmeisterinstelle befindet.

Jede Ordensdame ist, laut Ukas vom 20. November 1797 befugt, je einen Zögling adeliger Abkunft in der sogenannten „Katharinenanstalt", einem Erziehungsinstitute adeliger junger Damen, das früher mit jährlich etwa viertausend Rubeln dotiert war, unterzubringen. Diese Erziehungsanstalt wurde von Kaiser Paul I. am 27. Oktober 1797 den Ordensdamen speziell anvertraut; sie sollten auf gute Zucht und Sitte innerhalb derselben halten und dafür sorgen, daß die für diese Kinder vorgeschriebenen Beschäftigungen zu deren wahrem Wohle gereichten. Im Jahre 1798 hatte die Schule des Ordens bereits eine so große Ausdehnung gewonnen, daß die ursprüngliche Unterhaltungssumme bei weitem nicht mehr ausreichte und Ersterer vom Kaiser laut Ukas vom 4. Oktober 1798 ein jährliches Einkommen von achttausend Rubeln aus den Commenden aller russischen Orden ausgesetzt wurde. Am 26. Januar 1841 genehmigte Kaiser Nikolaus I., auf Vorschlag des Ordenskapitels, verschiedene Abänderungen für die Schulen des Ordens der heiligen Katharina zu St. Petersburg und Moskau, die auch den Töchtern der Ritter des St. Georgsordens, der beiden letzten Klassen des Wladimirordens und der drei letzten Klassen des St. Annenordens inzwischen eröffnet worden waren. Am 20. August 1845 bezeichnete der Kaiser die Kirche der St. Katharinenschule als die des Ordens, und durch Ukas vom 15. Juli 1854 wurden, wie für alle übrigen russischen Orden, so auch für den Katharinenorden, alle bisher gestickten Sterne durch in Silber geprägte ersetzt.

St. Alexander-Newskyorden.

Gestiftet durch Kaiserin Katharina I. am 21. Mai 1725, zur Belohnung des Verdienstes für das Vaterland und zur Ehre des Fürsten Alexander Jaroslawitsch († 1263), des Besiegers der Deutschen Ritter, Finnen, Tschuden und der Schweden (1240 an der Newa, daher „Newsky“), sowie bei Anlaß der Vermählung ihrer Tochter, der Großfürstin Anna Petrowna, mit dem Herzoge Carl Friedrich von Schleswig-Holstein. Der Orden, der ein Statut nicht besitzt, hat nur eine Klasse und wird an niemand verliehen, der nicht mindestens Generalmajorsrang hat.

Ordensfest: 30. August (10. September) jeden Jahres.

Fig. 478.
Alexander Newsky-Orden mit Schwertern.

Ordenszeichen (seit 5. August 1855 für Waffenthaten vor dem Feinde auch mit Schwertern verliehen, wie [Fig. 478] abgebildet): 1. Kleinod: breitendiges, goldgesäumtes, dunkelrot emailliertes Kreuz, in jedem Winkel ein goldener Russischer Reichsadler. Im Medaillon, innerhalb goldgesäumten geperlten Randes, St. Andreas Newsky in einer waldigen Gegend, geharnischt, mit rotem Helmbusch und Mantel, auf Schimmel, mit goldbordierter roter Schabracke. Aus dem Oberrande geht die segnende Hand Gottes hervor. Der Revers zeigt auf Weiß die gekrönte Chiffre des Heiligen. 2. Band: dunkelrot, von der linken Schulter zur rechten Hüfte getragen. 3. Stern (Fig. 479 S. 422), auf der linken Brust zu tragen; achtstrahlig, silbern, mit der goldenen Namenschiffre, innerhalb dunkelroten, mit der goldenen Devise (zu deutsch: Für Arbeit und das Vaterland) versehenen Reifs.

Das Ordenshabit besteht aus einem langen roten Samtmantel, gefüttert mit weißem Taffet, mit Silberstoff-

Fig. 479.
Alexander Newsky-Orden.
Stern.

kragen. Auf der linken Mantelseite befindet sich der Stern gestickt. Die Strümpfe sind rot. Die Weste ist die silbergazene der Andreasritter. Der an der linken Seite aufgeschlagene schwarze Samthut, mit weiß und roten Federn, hat am Aufschlag ein rotes Andreaskreuz.

Orden vom Weißen Adler.

Gestiftet 1713 durch August II., König von Polen, ging durch die Teilung Polens an Rußland über und wurde laut Ukas vom 25. Dezember 1831 zu einem Kaiserlich Königlichen Orden erhoben. Der Orden hat nur eine Klasse.

Ordenszeichen (seit den Ukasen vom 17. Juni 1855 und 25. März 1856 in dieser Form und seit 5. August 1855 auch mit Schwertern wegen Tapferkeit vor dem Feinde verliehen), wie (Fig. 480) abgebildet, verliehen. 1. Kleinod: der Russische Adler ganz wie beim St. Andreasorden, belegt

Fig. 480.
Weißer Adlerorden
mit Schwertern.

mit dem einem goldenen Strahlenstern auferlegten achtspitzigen roten, mit goldenen Kugeln an den Spitzen und goldgesäumtem weißen Borde versehenen und von dem Königlich-gekrönten goldbewehrten weißen Polnischen Adler überdeckten Kreuze. 2. Band: dunkelblau, von der rechten Schulter zur linken Hüfte getragen. 3. Stern (Fig. 481 S. 424): auf der linken Brust, golden, achtstrahlig, mit goldbordiertem blauen Reif (Inschrift golden), innerhalb dessen ein mit geflammten silbernen Strahlen in den Winkeln versehenes weißes breitendiges Kreuz, mit goldgesäumtem roten Bord und roter Rose in der Mitte.

Fig. 481.
Weißer Adlerorden.
Stern.

St. Georgenorden

(auch „militärischer Orden von Georg“ und „Wojjenny-orden“ genannt).

Gestiftet von Kaiserin Katharina II. am 26. November (7. Dezember) 1769 für militärisches Verdienst zu Lande und zu Wasser. Der Orden bestand bis zum Jahre 1807 aus vier Klassen, denen 1807 durch Kaiser Alexander I. noch eine fünfte, das Georgenkreuz, hinzugefügt wurde. Ordensfest ist am Stiftungstage. Um Anspruch auf den Orden selbst zu erhalten, muß man ein feindliches Schiff, eine Batterie oder Vorposten erobert, sich mit ungewöhnlicher Tapferkeit verteidigt, durch mutiges und kluges Kommando den Sieg errungen, oder dazu beigetragen haben, zu einem gefährlichen Unternehmen, das man vollendet, sich von selbst erboten, zuerst Sturm gelaufen oder endlich bei einer Truppenlandung als Erster den Fuß auf feindliches Gebiet gesetzt haben. Um die erste Klasse zu erhalten, muß man, als Oberbefehlshaber, eine große Schlacht gewonnen, 25 wirk-

Fig. 482.
St. Georgen-Orden.
Kreuz I. Klasse.

liche Dienstjahre in Kriegs- oder Friedenszeiten vollendet, oder 20 Land-, oder 18 Seecampagnen mitgemacht haben. Die **I.** und **II.** Klasse werden lediglich vom Kaiser, die **IV.** und **V.** auch von Generalen **en chef** verliehen. Die Mitglieder der beiden ersten Klassen haben Generalmajors-, die der **III.** und **IV.** Oberstenrang. Der Orden **IV.** Klasse, auf dem Schlachtfelde erworben, wird bei Erlangung höherer Ordensgrade nicht abgelegt.

Ordenszeichen (darf niemals verändert, mit Brillanten vergeben oder, da ohnehin schon der Orden lediglich Kriegsorden, mit Schwertern verliehen werden): 1. Kleinod (Fig. 482 S. 425): breitendiges, goldbordiertes, weißemailliertes, in den Klassen nach der Größe abgestuftes Kreuz, mit goldbordiertem rötlichen Medaillon, darin St. Georg, den schwarzen Drachen erstechend, auf Schimmel. Harnisch und Helm ist stahlblau, Federn, Mantel, Kleid und Schabracke

Fig. 483.
St. Georgen-Orden.
Stern.

rot. Revers: Namenszug des Heiligen wie im Stern, aber schwarz. Das Georgskreuz ist silbern, respektive golden ohne Emaille, sonst wie der Orden. 2. Stern (Fig. 483): vierstrahlig, golden, mit goldbordiertem blauen Reif, darin die goldene Inschrift (zu deutsch: Für Militärverdienst und Tapferkeit), innerhalb dessen auf Rot die goldene Initiale des Heiligen, wird von Großkreuzen (I. Klasse) und II. Klasse auf der linken Brust getragen. 3. Band: orangefarben, mit drei schwarzen Streifen, von der **I.** Klasse über die rechte Schulter zur linken Hüfte, von der **II.** und **III.** um den Hals, von der **IV.** im (linken) Knopfloch zu tragen.

St. Wladimirorden.

Gestiftet durch Kaiserin Katharina **II.** am 22. September (4. Oktober) 1782, am 20. Jahrestage ihrer Krönung, zum Andenken des ersten, **anno** 1010 gestorbenen, christlichen Großfürsten Wladimir, als Verdienstorden, für alle Stände in vier Klassen. Kaiser Alexander gab dem Orden **d. d.** St. Petersburg 12./24. Dezember 1801 neue Statuten, wonach jede Klasse des Ordens, ohne mit der unteren anzufangen, für Verdienste jeder Art verliehen werden kann. Die Ritter der **I.** und **II.** Klasse haben den Rang der Beamten vierten Grades, daher Zutritt bei Hofe, die der **III.** und **IV.** den Rang der sechsten Klasse. Die **IV.** Klasse darf im Kriege vom General **en chef** verliehen werden. Ordenstag ist der 7./19. September.

Fig. 484. Wladimirorden. Kreuz I. Klasse.

Ordenszeichen (darf niemals mit Brillanten verliehen werden): 1. Kleinod (Fig. 484): breitendiges, dunkelrotes, mit ringsum beiderseits goldbordiertem schwarzen Rande versehenes Kreuz, mit dreifach goldbordiertem schwarzen Medaillon, darin, innerhalb purpurnen, hermelingefütterten, mit Kaiserkrone gekröntem Wappenzelts, der schwarze Namenszug des Heiligen; im schwarzen Revers der Stiftungstag. 2. Band: schwarz und karmesinrot, dreifach gleichgestreift, von der I. Klasse über die rechte Schulter, von der II. und III. um den Hals, von der IV. auf der Brust getragen. Eine Schleife auf dem Bande der IV. Klasse deutet an, daß der Orden für militärisches Verdienst verliehen ist. 3. Stern (Fig. 485): achtstrahlig,

Fig. 485.
Wladimirorden.
Stern I. Klasse.

die vier senkrechten und wagerechten Strahlenbündel silbern, die vier schrägen (nur halb sichtbar, da davor noch kürzere silberne Strahlen) golden, mit goldbordiertem schwarzen Medaillon, darin ein breitendiges, goldenes Kreuz, bewinkelt von den goldenen russischen Buchstaben: **C. P. K. B.** (bedeutend zu deutsch: Der heilige apostelgleiche Fürst Wladimir), innerhalb eines von breitem goldenen Rande eingefaßten roten Reifens, mit der goldenen Inschrift (zu deutsch: Nutzen,

Ehre, Ruhm). Der Revers des Kreuzes und Sternes zeigt Datum und Jahr der Stiftung des Ordens in russischer Sprache und Schrift.

St. Annenorden.

Gestiftet von Carl Friedrich, Herzog von Holstein=Gottorp, d. d. Kiel, 14. Februar 1735, zum Ruhm und Andenken der Kaiserin Anna von Rußland und Seiner Gemahlin Anna Petrowna, Großfürstin von Rußland, sowie zur Aufmunterung aller Edlen zur Rechtlichkeit, Gottesfurcht und Nachahmung der Treue und sonstigen guten Eigenschaften der Genannten. Der Orden hatte damals nur eine Klasse und sollte nur aus 15 Rittern bestehen. Kaiser Paul nahm den Orden am 5. April 1797 als einen Russischen auf, teilte ihn in drei Klassen, und bestimmte ihn zur Belohnung des Verdienstes aller Stände des In= und Auslandes. Kaiser Alexander fügte 1835 noch eine vierte Klasse hinzu, die nur an Militärpersonen vergeben wird, so, daß die Inhaber das

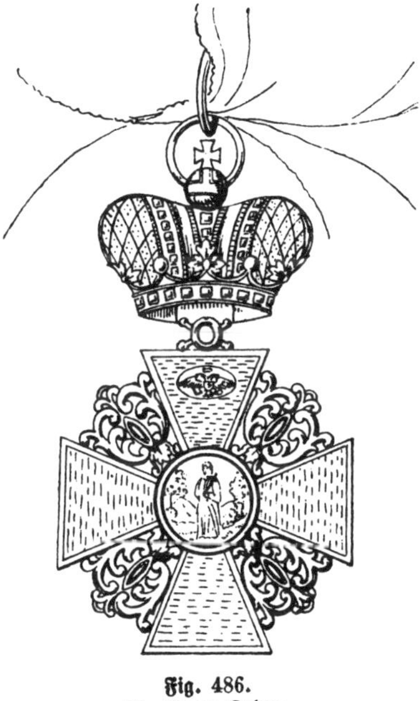

Fig. 486.
St. Annen=Orden.
Kreuz I. Klasse.

Fig. 486 a.
Rückseite zum Medaillon des St. Annen=Ordens=Kreuzes.

emaillierte Ordenskreuz auf dem Degenstichblatt zu tragen haben. Endlich stiftete Kaiser Nikolaus eine fünfte für Unteroffiziere und Gemeine nach zwanzigjähriger Dienstzeit. Die **IV.** Klasse wird (Ukas vom 28. August 1845) bei Erlangung der höheren nicht abgelegt. Die **III.** Klasse wird als besondere Auszeichnung auch mit einer „Schleife“ die **IV.** mit einer „Krone“ verliehen, ebenso die **I.** und **II.**

Fig. 487.
St. Annen-Orden.
Stern I. Klasse.

mit Brillanten oder einer Kaiserkrone, sowie die **III.** mit einer Rosette und die **IV.** mit der Inschrift „Für Tapferkeit“ die auf der bereits mit dem Kreuze geschmückten Waffe angebracht wird. Die **II.** und **IV.** Klasse kann im Kriege der General **en chef** verleihen. Ordensfest: 3./15. Februar.

Ordenszeichen: 1. Kleinod (Fig. 486 S. 429): breitendiges, goldbordiertes, dunkelrot-emailliertes, bei der **I.** Klasse von

Kaiserkrone überhöhtes Kreuz, mit goldenen „Feuerstahlen" in den Winkeln und einem von ovalem Schild, darin der Reichsadler, überhöhten goldbordierten Medaillon, in dem die heilige Anna (in rotem Kleid und blauem Mantel), ein Kreuz haltend, inmitten fels- und waldreicher Gegend schreitet; auf dem oberen Kreuzarm der Reichsadler in Ovalmedaillon. Das Kreuz der drei übrigen Klassen, ohne Krone, ist nur durch die Größe verschieden. Revers: Namenszug (Fig. 486a S. 429).

Fig. 488.
Stanislausorden II. Grades, mit Schwertern.

2. Band: ponceaurot, mit gelben Bordstreifen, von der I. Klasse handbreit von der linken Schulter zur rechten Hüfte, von der II. um den Hals, von der III. im Knopfloch getragen. 3. Stern (der I. Klasse, auf der rechten Brust zu tragen), Fig. 487: silbern, mit einem von der großen Kaiserkrone gekrönten goldenen Medaillon, darin ein rotes „geflammtes" Kreuz, umgeben von ponceaurotem Reif mit der silbernen Ordensdevise: **Amantibus justitiam, pietatem, fidem** (den Freunden der Gerechtigkeit, Gottesfurcht und Treue). Über dem Medaillon im Reif noch zwei eine silberne Kaiserkrone haltende silberne Engel. Ordenshabit hierzu (für hohe Feste): rotsamtener, langer, mit dem Ordensstern, der knieenden St. Anna und den verschlungenen goldenen Buchstaben **A. J. P. F.** (Anfangsbuchstaben der Devise) durchweg bestickter Mantel, gefüttert mit hermelinartigem Samt, auf der linken Seite mit dem Kreuz bestickt.

St. Stanislausorden.

Gestiftet durch Stanislaus August Poniatowsky, König von Polen, am 7. Mai 1765, zu Ehren des Schutzpatrons von Polen. Die Anzahl der Ritter sollte, ausschließlich der Ausländer, 100 betragen, doch verlor er durch massenhafte Erteilungen sehr an Ansehen. Mit Polen von Rußland übernommen, ward er am 1. Dezember 1815 durch Kaiser Alexander, als König von Polen, wiederhergestellt, reorganisiert und in vier Klassen eingeteilt. Ferner wurde er unter dem 29. November 1831 in einen Kaiserlich-Königlichen verwandelt und die „Grade" auf drei reduziert. Das Ordensfest ist am 23. April (5. Mai). Russische Geistliche erhalten den Orden nicht, römisch-katholische durch ihn den persönlichen Adel, Kaufleute den Rang erblicher Ehrenbürger. Der II. und III. Grad kann durch den Chef einer aktiven Armee für schöne Waffenthaten selbstständig verliehen werden.

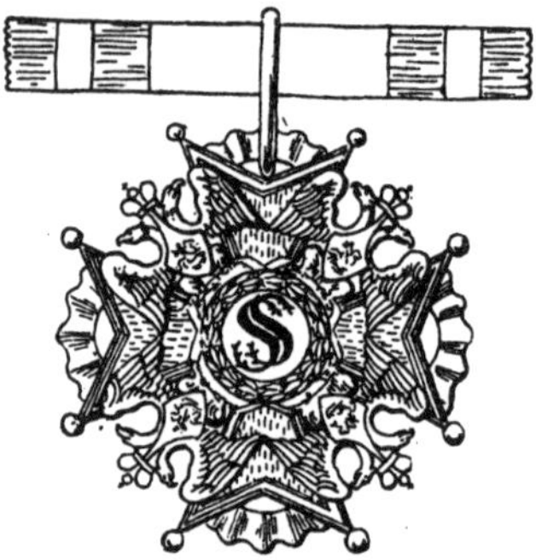

Fig. 489.
Stanislausorden.
III. Grad.

Fig. 489 a.
Stanislausorden.
Krone zur Dekoration II. Grades.

Ordenszeichen: 1. Kleinod [Fig. 489] (auch, wie Fig. 488 S. 431 abgebildet, für Kriegsverdienst mit goldbegrifften Schwertern verliehen): achtspitziges, mit goldenen Kugeln an den Spitzen und goldenen Borden versehenes, dunkelrot-emailliertes Kreuz, in dessen Armenden-Einschnitten goldene

Strahlenkreise, in den vier Winkeln goldene Russische Reichsadler sich befinden. Das rote Medaillon trägt die goldenen Buchstaben S(anct) S(tanislaus) innerhalb weißen, mit grünem Lorbeerkranz belegten goldbordierten Reifens. Das Kreuz der verschiedenen Klassen ist nach dem Grade derselben in der Größe abgestuft; die II. Klasse ersten Grades hat noch oben eine goldene Krone (Fig. 489 **a**). 2. **Band:**

Fig. 490.
Stanislausorden.
Stern I. Grad.

ponceaurot, je mit weiß-rot-weißem Bordstreifen, wird von der I. Klasse 5 ½ cm breit über die rechte Schulter zur linken Hüfte, von der II. um den Hals, von der III. im Knopfloch getragen. 3. Stern (der I. Klasse) [Fig. 490]: silbern, mit goldener Devise auf weißem Reif, innerhalb dessen die goldenen Initialen des Heiligen auf weiß. Der Außenreif ist blau mit vier goldenen rosenartigen Blumen in Blätterzweigen.

Der Orden des Roten Kreuzes für Frauen und Mädchen.

Dieser Orden wurde, laut Ukas vom 11./23. April 1878 in Veranlassung des beendeten Krieges gegen die Türkei gestiftet, und zwar „für Personen weiblichen Geschlechtes, die sich bei der Pflege der verwundeten und kranken Krieger besonders ausgezeichnet haben und ihrer hervorragenden sittlichen Eigenschaften wegen bekannt sind“.

Die Zahl der Empfängerinnen des Ordens ist unbeschränkt; verliehen wird derselbe durch den Vorstand der Gesellschaft vom roten Kreuz nach eigenem Ermessen, mit Zustimmung des Kaisers und auf Vorschlag des Ministers oder derjenigen Verwaltungen, denen die zu dekorierenden Personen unterstellt sind.

Fig. 490 a. Rotes Kreuz.

Der Orden besteht aus zwei Klassen, und wird zunächst die zweite, später eventuell die erste — letztere von vornherein nur für ganz besondere Auszeichnungen — verliehen; die zweite Klasse wird bei Verleihung der ersten abgelegt.

Der Orden wird nach dem Tode der Besitzerin nicht zurückverlangt, auch die zweite Klasse bei Empfang der ersten nicht zurückgegeben; jedoch kann der Besitz dieses Ordens wie bei den anderen Orden, wegen Kriminalverbrechen aberkannt werden.

Die Dekoration (Fig. 490 a) der ersten oder höheren Klasse ist ein emailliertes rotes Kreuz, umgeben von einem goldenen Reifen, der die Aufschrift „Für die Pflege verwundeter und kranker Krieger“ in russischer Sprache trägt. Die zweite oder niedrigere Klasse ist ebenfalls ein emailliertes rotes Kreuz, aber in silbernem Reifen mit gleicher Aufschrift. Beide Klassen werden an der linken Seite der Brust an dem schmalen, scharlachroten Bande des Alexander-Newsky-Ordens getragen. Die Personen, denen das Ehrenzeichen des Roten Kreuzes verliehen worden ist, haben das Recht, dasselbe im Wappen oder im Siegel zu führen. Neuerdings wird oben auf dem Reif die silberne Russische Kaiserkrone (als besondere Auszeichnung) geführt.

St. Johanniterorden.

Uber die nur zur Zeit Kaiser Pauls I. vergebene Abteilung dieses Ordens siehe des weiteren unter Malteserorden.

Allgemeine Bestimmungen.

Die Rangordnung der Orden in Rußland ist folgende: 1. St. Andreasorden, 2. Damenorden der heil. Katharina, 3. St. Alexander Newskyorden, 4. Weißer Adlerorden, 5. St. Annenorden, 6. St. Stanislausorden.

Laut Ukas vom 1. September 1845 tragen die Ritter von Nr. 1 die Nr. 3 um den Hals, Nr. 4 im Knopfloch, die Ritter von Nr. 3 die Nr. 4 um den Hals, Nr. 5 (I. Klasse) im Knopfloch, die Ritter von Nr. 4 die Nr. 5 (I. Klasse) um den Hals und die Nr. 6 (I. Klasse) im Knopfloch, die Ritter von Nr. 5 (I. Klasse) die Nr. 6 (I. Klasse) im Knopfloch.

Der St. Georgen- und St. Wladimirorden gehören in obige Reihenfolge nicht hinein, werden auch bei Verleihung anderer Orden nicht abgelegt.

Jeder Russische Orden verleiht den erblichen Adel, ausgenommen Baschkiren, denen er nur persönlich zusteht, und Kaufleute, die durch einen Orden nur die Erbrechte der Ehrenbürger erlangen.

Der 8. November (Michaelstag) ist Ordenstag für alle Orden, außerdem hat jeder Orden noch seinen besonderen Ordenstag.

Nur eine fünfzehnjährige Dienstzeit, sowie besondere Verdienste berechtigen zur Dekoration; der Dienst in Sibirien oder dem Kaukasus führt jedoch eine Reduktion der Dienstjahre um fünf herbei. Ferner muß der zu Dekorierende mindestens zur neunten Rangklasse gehören, oder einen diesem Range gleichkommenden Posten einehmen.

Den Annenorden I. und den Wladimirorden II. Klasse soll niemand erhalten, dessen Rang oder Amtsfunktion unter der IV., den Stanislausorden I. Klasse niemand, dessen Funktion unter der V. und Rang unter der IV. Rangklasse ist, den St. Wladimirorden III. Klasse niemand, dessen Rang oder Posten unter der VI. Klasse ist.

Die inländischen Ritter der Russischen Orden empfangen auch besondere Pensionen und zwar drei Ritter der ersten Kategorie des Andreasordens, wovon ein Geistlicher je 1000, neun Ritter der zweiten Kategorie dieses Ordens, worunter zwei Geistliche, je 800 Rubel, die Damen des Katharinenordens I. Klasse 350 bis 460, der II. Klasse bzw. 90, 130 oder 200 Rubel, die Ritter des Alexander-Newskyordens erster Kategorie (1 geistlicher und 5 weltliche) 700 Rubel, zweiter Kategorie (4 geistliche und 14 weltliche) 500 Rubel Silber, des St. Georgsordens 150, 200, 400 oder 1000 Rubel, des St. Wladimirordens 100, 150, 300 und 600 Rubel, des St. Annenordens I. Klasse 200 bis 350, II. Klasse 120 bis 150, III. Klasse 90 bis 100, IV. Klasse 40 bis 50 Rubel, des Stanislausordens 86, 115 oder 143 Rubel.

Wenn Nicht-Christen Russische Orden erhalten, so fallen alle Kreuzes- und Heiligen-Embleme aus denselben fort.

Sachsen, Königreich.

Orden der Rautenkrone.

Gestiftet durch König Friedrich August von Sachsen vom 20. Juli 1807 als Hausorden für höhere Staatsbeamte und als Freundschaftsbeweis für Regenten, sowie zum Andenken an die Errichtung des Königtums. Der Orden hat nur eine Klasse, der König ist Großmeister, die Königlichen Prinzen, einschließlich der Neffen des regierenden Königs, sind geborene Ritter. Im übrigen wird der Orden an Mitglieder der Königl. Sächsischen wie fremder Fürstenhäuser und an in- und ausländische Staatsangehörige höheren Ranges verliehen.

Fig. 491.
Orden der Rautenkrone.
Kreuz.

Ordenszeichen:

1. Kleinod (Fig. 491): mit doppeltem schmalen, goldenen Borde versehenes, grauemailliertes, achtspitziges Kreuz, durch dessen Winkel sich eine goldene Rautenkrone schlingt. Das dem Kreuze aufliegende Medaillon ist weiß, im Avers mit dem goldenen Namenszuge des Stifters, innerhalb eines goldbordierten weißen Reifens, in welchem sich eine grüne sechzehnblätterige Rautenkrone, im Revers mit der Inschrift: Providentiae memor befindet.
2. Band: grasgrün; von der rechten Schulter zur linken

Hüfte getragen. 3. Stern (Fig. 491 a): silbern, mit der goldenen Ordensdevise **Providentiae memor** (Der Vorsehung eingedenk), innerhalb eines Reifens wie oben beschrieben, auf der linken Brust zu tragen.

Fig. 491 a.
Orden der Rautenkrone.
Stern.

Militär-St. Heinrichsorden.

Gestiftet in einer Klasse d. d. Hubertusburg, 7. Oktober 1736 durch König August III. von Polen, Kurfürst von Sachsen an seinem 40. Geburtstage. Erst seit dem Jahre 1807 wurde der Orden, der inzwischen in Großkreuze, Commandeure und Ritter eingeteilt worden, mehrfach in allen Graden verteilt und erhielt Statuten vom 23. Dezember 1829. Hiernach ist der Orden bestimmt, zur Belohnung ausgezeichneter, im Felde erworbener Verdienste für Offiziere der Königl. Sächsischen Armee. Der Orden hat vier Klassen: Großkreuze, Commandeurs I., Commandeurs II. Klasse und

Ritter. Die Verleihung erfolgt lediglich für Königlich Sächsische Oberoffiziere, ohne Rücksicht auf Konfession, Geburt oder Dienstjahre und lediglich für obengenanntes Verdienst. Ausnahmen hinsichtlich ausländischer Offiziere, die sich um die Person des Königs, der Sächsischen

Fig. 492.
Militär = St. Heinrichsorden.
Großkreuz.

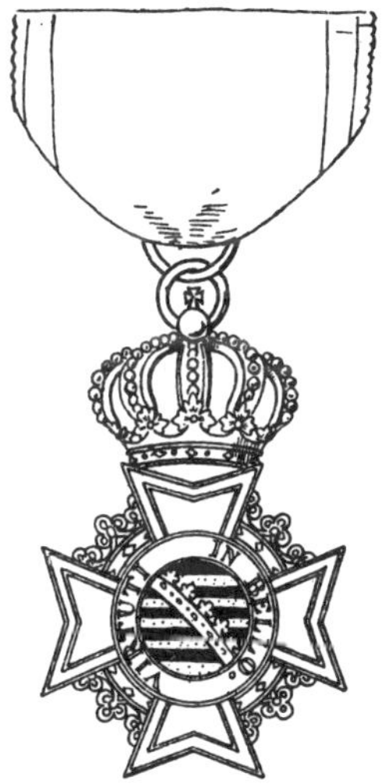

Fig. 493.
Militär = St. Heinrichsorden.
Ritterkreuz (Rückseite).

Lande oder Truppen besonders verdient gemacht, sind zulässig. Der Orden fängt stets mit der untersten Klasse an und muß die nächsthöhere durch neues Verdienst erworben werden. Zum Großkreuz sollen in der Regel nur Generallieutenants, die ein Corps, zum Commandeur I. Klasse, Generallieutenants und Generalmajors, die Brigaden im Felde kommandiert, zum Commandeur II. Klasse nur Stabsoffiziere, die Feldzügen beigewohnt haben, ernannt werden. Besonders ausgezeichnete Verdienste um die Person des Königs, oder um die Truppen, sowie 50jährige vorzügliche Dienstleistung können von obigen Regeln entbinden. Dem Orden affiliiert (als V. Klasse) ist die am 17. März 1796 gestiftete goldene, bzw. silberne Verdienstmedaille für Unteroffiziere und Gemeine.

Fig. 494.
Militär-St. Heinrichsorden.
Stern.

Ordenszeichen: 1. Kleinod (Fig. 492 S. 439): Von goldener Königskrone überhöhtes goldenes Kreuz, mit weißem Bord, durch dessen Winkel sich ein grüner Rautenkranz zieht, und goldenem Medaillon, darin St. Heinrich mit Harnisch, Kaiserkrone, Zepter, Reichsapfel und Purpurmantel innerhalb goldgesäumten dunkelblauen Reifens mit goldener Inschrift. Innerhalb gleichen Reifens mit der Inschrift: **Virtuti in bello** (Der Tapferkeit im Kriege) erscheint auf dem Revers das

Sächsische Wappenbild (Fig. 493 S. 439). Das Kreuz aller Klassen ist gleich, nur in der Größe verschieden. 2. Band: himmelblau mit zwei citrongelben Streifen, von den Großkreuzen handbreit von der rechten Schulter zur linken Hüfte, von den Commandeurs 7 cm breit um den Hals, von den Rittern 4 cm breit auf der linken Brust getragen. 3. Stern (Fig. 494): der Großkreuze 9 cm, der Commandeurs

Fig. 495.
Civilverdienstorden.
(Großkreuz seit 1891.)

I. Klasse 7 cm im Durchmesser, beide auf der linken Brust zu tragen, golden, mit dem Medaillon-Avers, umgeben vom Bande des Reverses. Für Kaiser und König Wilhelm I. von Preußen war eine besondere Dekoration, vermehrt durch zwei um den Reif des Kreuzes und Sterns gelegte Lorbeerzweige gestiftet worden.

Civilverdienstorden.

Gestiftet von König Friedrich August von Sachsen am 7. Juni 1815, dem Tage Allerhöchst Seiner Rückkehr in sein Königreich und versehen mit Statutnachtrag vom 24. September 1849, wodurch der Orden zu einem allgemeinen Verdienstorden erhoben, bestimmt für Königlich Sächsische Unterthanen, die dem Staate nützliche Dienste geleistet oder sich sonst durch bürgerliche Tugend ausgezeichnet haben; er kann aber auch an Ausländer verliehen werden. Der Orden besteht aus Großkreuzen, Komturen I. und II. Klasse, Rittern, Kleinkreuzen und Inhabern der goldenen und silbernen Verdienstmedaille. Die Kleinkreuze hießen seit 18. März 1858 „Ehrenkreuze“ und sind seit 31. Januar 1876 in das Ritterkreuz II. Klasse umgewandelt, sowie statt der goldenen Verdienstmedaille ein Verdienstkreuz eingeführt worden.

Fig. 496.
Civilverdienstorden.
Ritterkreuz (Rückseite).

Ordenszeichen: 1. Kleinod (Fig. 496): goldbordiertes weißes Kreuz mit dergleichen Medaillon, das Großkreuz und Komturkreuz (Fig. 495 S. 441) [seit 20. Februar 1891] von Königskrone überhöht. Durch die Kreuzwinkel geht ein goldbordierter grüner Rautenkranz. Im Medaillon-Avers das Sächsische Wappen mit schwarzer Umschrift; im Revers (s. oben) umgiebt die Inschrift „Für Verdienst und Treue“ (für Ausländer: „Dem Verdienste“) ein grüner Eichkranz. Das Ritterkreuz II. Klasse hat statt Gold überall Silber. Das Verdienstkreuz hat das Kreuz achtstrahlig und Emaille nur in den Medaillons. 2. Band: weiß mit zwei grasgrünen Streifen, von den Großkreuzen 9 cm breit über die rechte

Schulter, von den Komturen 7 cm breit um den Hals, von den übrigen 4 cm breit auf der linken Brust getragen. 3. Stern (Fig. 497), silbern mit der goldenen Inschrift, innerhalb goldbordierten weißen Reifens mit dem Eichenkranz, von den Großkreuzen (seit 20. Februar 1891 acht-,

Fig. 497.
Stern zum Civilverdienstorden.
(Großkreuz seit 1891.)

früher sechsstrahlig), von den Komturen I. Klasse vierstrahlig (Fig. 498 S. 444) auf der linken Brust. Für Kriegsverdienste kann laut Statutnachtrag vom 29. Oktober 1866 der Orden (Kreuze wie Sterne) in ähnlicher Weise wie in Preußen sowohl mit Schwertern wie auch mit Schwertern am Ringe (Verfügung vom 9. Dezember 1870) verliehen werden.

Albrechtsorden.

Gestiftet von König Friedrich August am 31. Dezember 1850 zum Andenken an Herzog Albrecht den Beherzten, Stammvater der Albertinischen Linie des Hauses Sachsen, für jeden, der dem Staate nützliche Dienste geleistet, sich durch bürgerliche Tugend, Wissenschaft, Kunst ꝛc. ausgezeichnet hat. Der Orden hatte 1850 fünf Klassen:

Fig. 498.
Verdienstorden.
Stern der Komture I. Klasse.

Großkreuze, Komture **I.** und **II.** Klasse, Ritter und Kleinkreuze. Letztere Benennung wurde am 18. März 1858 in „Ehrenkreuz“ umgeändert und laut Nachtrag de eodem hierzu eine goldene, bzw. silberne Verdienstmedaille als **VI.** Klasse gestiftet. Für Verdienst im Felde wurden unter dem 29. Oktober 1866 auch diesem Orden die Schwerter und ähnlich wie in Preußen beim Roten Adlerorden auch die „Schwerter am Ringe“ (Verfügung vom 9. Dezember

1870) verliehen. Unterm 2. Februar 1876 wurden die dem Orden affiliierten Medaillen aufgehoben und das Ritterkreuz in zwei Klassen geteilt, statt der goldenen Medaille das „Albrechtskreuz" gestiftet. Unterm 30. April 1883

Fig. 499.
Albrechtsorden.
Großkreuz
mit Kriegsdekoration.

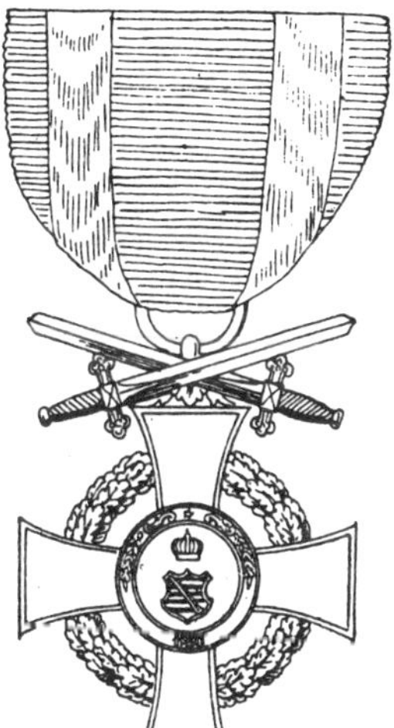

Fig. 500.
Albrechtsorden.
Ritterkreuz (Rückseite)
mit Kriegsdekoration.

wurde bestimmt, daß zur Erhöhung der Auszeichnung das Großkreuz auch in Gold verliehen werden kann. Endlich wurde, laut Dekret d. d. Dresden, 11. Juni 1890, zwischen Komturkreuz II. und Ritterkreuz I. Klasse eine neue Abstufung, das Offizierkreuz, eingeschoben.

Ordenszeichen: 1. Kleinod (Fig. 499 S. 445): goldgesäumtes weißes, breitendiges (sogenanntes Hoch-)Kreuz, mit weißem Medaillon, darin das goldene Reliefbild Herzog Albrechts des Beherzten, innerhalb goldbordierten blauen Reifs, mit der goldenen Inschrift **Albertus animosus.** Im Reversreif (Fig. 500 S. 445) die Jahreszahl der Stiftung,

Fig. 501.
Albrechtsorden.
Stern der Großkreuze mit Kriegsdekoration.

innerhalb desselben der Sächsische Wappenschild. Durch die Kreuzwinkel geht ein grüner Eichkranz. Die Großkreuze und Komture tragen über dem Kreuze, das im übrigen nur in der Größe verschieden ist, eine goldene Königskrone (Fig. 499 S. 445). Das Offizierkreuz, in der Form der Ritterkreuze I. Klasse, jedoch ebenfalls mit Krone, wird ohne

Band auf der linken Brust angesteckt getragen. Das Ritterkreuz II. Klasse hat statt der goldenen silberne Borde (Fig. 500 S. 445). Das Albrechtskreuz ist ganz silbern, ohne Emaille. Es sind hier überall die Dekorationen mit der Vermehrung für Kriegsverdienst — zwei Schwerter — abgebildet. 2. Band: grün, mit zwei weißen Streifen, von den Großkreuzen 8 cm breit über die rechte Schulter zur linken Hüfte, von den

Fig. 502.
Albrechtsorden.
Stern der Komture mit Kriegsdekoration.

Komturen 6 cm breit um den Hals, von den Rittern ꝛc. 3 cm breit auf der linken Brust getragen. 3. Stern der Großkreuze (Fig. 501) mit acht, der Komture I. Klasse (Fig. 502) mit vier Strahlen, auf der linken Brust zu tragen, silbern mit dem Aversmedaillon des Kreuzes. Es sind hier alle Dekorationen mit der Bezeichnung für Kriegsverdienst (zwei Schwertern) abgebildet.

Die Rettungsmedaille.

Gestiftet für Errettung aus Lebensgefahr jeder Art, besteht (laut Mandat vom 18. Mai 1831) aus Bronze, Silber oder bei ganz besonderen Verhältnissen auch aus Gold, nach Befinden mit der Berechtigung zum Tragen verliehen.

Der Sidonienorden.

Auch in Sachsen gab es vor 1871 keinen Orden, der an Damen verliehen werden konnte. Am 14. März dieses Jahres stiftete aber der verstorbene König Johann den „Königlich Sächsischen Sidonienorden“, so benannt zum Andenken an Sidonia, die Stamm-Mutter der Albertinischen Linie des Hauses Sachsen. In der Stiftungsurkunde heißt es, der Orden solle „nicht nur die Erinnerung an die fromme Gemahlin Herzog Albrechts des Beherzten bewahren, sondern vorzugsweise zu dankbarer Anerkennung des segensreichen Wirkens vieler Frauen und Jungfrauen im Kriege und Frieden, auf dem Gebiete der freiwillig helfenden Liebe, zur öffentlichen Auszeichnung solcher zwar stillen, aber patriotischen Handlungen und zugleich zur Ermunterung für künftige Zeiten bestimmt sein“. Die Verleihung, die ausschließlich dem Könige zusteht, geschieht nur an Frauen, welche sich auf dem erwähnten Gebiete besondere Verdienste erworben haben, und zwar ohne Rücksicht auf den verheirateten oder ledigen Stand, vorzugsweise aber an Inländerinnen.

Das Ehrenzeichen (Fig. 503) besteht aus einem achtspitzigen, weiß emaillierten und goldgeränderten Kreuze mit einem gekrönten weißen goldbordierten Medaillon darüber, innerhalb dessen die goldene Initiale S erscheint. Das dem Kreuze in der Mitte aufgelegte Medaillon, außen mit acht goldenen Rautenblättern besetzt, zeigt auf der Vorderseite, innerhalb blauen Reifs mit der Inschrift: Sidonia, auf weißem Email das goldene Bildnis der Herzogin Sidonie,

Tochter König Georg Podiebrads von Böhmen; auf der Rückseite (Fig. 503 **a**) das königlich sächsische Wappen auf weißem Email mit blauem, goldverziertem Reif, auf welchem unten die Jahreszahl 1870 steht.

Fig. 503.
Sidonienorden.
(Damenorden.)

Das Kreuz wird an der linken Brust vermittelst einer Schleife von gewässertem violetten, mit zwei weiß-grünen Streifen der Länge nach durchzogenen Bande getragen.

Als besondere persönliche Auszeichnung gilt die Verleihung des Ordens an einem von der rechten Schulter nach der linken Hüfte (**en sautoir**) laufenden breiten Großcordonbande.

Fig. 503 a.
Sidonienorden.
Revers.

Das sächsische Erinnerungskreuz (Fig. 504)

wurde gestiftet laut Dekret König Johanns von Sachsen vom 6. März 1871. Dieses Dekret sagt wörtlich:

„Während des nun beendeten Krieges haben in allen Klassen der Bevölkerung Männer und Frauen im patriotischen Aufschwunge geeifert, die Leiden des Krieges zu mildern. Um nun Denen, welche sich um die Krankenpflege besonders verdient gemacht oder sich durch andere hochherzige und aufopfernde Handlungen während des Krieges ausgezeichnet und ihren patriotischen Sinn bewährt haben, einen Beweis Unserer Anerkennung und Dankbarkeit zu geben, haben Wir die Stiftung eines Erinnerungskreuzes beschlossen, welches ohne Unterschied an Männer, Frauen und Jungfrauen verliehen werden kann.

Fig. 504.
Erinnerungskreuz für 1870/1.

Dasselbe soll aus einem bronzenen, achtspitzigen Kreuze bestehen, welches auf der Vorderseite (in einem mit blauem Rande, welcher mit sechs goldenen Sternchen belegt ist, versehenen Medaillon) Unsere Namens-Chiffre mit der Krone, auf der Rückseite (im Medaillon ohne den Rand) die Jahreszahl 1870/1871 zeigt (durch die vier Winkel des Kreuzes zieht sich ein goldener, rechts Lorbeer-, links Eichenkranz), und an einem weißen, mit drei grünen Streifen der Länge nach durchzogenen Bande nach den inländischen Orden und Ordensmedaillen auf der linken Brust getragen werden.

Den mit diesem Erinnerungskreuze Beliehenen wird an Stelle eines besonderen Dekrets ein Exemplar dieser Stiftungsurkunde ausgehändigt. Die für den Verlust der Orden und Ehrenzeichen geltenden Bestimmungen finden auch auf dieses Erinnerungszeichen Anwendung. Nach dem Ableben der Inhaber verbleibt das Erinnerungskreuz im Besitz der Familie."

Carolamedaille.

Gestiftet durch König Albert von Sachsen d. d. Dresden, 17. September 1892 aus Anlaß der bevorstehenden Feier des 25jährigen Bestehens des von J. M. der Königin Carola in das Leben gerufenen Albertvereins und in dankbarer Würdigung der bisherigen segensreichen Wirksamkeit desselben. Die Medaille wird, auf Vorschlag J. M. der Königin, durch den König zunächst für die um den Albertverein, sodann aber überhaupt auf dem Gebiete hilfreicher Nächstenliebe im Kriege oder Frieden erworbenen besonderen Verdienste, ohne Unterschied an Männer, Frauen oder Jungfrauen des Königreichs und zwar je nach dem Grade der Verdienste in Gold, Silber oder Bronze verliehen. Die Medaille enthält auf der Vorderseite das Bildnis J. M. der Königin Carola, auf der Rückseite die von zwei Rautenzweigen umschlossene Inschrift: Gestiftet zum 25jährigen Bestehen des Albert-Vereins in Sachsen — 1867 — 1892 — für hilfreiche Nächstenliebe. Die Medaille wird an gelbem beiderseits von einem schwarzen und einem blauen Doppelstreifen eingefaßten Bande auf der linken Brust getragen. Eine Abbildung war bisher nicht zu erlangen.

Sachsen-Weimar, Großherzogtum.

Orden der Wachsamkeit oder vom Weißen Falken.

Gestiftet durch Ernst August, Herzog zu Sachsen-Weimar, am 2. August 1732, erneuert eingedenk der errungenen Unabhängigkeit der deutschen Nation durch Carl August, Großherzog zu Sachsen-Weimar-Eisenach, am 18. Oktober 1815.

Der Orden, außer dem Großmeister (der jedesmalige regierende Großherzog zu Sachsen-Weimar), besteht aus drei Klassen:

1. den Prinzen des Hauses und 12 Großkreuzen, die (als Inländer) den Rang von Wirkl. Geheimen Räten oder Generalmajors haben müssen;
2. den Commandeurkreuzen (25), die innerhalb des Großherzogtums niemand erhält, der nicht den Rang eines Geheimen Regierungs-, Staats-, Justiz-, Kammerrats oder Majors hat;
3. den Ritterkreuzen (50).

Letztere Klasse wurde durch Statutennachtrag vom 16. Februar 1840 in zwei Abteilungen geteilt. — Ordensfest: 18. Oktober.

Ordenszeichen der 1., 2. und 3. Klasse: 1. Kleinod: goldbordiertes, von goldener Königskrone überhöhtes, achtspitziges Kreuz, dessen Vorderseite (Fig. 505) dunkelgrün, belegt mit goldbewehrtem weißen Falken in Adlerstellung, auf der Rückseite (Fig. 506) weiß, mit Königlich-gekröntem ovalen, von goldenem Lorbeerkranz umgebenen blauen Medaillon, darin die goldene Inschrift: **„Vigilando ascendimus“** (Durch Wachsamkeit steigen wir). Aus den Kreuzwinkeln gehen vier goldbordierte, an den Spitzen mit goldener Verzierung und weißer Perle versehene Ecken, die auf der Vorderseite dunkelrot, auf der Rückseite dunkelgrün emailliert sind. — Das Ritterkreuz **II.** Klasse (Fig. 507) ist ein breitendiges silbernbordiertes weiß-emailliertes Kreuz, mit goldenem Medaillon, darin der Falke, umgeben von goldenen Strahlen (im Revers [Fig. 507 a] Initialen überhöht von Großherzoglicher Krone). 2. Band: ponceaurot, von der ersten Klasse über die rechte Schulter, von der zweiten drei Finger breit um den Hals, von beiden Abteilungen der Ritterklasse auf der linken Brust getragen. 3. Stern: derselbe ist der ersten Klasse eigen, kann aber auch (laut Statutnachtrag von 1840) an

Fig. 505.
Orden vom Weißen Falken.
Ritterkreuz I. Klasse.

Fig. 506.
Commandeurkreuz.
Rückseite.

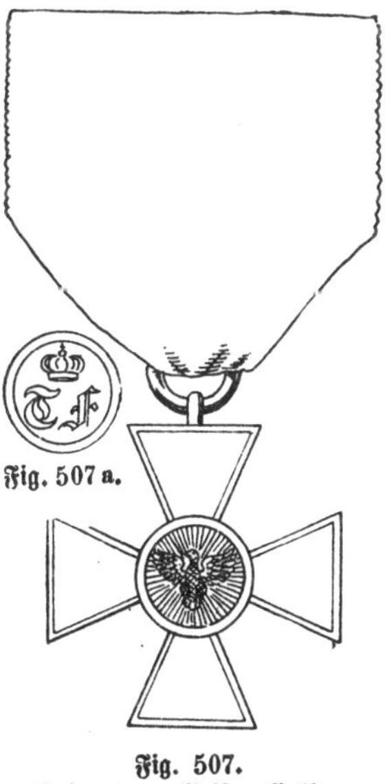

Fig. 507 a.

Fig. 507.
Orden vom Weißen Falken.
Ritterkreuz II. Klasse.

Komture II. Klasse, die im Range eines Geheimen Rats, Präsidenten, Kollegialdirektors oder Obersten stehen, für besondere Auszeichnung verliehen werden. Der Stern der ersten Klasse (Fig. 508) ist achtstrahlig, der der zweiten Klasse (Fig. 509) vierstrahlig, silbern. Beide tragen, innerhalb goldbordierten blauen Reifens mit der goldenen Ordensdevise (s. oben), den Falken in goldenem Rund. Das Medaillon ist bei der ersten Klasse noch mit dem Ordenskreuz (ohne Krone und Eckspitzen) unterlegt.

Fig. 508.
Orden vom Weißen Falken oder der Wachsamkeit.
Stern der Großkreuze.

Das Ehrenzeichen für rühmliche Thätigkeit während des Krieges 1870 und 1871.

Großherzog Carl Alexander von Sachsen-Weimar stiftete am 19. Juli 1871, „um der dankbaren Anerkennung der verdienstvollen Thätigkeit, mit welcher Männer, Frauen und Jungfrauen während des Krieges gegen Frankreich in den Jahren 1870 und 1871 für die Sache des Vaterlandes gewirkt haben, einen äußeren Ausdruck zu verleihen", ein Ehrenzeichen für rühmliche Thätigkeit während des Krieges 1870 und 1871. Dasselbe wurde an alle

Fig. 509.
Orden vom Weißen Falken.
Komtur-Stern.

Diejenigen verliehen, die während des Krieges gegen Frankreich durch pflichteifrige Erfüllung dienstlicher Obliegenheiten oder durch freiwillige Aufopferung sich ein besonderes Verdienst erworben hatten. An Frauen und Jungfrauen erfolgte die Verleihung auf den Vorschlag der Frau Großherzogin. Der Regel nach wurde das Ehrenzeichen nur an solche, die während des Krieges ihren Aufenthalt im Großherzogtum gehabt haben, verliehen.

Das Ehrenzeichen (Fig. 510) besteht aus einem silbernen Kreuz, in der Form eines verschobenen Viereckes mit ausspringenden Spitzen, etwa einer Sternschanze ähnlich. Auf der

Fig. 510.
Ehrenzeichen für 1870/71.
(Damenorden.)

Fig. 510 a.
Ehrenzeichen für 1870/71.
Rückseite.

Vorderseite erscheint innerhalb eines Lorbeerkranzes die Inschrift: „**Für rühmliche Thätigkeit** 1870. 1871“; die Rückseite (Fig. 510 **a**) zeigt die Anfangsbuchstaben der Vor-

Fig. 511.

Fig. 511 a.

Medaille für Kunst und Wissenschaft.

Avers. **Revers.**

namen des Großherzogs (C. A.), verschlungen mit der Initiale der Großherzogin Sophie (S.), darüber die Großherzogliche Krone. Die Dekoration hängt an einem schwarzen Bande, dessen Ränder je ein gelber, ein grüner und wieder ein schmälerer gelber Streifen bilden.

Medaille für Kunst und Wissenschaft (Fig. 511, 511a),

silbern, oval, gestiftet erst ganz neuerdings mit dem Bildnis des Großherzogs Carl August I. im Avers, der Inschrift „Dem Verdienste" und Lorbeerkranz im Revers. Wird am Bande des Ordens vom Weißen Falken getragen.

Sachsen-Altenburg, Koburg und Gotha, Meiningen, Herzogtümer.

Herzoglich Sachsen-Ernestinischer Hausorden.

Gestiftet, im Andenken an den Gründer ihres Hauses, den Herzog Ernst den Frommen zu Sachsen-Gotha und in Erneuerung des im Jahre 1690 unter dem Namen „Orden der deutschen Redlichkeit" durch dessen Sohn Friedrich I. gestifteten Ordens, d. d. Gotha 25. Dezember 1833 von den Herzögen Friedrich (Altenburg), Ernst (Koburg-Gotha) und Bernhard Erich Freund (Meiningen).

Der Orden ist bestimmt als Ehren-Auszeichnung der Fürstlichen Glieder des Hauses und öffentliche Anerkennung des Verdienstes, insbesondere für Staatsdiener und Unterthanen, die mit deutscher Redlichkeit sich durch ausgezeichnete Thaten, besondere Treue und aufopfernde Ergebenheit und Anhänglichkeit an Fürst und Vaterland, wie durch einsichtsvolle Dienstleistung ausgezeichnet haben.

Der Orden bestand ursprünglich aus vier Klassen: Großkreuzen, Komturen I. Klasse, Komturen II. Klasse und Rittern, sowie einem dem Orden affiliierten Ehrenzeichen: Verdienstkreuz und Verdienstmedaille.

Durch Nachtragsstatut vom 13. Februar 1864 wurde die Ritterklasse in zwei Grade eingeteilt und ebenso die Verdienstmedaille, die in Gold und in Silber verliehen wird.

Fig. 512.
Sachsen-Ernestinischer Hausorden.
Militär-Großkreuz.

Fig. 513.
Sachsen-Ernestinischer Hausorden.
Komturkreuz I. Klasse (Rückseite).

Die Zahl der Großkreuze, die (außer den an Prinzen oder Ausländer zu erteilenden) jeder der drei Höfe zu verleihen befugt ist, beträgt vier, die der Komturkreuze I. Klasse 15, II. Klasse 24, Ritterkreuze I. Klasse 48, II. Klasse unbeschränkt. Der Grad der Großkreuze soll, außer den Prinzen, die ihn nach vollendetem 18. Jahre erhalten, nur an ausgezeichnete Personen, Wirkliche Geheime Räte oder in deren Range, das Komturkreuz I. Klasse an Personen im Range eines Wirklichen Geheimen Rats oder mit Sitz und Stimme in einem Ministerium, das Komturkreuz an Personen im Range eines Präsidenten, Kollegialdirektors, resp. Obersten und Oberstlieutenants vergeben werden. Zur Verleihung des Komturkreuzes I. Klasse ist eine 15jährige,

Fig. 514.
Sachsen-Ernestinischer Hausorden.
Stern der Großkreuze.

II. Klasse eine 10jährige Dienstzeit in der Regel notwendig. Ausnahmen sind in Bezug auf Zeit und Rangbestimmung bei außerordentlichen Diensten im Frieden oder im Kriege gestattet.

Das Großkreuz bringt, wenn der damit Beliehene ihn nicht schon vorher besaß, den erblichen Adelstand mit sich.

Ordenszeichen: 1. Kleinod (Fig. 512 S. 458): achtspitziges weißemailliertes, mit goldenen Säumen und Kugeln an den Spitzen versehenes Kreuz, in dessen Winkeln sich vier schreitende, goldene Löwen befinden. Das Medaillon ist mattgolden mit dem goldenen Bildnis Ernst des Frommen im Avers und dem Sächsischen Wappen im Revers (Fig. 513); beide umgiebt, innerhalb eines mit gekreuzten goldenen Bändern vierfach gebundenen grünen Eichkranzes, ein goldbordierter blauer Reif, auf der Vorderseite mit der goldenen Ordensdevise: „**Fideliter et constanter**“ (Treu und beständig), auf der Rückseite mit dem Datum der Stiftung des Ordens. Das Ordenszeichen für alle Klassen ist gleich und nur in der Größe abgestuft, doch hat, ausgenommen im Medaillon, das Ritterkreuz II. Klasse für Gold überall Silber. Für besondere Tapferkeit im Felde erhalten

Fig. 515.
Sachsen-Ernestinischer Hausorden.
Stern der Komture.

Militärs statt des Eichenkranzes einen Lorbeerkranz und durch die Winkel des Kreuzes zwei über Kreuz gelegte Schwerter (Fig. 512 S. 458). — Die Großkreuze und Komturkreuze sind von derselben Größe, die Ritterkreuze beider Stufen kleiner. 2. Band: ponceaurot, mit dunkelgrünen Bordstreifen; bei den Großkreuzen handbreit von der rechten Schulter zur linken Hüfte, von den Komturen drei Finger breit um den Hals, von den Rittern auf der linken Brust getragen. 3. Stern (der Großkreuze [Fig. 514 S. 459]) besteht aus vier goldenen (die vier senk- und wagerechten) und vier silbernen (die vier schrägrechten und schräglinken) Strahlenbündeln, belegt mit dem Ordenskreuz, doch ohne Krone und Löwen, jedoch mit dem Medaillon, eingefaßt von Kranz und Devisenreif, anstatt des Bildnisses enthält dasselbe eine fünfblättrige grüne Krone. Stern (der Komture [Fig. 515]) vierstrahlig, ganz silbern, belegt mit demselben Medaillon (ohne das Kreuz). Beide Sterne werden auf der linken Brust getragen. 4. Kette (Fig. 516), von den Großkreuzen bei feierlichen Gelegenheiten um den Hals getragen, besteht abwechselnd aus von Königlichgekrönten Löwen getragenen Königskronen und sächsischen Wappenschilden in Email, dazwischen sieben goldene, mit dem Doppelbuchstaben E und zwei gekreuzten Schwertern überdeckte Kreuze, zum Andenken an die sieben Söhne Ernsts des Frommen.

Fig. 516. Sachsen-Ernestinischer Hausorden. Kette.

Sachsen-Coburg-Gotha, Herzogtum.

Verdienstkreuz und Verdienstmedaille für Kunst und Wissenschaft (Fig. 517, 517a).

Letztere wurde gestiftet 30. Januar 1835 von Herzog Ernst „zur Belohnung und Anerkennung besonderer Verdienste im bürgerlichen Leben" in Gold, Silber und Bronze. Die-

Fig. 517.
Verdienstkreuz für Kunst und Wissenschaft.

Fig. 517 a.
Verdienstmedaille für Kunst und Wissenschaft.

selbe ist für höheres Verdienst, laut Ordre vom 18. April 1860 in ein silbernes Kreuz umgewandelt. Band: dunkelgrün mit zwei silbernen Bordstreifen.

Die Medaille für weibliches Verdienst (Fig. 518).

Am Tage der Feier seines fünfundzwanzigjährigen Regierungs-Jubiläums, am 27. Januar 1869, stiftete Herzog Ernst II. zu Sachsen-Coburg und -Gotha als Ehrenauszeichnung für Frauen und Jungfrauen, die sich durch Armen- und Krankenpflege, oder sonstige hochherzige Handlungen besonders anerkennenswerte Verdienste erworben, eine „Medaille für weibliches Verdienst". Dieselbe wird bei Lebzeiten der Frau Herzogin allein von dieser verliehen, und zwar am 29. Januar jedes Jahres.

Die Medaille ist von Gold, trägt auf der Vorderseite den Profilkopf der Herzogin mit der Umschrift: „Alexandrine, Herzogin v. Sachs.-Coburg-Gotha", auf der Rückseite die Worte „Für weibliches Verdienst" innerhalb eines Lorbeerkranzes und wird an dunkelgrünem, zweimal weiß-gestreiftem Bande getragen.

Fig. 518.
Medaille f. weibl. Verdienst.

Sachsen-Altenburg, Herzogtum.

Medaille für Kunst und Wissenschaft (Fig. 519, 519a).

Fig. 519.

Fig. 519a.

Medaille für Kunst und Wissenschaft.

Gestiftet durch Herzog Ernst zu Sachsen-Altenburg am 30. Dezember 1874 in Gold und Silber; wird verliehen zur Auszeichnung für besondere Verdienste, bezw. vorzügliche Leistungen auf dem Gebiete der Kunst oder der Wissenschaft und wird am Bande des Sachsen-Ernestinischen Hausordens getragen.

Sachsen-Meiningen, Herzogtum.

Verdienstkreuz und Verdienstmedaille für Kunst und Wissenschaft (Fig. 520, 520a).

Fig. 520.
Verdienstkreuz f. Kunst u. Wissenschaft.

Fig. 520 a.
Verdienstmed. f. Kunst u. Wissenschaft.

Gestiftet von Herzog Georg von Sachsen-Meiningen am 23. Juli 1874. Das erstere von Silber, letztere von Gold, ist obigem Zweck gewidmet, hat die Form wie abgebildet, und werden beide an grünem Bande auf der linken Brust getragen. Eine besondere Stiftungsurkunde existiert nicht.

Schaumburg-Lippe, Fürstentum.

Schaumburg-Lippescher Hausorden.

Nachdem durch Beschluß der Fürstlichen Häuser die bisher stattgehabte gemeinschaftliche Verleihung des Fürstlich-Lippeschen Ehrenkreuzes, gestiftet am 25. Oktober 1869 (vergl. Fürstentum Lippe), aufgehört hat, verleiht jeder der beiden Fürsten den Hausorden des Fürstentums für sich.

Fig. 521.
Schaumburg-Lippescher Hausorden.
I. Klasse.

Der Fürstlich Schaumburg-Lippesche Hausorden besteht, laut Statut vom 18. September 1890, aus vier Klassen und wird verliehen „als ein öffentliches Zeichen für getreue, um das Vaterland verdiente Unterthanen, an Staatsdiener, welche durch Dienstleistungen, Treue und Ergebenheit in ihrem Berufe sich hervorgethan haben, an wohlverdiente, dem Fürstenhause ergebene Männer und an Ausländer, die sich um das Fürstenhaus und Fürstentum verdient gemacht haben". Die II. Klasse wird in einzelnen Fällen mit über dem Kreuze angebrachtem Eichenlaube; für Kriegsverdienst alle Klassen mit durch die Winkel gekreuzten Schwertern und „mit Schwertern am Ringe" (ganz ähnlich wie bei den Preußischen Orden) verliehen, neben denen die ursprünglichen für Kriegsdienste verliehenen Dekorationen weiter getragen werden.

Fig. 522.
Schaumburg-Lippescher Hausorden.
Stern.

Ordenszeichen: A. Kleinod: dasselbe ist ganz wie das bisherige Fürstlich Lippesche Ehrenkreuz, doch erscheint auf dem goldenen, das Kreuz bedeckenden, Schwalenberg-Sternbergschen Stern liegend, hier das Schaumburg-Lippesche kleinere Wappen, bestehend aus dem Schaumburgschen silbernen „Nesselblatt", auf dessen Mitte die Lippesche Rose gelegt ist, innerhalb eines Reifens, der die goldene Devise: „Für Treue und Verdienst" enthält. Der Revers zeigt im blauen Medaillon die gekrönte goldene Initiale des Fürsten A(dolph) G(eorg). Die Kreuze sind in allen Klassen gleich, nur in der Größe verschieden, doch hat die I. Klasse über dem Kreuze noch eine goldene Krone (Fig. 521); die IV. Klasse ist ein nicht emailliertes silbernes Kreuz, doch mit Mittelschild wie oben. B. Band: wie bisher, I. und II. Klasse 6 cm breit um den Hals, III. und IV. Klasse 3 cm breit auf der linken Brust oder im Knopfloch zu tragen. Stern (Fig. 522) wie abgebildet; Beschreibung s. Fürstentum Lippe.

Sansibar, s. Zanzibar. Sardinien, s. Italien.

Schwarzburg, Fürstentümer.

Fürstlich Schwarzburgisches Ehrenkreuz.

Gestiftet 20. Mai 1853 als „Dienstauszeichnung für das Fürstentum Schwarzburg-Rudolstadt", erweitert von beiden Fürsten zu einem gemeinschaftlichen Ehrenzeichen zur Belohnung treuer Dienste und Anerkennung ausgezeichneter Leistungen, d. d. Rudolstadt, 9. Juni und Sondershausen, 28. Mai 1857. Das Ehrenzeichen zerfällt in vier Abstufungen:

1. Dem Ehrenkreuz in I., II. und III. Klasse,
2. der Ehrenmedaille.

Inländer erhalten zunächst immer die III. Klasse.

Ordenszeichen: 1. Kleinod (Fig. 523): das Kreuz aller Klassen ist in der Form gleich, nur das der ersten größer, achtspitzig, goldbordiert, weißemailliert, in der Mitte belegt mit einem von goldenem Schnitzwerk umgebenen blauen Ovalschilde, darin im Avers der Schwarzburgische goldene

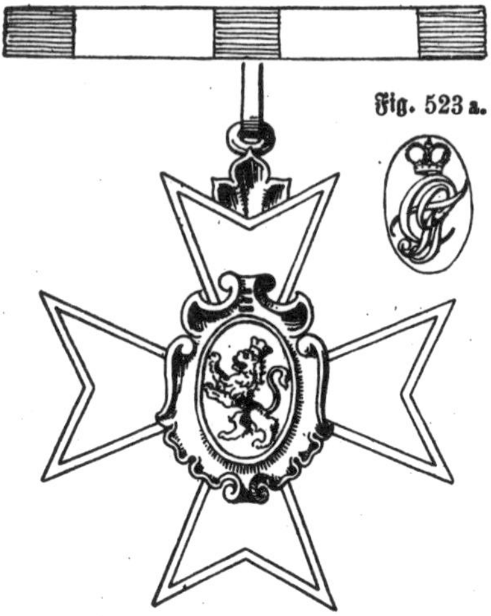

Fig. 523 a.

Fig. 523.
Ehrenkreuz I. Klasse und Revers des Medaillons.

Löwe, im Revers (Fig. 523 a), von Fürstenhut überragt, die verschlungenen Initialen beider Fürsten G(ünther) F(riedrich) C(arl). Beim Kreuz III. Kl. ist durchgängig für Gold: Silber angewandt. 2. Band: gelb, mit 3 himmelblauen Streifen, von der I. Klasse um den Hals, sonst an der linken Brust getragen.

Schwarzburg-Sondershausen, Fürstentum.

Die hier verliehene **Rettungsmedaille** (Fig. 524, 524 a), ohne Stiftungsurkunde, wird nach Höchster Erwägung des betreffenden Falles mittels

Fig. 524.

Fig. 524 a.

Rettungsmedaille.

Kabinettsordre verliehen. Sie besteht aus Silber, wie abgebildet, und wird an gelbseidenem Bande auf der linken Brust getragen.

Schweden und Norwegen, Königreiche.

Seraphinenorden („Das blaue Band").

Soll schon 1260 oder 1285 durch König Magnus I. (Ladulås) gestiftet sein. Gewiß ist, daß der Orden 1336 bestand. König Friedrich I. erneuerte ihn, sowie den Schwert- und Nordsternorden, und setzte sie, unter neuer Statutierung am 28. April 1748, in ihre alten Rechte ein; desgleichen erhielten am 26. November 1798 durch König Gustav IV. Adolph und unterm 9. Juli 1814 durch König Carl XIII. (der hierbei auch den nach ihm benannten Orden stiftete) die genannten drei und der 1798 gestiftete Wasaorden erneuerte und vermehrte Statuten.

Der König ist Ordensherr und Meister, die Prinzen sind geborene Ordensritter, die Zahl der übrigen Ritter, mit Ausnahme der Souveräne nebst ihren ältesten Söhnen, ist auf 23 In- und 8 Ausländer festgesetzt. Die Inländer sollen mindestens Generallieutenantsrang haben und schon Ritter des Schwert- oder Nordsternordens sein.

Die Ritter erhalten den Ritterschlag, nachdem sie am Montag vor dem Advent erwählt sind, am 28. April jeden Jahres (Geburtstag Friedrichs I.), bzw., falls dieser auf einen Feiertag fällt, am nachfolgenden Tage. Durch den Empfang des Ordens wird der Ernannte, wenn er es nicht bereits war, Commandeur des Ordens, den er schon in der Ritterklasse besaß.

Ordenszeichen: 1. Kleinod (Fig. 525): von Königskrone überhöhtes, achtspitziges, an den Spitzen mit goldenen Kugeln besetztes, weißemailliertes Kreuz, mit von vier goldenen Patriarchenkreuzen und vier dergleichen Seraphimköpfen umgebenem quadratischen dunkelblauen Medaillon, darin, begleitet von den drei goldenen Kronen aus dem Schwedischen Wappen, über drei silbernen Nägeln (vom Kreuze Christi); das silberne Monogramm Jesu Christi: ein J(esus), ein mit Kreuz bestecktes H(ominum) und ein S(alvator) (Jesus, Erlöser der Menschen). Der Revers zeigt ein rundes blaues Medaillon, darin die goldenen Buchstaben: **F(idericus) R(ex) S(ueciae)** — Friedrich König von Schweden. — 2. Band: hellblau, von der rechten Schulter zur linken Hüfte getragen. 3. Stern (Fig. 525a): silbern wie abgebildet, Medaillon blau, Bord golden, sonst wie oben; wird auf der linken Brust getragen. 4. Kette (Fig. 526): an Galatagen um den Hals getragen, besteht aus elf goldenen Seraphimköpfen und elf goldbordierten blauen Patriarchenkreuzen, die durch goldene Kettenglieder mit einander verbunden sind. Bei feierlichen Gelegenheiten, Kapiteltagen 2c., tragen die Ritter die große Ordens-(National-)Tracht: weißatlasnes Zeremonienkleid, mit schwarzen Aufschlägen, Knöpfen und Spitzen, weiße Beinkleider, weißseidene

Fig. 525.
Seraphinenorden.
Kreuz.

Strümpfe und Schuhe, mit schwarzsamtnen Absätzen und schwarzen Seidenrosetten, schwarzen, mit weißem Seidenbande eingefaßten Samthut, links mit einer schwarzen und

Fig. 525a.
Seraphinenorden.
Stern.

vier weißen Federn, sowie einen schwarzen weißgefütterten Atlasmantel, mit weißem Kragen; auf Wams und Mantel links der Stern des Ordens groß gestickt.

Fig. 526.
Seraphinenorden.
Kette.

Schwertorden („Das gelbe Band“).

Militärverdienstorden für Offiziere aller Grade der Land- und Seemacht im Kriege und Frieden, auch für die fremder Armeen, in Anerkennung des Heldenmuts und langer nützlicher Dienste. Gestiftet 1522 durch Gustav Wasa I., wurde er durch König Friedrich, nebst den übrigen (s. d.) erneuert und statutiert. König Adolph Friedrich bestätigte ihn mit kleinen Abänderungen. Neue Statuten erhielt er durch König Gustav IV. am 26. November 1798 und hierzu einen Nachtrag durch König Carl XIII. am 9. Juli 1814. Laut Statutnachtrag vom 25. November 1889 wurde die Ritterklasse in zwei Abteilungen geteilt. Der Orden besteht aus 1.: 24 Commandeuren vom Großkreuz, 2.: 24 Commandeuren (außer den Seraphinenordensrittern und Fremden), 3.: Rittern vom Großkreuz I. Klasse, 4.: Rittern vom Großkreuz II. Klasse, 5.: Rittern I. und II. Klasse (die letzteren drei in unbestimmter Zahl).

Die Prinzen des Königl. Hauses erhalten das Commandeurkreuz bei ihrer Geburt. Inländer (Militärs) erhalten dasselbe nur nach zwanzigjähriger untadelhafter Dienstzeit.

Für den Kriegsfall, dessen Jahre doppelt gerechnet werden, aber gar nicht in Berechnung kommen, sobald der Betreffende im Felde verwundet ist oder ein feindliches Siegeszeichen erobert hat, besteht eine eigene, nur für Verdienst vor dem Feinde zu verleihende Dekoration, die der Ritter des Großkreuzes vom Schwertorden I. und II. Klasse.

Die erste wird nur an Oberbefehlshaber für einen Land- oder Seesieg, die zweite nur an Offiziere in Majorsrang, die sich an der Spitze eines Regiments, oder Bataillons durch besondere Tapferkeit ausgezeichnet haben, verliehen werden; der Ritterschlag geschieht im Feldzuge stets unter freiem Himmel.

Ordenszeichen: 1. Kleinod (Fig. 527): von rotgefütterter goldener Königskrone überhöhtes, achtspitziges, liegendes, goldbordiertes, weißemailliertes Kreuz, in den Winkeln mit goldenen Kronen und an den Spitzen mit goldenen Kugeln. Die Kreuzspitzen sind verbunden durch ein blaubordiertes goldenes Band (Schwertgurt), das oben und unten je zwei gekreuzte, rechts und links je ein gestürztes Schwert mit goldenem Griff in goldbordierter blauer Scheide umschlingt. Auf der Mitte des Kreuzes ein goldbordiertes blaues Medaillon, das im Avers zwischen drei goldenen

Fig. 527.
Schwertorden.
Commandeurkreuz.

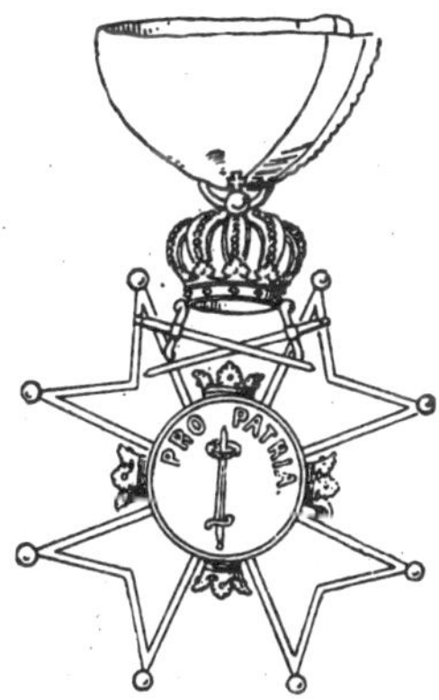

Fig. 528.
Schwertorden.
Ritterkreuz (Revers).

Kronen ein aufgerichtetes goldbegrifftes Schwert, im Revers dasselbe mit der Spitze in goldenem, von der goldenen Inschrift Pro Patria (Für das Vaterland) überhöhtem Lorbeerkranz steckend. So ist die Dekoration bei der I. Klasse (Commandeur des Großkreuzes), der II. (Commandeur) und der **III.** (Ritter vom Großkreuz **I.** Klasse) in der Größe abgestuft gleich, wogegen die **IV.** Klasse (Ritter vom Großkreuz **II.** Klasse), Fig. 528 S. 473, das Zeichen ohne die Schwerter seitlich und unten und ohne den Schwertgurt tragen und zwar die zweite Abstufung der Ritter (die **II.** Klasse) statt Gold überall von Silber (exkl. Medaillon). Die Schwertmänner tragen diese letztere Dekoration ganz in Silber auf der Brust. 2. Band: gelb mit blauem Bordstreifen, von der **I.** Klasse über die rechte Schulter zur linken Hüfte, von den Com-

Fig. 529.
Schwertorden.
Stern der Großkreuz-Commandeure.

mandeurs (**II.** Klasse), und von den Rittern um den Hals getragen. 3. Stern (auf der linken Brust) der **I.** Klasse (Fig. 529) silbern, in Kreuzform, mit goldenen Kronen und silbernen Strahlen in den Winkeln, in der Mitte mit dem goldbordierten Kreuzmedaillon, der **II.** Klasse (Fig. 530) ebenso, aber mit Kugeln an den Spitzen, ohne die Verzierungen in den vier Winkeln. Die alte Form ist wie Figur 528 die neue (fascettierte) und wie Figur 529 des Sterns ein aufrechtes, goldbegrifftes, silbernes Schwert und für die aus der II. in die I. Klasse übergehenden mit zwei dergleichen gekreuzt unterhalb des Sternes. 4. Kette (Fig. 531) der I. Klasse bei Feierlichkeiten, besteht aus durch

Fig. 530.
Schwertorden.
Commandeur-Stern.

goldene Ketten verbundenen abwechselnd Schwertern wie oben und halbmondförmigen Schilden, belegt mit blauem Helm, mit goldenem Visierteil und Kinnhaltern.

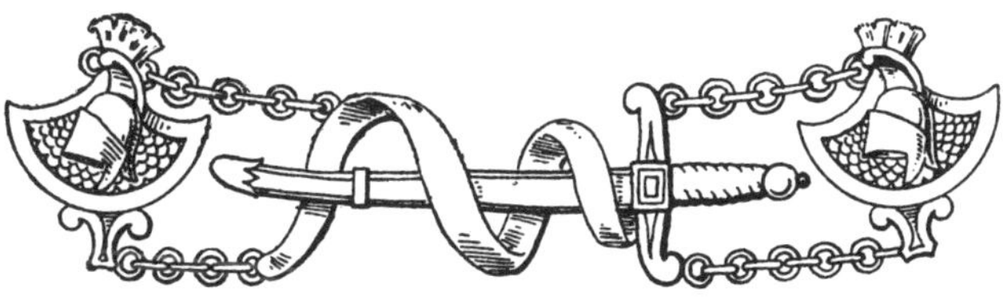

Fig. 531.
Schwertorden.
Kette.

Bei Feierlichkeiten erscheinen die Commandeure des Großkreuzes und die Commandeure in einer Ordenstracht nach schwedischem Schnitt: Jacke, Beinkleidern und Mantel von hellblauem ungeschorenen Samt, mit weißem Atlasfutter, an ersterer goldübersponnene Knöpfe, weißseidenen Strümpfen und Bandschleifen an Knie und Schuhen, weitatlasner Schärpe mit Goldfransen, Hut mit Goldtresse umsäumt, links mit an goldener Rosette befestigtem schwarzweißen Federbusch, der Stern auf Jacke und Mantel gestickt. Die Ordenstracht für die Commandeure des Großkreuzes ist seit 1819 in einen gelben Rock mit blauem Futter von burgundischem Schnitt, gelben Hosen mit hohen Stiefeln, Hut à la Henri IV. mit weißen Federn, hängender Schärpe und lila Samtmantel verändert worden. Der Orden hat Einkünfte, die zu Pensionen verwendet werden.

Nordsternorden („Das schwarze Band“).

Gestiftet oder vielmehr reorganisiert durch König Friedrich I. an seinem 72. Geburtstage (28. April 1748) als Auszeichnung für Civilbeamte, Geistliche, Gelehrte und Künstler, auch Ausländer, die sich durch bürgerliche Tugenden, Gemeingeist und nützliche Stiftungen auszeichnen. Am 14. Oktober 1844 wurde der Orden in drei Klassen eingeteilt:

1. Commandeure des Großkreuzes,
2. Commandeure,
3. Ritter geistlichen und weltlichen Standes.

Commandeure der Großkreuze vom geistlichen Stande können nur Bischöfe werden, die früher schon Ritter des Ordens waren und sich zur Beförderung durch außerordentliche Talente, gelehrte Arbeiten oder hohes Verdienst geeignet gemacht haben. Sie tragen in der Ordenstracht den Stern lediglich auf dem Mantel, und um den Hals nicht die Kette, sondern die Dekoration der Commandeure weltlichen Standes.

Commandeure sind die Prinzen des Königl. Hauses und alle Seraphinenordensritter, sonst können dazu nur solche Personen befördert werden, deren Civilrang mit dem Titel „Troman“ (lieber Getreuer) verbunden ist und die bereits einen andern Orden besitzen.

Die Anzahl der Commandeure, ausschließlich der Fremden und Seraphinenritter, soll 24 für den weltlichen, 6 für den geistlichen Stand, der der Ritter 50 für den ersteren, 16 für den letzteren betragen. Auch diese Ritter erhalten den Ritterschlag.

Fig. 532.
Nordstern-Orden.
Commandeurkreuz.

Ordenszeichen:

1. Kleinod (Fig. 532): von rotgefütterter goldener Königskrone überhöhtes, achtspitziges, goldbordiertes, an den Spitzen mit goldenen Kugeln besetztes, weißemailliertes Kreuz, das in jeder Ecke eine goldene Krone hat, und ein goldbordiertes blaues Medaillon, darin, unter der goldenen Überschrift **nescit occasum** (er kennt keinen Untergang) einen fünfstrahligen silbernen („Nord“-)Stern zeigt. 2. Band: schwarz, von den Commandeuren des Großkreuzes über die rechte Schulter zur linken Hüfte, von den Commandeuren um den Hals, von den Rittern im Knopfloch, oder auf der linken Brust getragen. 3. Stern der

Fig. 533.
Nordstern-Orden.
Stern der Commandeure des Großkreuzes.

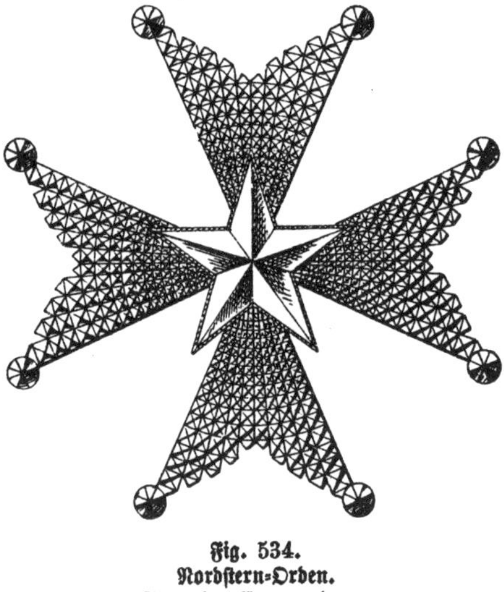

Fig. 534.
Nordstern-Orden.
Stern der Commandeure.

Commandeure des Großkreuzes (Fig. 533), silbern, mit blauem Medaillon, darin der Stern ohne Devise; der Commandeure (Fig. 534) wie abgebildet, silbern; beide auf der linken Brust getragen (Fig. 533 ist die alte glatte, Fig. 534 die neue [fascettierte] Form beider Sterne). 4. Kette, bei feierlichen Gelegenheiten von den Großkreuz-Commandeuren um den Hals getragen (Fig. 535), besteht aus zwölf durch goldene Kettenglieder verbundenen silbernen Sternen, dazwischen elf königlich-gekrönte, doppelte, goldbordierte, blaue F(riedrich).

Fig. 535.
Nordstern-Orden.
Kette.

Bei feierlichen Gelegenheiten tragen die Commandeure des Großkreuzes und die Commandeure ein Zeremonienkleid von Karmesinsamt, mit Futter und Unterkleidern aus weißem Atlas, alles im Schnitt der Nationaltracht. Hierzu ein dgl. Mantel mit dem Stern, der bei den weltlichen Mitgliedern auch auf dem Rock gestickt erscheint.

Wasaorden („Das grüne Band“).

Gestiftet durch König Gustav III. an seinem Krönungstage 26. Mai 1772, als Verdienstorden für ausgezeichnete Dienste auf dem Gebiet des Ackerbaues, Handels, Bergbaues, der Fabriken, Gewerbe und Künste, sowie für Verbreitung nützlicher Schriften über diese Gegenstände, auch für Ausländer. König Gustav IV. Adolph gab dem Orden am 26. November 1798 Statuten.

Der Orden besteht aus drei Klassen:

1. Commandeurs mit dem Großkreuze,
2. Commandeurs,
3. Rittern I. und II. Klasse

in unbeschränkter Anzahl. Der Ritterschlag erfolgt auch bei diesem Orden. Laut Statutennachtrag vom 17. April 1890 wurde die Ritterklasse in zwei Abteilungen geteilt.

Ordenszeichen: 1. Kleinod (Fig. 536a): ein für alle Klassen gleiches, nur in der Größe verschiedenes, von goldener Königskrone (beim Großkreuz [Fig. 536] rotgefüttert) überhöhtes Kreuz, genau wie das des Nordsternordens, jedoch mit

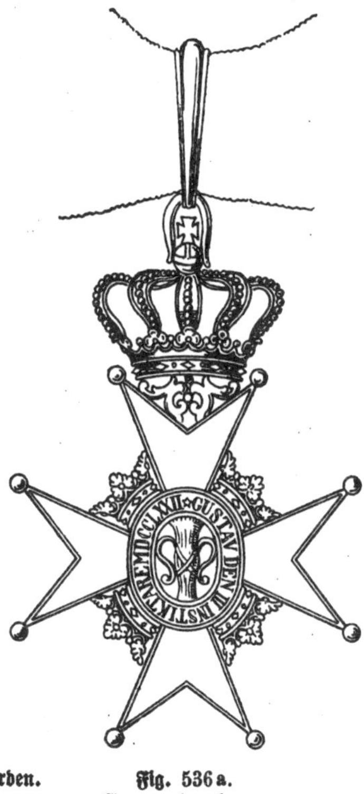

Fig. 536. Großkreuz. Wasaorden. Fig. 536a. Commandeurkreuz.

ovalem blauen Medaillon; darin, innerhalb goldbordierten dunkelroten Reifens mit der goldenen Inschrift: „Gustav den III. instiktare MDCCLXXII“ (Gustav der Dritte, Stifter, 1772), das Wappenbild des Hauses Wasa, eine gebundene und gehenkelte goldene Garbe. Bei den Rittern II. Klasse ist für Gold überall Silber angewendet. 2. Band: dunkelgrün, von der rechten Schulter zur linken

Fig. 537.
Wasaorden.
Stern der Großkreuz-Commandeure.

Hüfte (von den Commandeuren des Großkreuzes), um den Hals (von den Commandeuren) und auf der Brust (von den Rittern) getragen. 3. Stern der Großkreuz-Commandeure (Fig. 537) und Commandeure (Fig. 538 S. 482): auf der linken Brust zu tragen; wie abgebildet, mit der (hier gekrönten) silbernen Garbe belegt, ganz silbern, bei den ersteren in den Ecken mit dem schleswig-holsteinschen „Nesselblatt" *). 4. Kette (Fig. 539): von den Großkreuz-Commandeuren bei feierlichen Gelegenheiten um den Hals getragen; besteht aus abwechselnd dem hier roten, goldbordierten, mit rot-weiß geteilten Mittelschild und drei silbernen Nägeln versehenen „Nesselblatt", ferner dem mit rotgefütterter goldener Königskrone gekrönten, von goldenen Insignien des Handels (Merkurstäbe) und Ackerbaues (Füllhörner) umgebenen goldbordierten Wappenschilde von Schweden (blau mit drei goldenen Kronen) und goldenen Garben.

Fig. 538.
Wasaorden.
Commandeur-Stern.

Bei feierlichen Gelegenheiten tragen die Commandeure mit dem Großkreuze und die Commandeure ein Zeremonienkleid, im Schnitt der Nationaltracht, aus grasgrünem Samt mit weißatlassenen Unterkleidern und dgl. Mantel; auf Kleid und Mantel der Stern.

*) Die entsetzliche Verunstaltung dieses Wappenbildes tritt auch hier recht zu Tage; cfr. Gritzner, „Das Wappen der Herzöge von Schleswig-Holstein". Berlin 1888, Selbstverlag.

Orden Carls XIII.,

lediglich für ausgezeichnete Mitglieder des Freimaurer-Ordens in schwedischen Logen „zur Aufmunterung und

Fig. 539.
Kette zum Wasaorden.

Belohnung der Bürgertugend“ von König Carl XIII. am 27. Mai 1811 gestiftet.

Der Orden hat nur eine Klasse und 30 (27 weltliche, 3 geistliche) Mitglieder, ausgenommen die Königlichen Prinzen, sofern sie in den Orden eintreten. Ordenstag ist der 28. Januar (Carlstag), an dem Kapitel abgehalten und ev. neue Ritter ernannt werden. Zwei Monate später erfolgt der Ritterschlag.

Fig. 540.
Orden Carls XIII.
Rückseite des Halskreuzes.

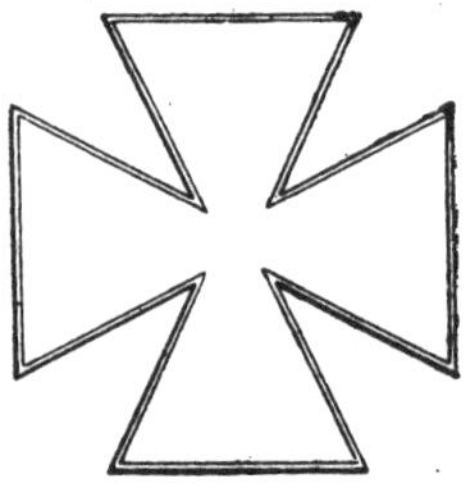

Fig. 541.
Orden Carls XIII.
Brustkreuz.

Ordenszeichen: Kleinod (Fig. 540): rubinrotes, goldbordiertes Kreuz, überhöht von Königskrone, in der Mitte mit weißem goldbordierten Medaillon, dessen Avers, unter der Königskrone, zwei verschlungene goldene C, der Revers, innerhalb goldenen Triangels, ein goldenes G (Freimaurer-Abzeichen) enthält. Außerdem wird (seit 1822) auf der linken Brust ein einfach aus rotem Tuch gefertigtes rotes Kreuz (Fig. 541) ohne Krone und Medaillon getragen, während das eigentliche Ordenszeichen an rotem Bande um den Hals hängt.

Der Königlich Norwegische St. Olafs-Orden.

Gestiftet durch König Oskar am 21. August 1847, zur Erinnerung an den König Olaf, der s. Z. Norwegen von fremder Gewalt befreite und als zweiter Stifter des Reiches und erster Ordner der christlichen Gesetzgebung angesehen

Fig. 542.
St. Olafs-Orden.
Commandeurkreuz für Civil.

Fig. 543.
St. Olafs-Orden.
Commandeurkreuz für Militär (Rückseite).

werden muß. Er soll zur Belohnung ausgezeichneter Dienste um König und Vaterland, sowie für Tapferkeit, Kunst und Wissenschaft, an In- und Ausländer verliehen werden. Ordenskapitel: am Stiftungstage oder, falls dieser ein Feiertag, am nächstfolgenden Wochentage.

Der Orden wurde ursprünglich nur in drei Graden: Großkreuzen, Commandeurs und Rittern, vergeben.

Fig. 544.
St. Olafs-Orden.
Stern der Großkreuz-Ritter.

Fig. 545.
St. Olafs-Orden.
Commandeur-Brustkreuz.

Am 19. Juli 1873 wurde der Commandeursgrad, am 17. März 1890 der Rittergrad in je zwei Klassen geteilt, so daß es jetzt Großkreuze, Commandeure **I.** und **II.** und Ritter **I.** und **II.** Klasse giebt.

Ordenszeichen: 1. Kleinod (Fig. 542 S. 485): goldbordiertes, in den verschiedenen Klassen in der Größe abgestuftes, weißemailliertes, mit goldenen Kugeln an den Spitzen versehenes achtspitziges Kreuz, mit rotem Medaillon, darin, innerhalb dunkelblauen weißbordierten Reifens, im Avers der gekrönte goldene Löwe von Norwegen, mit der Streitaxt des hl. Olaf; im Revers der Königl. Wahlspruch (Recht und Wahrheit). In den vier Winkeln des Kreuzes je ein Königlich-gekröntes goldenes angelsächsisches O(laf). Die Commandeure und Ritter, die den Orden für Militärverdienst erhielten, tragen unter der Krone zwei gekreuzte goldene Schwerter (Fig. 543 S. 485). Bei der **II.** Ritterklasse ist, ausgenommen im Medaillon, statt Gold überall Silber angewandt. 2. Band: ponceaurot, je mit weiß-blau-weiß abgeteiltem Bordstreifen; wird von den Großkreuzen über die rechte Schulter zur linken Hüfte, von den Commandeurs um den Hals, von den Rittern auf der linken Brust getragen. 3. Stern (der Großkreuze [Fig. 544]): achtstrahlig, silbern,

Fig. 546. Kette zum St. Olafs-Orden.

belegt mit dem Ordenskreuz, doch ohne Krone auf der linken Brust getragen; (der Commandeure [Fig. 545 S. 486]): in Form des Kreuzes, silbern, mit dem Kreuzmedaillon und den vier gekrönten goldenen „O“ ebenso getragen. 4. Kette der Großkreuze (Fig. 546 S. 487), seit 21. August 1882 gestiftet und bei feierlichen Gelegenheiten um den Hals getragen besteht aus abwechselnd vier runden Schildern mit dem Norwegischen Löwen (Kreuzmedaillon, Avers), vier roten dgl. mit dem Wahlspruch (Revers), dazwischen je ein gekröntes angelsächsisches „O“, alles verbunden durch verschlungene Ornamente.

Serbien, Königreich.

Über allen serbischen Orden steht der **St. Lazarus-Orden** (Fig. 547, 547**a** [S. 490]), der nur vom König allein an der Kette um den Hals getragen wird. — Die Abbildung ist einer Photographie entnommen, die von diesem, wie den übrigen Orden, anfertigen zu lassen der Kgl. Serbische Ordensgeneral die Güte hatte.

Weißer Adlerorden.

Gegründet wohl schon 22. Februar 1882, konstitutionell bestätigt durch das allgemeine Serbische Ordensgesetz vom 23. Januar 1883 und die Königliche Verordnung vom 16. Februar ejd.

Der Orden ist gestiftet zum Gedächtnis der Wiederherstellung des Serbischen Königtums; er hat, wie alle übrigen serbischen Orden, fünf Klassen, nämlich:

I. Klasse (Großkreuz) mit 10 Mitgliedern,
II. Klasse (Großoffizier) mit 20 Mitgliedern,
III. Klasse (Commandeur) mit 40 Mitgliedern,
IV. Klasse (Offizier) mit 150 Mitgliedern,
V. Klasse (Ritter) mit 300 Mitgliedern.

Der Orden wird auch von der Königin und dem Kronprinzen getragen.

Ordenszeichen: 1. Kleinod (Fig. 548 S. 491): zweiköpfiger, auf jedem Kopf mit Königskrone gekrönter Adler, mit niedergeschlagenen Schwingen, bei der V. Klasse von Silber, bei den übrigen von Gold, weißemailliert, belegt auf der Brust mit rotemailliertem Schilde (mit goldenen Perlen [Tupfen]

Fig. 547.
St. Lazarus-Orden.
Kreuz.

bordiert), darin ein goldgesäumtes weißes Kreuz, bewinkelt von vier goldenen Feuerstählen. Zwischen den Köpfen befindet sich eine große Königskrone, mit den Adlerköpfen verbunden durch blauemailliertes Band. Das Reversmedaillon des Adlers (Fig. 549 S. 491) ist wie das auf dem Avers, doch befindet sich hier darin (unter der Königskrone) die goldene Initiale M I und auf der Rückseite des erwähnten blauen Bandes in neuer cyrillischer Schrift die goldene

Inschrift: „22. Februar 1882“. Der Orden ist, einschließlich der Krone, bei der IV. und V. Klasse 60 mm lang, 30 mm breit, der Ovalschild ohne Rahmen 15 mm lang, 12 mm breit, der Rahmen 1 mm stark, das Kreuz im Schilde, einschließlich seines Randes, 3 mm breit, die Feuerstähle haben eine Höhe von 3 und eine Breite von 2 mm. Die Höhe der Krone 16 mm, die Breite 17 mm, das Band daran 3 mm breit. Bei den Orden I., II. und III. Klasse beträgt die Längenachse des ganzen Ordens mit der Krone 80 mm, die Breite 40, die Ovalschilde haben, ohne Rahmen, 18 mm Länge und 13 mm Breite. Der Rahmen ist 2 mm stark, die Breite der Kreuzarme beträgt 3.5 mm, die Höhe der Feuerstähle 3.5 mm, die Breite 2 mm, die Höhe der großen Krone 23 mm, die größte Breite 26 mm, die Breite des Bandes daran 3 mm. Die Orden I. und II. Klasse haben hierzu einen Stern (Fig. 550). Derselbe, von der I. Klasse auf der linken, von der II. Klasse auf der rechten Brust getragen, ist quadratförmig, golden, mit

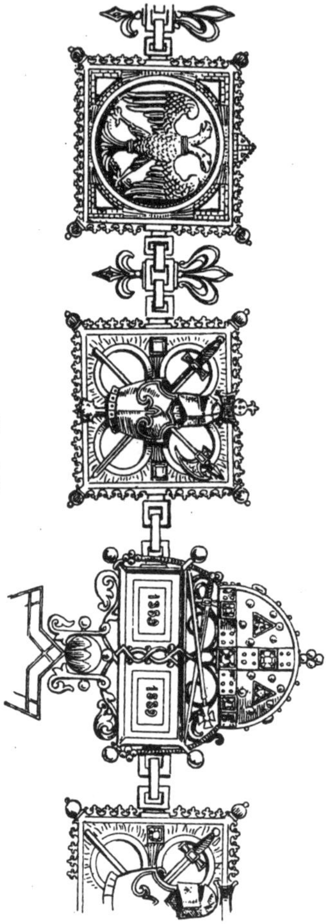

Fig. 547a. Kette des St. Lazarus-Ordens.

Fig. 548.

Vorderseite.

Fig. 549.

Rückseite.

Weißer Adlerorden.

Fig. 550.
Weißer Adlerorden.
Stern.

krystallierten Strahlen, die nach den Winkeln zu in größere Strahlen, als gegen die Mitte der Quadratseiten, auslaufen. Die Quadratseite des Sterns I. Klasse beträgt 62 mm, die des Sterns II. Klasse 57 mm. Auf dem Stern I. Klasse liegt das Kreuz III. Klasse, auf dem Stern II. Klasse das Kreuz IV. Klasse. 3. Das Band ist rotblau moiriert, beim Orden I. Klasse 105 mm breit, der mittlere rote Streifen 60 mm, die beiden seitlichen hellblauen je 17 mm breit und außerhalb der letzteren noch je ein roter Streif von 5.5 mm; die daran befindliche Rosette, unter der das Ordenszeichen hängt, 65 mm im Durchmesser. Das Band der II. Klasse ist 53 mm breit, der mittlere rote Teil 30 mm, die seitlichen roten 2.5 mm, die dazwischen liegenden hellblauen je 9 mm breit. Das Band der III., IV. und V. Klasse ist 40 mm breit, der mittlere rote Streif 20 mm, die blauen je 7, die roten seitlichen je 2.5 mm.

Fig. 551.
Takowo-Orden.
Commandeurkreuz (III. Klasse) mit Kriegsdekoration.

Die I. Klasse wird getragen an einem Bande von der linken Schulter zur rechten Hüfte, die II. und III. Klasse um den Hals, die IV. und V. Klasse von Offizieren im zweiten Knopfloch, von Civilpersonen auf der linken Brust.

Takowo-Orden.

Gestiftet als Takowoer Kreuz vom Fürsten Michael 22. Mai 1865, wurde d. d. Nisch, 15./27. Februar 1878 zum Orden in fünf Klassen: Großkreuze, Großoffizierkreuze, Commandeurkreuze, Offizierskreuze, Ritterkreuze erhoben und durch das Serbische Ordensgesetz vom 23. Januar 1883 ein Königlicher Orden.

Ordenszeichen [bis 1883]: 1. Kleinod: innerhalb eines in emailliertem Fürstenhut endenden grünemaillierten Lorbeerkranzes ein bei den drei ersten Klassen 0.050 m hohes und 0.045 m breites, bei der IV. und V. Klasse 0.035 m hohes und ebenso breites, weißes Kreuz, überlegt durch goldenes Andreaskreuz. In der Mitte des Ganzen befand

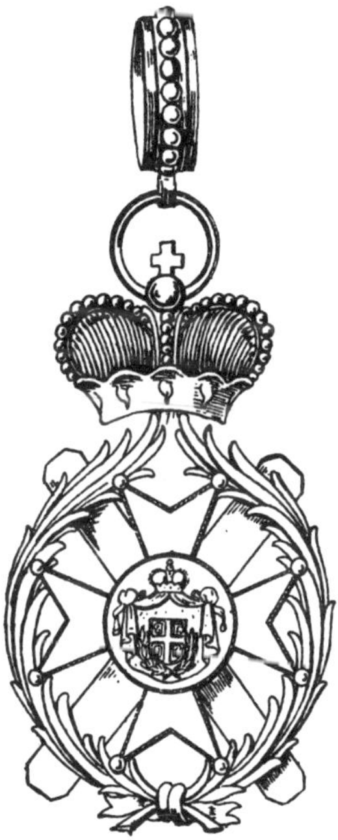

Fig. 552. Takowo-Orden. Fig. 553.
Großoffizierkreuz (II. Kl.). Revers. Offizierkreuz (IV. Klasse).

sich ein rotes Medaillon mit dem Monogramm des Stifters innerhalb eines blauen Reifens, worauf die goldenen Worte in serbischer Sprache und Schrift, zu deutsch: Für Glaube, Fürst und Vaterland. Für Kriegsverdienste waren dem Orden Schwerter (Fig. 551) und ein rotes Band (s. unten) verliehen. Der Revers (Fig. 552) zeigte das damalige

Serbische Wappen. 2. Band: die Großkreuze trugen dasselbe 0.104 m breit, der rote Mittelstreifen 0.080 m, der weiße, bzw. blaue Seitenstreif 0.012 m breit, von der rechten Schulter zur linken Hüfte; die Offiziersgroßkreuze und Commandeure ebenso, in der Gesamtbreite von 0.040 m um den Hals; die Offiziere und Ritter an ebenso breitem dreieckig gefalteten Bande auf der linken Brust. 3. Stern der Großkreuze im Durchmesser von 0.090 m, der Offiziersgroßkreuze im Durchmesser von 0.080 m, war silbern, belegt mit dem Takowoer Kreuz I. Klasse, jedoch ohne die Krone. Die Sterne wurden auf der linken Brust getragen.

Fig. 554. Vorderseite.

Fig. 554 a. Rückseite.

Takowo-Orden. Ritterkreuz (V. Klasse).

Ordenszeichen [seit 1883]: 1. Kleinod: nach dem Ordensgesetz und der Verordnung von 1383 besteht das Takowokreuz jetzt: 1. aus einem achtspitzigen, auf goldenem Andreaskreuz liegenden, an den Spitzen mit goldenen Kügelchen besetzten goldenen Kreuze, mit rundem Medaillon, darin, unter der Königskrone, die Buchstaben M(ilan) O(brenowitsch). Das Medaillon wird von einem blauen goldbordierten Bande, dessen Enden sich unten kreuzen, eingerahmt und auf ihm steht in altcyrillischer goldener

Schrift die Ordensdevise (zu deutsch: Für den Glauben, den Fürsten und das Vaterland). Die Rückseite trägt das Serbische Wappen (Fig. 554 a). Das Medaillon ist bei der IV. und V. Klasse von einem oben offenen Lorbeerkranze umgeben; bei der V. Klasse (Fig. 554 und 554 a) ist alles

Fig. 554 b.
Takowo-Orden.
Stern der Großkreuze.
I. Klasse.

von Gold, ohne Emaille und Krone, bei der IV. Klasse (Fig. 553 S. 493) ist das stehende Kreuz weißemailliert, goldgesäumt; das Medaillon rotemailliert, das Monogramm und das Wappen des Reverses golden, das um das Medaillon befindliche Band blauemailliert, goldbordiert, der das Ganze einrahmende Lorbeerkranz von grünem Email. Darüber der Fürstenhut mit rotem Emailfutter und weißem Hermelinbesatz, der mit dem Ordenskreuz vermittelst eines 8förmig gelegten Bandes verbunden ist. Die Zeichen der I., II. und III. Klasse (Fig. 552 S. 493) gleichen im allgemeinen dem der IV., doch ist der Lorbeerkranz nicht rings um das Medaillon,

Fig. 555.
Takowo-Orden.
Stern der Großoffiziere.
II. Klasse.

sondern längs der Schenkel (um die Spitzen des achtspitzigen Kreuzes) angebracht, die Schenkel des Andreaskreuzes sind länger und überragen den Kranz, der nach oben nicht offen ist, vielmehr in die Krone übergeht und letztere direkt mit dem Orden verbindet. Bei der V. und III. Klasse steht unter dem Monogramm M. O. eine III, bei den übrigen

Klassen eine IV. Die Gesamtlänge der Schenkel des eigentlichen Kreuzes ist bei allen Klassen 35 mm, die des Andreaskreuzes bei der IV. und V. Klasse 42, bei den übrigen 48 mm. Die Krone IV. Klasse ist samt dem Kreuze 19 mm hoch und ihre größte Breite beträgt 22 mm. Bei der I., II. und III. Klasse ist die Gesamthöhe der Krone und des Kreuzes 21, die größte Breite 28 mm. Der Durchmesser der Aversmedaillons beträgt bei allen Klassen 11, der auf dem Reverse 17 mm. 2. Stern: derselbe ist silbern, achtstrahlig und brillantiert. Bei der I. Klasse (Fig. 554 b S. 495) beträgt sein Durchmesser 90, bei der II. (Fig. 555) 84 mm. In der Mitte des Sterns befindet sich das Kreuz des Ordens II. Klasse mit dem Monogramm, bei der I. Klasse mit einer IV, bei der zweiten mit einer III darunter. Beide Klassen tragen den Stern auf der linken Brustseite. 3. Band: dreifarbig rot, blau, weiß, bei der I. Klasse 105 mm breit, der mittlere Streifen 79 mm breit, rot, alsdann beiderseits ein weißer von 6.5 mm, dann ein blauer von derselben Breite. Die Enden des Bandes bilden eine Masche, auf der eine Rosette von 65 mm ruht, unter welcher der Orden hängt, von der rechten Schulter zur linken Hüfte getragen. Bei der II. Klasse beträgt die Breite 53, der rote Streifen 35 mm, die weißen und blauen je 4.5 mm, es wird am Halse getragen. Bei der III., IV. und V. Klasse ist das Band 40 mm breit, und zwar der rote Streifen 26, die weißen und blauen je 3.5 mm. Die IV. Klasse wird auf der linken Brustseite getragen.

Das für Kriegsverdienst erteilte Takowokreuz (Fig. 551 S. 492), das neben jeder anderen Klasse desselben Ordens weiter getragen wird, hat hierzu noch zwischen Kreuz und Krone, sowie auf den Ordenssternen über dem Kreuz, bei der V. Klasse, die keine Krone hat, zwischen Kreuz und Ring zwei gekreuzte Schwerter; auch befindet sich im Aversmedaillon nur ein goldenes **M**, darüber die Königskrone. Das Band ist rot, mit denselben Abmessungen wie oben.

Der Orden des heiligen Sabbas (Swenty Sabbas, St. Sava).

Gestiftet durch das obenerwähnte Ordensgesetz, bestimmt zunächst zur Belohnung für Verdienste auf dem Gebiete der Künste und Wissenschaften, in fünf Klassen, die denen des Takowoordens entsprechen. Er besteht aus folgenden Zeichen: 1. Kleinod (Fig. 556): Kreuz, bei der V. Klasse silbern, bei den übrigen golden, in der Form des Takowokreuzes,

Fig. 556.
St. Savaorden.
Kreuz.

Fig. 556 a.
St. Savaorden.
Kreuz (Rückseite).

ebenso auch mit goldenen Kügelchen an den Spitzen, jedoch ohne das Andreaskreuz, außerdem ist es weiß mit blauem Rande, alles emailliert, Bord und Kreuzarm durch schmalen, bei der V. Klasse silbernen, sonst goldenen Streifen getrennt. In der Mitte des Kreuzes ein ovales, weißemailliertes, mit dem Bilde des heil. Sabbas versehenes Medaillon, das ein blau emaillierter Reif mit der Devise des Ordens: „Selbstthätigkeit erzielt alles“, in serbischer Sprache und alter cyrillischer, bei der V. Klasse silberner, sonst goldener Schrift, umgiebt. Die Rückseite des Medaillons zeigt ein goldenes M. I. mit der Königskrone und liegt hier in dem blauen Reifen ein goldener Kranz (Fig. 556 a). In jedem Winkel des Kreuzes steht ein von der Königskrone überhöhter zweiköpfiger, bei der V. Klasse silberner, bei den übrigen goldener Adler, der das bei der V. Klasse silberne, bei den

Fig. 557.
St. Savaorden.
Stern der I. Klasse.

übrigen weißemaillierte, von den vier goldenen Feuerstählen bewinkelte Kreuz des Serbischen Wappens im roten Felde zeigt. Über dem Kreuze, innerhalb des Einschnittes des oberen Armes, befindet sich eine bei der V. Klasse silberne, sonst goldene Lilie, die ersteres mit der darüber befindlichen Königskrone verbindet. Bei der IV. und V. Klasse ist der vertikale Schenkel des Kreuzes 43 mm, der horizontale 40 mm lang; die Längsachse des Medaillons beträgt 12 mm, die Querachse 10 mm. Die Breite des blauen Reifens um das Medaillon beträgt 2.5 mm und die des blauen Randes um die Kreuzschenkel 2 mm. Die Höhe der Krone, sowie ihre größte Breite, beträgt 19 mm. Bei der I., II. und III. Klasse ist der vertikale Schenkel des Kreuzes 54 mm, der horizontale 50 mm lang. Die Längsachse des Medaillons beträgt 16, die Querachse 13 mm. Die Breite des blauen Reifens um das Medaillon beträgt 3 mm, die des Bordes um die Kreuzschenkel 2.5 mm. Die Höhe der Krone bei der II. und III. Klasse beträgt 24 mm, die größte Breite 26 mm, bei der I. Klasse dagegen die Höhe 28 mm, die größte Breite 33 mm. 2. Stern (Fig. 557 S. 499) der I. Klasse 90, der II. 84 mm Durchmesser, beide brillantiert und belegt mit dem Ordenskreuz, bzw. der III. und IV. Klasse. 3. Band: moiriert, bei der I. Klasse 105 mm, der weiße Mittelstreifen 60, die seitlichen hellblauen je 17 mm breit, und die schmalen weißen Bordstriche je 5.5 mm. Rosette wie beim Takowokreuz. Bei der II. Klasse ist das Band 53 mm breit, der weiße mittlere Strich 30 mm, die blauen je 9 mm, die seitlichen weißen je 2.5 mm. Bei der III., IV. und V. Klasse das Band 40 mm breit, der mittlere weiße Streifen 20 mm, jeder der blauen 7.5 mm und die seitlichen weißen Ränder je 2.5 mm. Der Orden wird in allem wie das Takowokreuz, beide Sterne jedoch auf der rechten Brustseite getragen.

Medaille zur Erinnerung an die Proklamation des Königreichs.

Gestiftet durch das Serbische Ordensgesetz vom 23. Januar 1883.

Ordenszeichen: 1. Kleinod: die Medaille ist von Silber im Durchmesser von 22 mm. Rings um dieselbe befindet sich ein silberner Lorbeerkranz in Breite von 5 mm. An der Stelle oben, wo der Kranz sich schließt, liegt ein silberner doppelter Adler mit halbgeöffneten Schwingen, zwischen denen die Königskrone, an der ein Ring für das Band. Die Höhe des Adlers und der Krone beträgt zusammen 26 mm, die Gesamthöhe der Medaille beträgt 68 mm. Die Medaille zeigt im Avers das Serbische Staatswappen und im Revers die Inschrift, zu deutsch: „Den Erneuerern des serbischen Königreichs das dankbare Vaterland". 2. Das Band ist moiriert, weiß und rot und zwar so, daß es aus vier roten, dazwischen drei weißen Streifen von je 5 mm und zwei schmalen, weißen Randstreifen von je 1.5 mm Breite besteht, so, daß die Breite insgesamt 38 mm beträgt. Eine Abbildung war nicht zu erlangen.

Medaille I. M. der Königin Natalie.

Gestiftet durch König Milan I. von Serbien, d. d. Belgrad, 22. Februar (6. März) 1886, zur Belohnung weiblicher Personen für die den Verwundeten geleisteten Pflegedienste.

Ordenszeichen: 1. Kleinod (Fig. 558): die Medaille wird in Gold und Silber verliehen, besteht aus von Lorbeerkranz umschlossenem ovalen Ringe mit der serbischen Inschrift, zu deutsch: „Für Pflege Verwundeter und Kranker im Kriege", innerhalb dessen eine Schleife mit dem Staatswappen. Über dem Ringe die Königskrone. 2. Band: hellblau, 27 mm breit, in Doppelschleife an der linken Schulter zu tragen; die Enden sind gezackt und ausgefranst.

Fig. 558.
Medaille der Königin Natalie.

Rangordnung der Kgl. Serbischen Orden:

Weißer Adlerorden I. Klasse,
" " II. Klasse,
Takowo mit Schwertern I. Klasse,
Takowo I. Klasse,
Weißer Adlerorden III. Klasse,
Heiliger Sabbas I. Klasse,
Takowo mit Schwertern II. Klasse,
Takowo II. Klasse,
Heiliger Sabbas II. Klasse,
Weißer Adlerorden IV. Klasse,
Takowo mit Schwertern III. Klasse,
Takowo III. Klasse,
Heiliger Sabbas III. Klasse,
Weißer Adlerorden V. Klasse,
Takowo mit Schwertern IV. Klasse,
Takowo IV. Klasse,
Heiliger Sabbas IV. Klasse,
Takowo mit Schwertern V. Klasse,
Takowo V. Klasse,
Heiliger Sabbas V. Klasse.

Siam, Königreich.

Der heilige Orden (auch: Orden der neuen Edelsteine).

(Nop' aratanarach'a — warap'aun.)

Gestiftet am 29. Dezember 1869, bzw. 1873 durch den jetztregierenden König, in Erneuerung dieses Ordens, der bereits im 12. Jahrhundert existiert hat. Denselben können nur Mitglieder und Verwandte des Königlichen Hauses, sofern sie Buddhisten sind, erhalten.

Ordenszeichen: K l e i n o d: Halskette und Stern des Königs; erstere (Fig. 559) aus diversen Edelsteinen,

Fig. 559.
Heiliger Orden.
Kettenglieder.

Fig. 560.
Heiliger Orden.
Stern.

sowie auch das Medaillon des letztern (Fig. 560). Das Kleinod für alle übrigen Mitglieder darf nur an gelbem

Bande mit grünen Borden sowie mit Fransen von der rechten Schulter zur linken Hüfte getragen werden. Der Stern ist derselbe.

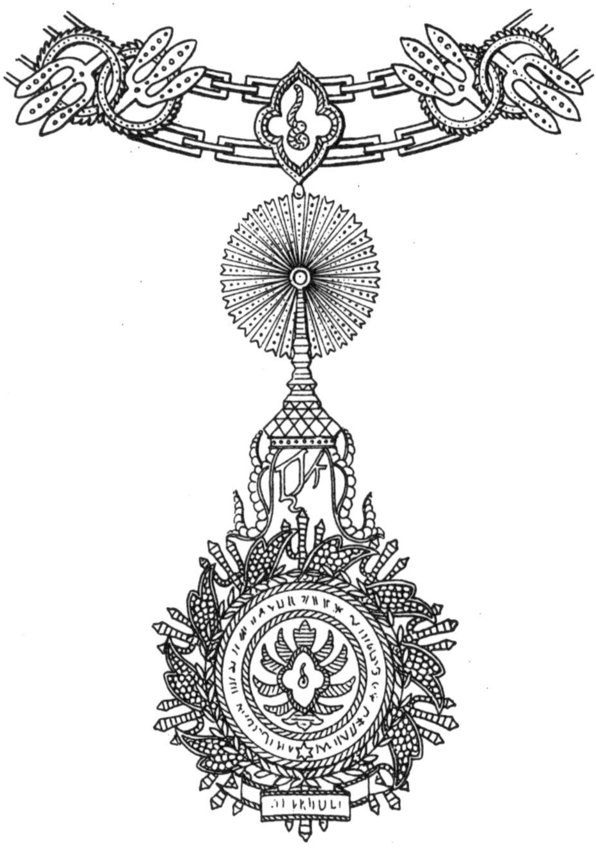

Fig. 561.
Orden Chakrki mit Kette.
(I. Klasse.)

Der Orden Maha Chakrki.

Gestiftet durch König Chulalogkorn am 21. September 1884 in zwei Klassen. Er kann nur an direkte Nachkommen des Gründers der jetztregierenden Dynastie verliehen werden. König und Königin sind Großmeister, bzw. Großmeisterin. Beliehen werden Prinzen und Prinzessinnen; die Mitgliederzahl darf die Zahl 43 nicht übersteigen. Außerdem kann der Kaiser fremde Souveräne, Prinzen und Prinzessinnen zu Ehrenmitgliedern des Ordens ernennen.

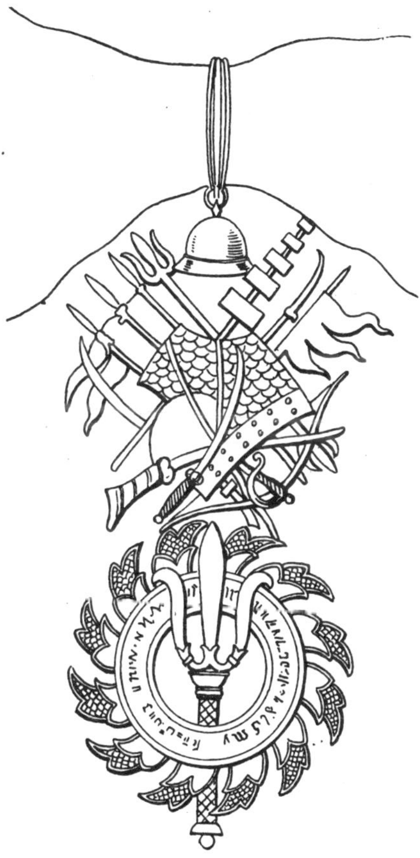

Fig. 562.
Orden Chakrki.
(II. Klasse.)

Ordenszeichen: wie abgebildet (Fig. 561). Alle Dekorationen sind von Gold, die Reifen und der Schild im Medaillon, in der Kette der I. Klasse und des Sterns (Fig. 562**a** S. 506) sind hellblau. Die I. Klasse des Ordens wird an einer Kette um den Hals getragen, hierzu ein Stern (Fig. 562**a** S. 506) auf der linken Brust, beide reich mit Brillanten besetzt. Die Dekoration der II. Klasse (Fig. 562 S. 505), an gelbem Bande um den Hals zu tragen, hat keine Brillanten.

Fig. 562 a.
Orden Chakrki.
Stern.

Familienorden.

(Chülah Chaum Kl'ow.)

Gestiftet von demselben König am 16. November 1873 für alle Personen von Rang, soweit sie direkte Nachkommen der früheren 34 Könige des Landes sind, behufs Schaffung eines hohen Adels. Der Orden hat drei Klassen:

1. Pat'ôma
2. Tuteeya } Chülah Chaum Kl'ow.
3. Tateeya

Diese letzteren in zwei Abstufungen.

Die I. Klasse, die nur für den König und ältere und jüngere Prinzen, an wirkliche Staatsminister und an Gouverneure der ersten Provinzklassen mit dem Titel „Excellenz" verliehen werden darf, soll 20 Mitglieder umfassen. Die II. Klasse sollen Prinzen und Regierungsbeamte in politischen Stellungen („im Besitz goldener Schenkteller") erhalten, deren Zahl 50 nicht übersteigen darf. Der erstgeborene „eheliche Sohn" eines Mitglieds der I. Klasse wird schon zu Lebzeiten des Vaters, der erstgeborene Sohn eines Mitglieds der II. Klasse nach dem Tode des Vaters Mitglied

Fig. 563. Avers. Familienorden I. Klasse. Fig. 563 a. Revers.

der III. Klasse. Die dritte Generation erbt die Mitgliedschaft einer Klasse nicht mehr, der Adel erlischt daher mit ihr. Der König kann jedoch Descendenten von Geadelten von neuem den Adel oder eine höhere Adelsklasse verleihen. Ausländer dürfen nicht Mitglieder werden. Alle Ritter müssen das 21. Lebensjahr vollendet haben, wovon indes Ausnahmen zulässig.

Ordenszeichen: 1. Kleinod (Fig. 563 S. 507): achtstrahliger, goldbordierter, rosa-emaillierter Stern mit goldenen Doppelstrahlen. Zwischen den Strahlen innerhalb goldbordierten blauen Reifens mit der goldenen Inschrift (zu deutsch: Wir wollen das Glück unserer Familien begründen) auf schwarzem Grunde, das Bild des Stifters in Uniform nach europäischem Muster, Ordenskette, großem Band und Stern. Die

Fig. 564.
Familienorden I. Klasse.
Stern.

Sternstrahlen verbindet ein Kranz aus grünen, von goldenen Streifen unterbrochenen Lotosblättern und wird das Kleinod von der goldenen grün, rot, blau und weiß emaillierten Chülahkrone überhöht. Der Revers (Fig. 563a S. 507) enthält, statt des Bildnisses des Regenten, den dreiköpfigen weißen Elefanten, innerhalb eines blauen Reifens mit der Inschrift: **Jahr des Hahns, V.** der Dekade der Siamesischen Ära 1235, umfaßt von weiß und rosa zackenförmig abgeteiltem Borde. Die zweite Abteilung der III. Klasse hat statt Gold überall Silber. 2. **Band**: rosa, von der I. Klasse 9 cm breit, unten mit Fransen, von der rechten Schulter zur linken Hüfte, von der II. 5 cm breit um den Hals, von der III. mittels goldener (resp. silberner) Schnalle 3.5 cm breit auf der linken Brust

Fig. 565.
Familienorden.
II. Klasse, I. Abteilung.

getragen. 3. **Stern**: **a)** der I. Klasse (Fig. 564): silbern, diamantiert, achtstrahlig; zwischen den acht Strahlen acht andere goldene. Medaillon rosa, mit dem brillantenbesetzten goldenen Namenszug des Königs innerhalb blauen Reifens mit der Aversdevise des Kleinods. **b)** **der ersten Abteilung der II. Klasse** (Fig. 565): achtstrahlig, ganz silbern, ohne die goldenen Strahlen, Medaillon und Rand wie oben, doch größer. c) des Königs (Fig. 566): wie a, aber statt Silber überall Brillanten; alle Sterne werden auf der linken Brust getragen. 4. Kette (der I. Klasse, Fig. 567): besteht aus dem goldenen, dreiköpfigen Elefanten mit Chülahkrone

Fig. 566.
Familienorden.
Stern des Königs.

und Sonnenschirmen, goldnen Drachen (alles mit Diamanten und Rubinen verziert), silbernen Lotosblumen (26) und dem silbernen Monogramm C. P. R. (25), wird bei großer Hofkleidung um den Hals über dem Rock getragen.

Orden des (Siamesischen) Weißen Elefanten.

(Moha-Wara-Bohru.)

Gestiftet 1861 von König Somdetch Phra Paramindr Maha Mongkut († 1868), erweitert 1869, bzw. 1873

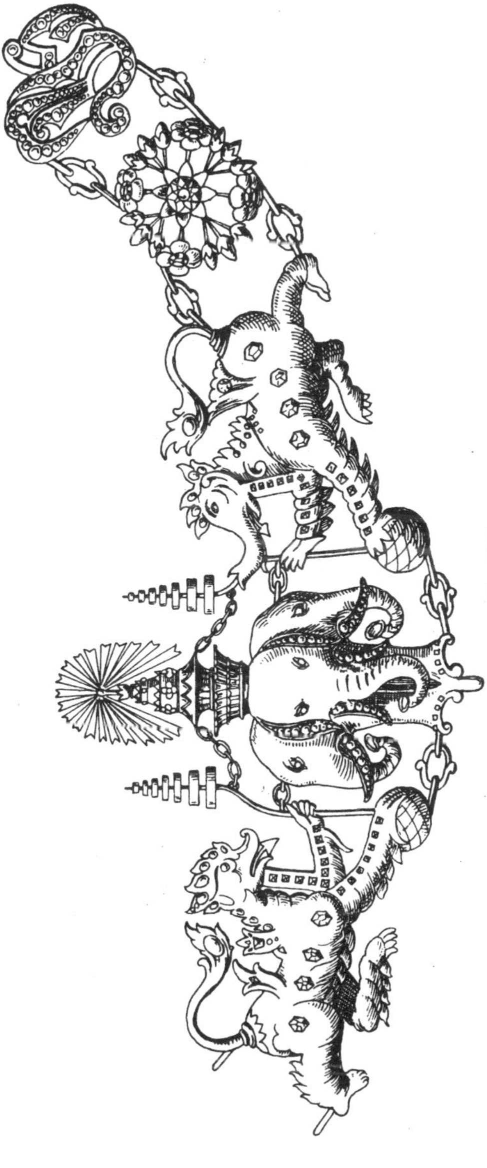

Fig. 567. Familienorden. (Kette.)

von dessen Sohne: Somdetch Phra Paramindr Maha „Chülalongkorn“, in fünf Klassen:

1. Großkreuze (**Maha-warahp'aun**),
2. Großoffiziere (**Chüla-warahp'aun**),
3. Commandeure (**Nip'ahp'aun**),
4. Offiziere (**P'usanahp'aun**),
5. Ritter (**T'ip'ayahp'aun**).

Die **I.** Klasse soll nur 23 Mitglieder enthalten, davon drei Regenten, die übrigen sind bestimmt für berühmte und jüngere Prinzen und Prinzessinnen, sowie für die höchste Klasse tadelloser Notablen von hervorragendem Verdienst und langem Aufenthalt im Königreich; die **II.** Klasse soll 50, die **III.** 100, die **IV.** 200, die **V.** eine unbegrenzte Zahl von Mitgliedern enthalten.

Ordenszeichen: 1. Kleinod: rundes, rotes Medaillon, darin, stehend auf goldenem Piedestal, mit abwechselnd roten und grünen senkrechten Streifen, umgeben von vier aus dem Außenrande hervorgehenden grünen Palmblättern, ein weißer Elefant, mit goldverzierter roter Kopfkappe, desgleichen Schabracke, Bauch- und Schwanzriemen. Um das Ganze ein blauer, weißgeperlter Bord und ein dreifacher Bord von gelben, roten und grünen Lotosblättern, alle goldbordiert, die ersteren beiden mit goldenen Adern. Die Dekoration hängt an der mit Edelsteinen geschmückten goldenen Siamesischen („Chülah“-)Krone, die von goldener Sonne innerhalb goldenen Blätterkranzes umgeben ist. Der goldene Revers (Fig. 569 **a**) zeigt: als Wappen die „Unalome“ (den Sonnenstrahl) innerhalb goldenen, mit den Buchstaben der Namen des zweiten Stifters beschriebenen Bordes. Die Dekoration der **I.** und der **III.** Klasse (Fig. 568) ist ganz gleich, die der **II.**, **IV.** und **V.** (Fig. 571 S. 514) hat die Sonne innerhalb des Kranzes über der Krone nicht; sonst sind diese drei in der Form und Größe ganz gleich, $^2/_3$ so groß wie die der beiden ersten und bei der fünften statt Gold überall mit Silber versehen. 2. Stern (der beiden ersten Klassen,

Fig. 570 (S. 514), der Elefant wie im Kleinod, hier aber auf grünem Piedestal mit rot-gold-grünem Quer- und goldbordiertem roten senkrechten Balken. Er trägt auf

Fig. 568.
Elefantenorden.
I. und III. Klasse.

Fig. 569.
Elefantenorden.
II. und IV. Klasse.

Fig. 569a.
Elefantenorden.
I. Klasse. (Revers.)

seinem Rücken eine Art doppelten rot grün abgewechselt gefärbten vasen- oder fontäneartigen Ständers, auf dem oben wieder die Siamesische (Chulah-)Königskrone, auf deren Spitze die aus dem Oberrande hervorbrechende Sonne

Fig. 570.
Elefantenorden.
Stern der I. und II. Klasse.

Fig. 571.
Elefantenorden.
III. Klasse.

(mit goldbordierten roten Strahlen) ruht. Beiderseits der Krone sind zwei größere und zwei kleinere goldbordierte rote Unalome (Sonnenstrahlen), zwischen diesen wieder, stehend auf dem Piedestal, der siebenfache Siamesische „Sonnenschirm" rot mit goldenen Borden. Dieser Stern wird von beiden Klassen auf der linken Brustseite getragen. 3. Band: rot, mit grünen, durch schmalen, gelben und blauen Streifen abgetrennten Borden von der I. Klasse 9 cm breit, mit Fransen versehen von der rechten Schulter zur linken Hüfte, von der II. und IV. Klasse mit Rosette (Fig. 571) auf dem Bande auf der rechten, bzw. linken Brustseite, von der III. mittelbreit um den Hals, von der V. ohne Rosette auf der linken Brust getragen.

Orden der Siamesischen Krone (Mongkut-Siam).

Gestiftet am 29. Dezember 1869 vom selben König, gleichfalls in fünf Klassen:

1. Großkreuze (Mahah-surap'aun),
2. Großoffiziere (Chula-surap'aun),
3. Commandeure (Mant'a-nahp'aun),
4. Offiziere (P'at'arahp'aun),
5. Ritter (Wichitarahp'aun).

Die Zahl der Mitglieder der ersten Klasse ist (ausgenommen den König) auf 40 festgesetzt, nämlich für größere und kleinere Fürsten und berühmte Notablen, die sich lange und vorwurfsfrei im öffentlichen oder auswärtigen Gesandtschaftsdienste bewährt haben. Die zweite Klasse soll 100, die dritte 200, die

Fig. 572.
Orden der Siamesischen Krone.
I. und III. Klasse.

Fig. 573.
Orden der Siamesischen Krone.
II., IV. und V. Klasse.

vierte 400 Mitglieder enthalten; die der fünften ist unbeschränkt.

Die resp. 1., 2., 3., 4. und 5. Klasse rangiert hinter der betreffenden Klasse des Elefantenordens.

Ordenszeichen: 1. Kleinod (Fig. 572 S. 515): von doppeltem Kranze roter und grüner goldbordierter Lotosblätter umgeben, ein ganz goldenes Medaillon mit der Chulahkrone, den Sonnenschirmen und oben der Sonne auf Postament,

Fig. 574.
Orden der Siamesischen Krone.
Stern I. und II. Klasse.

innerhalb Perlenbordes, hängend an lilienförmiger goldener Verzierung. Die erste und dritte Klasse und die zweite, vierte und fünfte sind in der Größe und Gestalt gleich. Die drei letzteren (Fig. 573 S. 515) enthalten die Sonnenschirme nicht, dagegen die vier Palmblätter; bei der fünften Klasse ist statt Gold überall Silber angewandt. Der Revers hat die Buchstaben Ch'-P.R., Initialen des Königs. 2. Band: dunkelblau, mit hellgrünen, durch schmalen roten und gelben Streifen abgetrennten Bordstreifen, von den Großkreuzen

9 cm breit und das aller übrigen Klassen genau wie beim Elefantenorden getragen. 3. Stern (der beiden ersten Klassen [Fig. 574]): auf der linken Brust zu tragen. Innerhalb Kranzes von roten und grünen goldbordierten Lotosblättern und goldenen mit weißen Perlen besetzten Bordes auf dunkelblau: Krone mit Sonne auf vasenförmigem Untersatz, zwischen den „Sonnenstrahlen“ und den Sonnenschirmen wie beim Elefantenorden.

Fig. 575.
Medaille für Gelehrte.

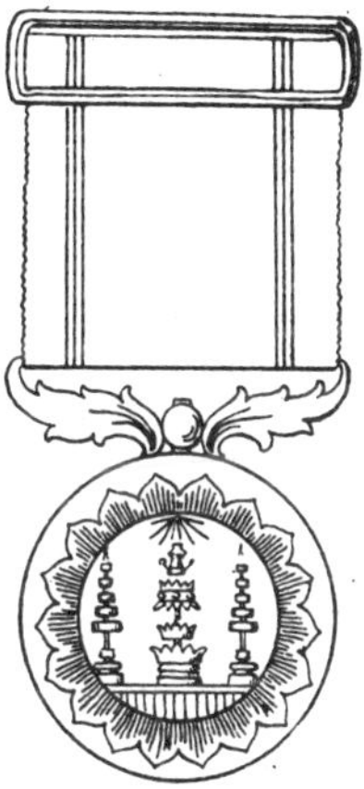

Fig. 576.
Medaille für Künstler.

Medaille für Gelehrte und Künstler,

gestiftet 19. September 1887, in zwei Abstufungen:

1. Ratanahp'aun,
2. Busapamahlah

genannt.

Nr. 1 (Fig. 575), mit Brillantstrahlen ringsum, hat Medaillon und Band des Kronenordens II. Klasse.

Nr. 2 (Fig. 576), von Gold, wird am Bande des Elefantenordens, beide auf der linken Brustseite getragen.

Die Dusch Mala-Medaille,

gestiftet im Jahre 1882, wird nur an Siamesen für dem König persönlich geleistete Dienste in der Verwaltung, in der Wissenschaft und Kunst, durch menschenfreundliche Handlungen und für Tapferkeit verliehen.

Es war uns leider nicht möglich, die Dekoration in Abbildung zu erhalten.

Beide Sicilien, ehemaliges Königreich.

(Durch Dekret vom 17. Dezember 1860 mit Sardinien, dann mit Italien vereinigt.)

Orden des heiligen Ferdinand und des Verdienstes.

Gestiftet 1. April 1800 durch König Ferdinand IV. in Erinnerung an den Protektor Ferdinand den Großen, König von Castilien, zur Belohnung von Treue und Ergebenheit, bewiesen bei Wiedereroberung des ganzen Königreichs, für die Person des Königs und die Monarchie, zur Ermunterung und Anfeuerung der Unterthanen, hauptsächlich dem Adel beider Sicilien zum Gefühl der Ehre und des wahren Ruhms.

Der Orden hatte drei Klassen: Großkreuze, Komture und Ritter; sie mußten katholisch sein.

Die Großkreuze, deren Anzahl, mit Einschluß der Kgl. Familie, nur 24 betragen durfte, führten das Prädikat „Excellenz“, sie hatten große Vorrechte bei Hofe. Das Großkreuz erhielten Generale, die als Befehlshaber einen völligen Sieg errangen.

Anspruch auf das Commandeurkreuz hatte, wer einen festen Platz mit Erfolg verteidigte, bzw. einen vom Feinde besetzten Platz eroberte.

Anspruch auf das Ritterkreuz hatte jeder Offizier, der sich im Kriege auszeichnete oder auf außerordentliche Weise bemerkbar machte.

Dem Orden war seit 25. Juli 1810 eine goldene und eine silberne Medaille affiliiert.

Ordenszeichen: 1. Kleinod (Fig. 577, 577a), nur in der Größe verschieden: von siebenspangiger goldener Krone überhöhter Stern, bestehend aus goldenen Strahlen, auf

Fig. 577.
St. Ferdinands-Orden.
Großkreuz.

Fig. 577a.
St. Ferdinands-Orden.
Ritterkreuz.
(Revers.)

welchem ein von sechs halben silbernen Lilien mit goldenem Bund ringsum besteckter, goldbordierter, dunkelblauer, mit goldener Inschrift: Fidei et merito (Der Treue und dem Verdienst) versehener Reif, der ein goldenes Medaillon einschloß. In letzterem St. Ferdinand auf grünem Boden, mit Königskrone, goldener römischer Rüstung und Purpur-Hermelinmantel. Die Rechte stützt sich auf Degen, die Linke hält grünen Kranz. Revers (Fig. 577a S. 519): **Ferd. IV.**, installiert 1800. Band: dunkelblau mit purpurroten Bordstreifen, von den Großkreuzen über die rechte

Fig. 578.
St. Ferdinands-Orden.
Stern der Großkreuze.

Schulter, von den Commandeuren am Halse und von den Rittern im Knopfloch getragen. 2. Stern (der Großkreuze [Fig. 578]): ganz wie das Kleinod, doch der Bord um das

Fig. 579.
St. Ferdinands-Orden.
Kette der Großkreuze.

Medaillon golden, Inschrift schwarz. Der Heilige nur bis zur Mitte der Oberschenkel. 3. Kette (der Großkreuze [Fig. 579]): golden, abwechselnd mit goldenem Turm, goldenem F und goldener Königskrone je zwischen goldenen Fahnen, dazwischen immer eine goldene Lilie.

Fig. 580.
St. Januariusorden.
Kleinod.

Die Großkreuze trugen bei großen Feierlichkeiten ein Ordenskleid, und zwar als Novizen: Rock, Weste und Beinkleider von Drap d'or, weiße seidene Strümpfe mit goldgestickten Zwickeln, runden, goldeingefaßten, auf einer Seite aufgeschlagenen und mit rotseidener Kokarde und drei Federn rot-blau-rot geschmückten Hut.

Die Ritter trugen bei Feierlichkeiten einen Rock und eine Weste aus Drap d'argent, mit weißem Futter, weißen Strümpfen und schwarzen Schuhen mit goldenen Rosetten, einen purpurfarbenen, mit goldenen Lilien gestickten Mantel, mit perlfarbenem Taffet, der hermelinartig mit schwarzen Flocken besät, gefüttert, daran zwei lange goldene und seidene Schnüre, und einen Hut mit roter Feder. Der Ordensstern war auf Rock und Mantel gestickt. Die Profeßritter hatten

Fig. 581.
St. Januarius-Orden.
Stern.

Säume und Nähte des Rockes, der Weste, der Beinkleider und des Hutes mit goldener Stickerei versehen, und rote Strümpfe; sie trugen außerdem einen Mantel von blauem Moiré, mit gestickten Lilien und O und F abwechselnd besät, gefüttert mit weißem Taffet und mit Hermelinstreifen versehen, mit zwei langen Schnüren von Gold durchwirkt mit roter und blauer Seide. Das Degengehäng ebenfalls von blauem Moiré, roten Randstreifen und bestickt wie der Mantel.

Orden des heiligen Januarius.

Gestiftet 6. Juli 1738 von Carl, König beider Sicilien (später als Carl III. König von Spanien), infolge seiner am 3. Juni ejd. erfolgten Vermählung mit Prinzessin Amalie, Tochter König Augusts III. von Polen, zu Ehren des Schutzpatrons des Ritters. Der Orden, in nur einer Klasse, war ausschließlich für Katholiken bestimmt, wurde nach Usurpation von Neapel 1806 dort aufgehoben, bestand aber, wie der Ferdinandsorden (s. d.), in Sicilien fort und nach Vertreibung der Franzosen wieder 1814 im ganzen Reiche. Ursprünglich enthielt er nur 60 Ritter, die den Adel auf vier Ahnen nachweisen, kirchliche Förmlichkeiten befolgen und Duelle ablehnen mußten.

Ordenszeichen: 1. Kleinod (Fig. 580 S. 521): achtspitziges, goldbordiertes, mit goldenen Kügelchen an den Spitzen besetztes Kreuz, mit goldener Lilie in den Winkeln und oben; die weißemaillierten Kreuze waren belegt mit je drei roten Flammen und in der Mitte, aus Wolken hervorgehend, St. Januarius in weißem Untergewand mit Goldgürtel, goldverzierter roten Inful und rotem, blauverbrämtem Mantel; er hielt die Rechte segnend in die Höhe und mit der Linken ein goldenes Evangelienbuch, auf dem zwei rote Gefäße mit goldenem Ober- und Untersatz stehen. Im Revers, von grünen Palmzweigen umgeben nur Buch und Gefäße. 2. Band: ponceaurot,

Fig. 582. St. Januarius-Orden. (Kette.)

von der rechten Schulter zur linken Hüfte getragen. 3. Stern [Fig. 581 S. 522] (auf der linken Brust): genau in der Kreuzform, aber silbern-brillantiert, Lilien golden; der Heilige hier noch mit goldenem Bischofsstab und statt der Wolken ein Band mit der goldenen Inschrift: **In sanguine foedus** (im Blute das Bündnis), mit Bezug auf die beiden mit Blut (Christi) gefüllten Gefäße. 4. Kette (Fig. 582 S. 523): ganz golden, abwechselnd Lilien und Trophäen geistlichen und militärischen Inhalts.

Militärorden des heiligen Constantin.

Von dem Ursprung desselben ist bereits oben bei Parma die Rede gewesen. Im Königreich Neapel 1806 durch die Franzosen aufgehoben, blühte er in Sicilien weiter, bis er 1814, nach Vertreibung der Franzosen, auch in Neapel wieder auflebte. Der Orden bestand aus Großkreuzen und Rittern.

Letztere teilten sich in:

Rechtsritter,
Donatorenritter,
Ehrenritter,
Ritter-Kaplane.
Schildritter.

Zum Großkreuz war guter alter Adel, zur Ritterklasse eine Adelsprobe auf vier Ahnen notwendig, mit Ausnahme der Ehrenritter, welchen dem Staate geleistete gute Dienste zur Seite standen.

Ordenszeichen: 1. Kleinod (Fig. 583 [cfr. das Parmesische]): Kreuz rot, Buchstaben, Borde, sowie St. Georg und das Andreaskreuz golden. 2. Stern der Großkreuze (Fig. 584) auf der linken Brust: wie das Kreuz. 3. Band, von den Großkreuzen über die rechte Schulter, von den Rittern im Knopfloch getragen: himmelblau. 4. Kette (der Großkreuze [Fig. 585]): abwechselnd rote Kreuze mit Buchstaben ꝛc. wie oben, innerhalb goldenen Lorbeerkranzes, und ähnliche Kreuze mit blauem Medaillon; Buchstaben und Rand, sowie der durch die Winkel gehende Lorbeerkranz: golden.

Die Ordenskleidung der **Großkreuze** bestand aus Mantel von himmelblauem Atlas, mit weißem Taffet gefüttert, daran eine weiß und blaue Seidenschnur, Weste und Hosen von himmelblauer Seide, weißseidenem Rock, Strümpfen und Schuhen, letztere mit himmelblauen Bändern, Degengehenk und Hut von karmesinrotem Samt, letzterer mit weißseidenem Aufschlag und Federn ad libitum; am vorderen Hutaufschlag das Monogramm Christi gestickt. Die **Ritter** trugen ganz dieselbe Kleidung, der Mantel aus Gros de Naples, himmelblau gewässert,

Fig. 583.
Constantinorden.
Großkreuz.

Fig. 584.
Constantinorden.
Stern der Großkreuze.

Fig. 585.
Constantinorden.
Kette.

das Kreuz an einfacher goldener Kette um den Hals; die Ritter=Kaplane über ihrem Mantel ein Chorhemd von himmelblauer Serge mit weißen Spitzen und die Schildritter (Cavalieri scudieri) ein himmelblaues Band von der rechten Schulter zur linken Hüfte.

Militärorden von St. Georg der Wiedervereinigung.

Gestiftet von Joseph Napoleon, König von Neapel, am 24. Februar 1808 in drei Klassen: Würdenträger (50), Commandeure (100) und Ritter (600), beibehalten von

Fig. 586.
Militärorden von St. Georg d. W.
Kreuz der Rechtsritter.

Fig. 587.
Militärorden von St. Georg d. W.
Kreuz der Gnadenritter.

Joachim Murat mit geringen Abänderungen; aufgenommen unter die Orden des Königreichs beider Sicilien und bedeutend verändert durch König Ferdinand I. am 1. Januar 1819. Der Orden erhielt hier sechs Klassen:

1. Gran Bandicati (= Collane), Großkordons,
2. Commendatori (Commandeure),
3. Cavalieri di dritto (Rechtsritter),
4. Cavalieri di grazia (Gnadenritter),
5. Medaille von Gold,
6. Medaille von Silber.

Durch Dekret vom 28. September 1829 erhielt die erste Klasse den Titel „Großkreuze“.

Diese und die beiden nächsten wurden Generalen und Offizieren, die durch Tapferkeit im Kriege sich ausgezeichnet hatten, verliehen. Die Gnadenritter erhielten den Orden durch besondere Gunst.

Fig. 588.
Militärorden von St. Georg d. W.
Großkreuz.

Ordenszeichen: 1. Kleinod: Kreuz aller Klassen gleich, nur in der Größe verschieden, für die Cavalieri di dritto mit der Inschrift: „Virtuti“ — Fig. 586 — (der Tapferkeit), sonst „Merito“ — Fig. 587 — (dem Verdienste), bzw. (für Großkreuze und Commandeurs): In hoc signo vinces (In diesem — sc. Kreuzes- — Zeichen wirst du siegen). Kreuz rot, Borde, Schwerter, Inschriften

Fig. 589.
Militärorden von St. Georg d. W.
Stern der Großkreuze.

golden, St. Georg im weißen Medaillon und bei den Großkreuzen (Fig. 588 S. 527) auch noch unten am Kreuz golden. Reifen blau, Lorbeerkranz grün, rotbefruchtet. 2. Band (von den Großkreuzen und Commandeuren um den Hals, bei Feierlichkeiten von den Ersteren außerhalb des Kragens zu tragen): himmelblau mit ponceauroten Bordstreifen. 3. Stern (der Großkreuze [Fig. 589 S. 527]), auf der linken Brust zu tragen: silbern, mit dem Kreuz wie oben beschrieben belegt.

Orden Franz' I.

Gestiftet durch König Franz I. am 28. September 1829 zur Belohnung von Civildiensten jeder Art, sei es in Ausübung von Amtspflichten oder in Belebung der Künste und Wissenschaften, des Ackerbaues, des Fabrikwesens und des Handels. Derselbe hatte,

Fig. 590.
Orden Franz' I.
Commenthurkreuz.

Fig. 590 a.
Orden Franz' I.
Rückseite des Medaillons des Großkreuzes

infolge des Statutnachtrags vom 21. Dezember 1858, zuletzt acht Klassen: Großkreuze, Großkordons, Commandeure mit und ohne

Stern, Ritter I. und II. Klasse, sowie goldene und silberne Medailleninhaber.

Das Großkreuz sollten nur erhalten Personen, die erhebliche und wichtige, das Commandeurkreuz, die vorzügliche Dienste politischer, diplomatischer, gerichtlicher, administrativer oder geistlicher Natur geleistet hatten, das Ritterkreuz Personen, die sich in obigen Funktionen,

Fig. 591.
Orden Franz' I.
Stern der Großkreuze.

oder in Verbreitung der Wissenschaften durch Herausgabe klassischer Werke, sowie in den schönen Künsten ausgezeichnet hatten, desgleichen auch Privatpersonen, die diesen Bedingungen entsprachen.

Ordenszeichen: 1. Kleinod (Fig. 590): weißemailliertes goldbordiertes, von goldener Spangenkrone (die Ritter II. Klasse ohne dieselbe) überhöhtes achtspitziges Kreuz, mit goldenen Lilien in den Winkeln und goldenem Medaillon,

Fig. 592.
Orden beider Sicilien.

Fig. 592 a.
Orden beider Sicilien.
Rückseite des Medaillons in doppelter Größe.

mit der von Königskrone überhöhten goldenen Initiale des Stifters im Avers und der Stiftungsinschrift im Revers. Beide umgab ein goldgebundener grüner Eichenkranz, im Avers noch mit goldbordiertem blauen Borde mit goldener Inschrift (zu deutsch: Vom König dem besten Verdienste). Revers (Fig. 590 a S. 528): Franciscus I. instituit 1829. 2. Band: ponceaurot, mit dunkelblauem Bordstreifen, in der Breite abgestuft; von den Großkordons von der rechten Schulter zur linken Hüfte, von den Großkreuzen und Commandeuren um den Hals, von den Rittern im linken Knopfloch zu tragen. 3. Stern (Fig. 591 S. 529) der Großkordons und Großkreuze auf der linken Brust zu tragen, in der Form des Kreuzes, die Arme jedoch silbern und verziert; der Stern der Commandeure I. Klasse ebenso, doch kleiner.

Orden beider Sicilien.

Gestiftet von Joseph Napoleon, König von Neapel, am 24. Febr. 1808 in drei Klassen, beibehalten durch Joachim Murat, wie auch, allerdings abgeändert, durch König Ferdinand I.

Ordenszeichen (Fig. 592): fünfstrahliger gestürzter roter Stern, überhöht von goldenem Adler, darüber eine rotgefütterte Königskrone. Der Stern hat goldene Borde, Kügelchen an den Spitzen und ein silbernes Medaillon, auf dem Avers mit goldenem auf dergl. Boden springenden Roß; im Revers (Fig. 592a) mit dem alten goldenen Wappenbild von Sicilien, den im Dreipaß zusammengestellten Mannsbeinen, in der Mitte mit Mannskopf belegt. Schrift: Pro renovata patria (Für das wiederhergestellte Vaterland) im Avers; im Revers mit der Stiftungsinschrift golden auf goldbordiertem blauen Reifen.

Spanien, Königreich.

Orden vom goldenen Vließ.

Die Geschichte desselben ist unter Österreich abgehandelt. Der Orden unterscheidet sich durch die Form von dem österreichischen, hauptsächlich aber auch dadurch, daß seine Verleihung auch an Protestanten zulässig ist.

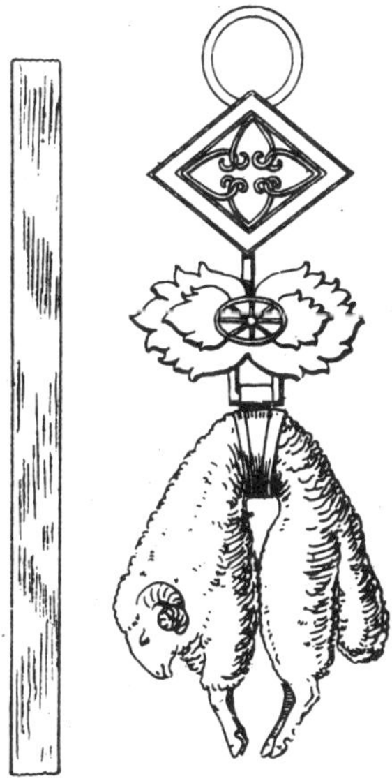

Fig. 593.
Orden vom goldenen Vließ.

Ordenszeichen: Kleinod: ähnlich dem und doch abweichend von dem österreichischen; die Flammen sind rot, gelbbordiert, ebenso die Griffe der Feuerstahle; inmitten der ersteren je ein rundes, bzw. ein ovales blaues Mittelschild, mit goldenen Reifen und Verzierungen. An den Tagen, wo keine Zeremonien sind, tragen die Ritter das Zeichen nicht an der Kette (Fig. 594), sondern mittels der abgebildeten Verzierung (Fig. 593 S.531) an hellrotem Bande um den Hals oder en miniature im Knopfloch.

Militärischer Malteserorden, oder **Orden des Johannes Baptista.**

Die Geschichte dieses Ordens ist an anderer Stelle abgehandelt. Es bleibt nur zu erwähnen, daß, nachdem durch die Königlichen Dekrete vom 20. Januar und 17. April 1802 die „Zeugen von Castilien und Aragon, samt den Asambleas“ aufgelöst und die Güter der Krone zugesprochen waren, König Carl IV. sich zum Großmeister für Spanien erklärte.

Fig. 594.
Orden vom goldenen Vließ. Kette.

König Ferdinand schied die Rechts- und Ehrenritter, d. h. es müssen erstere die Mönchsgelübde ablegen, letztere mußten nur katholisch sein, beide aber den Adel von den Großeltern nachweisen.

Am 26. Juli 1847 wurde das Fortbestehen des Ordens bestätigt, die Adelsprobe aufgehoben und als Eintrittsgeld 1000 Realen (200 Mark) — seit 28. Oktober 1851 auf 1500 Realen (300 Mark) erhöht — festgesetzt, beide Ritterklassen in eine vereinigt und dem Orden der Rang unmittelbar hinter dem des goldenen Vließes ein=

geräumt. Noch jetzt bestehen Ritter, die die Gelübde ablegen: „Kapellenritter“ und Ehrenritter.

Ordenszeichen: Kleinod (Fig. 595): das weiße goldbordierte, von Königskrone überhöhte achtspitzige Kreuz, je in den Ecken eine Bourbonische goldene Lilie; wird an schwarzem Bande um den Hals getragen.

Die Uniform ähnelt fast durchaus der der preußischen Johanniterrechtsritter.

Fig. 595.
Malteserorden.
Ritterkreuz.

Militärischer San Fernando-Orden.

Gestiftet 31. August 1811 von den General-Cortes von Spanien. Laut Befehl König Ferdinands VII. vom 19. Januar, bzw. 10. Juli 1815 wurde derselbe unter die Orden des Königreichs aufgenommen und zur Belohnung ausgezeichneter militärischer Thaten bestimmt.

Neue Statuten erhielt der Orden am 18. Mai 1862. Hiernach enthält er fünf Klassen, welche (entgegen sonstigem Gebrauch) von unten auf rechnen.

Die Kreuze der **I.** und **III.** Klasse sind für ausgezeichnete Dienste, die der ersten Klasse werden von den Mitgliedern der Armee und Flotte vom Gemeinen aufwärts bis zum Obersten und Schiffskapitän einschließlich, desgleichen an in gleichem Range stehende Mitglieder des Verwaltungs- und Militär-Medizinalwesens und der Feldgeistlichkeit, die der dritten Klasse von Brigadiers, Generalen und in vorbenannten Funktionen diesen Gleichstehenden getragen.

Die Kreuze der II. und IV. Klasse dienen zur Belohnung heroischer Thaten und werden in gleicher Weise, je nach der Rangstellung des Betreffenden wie vorstehend, verliehen.

Die Kreuze der V. Klasse (Großkreuze) werden, ebenfalls nur für heroische Thaten, aber nur an Generals en chef der Armee, zum mindesten Divisions-Commandeure, oder im Range gleichstehende Flottenoffiziere verliehen.

Der Orden kann wiederholt erworben werden, doch findet eine Vertauschung einer Klasse gegen eine andere, sowie die Anlegung mehr als einer Dekoration derselben Klasse niemals statt, vielmehr werden die einzelnen Waffenthaten durch auf das Band geschobene Metallplatten gekennzeichnet; beim Großkreuz die Nummerzahl der Verleihungen.

Fig. 596.
San Fernando-Orden.
V. Klasse. (Großkreuz.)

Die sämtlichen fünf Klassen haben lebenslängliche Pensionen, die, je nach dem Range des Ritters, bzw. dem Grade des Ordens, von 400 bis 40 000 Realen jährlich festgesetzt sind. Für ganz ausgezeichnete Waffenthaten können gesetzlich zu bestimmende höhere Belohnungen ausgesetzt werden.

Das Kreuz I. und II. Klasse (letzteres mit dem Lorbeerkranz) wird im Knopfloch getragen. Die Ritter der III. Klasse tragen das Kreuz I. Klasse, nebst dem Stern, auf der linken Brust. Die Ritter der IV. Klasse tragen das Kreuz II. Klasse mit dem dazugehörigen Stern auf der linken Brust. Die

Großkreuze tragen denselben Stern, das Kreuz aber größer an breitem Bande von der rechten Schulter zur linken Hüfte.

Ordenszeichen: 1. Kleinod (der 2., 4., 5. Klasse [Fig. 596, 597]): goldenes, an den Spitzen mit goldenen Kügelchen verziertes weißemailliertes achtspitziges Kreuz, hängend an grünem Lorbeerkranz, mit einem zweiten durch die Winkel und einem goldenen Medaillon, darin Sanct Ferdinand in goldenem Harnisch, mit Königskrone, purpurnem hermelin-

Fig. 597.
San Fernando-Orden.
II. u. IV. Klasse.

Fig. 598.
San Fernando-Orden.
I. u. III. Klasse.

gefütterten Mantel, Schwert und Reichsapfel haltend, auf grünem Boden. Um das Medaillon ein goldbordierter blauer Reif, mit der goldenen Inschrift: **Al merito militar** (Dem Kriegsverdienste). Dem Kreuze der **I.** und **III.** Klasse fehlen die Lorbeerkränze, es hängt an lilienartiger, in der Mitte goldener, seitlich grüner goldbordierter Verzierung (Feuerstahl?!). Auch befinden sich hier im Mittelfelde anstatt des St. Ferdinand zwei von Königskrone gekrönte

Globen. 2. Band: hellrot mit zwei gelben Bordstreifen. 3. Stern der II. und IV. Klasse (Fig. 599): in Form des Kreuzes, aber silbern und diamantiert, der grüne Lorbeerkranz durch die Winkel, der Bord von goldenen diamantierten Reifen umgeben, im weißen Medaillon ein rotes Kreuz, das innerhalb des auf ihm liegenden goldenen Lorbeerkranzes golden ist. Die Kugeln an den Spitzen Gold. Der Stern der I. und III. Klasse ebenso, ohne den

Fig. 599.
San Fernando-Orden.
Stern der II. und IV. Klasse.

grünen Lorbeerkranz. Der Stern der V. Klasse (Fig. 600) wie der der II., jedoch das Kreuz größer, glatt und im Medaillon wie bei dem des Kleinods St. Ferdinand, hier zwischen einer blauen und einer roten Fahne stehend.

Orden des heiligen Jacob vom Schwert.

Dieser Orden ist uralt, vermutlich von König Don Ramiro zum Andenken an die Besiegung der Mauren bei

Clavijo gestiftet, als er der Kirche des heil. Jacob eine große Schenkung machte. Sicher bestand er bereits 1030 und Papst Alexander III. bestätigte ihn am 5. Juli 1175.

Durch Dienste, die er den Fürsten leistete, kriegerische Erfolge und bedeutende Reichtümer wurde er bald berühmt.

Seit 1493 nahmen die Könige von Spanien das Großmeistertum des Ordens in Anspruch, das ihnen Papst

Fig. 600.
San Fernando-Orden.
Stern der V. Klasse (Großkreuze).

Hadrian VI. am 12. Mai 1522 auf ewige Zeiten bestätigte. Die Ritter legten eine Ahnenprobe auf vier Ahnen ab.

Der Orden besteht aus Großkreuzen, Commandeuren und Rittern.

Kleid und Mantel der beiden letzteren an Ceremonientagen ist weiß. Bei diesen Gelegenheiten hängt auch das Ordenskreuz an dreifacher goldener Kette.

Ordenszeichen: Das Kleinod (Fig. 601) ist ein rotes Fußspitz-Glevenkreuz, wird an der linken Brust ohne Band und außerdem von Großkreuzen und Commandeuren innerhalb goldener Medaille an goldener Trophäe an rotem Bande um den Hals (Fig. 601 a) und von den Rittern innerhalb eines rautenförmigen silbernen Medaillons, hängend an einer Waffentrophäe, an rotem Bande auf der linken Brust getragen. Die Ritter, denen bis dahin die

Fig. 601. Fig. 601 a.
Militärorden des hl. Jacob v. Schwert.
Brustkreuz. Halskreuz.

Heirat verboten war und die, außer dem Gelübde der Keuschheit, das der Armut und des Gehorsams ablegen mußten, durften, laut Bulle des Papstes Paul, seit 1540 sich (ein Mal) verheiraten; sie müssen eine Ahnenprobe ablegen. Die Kleidung der Ritter bis 1397 war ein weißer Waffenrock mit weißem Skapulier und schwarzer Kapuze und Kragen. Jetzt tragen sie einen weißen Mantel, links mit dem roten Ordenskreuz.

Militär-Ritterorden von Alcantara.

Gestiftet von zwei Brüdern Don Suero und Don Gomez Fernando Barrientos im Jahre 1156 in dem Städtchen St. Julien del Pereiro und unter dem Namen Orden des heil. Julian del Pereiro im selben Jahre von Don Ordoño, Bischof von Salamanca, nach der Regel des heil. Benedict bestätigt. Kreuz und Kleinod (Fig. 602 u. 603) wie beim Calatravaorden, nur Band und Kreuz rot.

Fig. 602.
Calatrava- u. Alcantara-Orden.
Brustkreuz.

Militärischer Ritterorden von Calatrava.

Gestiftet 1158 durch Don Sancho III. den „Ersehnten", König von Castilien, durch Schenkung der den Mauren abgerungenen Stadt Calatrava an ihre Eroberer. Nachdem der Orden sich konstituiert hatte, versahen die Mitglieder teils den Waffen-, teils den geistlichen Dienst nach der Regel der Cisterzienser. 1163 trennten sich die Ritter ab und wurden von Papst Alexander III. am 26. September 1164 als Orden bestätigt. Neue Gesetze erhielt der Orden, nachdem sich der geistliche mit dem weltlichen wieder vereinigt hatte, durch Abt Guy, bestätigt 1187 durch Pastp Gregor VIII. Nachdem 1197 bei der Eroberung Calatravas durch die Mauren fast sämtliche

Fig. 603.
Calatrava- u. Alcantara-Orden.
Halskreuz.

Ritter geblieben waren, verlegten die Übriggebliebenen den Wohnsitz des Ordens nach dem Schlosse Salvatierra und wurde er eine Zeitlang danach benannt.

Fig. 604.
Milit. Ritterorden Unserer lieben Frau zu Montesat.
Brustkreuz.

Fig. 605.
Milit. Ritterorden Unserer lieben Frau zu Montesat.
Halskreuz.

Papst Alexander III. bestätigte den Orden „zum Zwecke der Verteidigung des christlichen Glaubens im Kampfe gegen die Sarazenen“ als Ritterorden am 29. Dezember 1177 und stellte ihn unter den Schutz des heil. Stuhls. Fernere Privilegien erhielt er durch Papst Lucius III. am 4. April 1183 und Papst Innocenz III. am 17. Mai 1205.

Im Jahre 1213 nahm der Orden von der Stadt Alcantara, die ihm König Alphons von Castilien geschenkt, den Namen an und verlegte seinen Wohnsitz dahin.

Infolge mancher Unordnungen wurde 1489 durch Papst Innocenz VIII. König Ferdinand der Katholische zum Administrator des Ordens bestellt. Im Jahre 1495 ging auch das Großmeistertum mit dem von Calatrava und St. Jacob auf die Krone Spanien über und im Jahre 1523 bestätigte dies Papst Hadrian VI.

Die Ritter müssen eine Ahnenprobe ablegen und den Nachweis führen, daß unter ihren Vorfahren sich weder Juden noch Mauren befinden.

Ordenszeichen: genau dasselbe wie beim Orden von Alcantara, jedoch Kreuz und Band grün (Fig. 602, 603).

Militärischer Ritterorden Unserer lieben Frau zu Montesat.

Gestiftet durch Jacob II., König von Aragonien, am 22. Juli 1319. Der Orden, dem die Güter des 1311 aufgelösten Templerordens und 1399 des Ordens von St. Georg zu Alfama zugesprochen wurden, erhielt als Wohnsitz die Stadt Montesat und wurde der Regel des heil. Benedict untergeordnet. Bis 1587 hatte der Orden seine Großmeister; in diesem Jahre wurde König Philipp II. zum Administrator erwählt und vom Papst bestätigt.

Bereits 1572 hatte Letzterer den Rittern, die bis dahin die mönchischen Gelübde abgelegt hatten, die Verheiratung gestattet.

Jetzt ist dieser Orden, gleich dem Alcantara- und Calatrava-Orden, ein Königlicher und seine Verleihung an ähnliche Regeln gebunden wie bei jenen bestehen.

Die Ceremonienkleidung ist auch hier ein weißer Mantel, der, ebenso die Kleidung, links mit dem Ordenskreuz besteckt ist.

Fig. 606.
Orden des heiligen Hermenegildo.
Ritterkreuz.

Fig. 606 a.
Med.-Rückseite.

Ordenszeichen: 1. Kleinod (Fig. 604 u. 605): rotes Kreuz, in ähnlichem (goldnen) Medaillon wie der Calatravaorden, im Knopfloch bzw. ohne ersteres an der linken Brust zu tragen. 2. Band: ponceaurot.

Militärischer Orden des heiligen Hermenegildo.

Gestiftet durch König Ferdinand VII. am 28. November 1814, erläutert durch Dekret vom 10. Juli 1815 dahin, daß derselbe zur Belohnung der Ausdauer im Militärdienst für Offiziere des Königl. Spanischen Heeres und der Marine bestimmt sei.

Der Orden hat drei Klassen: Großkreuze, Commandeure und Ritter.

Die Generalkapitäne und nach 40jähriger Dienstzeit die Generale sind zum Großkreuz (mit Prädikat: „Excellenz“),

Fig. 607.
Orden des heiligen Hermenegildo.
Großkreuz-Stern.

die Offiziere vom Brigadier abwärts nach 40jähriger Dienstzeit zum Commandeurkreuz, die Offiziere, sobald sie 25 Jahre (davon 10 Jahre als Offizier) gedient haben, zur Ritterklasse berechtigt, Ausnahmen sind für den Gewinn einer Schlacht, wichtige Belagerung oder sonstige ruhmvolle That gestattet. Nach zehnjährigem Besitz des Ordens erhalten die Inhaber, wenn sie noch im aktiven Dienst befindlich sind, Pensionen.

Ordenszeichen: 1. Kleinod (Fig. 606 S. 541): nur in der Größe abgestuft, sonst für alle Klassen gleich; von goldener Königskrone überhöhtes, breitendiges, goldbordiertes, weiß-emailliertes Kreuz, mit blauem Mittelschild, darin St. Hermenegildo zu Pferde auf Boden, alles golden, innerhalb goldbordierten, blauen Reifens mit der goldenen Inschrift (zu deutsch: Für militärische Beständigkeit). 2. Revers (Fig. 606a S. 541) Initiale des Stifters. Band: weiß, mit karmesinrotem Mittelstreifen, von den Großkreuzen über die rechte Schulter zur linken Hüfte, von den Commandeuren um den Hals, von den Rittern im Knopfloch getragen. 3. Stern der Großkreuze (Fig. 607): auf der linken Brust: achtspitzig in Kreuzform, golden, mit silbernen Eckstrahlen, alles diamantiert und mit dem Bilde des Heiligen, hier (heraldisch) linksgewendet; den Devisenrand umgiebt hier noch ein grüner Lorbeerkranz.

Fig. 608.
Orden Isabellas der Katholischen.
Großkreuz.

Amerikanischer Orden Isabellas der Katholischen.

Gestiftet 24. März 1815 von König Ferdinand VII. zu Ehren der heiligen Isabella, Königin von Portugal. Ursprünglich bestimmt zur Belohnung des bewährten Royalismus und des zu Gunsten der Erhaltung der Westindischen Besitzungen bewiesenen Eifers, ist er gegenwärtig für jede Art von Verdienst bestimmt. Der Orden hat drei Klassen: Großkreuze, Commandeurs und Ritter von unbestimmter Anzahl.

Die Inhaber des Ordens haben den persönlichen Adel, die Großkreuze führen den Titel „Excellenz".

Fig. 608 a. Orden Isabella der Katholischen. Ritterkreuz.

Ordenszeichen: 1. Kleinod (Fig. 608 S. 543): nur in der Größe abgestuft, sonst für alle drei Klassen gleich, doch bei Klasse I ohne die Strahlen in den Winkeln; breitendiges, mit goldenen Kugeln und Bord versehenes, an den Armenden je viermal eingekerbtes, dunkelrotes Kreuz, hängend an goldbefruchtetem grünen Lorbeerkranz. Das Medaillon zeigt innerhalb goldbordierten weißen Reifs mit goldener Inschrift (zu deutsch: Für bewährte Treue) vor einer goldenen Sonne auf grünem Boden rechts die goldenen Säulen des Hercules mit silbernem Band, darauf: Plus — ultra, links zwei von der Königskrone gekrönte blaue Erdgloben mit goldenen Reifen. Der Revers (Fig. 608 **a**) ist blau, mit den verschlungenen goldenen Initialen **F**(erdinand) **I**(sabella) **R**(ex, egina), umgeben von weißem goldbordierten Reif mit Inschrift (zu deutsch: Für Isabella die Katholische). 2. Band: weiß, mit zwei hellgelben Bordstreifen (bei den Geistlichen schwarz). Er wird von den Großkreuzen weltlichen Standes über die rechte Schulter zur linken Hüfte, von den geistlichen Großkreuzen und Commandeurs beider Art am Halse, von den Rittern im Knopfloch getragen. 3. Stern (Fig. 609), von den weltlichen Großkreuzen auf der linken

Brust des Kleides, von den Geistlichen auf der linken Seite des Mantels getragen: ganz wie das Kleinod, jedoch mit goldenen Strahlen in den Winkeln. Das blaue Medaillon, von

Fig. 609.
Orden Isabella der Katholischen.
Stern der Großkreuze.

grünen Palmzweigen bordiert, durch die sich ein weißes Band mit der Inschrift des Kreuzreifs schlingt, zeigt im Avers, überhöht von Königlich-gekröntem roten Schildchen, mit der goldenen Initiale I. L. R., die goldenen Initialen des Stifters F(erdinand) R(ex) und eine 7, der Revers die goldenen Initialen I. O. R., darüber im Königlich-gekrönten roten Schildchen die goldene Initiale des Stifters F(erdinand) 7. (Fig. 609 a.)

Fig. 609 a.
Orden Isabella d. Katholischen.
Revers.

An Galatagen wird eine eigene Festkleidung getragen, nämlich ein goldfarbiger Samtmantel, weißsamtener, goldgestickter Leibrock, weiße Schuhe, mit goldenen Rosetten, ein altspanischer Hut mit weißen und goldfarbenen Federn. An diesen Tagen wird der Orden, mit Edelsteinen verziert, an einer Ordenskette um den Hals getragen.

Königlicher und ausgezeichneter Orden Carls des Dritten *).

Gestiftet von König Carl III. von Spanien, am Tage der Geburt eines Thronerben, der seinem Sohne, dem Infanten, am 19. September 1771 geschenkt wurde. Der Orden ward unter den Schutz der heiligen Jungfrau und des Mysteriums der unbefleckten Empfängnis gestellt und bestimmt „zur Belohnung verdienter und wohlgefälliger Personen, welche Eifer und Liebe zum Königlichen Dienste an den Tag legen, sowie zur Belohnung des Talents, der Tapferkeit und Rechtschaffenheit des Adels". Der Orden bestand aus zwei Klassen: 60 Großkreuzrittern (ausgenommen Mitglieder der Königl. Familie) und 200 Ritterpensionären, von denen aus Klasse I vier Prälaten, aus Klasse II zwanzig Geistliche sein sollten. Jeder der Ritterpensionäre erhielt jährlich 4000 Realen. Die Großkreuzritter sollten (ausgenommen die Mitglieder des Königl. Hauses und fremde Souveräne, Fürsten und deren Familienglieder) das Mindestalter von 25 Jahren erreicht haben. Papst Clemens bestätigte den Orden 21. Februar 1772, indem er den Ordensrittern besondere Benefizien erteilte. König Carl IV. veränderte d. d. Aranjuez, 12. Juni 1804 die Statuten, änderte Band, Ordenskleidung und Kleinod und vermehrte die Zahl der in beiden Klassen statthabenden Mitglieder um je eins, und fügte, außer der Ahnenprobe, auch noch den „Nachweis würdigen Lebenswandels", sowie des Adels der mütterlichen Vorfahren hinzu. Joseph Bonaparte hob als König von Spanien am 19. September 1809 den Orden (nebst allen

---

*) Aus Edmund von Zoller, „Der Königliche und ausgezeichnete Orden Carls des Dritten". Frankfurt a. M. 1888, Rommel.

übrigen, außer dem goldenen Vließ) auf und stiftete anstatt dessen am 18. September 1809 den „Königlichen Ritterorden von Spanien“ zur Belohnung für Militär- und Civilverdienst und zwar 50 Großkreuze, 300 Komture und 2000 Ritter, mit Jahrespensionen von 3000 Realen für die Komture, 1000 für die Ritter. Dieser neue Orden bestand aus einem fünfstrahligen roten Stern, in dessen blauem Aversmedaillon der spanische Löwe, innerhalb eines Reifs mit der Umschrift: Virtute et fide, im Revers das Kastell von Castilien mit der Umschrift (zu deutsch: Joseph, König von Spanien und Indien) sich befand. Der hierzu gehörige Stern der Großkreuze (auf der linken Brust) bestand aus Silber und war belegt mit dem Ordensavers. Das Band war rosa und wurde von den Großkreuzen 9 cm breit von der rechten Schulter zur linken Hüfte, von den Komturen am Halse, von den Rittern im Knopfloch getragen.

Fig. 610.
Orden Carls III.
Großkreuz.

Bereits am 22. März 1814 kehrte König Ferdinand VII. auf seinen Thron zurück, hob diesen Orden auf und stellte die altspanischen wieder her. Er bestimmte in Betreff des Ordens Carls III., da inzwischen viel überzählige Ritter creiert waren, unterm 25. April 1815, daß die Caballeros de numero einen Stern tragen sollten, 2 Zoll 8 Linien spanisch im Durchmesser, mit der Chiffre in der Mitte des Kreuzaverses, Arme und Lilien in den Winkeln, mit kleinen silbernen Blättchen gestickt sein sollten. Die heutige

Ordenstracht ward durch Dekret vom 29. April 1818 endgültig festgestellt, auch das Muster der Kette geregelt. Königin Christine änderte durch Dekret vom 13. Januar 1839 die Formel des Schwures, den die Ritter beim Eintritt in den Orden zu leisten hatten.

1847 wurde der Orden in die heutigen Abstufungen erweitert, nämlich: Ritter, Komture, 337 Komture de numero und Großkreuze, sowie die Adelsprobe aufgehoben. Die

Fig. 611.
Orden Carls III.
Stern der Großkreuze.

Republik hob am 23. März 1873 die spanischen Ritterorden auf, doch stellte sie König Alfons XII. 7. Januar 1875 wieder her.

Ordenszeichen: 1. Kleinod [Fig. 610 S. 547] (nur in der Größe in den vier Klassen unterschieden): an grünem Lorbeerkranz hängendes, achtspitziges, an den Spitzen mit goldenen Knöpfchen, in den vier Winkeln mit goldenen Lilien versehenes lila Kreuz, mit goldgesäumtem weißen Bord und von goldbordiertem himmelblauen Ovalreifen umrahmtem ovalen goldenen Medaillon, darin auf einem Hintergrund von dunkleren goldenen Strahlen die auf silbernen Wolken stehende Sta. Maria (der Empfängnis) in weißem Kleide und blauem, mit silbernen Sternen besäetem Mantel. 2. Stern der Großkreuze (Fig. 611) und Komture de numero (Fig. 612), beide auf der linken Brust zu tragen: in der Form des Kleinods, doch ganz silbern, verschieden brillantiert; ersterer mit dem Avers des Kleinods, darin unten

Fig. 612.
Orden Carls III.
Stern der Commandeure.

noch die römische Ziffer III innerhalb grünen Kranzes und die Devise: Virtuti et merito; beide blau auf weißem, blau umrahmtem Reif resp. Band; letzterer mit dem blauen Ordenskreuz belegt und der von zwei gekreuzten grünen Zweigen eingerahmten blauen Ziffer III innerhalb silberngesäumten blauen Reifs in silbernem Medaillon. 3. Band: himmelblau, weiß, himmelblau, senkrecht in drei gleichbreiten Streifen, von den Großkreuzen über die linke Schulter zur rechten Hüfte, von beiden Komturklassen am Halse, von den

Rittern im Knopfloch zu tragen. 4. Kette (Fig. 613) der Großkreuze bei Festlichkeiten: abwechselnd eine von Palm- und Lorbeerzweigen umrahmte III, gehalten von zwei Löwen (Leon), sowie eine Waffentrophäe zwischen zwei Kastellen (Castilien), alles golden, doch alle Kreuze grün, Thür und Fenster der Kastelle rot, Fahnen rot-gelb-rot quergeteilt.

Ordenskleidung bei Festlichkeiten: 1. der Komture und Großkreuze: himmelblauer Samthut, mit hohem abgerundeten Kopf, schmaler, an der Seite aufgeschlagener und durch Schlinge an ihm festgehaltener Krämpe, mit

Fig. 613.
Orden Carls III.
Kette.

zwei silbergestickten um den Hut gezogenen Bändern und drei weißen abhängenden Federn. Mantel: von himmelblauem Glanztaffet, dicht mit silbernen Sternen bestickt, mit Kragen und zwei silbernen Streifen. Rock von weißem Glanztaffet, mit blausilbernen Fransen und Gürtel, schwarzseidene Beinkleider, Degen mit Stahlgriff. 2. Die Ritter tragen den Hut weiß, die Federn blau. Halskrause (aller Klassen): altspanisch, aus weißem Batist. Schuhe (aller Klassen): weißziegenledern, mit blauen Maschen.

Militärverdienstorden.

Gestiftet am 3. August 1864 zur Belohnung von Militärverdienst, auch für Ausländer, in vier Klassen, die, entgegen dem sonstigen Usus, von unten herauf zählen.

Die erste Klasse erhalten Militärs bis einschließlich der Hauptleute, die zweite bis inklusive der Obersten, die dritte Brigadiers (Generalmajors, Generallieutenants und Generalkapitäne). Die vierte (Großkreuz) erhalten bei besonderen Veranlassungen die zur dritten Klasse Berechtigten; sie führen das Prädikat „Excellenz“.

Wiederholte Verleihungen der Kreuze, bzw. Sterne werden bei ersteren durch Einsätze (Schnallen) in das Band und auf den Kreuzarmen mit Inschrift, bei den letzteren durch ähnliche oberhalb des Wappens auf dem Kreuze anzubringende Rechtecke gekennzeichnet.

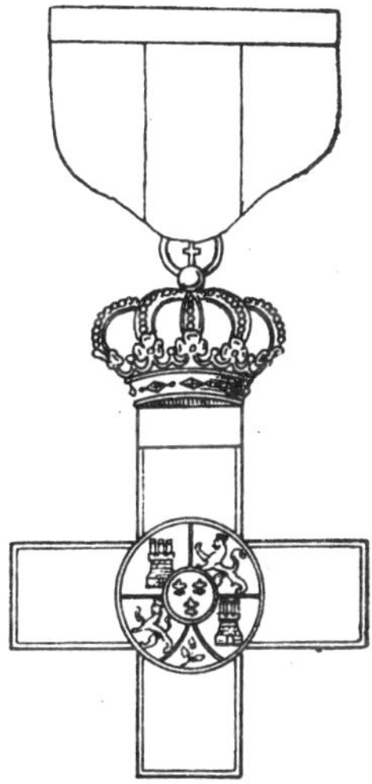

Fig. 614.
Militärverdienstorden.
I. Klasse.

Das Kreuz wird rot für kriegerisches Verdienst, weiß für anderweites (wissenschaftliches) Verdienst auf dem Felde der Kriegswissenschaften verliehen, insbesondere die zweite Klasse.

Ordenszeichen: 1. Kleinod der ersten Klasse (Fig. 614): geradarmiges, von Königskrone gekröntes goldbordiertes, rotes, bzw. weißes Kreuz, belegt im Avers mit dem Königlichen Wappen in seinen Farben, im Revers mit dem Namenszuge I(sabella) R(egina) gold auf weiß. Unter der Krone ein goldenes Rechteck mit dem Datum der Waffenthat oder der Verleihung; — der zweiten Klasse (Fig. 615 S. 552): Bruststern aus brillantiertem Silber (ohne Band), belegt mit dem Kreuz, dessen Winkel goldene Lilien zieren. Der Mittelschild trägt das Wappen, darauf das goldene Rechteck und auf ihm die Königskrone; — der dritten Klasse: ebenso, doch der Stern golden und größer, die Lilien in den Ecken silbern. Diesen Stern tragen auch die Großkreuze, doch ist das Rechteck hier silbern. 2. Band (der I. Klasse): rot mit weißem Mittelstreif für das rote, umgekehrt für das weiße Kreuz, für die Großkreuze von der rechten Schulter zur linken Hüfte, daran hängend das Kreuz I. Klasse.

Fig. 615.
Militärverdienstorden.
II. und III. Klasse, sowie Stern der Großkreuze (IV. Klasse).

Orden des Verdienstes zur See.

Gestiftet 3. August 1866 zur Belohnung der von der Flotte geleisteten Dienste, insbesondere für Kriegsthaten zur See, Herausgabe maritimer Werke, Sparsamkeit in den Ausgaben — für die Kgl. Marine —, für Hilfe bei Seeunfällen jeder Art und Lebensrettung Königlicher Seeleute, Blockadedurchbruch, Verhütung von Unfällen ꝛc. für die Handelsmarine.

Der Orden hat vier Klassen, die ähnlich wie der Militärverdienstorden rangieren und analog verliehen werden.

Das **Ordenszeichen** (Fig. 616, 617) ist ganz analog dem genannten Orden gebildet, doch das Kreuz ohne Wappen, das auf dem Stern ohne die Lilien in den Ecken, ferner ersteres goldbordiert, weiß und mit goldenem Anker belegt; das Rechteck ist golden. Das Übrige ergeben die Abbildungen, die genau wie beim Militärverdienstorden tingiert und abgestuft sind. Das Band ist gleichfalls dreiteilig, aber rot, gelb, rot (Farben der Flagge).

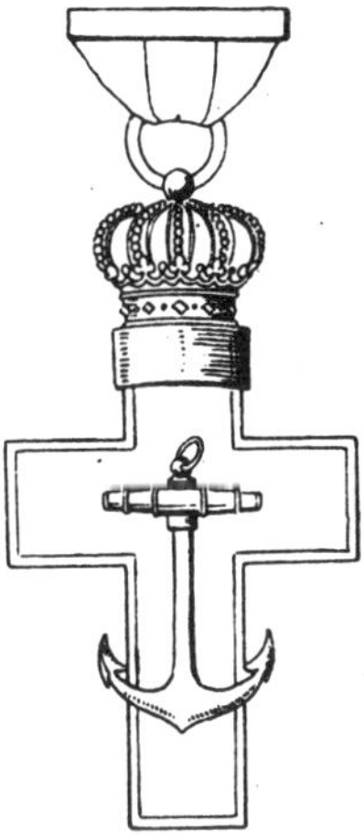

Fig. 616.
Orden des Verdienstes zur See.
I. Klasse.

Fig. 617.
Orden des Verdienstes zur See.
Stern II. und III. Klasse, sowie Stern der Großkreuze (IV. Klasse).

Civilorden Maria Victoria.

Gestiftet 7. Juli 1871 von König Victor Amandeus, versehen mit Reglement vom 18. ejd. Der Orden wird vom Minister des Unterrichts und der öffentlichen Arbeiten für hervorragende, dem öffentlichen Unterricht, den Künsten, Wissenschaften und der Industrie gewidmete Dienste verliehen, auch an Fremde.

Fig. 618.
Civilorden Maria Victoria.
Großkreuz.

Der Orden hat drei Klassen: Großkreuz, I. Klasse, II. Klasse (einfaches Kreuz). Das Großkreuz gewährt den Titel „Excellenz" und den Rang des Staatsministers, das Kreuz I. Klasse das Prädikat „Hochgeboren" und den Rang eines Verwaltungsdirektors I. Klasse, das der II. Klasse den Rang eines Direktors der niederen Verwaltung.

Ordenszeichen: 1. Kleinod (nur in der Größe abgestuft): breitendiges Kreuz (Fig. 618) mit goldenen Eckstrahlen, schwarzem Medaillon mit der Königlich gekrönten goldenen Chiffre M(aria) V(ictoria) innerhalb goldbordierten blauen

Bordes. Auf den Kreuzarmen, innerhalb je goldgesäumten weißen Bordes, in Email die Wappen von Castilien, Leon, Granada (oben), Aragon (rechts), Navarra (links) und Savoyen (unten). Der Revers (Fig. 618 a) ist ganz golden, ohne Email, mit entsprechenden Inschriften. 2. Band: nach den verschiedenen Wissenschaften verschieden, nämlich goldgelb für Medizin, weiß für Theologie, rot für Jurisprudenz, dunkelviolett für Pharmazie, himmelblau für Philosophie, Litteratur und Diplomatie, dunkelblau für exakte

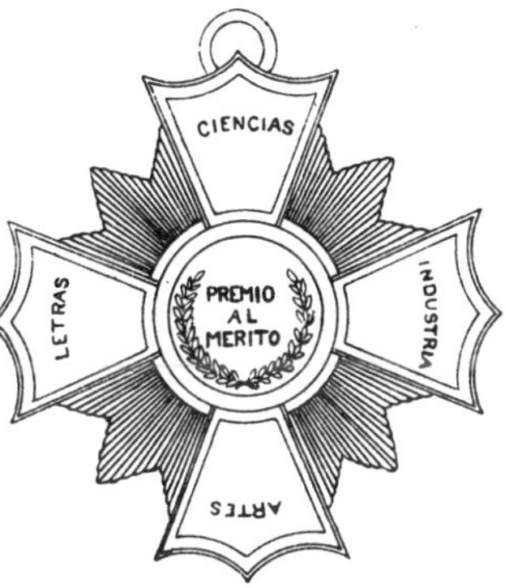

Fig. 618 a.
Civilorden Maria Victoria.
Großkreuz (Rückseite).

Wissenschaften, Physik, Chemie, dunkelblau und schwarz gespalten für industrielle Lehranstalten, Künste, Gewerbe, Handel, rosa für schöne Künste, dunkelblau und rosa gespalten für Architektur, öffentliche Arbeiten, Wege-, Kanal- und Hafen-Bauwesen, dunkelblau und violett gespalten für Bergwerkwesen, dunkelblau und orange gespalten für Minenwesen, schwarz und meergrün gespalten für Nautik und Schiffbau, weiß und grün gespalten für Volksunterricht. Es wird von den Großkreuzen als Schärpe, von der II. Klasse um den Hals, von der III. auf der linken Brust getragen. 3. Stern (der Großkreuze [Fig. 619]): golden, Schrift weiß auf blauem Bande, Kranz grün, Kreuz weiß, goldbordiert, Chiffre gold, Wappen: Castilien (oben), Aragon (rechts), Navarra (links), Leon (unten).

Fig. 619.
Civilorden Maria Victoria.
Stern.

Civilorden für Wohlthätigkeit.

Gestiftet laut Dekret vom 17. Mai 1856 (erläutert 30. Dezember 1857) durch Königin Isabella, zur Belohnung heroischer Thaten der Tugend, Selbstverleugnung und Barmherzigkeit, ausgeübt von Männern und Frauen in großen Kalamitäten oder einzelnen Fällen, wodurch Leben, Ehre oder Vermögen anderer Personen gerettet, oder die Wirkungen und Folgen eines Unglücks gemildert, oder klar ersichtliche positive Wohlthaten für die Menschheit erreicht werden sind.

Der Orden hat drei Klassen:

Ordenszeichen: 1. Kleinod (Fig. 620): I. Klasse: silberner Stern auf der linken Brust, belegt mit sechsstrahligem, an den Spitzen mit goldenen Kugeln besetztem weißen Stern, mit goldbordiertem schwarzen Borde und goldenem Palmkranze durch die Winkel. Im schwarzen Mittelschilde eine goldene

Fig. 620.
Orden der Wohlthätigkeit.
I. Klasse.

weibliche Figur, zwei Kinder schirmend, von Gold, innerhalb rotem Reif, darin die schwarze Inschrift (zu deutsch: der Wohlthätigkeit), II. und III. Klasse (Fig. 621 S. 558) der beschriebene schwarzweiße Stern an goldenem Palmkranz hängend, hier mit goldenen Strahlen in den Winkeln. Im schwarzen Reversmedaillon der silberne Namenszug der Stifterin, umgeben von rotem Reif mit der schwarzen Inschrift (zu deutsch: Öffentliches Wohlthun). Die II. Klasse wird um den Hals, die III. auf der linken Brust, an weißem Bande mit zwei schwarzen Streifen getragen.

Wir geben der Vollständigkeit wegen hier noch den von dem Kronprätendenten Don Carlos 1874, gleichfalls für die Wohlthätigkeit gestifteten **Orden de la caridad** (Fig. 622): das Kreuz und das Herz Jesu (mit grüner Dornenkrone und blauem Kreuzchen) sind rot, alles übrige von Silber, die Inschrift golden. Band: weiß, mit zwei schwarzen Streifen. Der Orden ist anscheinend selten verliehen, und dürfte wohl seine Anlegung in Spanien verboten sein.

Fig. 621.
Orden der Wohlthätigkeit.
II. u. III. Klasse.
(Rückseite.)

Fig. 622.
Orden de la caridad.

Der Orden der Königin Maria Luisa.

Don Carlos IV., König von Spanien, stiftete durch ein Dekret vom 21. April 1792 einen Damenorden. „Damit", wie es in dem betreffenden Dokument heißt, „die Königin, meine vielgeliebte Gemahlin, ein neues Mittel erhalte, um denjenigen adeligen Damen, welche sich durch ihre Dienste, Vorzüge und Eigenschaften auszeichnen würden, ihre Wohlgewogenheit an den Tag zu legen, haben wir beschlossen, einen Orden für Edeldamen zu stiften und zu gründen, dessen Name Königlicher Orden der Königin Maria Luisa sein wird u. s. w."

Die Ordensdamen werden durch die Königin ernannt, und ihre Anzahl (die Königin selbst und die Mitglieder der Königlichen Familie ausgenommen) darf dreißig nicht überschreiten. Die Damen müssen jeden Monat einmal eines der öffentlichen Hospitäler für Frauen oder eine andere Stiftung für solche besuchen, sowie für jede etwa verstorbene Ordens-Dame eine Messe hören oder celebrieren lassen.

Durch ein weiteres Dekret vom 29. März 1796 wurde sämtlichen Ordens-Damen das Prädikat „Excellenz" beigelegt und unterm 25. Oktober 1800 ein besonderer Ordenssekretär bestellt. So blieb es bis zum 24. November 1816, an welchem Tage die Königin Isabella († 1818) dem Orden ein an die früheren Anordnungen ihres verstorbenen Schwiegervaters anknüpfendes Statut gab, nachdem bereits König Ferdinand VII., laut Dekret vom 25. Oktober 1816, auch diesen, während der Napoleonischen Herrschaft außer Kraft getretenen Orden wiederhergestellt hatte.

Die Aufnahme in den Orden der Königin Maria Luisa erfolgt auf Antrag; alter Adel ist Bedingung.

Ordenszeichen (Fig. 623 S. 560) an dreifarbigem gestreiften Band, der mittlere breite Streifen weiß, die äußeren schmäleren rotbraun, von der rechten Schulter nach der linken Seite durch eine reiche Rosette in den Farben des Ordensbandes verbunden: achtspitziges braunes Kreuz mit breitem goldgesäumten weißen Borde. Im weißen Medaillon: auf goldenem Boden St. Fernando im Ornat, innerhalb goldbordierten braunen Reifs; zwischen den Armen des Kreuzes sind, einander gegenüberstehend, zwei goldene Kastelle und zwei goldene Löwen (Wappenbilder von Castilien und Leon), verbunden durch Goldketten, angebracht. Auf der Rückseite des Ovals befindet sich eine Chiffre mit den Initialen der Königin Maria Luisa und der Umschrift: RL. ORDEN DLA REINA MARIA LOUISA (Königlicher Orden der Königin Maria Luisa). Der Orden hängt an grünem Kranze, der oben und unten mit einem Bande von blauweißem Email gebunden ist.

Fig. 623.
Maria Luisen-Orden.
Damenorden.

Der Patron des Ordens ist der heilige Fernando, und als solchen haben ihn die Ordens-Damen zu verehren und ihm besondere Devotion zu widmen. An seinem Namenstage und an dem Ludwigs des Heiligen, Königs von Frankreich, versammeln sich die Ordens-Damen zu Allerhöchstem Handkuß und zum Ordenskapitel.

Toscana, ehem. Großherzogtum.

(Durch Dekret vom 22. März 1860 mit dem Königreich Sardinien, dann mit Italien vereinigt.)

St. Stephans-Orden.

Gestiftet von Cosmos von Medici, erstem Großherzog von Toscana, in Erinnerung an die am 2. August (Stephanstag) 1554 dem Marschall Strozzi gelieferte und gewonnene Schlacht. Der Orden war ein Militärorden; die Ritter hatten die Verpflichtung, der Seeräuberei auf dem Mittelländischen Meere zu steuern, Christen aus der Sklaverei zu befreien ꝛc.; außerdem war ihnen die Verteidigung des katholischen Glaubens zur Pflicht gemacht und standen sie unter der Regel des Benediktinerordens, was Papst Pius IV. bestätigte.

Der Ritterorden bewies ausgezeichnete Thaten der Tapferkeit in Erfüllung seiner Pflicht und hatte im Jahre 1678 beinahe 6000 Christen, überhaupt 15 000 Sklaven befreit. 1684 verteidigte er mit Erfolg Venedig gegen die Türken. Er teilte sich, gleich dem Malteserorden, früher in adlige Ritter, Militärritter der Gerechtigkeit, Kapläne und dienende Brüder.

Großherzog Ferdinand III. erneuerte den Orden am 22. Dezember 1817 und teilte ihn in vier Klassen: Großkreuze, Priore, Baillis und Ritter. Letztere Klasse zerfiel in Rechts- und Gnadenritter.

Alle Ritter mußten katholisch sein und den Adel mit acht Ahnen beweisen. Eine eigentümliche Einrichtung des Ordens war die Gründung von Kommenden als Majorate, woraufhin der Stifter den Orden erblich erhielt, so daß, selbst nach Erlöschen der direkten Descendenz, Seitenlinien, ja eventuell adoptierte Personen in infinitum denselben ererbten.

Außer diesen käuflichen Kommenden, welche für die eines Priors 20 000 fl. scudi (90 000 Mark), für die eines Bailli

15000 fl. sc. (67500 Mark), die eines Ritters 10000 fl. sc. (45000 Mark) betrugen, verlieh der Großherzog den Orden für Militär-, Civil- und litterarisches Verdienst, doch nur an Adelige, ebenfalls mit Kommenden, deren Einkommen zwischen 42 bis 210 sc. (189—945 Mark) jährlich betrug. Diese Ritter, die die Klasse der Gnadenritter bildeten, besaßen oft 2—3 solche Kommenden, die indes nach dem Tode des Besitzers an den Orden zurückfielen.

Fig. 624.
St. Stephans-Orden.
Das Kreuz.

Auch Fremde konnten unter gleichen Bedingungen den Orden durch Stiftung neuer Kommenden erhalten.

Durch Dekret vom 16. November 1859 erklärte die piemontesische Regierung von Toscana den Orden für aufgehoben und sein Vermögen für eingezogen. Die Gnadenkommenden wurden in lebenslängliche Pensionen umgewandelt, die Güter der Kommenden den Stiftern freigegeben und das Tragen der vorhandenen Dekorationen den Inhabern bis an ihr Lebensende gestattet.

Ordenszeichen: 1. Kleinod (Fig. 624): achtspitziges, rotemailliertes goldbordiertes Kreuz, überhöht von der Großherzoglichen goldenen Krone; in jedem Winkel eine goldene Lilie, an der Krone oben eine goldene Schleife. 2. Band: hochrot, von den drei ersten Klassen am Halse, von der vierten im Knopfloch getragen. 3. Stern [Fig. 625] (nur in der Größe unterschieden): von allen vier Klassen auf der linken Brust getragen, wie das Kleinod, aber ohne Krone und Schleife und ringsum von goldenen Strahlen umgeben.

Fig. 625.
St. Stephans-Orden.
Das Crachat.

Die Kapläne trugen im kirchlichen Ornat ein großes rotseidenes (Fig. 626), auf der gewöhnlichen Priestersoutane ein

Fig. 626.
St. Stephans-Orden.
Kreuz der Kapläne.

kleines silbernes Kreuz, letzteres auch etwas größer auf dem kleinen seidenen Mäntelchen.

Die kirchliche Uniform der Ritter (cappa mágna) besteht aus weißer Wollensarsche mit rotgefütterten Ärmeln, die gewöhnliche war ein dunkelblauer, mit Goldstickerei und scharlachroten Kragen und Aufschlägen versehener Rock. Die Tressen am Beinkleid, die Troddelepaulettes, Knöpfe, Degenstichblatt, Sporen und Hutschnur golden. Die militärische Staatsuniform hatte, statt blau, weiß, war aber sonst ebenso.

St. Josephs-Orden.

Gestiftet 1514 als Verdienstorden für Militär, Civil, Geistliche und Ausländer.

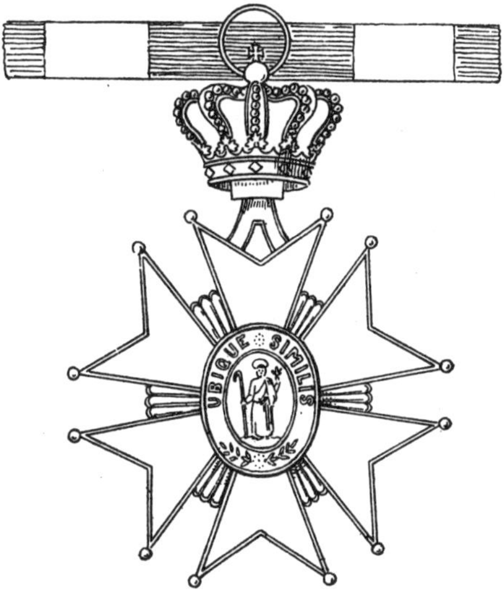

Fig. 627.
St. Josephs-Orden.
Großkreuz.

Erneuert wurde er am 19. März 1807 von Ferdinand III, Erzherzog zu Österreich. Der Großherzog von Würzburg, früher von Toscana, nahm ihn, als er Toscana 1814 zurückerhielt, dorthin wieder mit.

Durch Dekret vom 18. März 1817 teilte er ihn in drei Klassen: Großkreuze, Commandeure und Ritter.

Erstere soll die Anzahl 20, die zweite nicht die Anzahl 30, die dritte nicht die Anzahl 60 übersteigen, ausgenommen die Ausländer.

Das Großkreuz erhielten nur verdienstvolle Personen aus vornehmen Familien, das Commandeurkreuz verlieh den erblichen, das Ritterkreuz den persönlichen Adel. Alle Ordensritter mußten katholisch sein.

Das Großkreuz wurde bei feierlichen Gelegenheiten an einer Halskette getragen und durfte nur vom Großherzog und Erbgroßherzog mit Edelsteinen besetzt getragen werden.

Fig. 627 a.
St. Josephs-Orden.
Ritterkreuz.
Revers.

Mittels Dekrets der piemontesischen Regierung von Toscana vom 18. März 1860 wurde der Orden aufgehoben, den Rittern jedoch das Weitertragen der Dekorationen bis an ihr Lebensende gestattet.

Ordenszeichen: 1. Kleinod (Fig. 627): sechsarmiges, zwölfspitziges, mit goldenen Kugeln an den Spitzen, goldenen schmalen Borden und roten Strahlen in den Winkeln versehenes Kreuz, überhöht von goldener Spangenkrone. Das goldene Medaillon zeigt die Initialen S(to) J(osepho) F(erdinandus) 1807, innerhalb goldenen, mit Lorbeerkranz belegten Reifs im Revers; im Avers den heiligen Joseph mit Pilgerstab, umgeben von goldbordiertem roten Reif mit goldener Inschrift: Ubique similis. Revers (Fig. 627a):

S. J. F. 1807. Das Kreuz war in der Größe nach den Graden abgestuft. 2. Band: rot, mit weißen Bordstreifen; von der ersten Klasse über die rechte Schulter zur linken Hüfte, von den Commandeurs um den Hals, von den Rittern im

Fig. 628.
St. Josephs-Orden.
Stern der Großkreuze.

Knopfloch getragen. 3. Stern der Großkreuze [Fig. 628] (auf der linken Brust): ganz silbern, mit dem Reversmedaillon des Kleinods. 4. Kette (der Großkreuze [Fig. 629]): die Rosen golden, die Medaillons goldbordiert, weiß, die Flammen rot, Kettenglieder golden.

Fig. 629.
St. Josephs-Orden.
Kette.

Orden des weißen Kreuzes.

Gestiftet 1814 vom Großherzog Ferdinand III. von Toscana nach der Rückkehr dorthin, zur Belohnung des Verdienstes und militärischer Tapferkeit. Eine Abbildung davon war dem Verfasser dieses zu erlangen leider nicht möglich.

Militär-Verdienstorden.

Gestiftet von Leopold II., Großherzog von Toscana am 19. Dezember 1853 für Offiziere im In- und Auslande, die sich um den Staat verdient gemacht hatten.

Fig. 630.
Militär-Verdienstorden.
I. Klasse.

Der Orden bestand aus Rittern I., II. und III. Klasse. Der Grad der ersten Klasse verlieh das Recht, kostenlos sich dem Adel der Stadt, der der Ordensinhaber angehörte, oder zunächst der er geboren war, einreihen zu lassen und ihn auf seine Kinder zu vererben.

Die dritte Klasse sollten auch Unteroffiziere und Soldaten und hiermit einen höheren Sold bis zu 100 lires jährlich erhalten. Der Orden ist 18. März 1860, wie die anderen, ebenfalls aufgehoben worden.

Fig. 630 a.
Militär=Verdienstorden.
III. Klasse (Rückseite).

Ordenszeichen: 1. Kleinod (Fig. 630 S. 567): von der Großherzoglichen Krone überhöhtes goldbordiertes weißes Kreuz, mit fünf zweispitzigen Armen, durchflochten von goldenem Eichkranz. Das weiße Medaillon trug, innerhalb goldbordierten blauen Reifs, mit der goldenen Inschrift (zu deutsch: Militärverdienst) im Avers die goldene Initiale des Stifters, im Revers (Fig. 630 a) die Jahreszahl der Stiftung. Bei der III. Klasse waren die Krone und die Borde der Kreuzarme von Silber. 2. Band: rot und schwarz, von der I. Klasse um den Hals, von der II. und III. auf der linken Brust getragen.

Türkei, Kaiserreich.

Nischan-Imtiazorden.

Gestiftet von Sultan Abdul-Hamid am 21. Sept. 1879 (alias schon durch Irade vom 12. Zilhidje 1295 [10. Dez. 1878]) zur Belohnung militärischer, politischer und litterarischer hervorragender Verdienste um die Türkei, sowie zur Verleihung an befreundete Souveräne, hochstehende Ausländer,

Fig. 631.
Nischan-Imtiaz.
Stern.

und an Mitglieder des Kaiserlichen Hauses in nur einer Klasse. Es ist jedoch dem Orden eine Verdienstmedaille in Gold und Silber affiliiert, bestimmt für die Umgebung der Souveräne u. A. 1886 ist zu dem Orden ein Großkordon, zu gleichen Teilen rot und grün gestreift, nebst einem dem Orden ähnelnden kleineren, reich mit Diamanten besetzten Stern, auf der Brust zu tragen, gestiftet worden.

Ordenszeichen: 1. Kleinod (Fig. 631 S. 569): silberner Stern, belegt mit grünem goldbordierten, eingebogenen, auf einer Spitze stehenden Würfel; in dessen Mitte ein von brillantengeschmücktem goldenen Reife umgebenes goldenes Medaillon, darin die Toughra (Namenszug des Sultans), darauf die Ordensdevise (zu deutsch: Vaterlandsliebe, Eifer, Tapferkeit, Treue). 2. Band: halb grün, halb rot, um den Hals zu tragen. 3. Stern (auf der linken Brust): golden, sonst ganz ebenso. Die dem Orden affiliierte Medaille für Treue und Tapferkeit, bzw. von Gold und von Silber, wird am Bande des Imtiazordens getragen und zeigt auf der einen Seite das Kaiserliche Wappen, auf der anderen die Inschrift: Medaille für außerordentliche Leistungen der Treue und Tapferkeit im Dienste des ottomanischen Reiches. Unterhalb dieser Schrift ein Halbmond; zwischen beiden der Name des Beliehenen.

Fig. 632.
Orden Nischan-Iftihaïr.
Stern.

Orden des Ruhmes.

(Nischan el Iftihaïr.)

Gestiftet von Sultan Mahmud II. am 19. August 1831.

Ordenszeichen (Fig. 632): Stern, in dessen Mitte die Toughra (Namensunterschrift des Sultans) mit der Unterschrift Nischan el Iftihaïr, welche letztere bei den an Christen vergebenen Dekorationen fehlt. Das Ganze mit Diamantschleifen und Diamantzweigen umgeben. Band: rot, mit grünen Bordstreifen, oder Kette mit Stern am Ende.

Fig. 633.
Osmanie-Orden.
I. Klasse.

Osmanieorden.

Gestiftet am 4. Januar 1862, als Auszeichnung für Personen, die hervorragende Dienste bei Erfüllung ihrer Amtspflichten geleistet haben.

Ursprünglich in drei Klassen, von denen die für Inländer bestimmten Dekorationen nicht mehr als bzw. 50 (I. Kl.), 200 (II. Klasse) und 1000 (III. Klasse) betragen sollten. Seit 1867 besteht der Orden aus vier Klassen. Auch hier sind, wie beim Medjidjie-Orden, zur Erlangung 20 Dienstjahre nötig und zur Erlangung der I. Klasse der Besitz der I. Klasse dieses Ordens. Die beim Medjidjie-Orden statthabenden Ausnahmen hiervon sind auch hier maßgebend.

Fig. 633 a.
Osmanie-Orden.
Revers.

Ordenszeichen: 1. Kleinod (Fig. 633 S. 571): siebenstrahliger, an goldenem Halbmond mit Stern hängender, an den Spitzen mit goldenen Kugeln besetzter goldbordierter hellgrünemaillierter Stern, mit dergl. goldbordiertem Reif, darin die goldene Devise (zu deutsch: Abdul Aziz Khan, türkischer

Fig. 634.
Osmanie-Orden.
Stern.

Herrscher, welcher sein Vertrauen auf Gott setzt). Das Medaillon ist purpurn, mit goldenem Monde und der goldenen Toughra. Das Kleinod bei allen Klassen ist auch in der Größe gleich, im Revers (Fig. 633a S. 571): Trophäen. 2. **Band:** hellgrün mit karmesinroten Bordstreifen, von der I. Klasse über die rechte Schulter zur linken Hüfte, von der II. und III. um den Hals, von der IV. an Band mit Rosette im Knopfloch.

3. Stern [Fig. 634] (der I. Klasse auf der linken, der II. auf der rechten Brust zu tragen): silbern, diamantiert, mit Medaillon und Reif wie das Kleinod.

Medjidjie-Orden.

Gestiftet im August 1851 zur Belohnung für Verdienste bei Ausübung von Amtsgeschäften der Kaiserlichen Regierung, für Militär, Civil und Ulemas.

Der Orden besteht aus fünf Klassen: die I. soll 50, die II. 150, die III. 800, die IV. 3000, die V. 6000 nicht überschreiten. Fremde sind ausgenommen.

Der Orden soll an niemand im Inlande vor vollendetem zwanzigsten Dienstjahre und nur nach ausgezeichneter Dienstleistung verliehen werden.

Zum Aufrücken in die höheren Klassen gehört, außer erneutem Verdienst, ein Besitz der V. Klasse von zwei, der IV. von drei, der III. von drei und der II. von vier Jahren. Feldzugsjahre werden um die Hälfte höher berechnet.

Militärs, welche in Kriegs- und Friedenszeiten außerordentliche Dienste geleistet, oder in einem befohlenen Dienste schwere Wunden erhalten haben, ebenso die Ulemas und Civilbeamten bei außergewöhnlichen Diensten, oder wenn sie sich durch Ausbreitung der Künste, Wissenschaften, der Gewerbe oder des Ackerbaues auszeichnen, sind von obigen Bestimmungen ausgenommen.

Ordenszeichen: 1. Kleinod (Fig. 635 S. 574): siebenstrahlige silberne Sonne, zwischen den Strahlen je das Kaiserliche Wappen, silberner Halbmond, silberner Stern. Im goldenen Medaillon, innerhalb eines goldbordierten purpurnen Reifens, mit der goldenen Inschrift (zu deutsch: Eifer, Ergebenheit, Treue) und der türkischen Jahreszahl 1268 — Gründungsjahr nach osmanischer Zeitrechnung — erscheint die schwarze Toughra des Sultans. Die Sonne hängt am Kaiserlichen Wappen (Mond und Stern goldbordiert purpurn). Das Kleinod ist für die drei ersten Klassen gleich groß, für die IV. und V. kleiner. Die V. Klasse hat statt Gold überall Silber. 2. Band: purpurrot, mit grünen Bordstreifen, von der I. Klasse als Schärpe von der rechten Schulter zur linken Hüfte, von der II. und III. Klasse am

Fig. 635.
Medjidie-Orden.
Kleinod.

Halse, von der IV. und V. auf der linken Brust getragen. 3. Stern [Fig. 636] (der I. und II. Klasse ganz gleich und gleich groß: wird von der I. Klasse auf der linken, von der II. Klasse auf der rechten Brust getragen). Derselbe hat genau die Form des Kleinods.

„Nischani-Schefkat“-Orden.

Sultan Abd-ul-Hamid, der Kaiser der Osmanen, stiftete am 28. Ramazan des Jahres 1295 der Hedschra (1878) einen lediglich für Damen bestimmten Orden, welcher in drei Klassen zerfällt.

Fig. 636.
Medjidie-Orden.
I. u. II. Klasse. Bruststern.

Die **I.** Klasse (Fig. 637 S. 576) besteht aus einer Sonne von Brillanten, belegt mit einem rotbefruchteten grünen Lorbeerkranz (mit goldenen Stielen) aus Emaille; auf diesen liegt ein fünfstrahliger Stern, der zwei der, die Sonne überragenden Strahlen nach oben kehrt. Der Stern ist karmesin emailliert, mit goldenem schmalen Borde und Kugeln an den Spitzen; er trägt in der Mitte ein rundes, goldenes, von grünem, goldgerändertem Reif umgebenes Medaillon mit dem Kaiserlichen Namenszuge (der sogen. Toughra), während der Reif selbst in türkischer Schrift die Inschrift:

Fig. 637.
Nischani-Schefkat.
I. Klasse.

„Insaniet, Mouavenêt, Hamyet" (Menschenliebe, Hilfe, Wohlthätigkeit) enthält.

Diese Dekoration hängt an einem rotemaillierten, steigenden roten Monde, in dessen Höhlung ein fünfstrahliger roter Stern steht; von beiden Außenseiten des Halbmondes geht eine goldene Kette aus, bestehend aus abwechselnd ovalen und runden Gliedern, welche um den Hals getragen wird. Außerdem wird um den Hals noch an weißem moirierten Bande, das beiderseits mit rotem, rechts und links grün eingefaßten Streifen versehen ist und vorn eine große Rosette

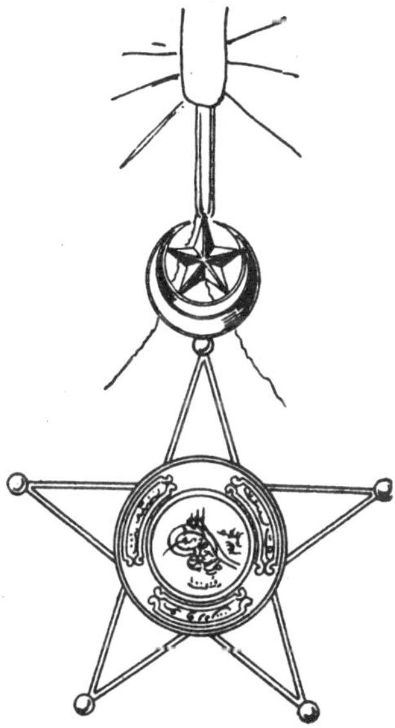

Fig. 638. Fig. 639.
Nischani = Scheffat.
II. Klasse. Damenorden. I. Klasse (Banddekoration).

und Schleife hat, ein zweiter fünfstrahliger Stern mit Halbmond getragen, der sich von dem auf der Sonne liegenden nur dadurch unterscheidet, daß er einen Strahl nach oben kehrt.

Die zweite Klasse des Ordens (Fig. 638) zeigt die Sonne mit dem Stern, wie die erste Klasse; jedoch bestehen die Strahlen hier abwechselnd aus Brillanten und Gold; auch hängt die Dekoration wie bei der ersten Klasse an dem, in der Höhlung einen Stern tragenden Halbmonde, jedoch nicht an einer Kette, sondern an goldenem Ringe. Durch diesen ist eine Schleife in den vorgenannten Farben gezogen, die jedoch nur halb so breit ist, als bei der ersten Klasse.

Die dritte Klasse (Fig. 639 S. 577), von der zweiten dadurch unterschieden, daß die Strahlen der Sonne sämtlich von Silber sind; die zweite und dritte Klasse werden an der linken Schulter getragen.

Der Orden wird an türkische und fremde Damen verliehen, die bei Kriegen, Landplagen oder anderen außerordentlichen Gelegenheiten ihre Dienste der türkischen Nation und Regierung, bzw. den Bedürftigen, zugewandt haben. Bei der Beförderung zu einer höheren Klasse wird die nächstunterste zurückgegeben; beim Tode verbleiben die Insignien der Familie der Verstorbenen.

Tunis, Königreich.

Husseinite-Orden (Fig. 640),

gestiftet von Sultan Sodi Ahmed Bey (1837—55), hat nur eine Klasse und ist ausschließlich für tunesische und auswärtige Fürsten, für den Premierminister und den Minister der auswärtigen Angelegenheiten von Tunis bestimmt. Der Orden ist rund, mit strahlenförmigen Brillanten besetzt und wird mittels einer goldenen mit Brillanten besetzten Agraffe am Bande des Nischan-Iftikhar um den Hals getragen.

Ahed el Aman (Fig. 641),

gestiftet in zwei Klassen, die erste (Commandeurkreuz in Brillanten) am 2. Chaoual 1291 (12. November 1874), die zweite (Großkordon) schon am 22. Djoumadi Eltani 1276 (16. Januar 1859).

Der Orden, selten an Ausländer, mehr an tunesische Prinzen und Minister verliehen, scheint ein Ersatz zu sein für den von Sultan Bey Mohamed Es Sadok im Jahre 1859 gestifteten Nischan el Amahn zur Erinnerung an den Akd-el-Amahn (Gründungsvertrag oder Konstitution),

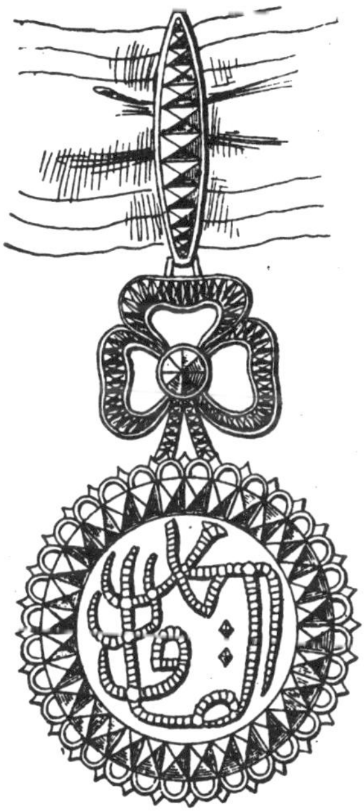

Fig. 640.
Husseinite-Orden.

Fig. 641.
Ahed el Aman.

welcher 1858 in Tunis proklamiert, aber 1864, infolge einer Empörung der Araber, wieder aufgehoben wurde, demzufolge der Orden wohl nicht mehr verliehen worden war. Der Orden hatte nur eine Klasse: das Großkreuz, in der Form des tunesischen Staatswappens, gold und rot und grün, den Farben des Islams, emailliert, auch mit Smaragden verziert. Das Band war weiß, beiderseits mit grün=rot=grünem Borde.

Nischan el Iftikhar (Orden des Ruhmes),

gestiftet durch Sultan Sodi Ahmed Bey (1837—55) in sechs Klassen: Großkreuze, Großoffiziere, Commandeure, Offiziere und Ritter, Medailleninhaber.

Fig. 642.
Nischan el Iftikhar.
Kleinod.

Ordenszeichen: 1. Kleinod (Fig. 642): zehnstrahliger, beim Großkreuz und der IV. Klasse ganz silbern, sonst abwechselnd grün und rot emaillierter, die Strahlen je mit silbernen Säumen und Mittelstrich versehener Stern; zwischen den Strahlen diamantierte silberne Strahlen. Das bei dem

Großkreuz und der IV. Klasse silberne, sonst grüne, von Brillantreif umgebene Mittelschild zeigt den Namenszug des Stifters in Brillantschrift. Das Ordenszeichen hängt an brillantierter Silberschleife, das Kleinod ist in den Graden nach der Größe abgestuft. 2. Band: smaragdgrün, je mit zwei purpurnen Bordstreifen, wird von den Großkreuzen über

Fig. 643.
Nischan el Iftikhar.
Stern.

die rechte Schulter zur linken Hüfte, von den Commandeurs am Halse, von den Offizieren mit Bandrosette, von den Rittern ohne diese, auf der linken Brust getragen. 3. Stern (Fig. 643) der Großkreuze und Großoffiziere (letztere tragen diesen allein, ohne Kleinod) auf der rechten Brust: silbern, diamantiert, mit dem Medaillon wie beim Kleinod.

Venezuela, vereinigte Staaten von, Republik.

Orden des Brustbildes (der Büste) Bolivars.

Gestiftet durch den Senat und die Repräsentantenkammer der Republik am 11. März 1854, in Anlehnung an das durch den Kongreß der Republik Peru am 12. Februar 1825 als ein Zeichen ihrer Dankbarkeit gegen ihren Befreier, von der spanischen Herrschaft gestiftete Ehrenzeichen, als eine „Auszeichnungs-Medaille“ für die der Republik seit 1848 geleisteten und noch ferner zu leistenden guten Dienste.

Die Dekoration sollte an himmelblauem Bande von 4 cm Breite im Knopfloch getragen werden, bald jedoch bürgerte sich allgemein das Tragen an breiterem Bande um den Hals ein, welcher Gebrauch schließlich auch von den Machthabern sanktioniert wurde.

Durch Dekret vom 14. September 1880 ist die Dekoration (anstatt wie früher an einem $4^1/_2$ cm breiten Bande um den Hals) jetzt an 3 cm breitem und ebenso langem Bande in den drei Farben gelb, blau und rot auf der linken Brust zu tragen. Der Orden darf auch Frauen verliehen werden.

Unterm 26. April 1881, erläutert 29. Dezember ejsd.; durch Dekret des Gesetzgebenden Körpers erfolgte eine Statutänderung, wonach der Orden in fünf Klassen (I—V bezeichnet) fortbestehen soll.

Die V., IV. und III. Klasse ist hinsichtlich der Mitglieder unbeschränkt, die zweite soll nicht mehr als 150, die erste nicht mehr als 50 haben, ausschließlich der Ausländer.

Ordenszeichen: 1. Kleinod (Fig. 644): für alle Grade besteht dasselbe aus elliptischer, goldener Medaille, bei der IV. und V. Klasse mit einem Längsdurchschnitt von 35 und Querdurchschnitt von 28 mm. Dieselbe ist umgeben von 16 Strahlen von neun und 12 Strahlen von sechs cm Länge aus Silber, brillantiert. Der Avers, in der Mitte von 20 mm Höhe und 16 mm Breite, trägt auf poliertem Goldgrunde, innerhalb blauen Randes von 3 mm Breite, mit der Inschrift: **Simon Bolívar** oben und einem Olivenzweige unten, das uniformierte Bild Bolivars aus mattem Golde in Relief. Im Revers (Fig. 644 a) erscheint das Wappen der Vereinigten Staaten von Venezuela ebenfalls in Relief. 2. Das Band ist gelb, blau, rot (die Venezolanischen Farben) senkrecht gestreift, 3 cm lang und ebenso breit. Die V. Klasse trägt den Orden auf der

Fig. 644.
Büste Bolivars.
Kleinod.

Fig. 644 a.
Büste Bolivars.
Revers des Kleinods.

Brust; desgl., diese versehen mit einer Rosette von 28 mm Durchmesser, die IV. Klasse; die III. Klasse trägt die Dekoration ohne Brillantierung 54 mm hoch, 50 mm breit um den Hals, an 4 cm breitem Bande, die Ellipse im Höhendurchmesser von 25 mm; desgleichen die II. Klasse. 3. Stern: achtstrahlig, silbern, 80 mm hoch, 70 mm breit, mit Brillanten besetzt, hat in der elliptischen Mitte (größter

Durchmesser 45 mm) das Bildnis des Bolivar (Fig. 645), für die I. Klasse, die das Kleinod an einem 102 mm breiten Bande von der rechten Schulter zur linken Hüfte trägt. Den vorbeschriebenen Stern, jedoch nur aus massivem Silber, in der Mitte das Wappen der Republik, hat auch die II. Klasse (Fig. 646). Beide Sterne werden auf der linken Brust getragen.

Fig. 645.
Büste Bolivars.
Stern der I. Klasse.

Anrecht auf die V. Klasse haben die Beamten und Funktionäre aus der Verwaltungsbranche, die keine Jurisdiktion ausüben, die Offiziere der Armee bis zum Obersten, die gleichen Chargen in der Marine, die Journalisten, Künstler, Industriellen und sonstigen Bürger, die sich in Wissenschaften, Litteratur und Künsten auszeichnen.

Die IV. Klasse erhalten die Beamten mit Jurisdiktion in den Staaten, die Generale, die Direktoren der Ministerien,

Generalsekretäre der Regierung, Mitglieder der Legislaturen der Staaten, die Konsuln und Vizekonsuln, die Rektoren der National-Kollegien und anderer höheren Unterrichts-Institute, die Präsidenten der Fakultäten und Direktoren der Akademien, wissenschaftlichen und litterarischen Körperschaften.

Die III. Klasse: Präsidenten der Staaten und deren gesetzgebenden Versammlungen, die Diözesanprälaten, die

Fig. 646.
Büste Bolivars.
Stern der II. Klasse.

Rektoren der Universitäten, Generalkonsuln und konfidentiellen Agenten, die Senatoren und Deputierten der National-Legislatur, die Mitglieder der hohen National-Gerichtshöfe, des Bundesrats und der Tribunale mit Jurisdiktion in der ganzen Republik, die kommandierenden Generale.

Die II. Klasse: die Departements-Minister, die Präsidenten der Kammern, der hohen National-Gerichtshöfe und die sub

III. Klasse aufgezählten Körperschaften, die **Próceres** der Unabhängigkeit, die im Auslande beglaubigten Diplomaten.

Die **I.** Klasse erhalten Männer, die die National-Exekutive ausgeübt haben, und die Chefs und Souveräne befreundeter Nationen.

Verdienstorden.

Gestiftet 29. August 1861 durch den Präsidenten Paez in drei Klassen. Fraglich ist indes, ob nach Ausdehnung des Bolivarordens derselbe noch verliehen wird.

Fig. 647. Verdienstorden. Kleinod.

Ordenszeichen: 1. Kleinod (Fig. 647): sechsstrahliger goldbordierter weißemaillierter Stern, mit goldenen Kugeln an den Spitzen, durch dessen Winkel sich ein grüner Lorbeer- und Eichkranz zieht. Das goldene Medaillon trägt im Revers das Stiftungsdatum innerhalb goldbordierten dunkelblauen Reifens mit der goldenen Inschrift (zu deutsch: Ehre dem Verdienst), im Avers das Wappen der Republik. Dieser Stern liegt bei den Großkreuzen auf einem brillantierten Silberstern (Fig. 648). 2. Band: rot mit blauen Bordstreifen, von den Großkreuzen als Schärpe, von den Commandeurs um den Hals, von den Rittern im Knopfloch getragen.

Fig. 648.
Verdienstorden.
Bruststern.

Vereinigte Staaten von Amerika, Republik.

Rettungsmedaille (vergl. S. 260)

in zwei Klassen. Dieselbe wird an Personen verliehen, die im Gebiet der Vereinigten Staaten oder auf einem amerikanischen Schiffe bei Rettung oder bei Versuchen zur Rettung von Leben aus Seegefahr ihr eigenes in Gefahr brachten. Die I. Klasse, aus Gold, wird nur in Fällen besonderer Unerschrockenheit und Kühnheit vergeben. Die II. Klasse besteht aus Silber.

Waldeck, Fürstentum.

Civilverdienstorden.

Gestiftet in der I. Klasse am 14. Januar 1871 in der II. (als Verdienstmedaille) am 3. Juli 1857 (diese zur II. Klasse des Ordens erklärt am 14. Januar 1871), in der III. Klasse am 26. September 1878. Die II. Klasse abgeändert am 14. Januar 1891.

Fig. 649.
Verdienstorden.
I. Klasse.

Ordenszeichen: 1. Kleinod (Fig. 649): I. Klasse achtspitziges goldbordiertes weißes, am Ringe mit vergoldetem Eichenblatt hängendes Kreuz, belegt mit einem goldbordierten, unten mit der goldenen Inschrift: Dem Verdienste beschriebenen dunkelblauen Reife, innerhalb dessen ein goldenes Medaillon, darin, in den Reif hinüberragend, ein schwarzer Stern (Waldeck), belegt mit goldbordiertem weißen Medaillon, darin ein rotes Ankerkreuz (Pyrmont). Die **II.** und **III.** Klasse hat das Kreuz wie oben, bei der **II.** weißemailliert, vergoldet, bei der **III.** mattsilbern mit polierten Rändern; auf dem Kreuze liegt der Stern mit dem Kreuze wie oben, jedoch ohne Reif und Inschrift. Der Revers des Medaillons ist golden, mit der Inschrift: Für Verdienst; die Eichenblätter am Ringe fehlen, statt deren nur eine Verzierung wie bisher. 2. Band: gelb, mit beiderseits rotschwarzem Bordstreifen, wird von der **I.** Klasse um den Hals, von den beiden anderen im Knopfloch getragen.

Westfalen, ehem. Königreich.

Orden der Westfälischen Krone.

Gestiftet durch Hieronymus Napoleon, König von Westfalen laut Dekret d. d. Paris, 25. Dezember 1809, „zu innigerer Verkettung des neuen Staates mit Vielen der Würdigsten im Lande, zur Befreundung mit dem neuen Zustande der Dinge und zur Erregung allgemeinen Wetteifers". Die Statuten, laut Dekret vom 5. Februar 1810 festgesetzt, verordnen folgendes: Der Orden soll bestehen aus drei Klassen: 10 Großcommandeurs (Großwürdenträger), 30 Commandeurs und 300 Ritter, ausgenommen die Prinzen des Hauses und Fremde. Stifter und Großmeister sollte der König sein. Die Großcommandeurs hatten den Titel „Excellenz" (sie rangierten hinter den Ministern), die Commandeurs den Rang der Staatsräte, hinter denen sie rangierten, die Ritter rangierten hinter den Präfekten.

Der Großkanzler des Ordens, erwählt aus den Großcommandeurs, hatte den Rang eines Staatsministers und unter sich einen General-Schatzmeister und Administrator. Der Großordensrat bestand aus dem König, dem Großkanzler und fünf Großcommandeurs und versammelte sich sechsmal im Jahre.

Der Orden wurde auch auf Gesuch erteilt.

Von den Großcommandeurs sollten drei: Groß-Commanderien, mit Einkünften von 6—12000 Fr., erhalten, die übrigen ein Jahresgehalt von 2000 Fr., ebensoviel die Commandeurs; die Ritter 250 Fr.

Zur Dotation wurden (laut Dekret vom 31. Januar 1810) die Güter und Einkünfte der Abtei Quedlinburg und der Propstei Magdeburg, sowie durch Dekret vom 16. Febr. 1810 auch die ehemaligen, im Königreich belegenen Güter und Einkünfte des laut Artikels I dieses Dekrets hier aufgehobenen Malteserordens bestimmt. Der Orden hat glücklicherweise ein nur sehr ephemeres Dasein geführt; im Königreich Preußen wurde l. A. O. vom 26. Februar 1815, in Kurhessen schon am 31. Dezember 1813 das Tragen desselben verboten.

Ordenszeichen ursprünglich: durchbrochene goldene Medaille, über welcher ein gekrönter (der Napoleonische) Adler mit Donnerkeil, der die Inschrift: **„Je les unis“** (Ich vereinige sie — d. h. die Länder) trägt, stand. Die Medaille hatte einen Rand, gebildet aus einer sich in den Schwanz beißenden („Ewigkeits-“) Schlange. Innerhalb der Medaille sprangen ein gekrönter Löwe (Hessen) und ein weißes Pferd (Westfalen) gegen einander, darunter zwischen Eichen und Lorbeerzweig, in der Mitte durchschnitten und unter eine Krone vereinigt, ein Löwe und ein Adler, letzterer mit Zepter in der rechten Klaue. Unterhalb des Donnerkeils, im oberen Teile der Medaille, zog sich ein blauemailliertes Band, mit der Inschrift: „Charakter und Aufrichtigkeit“ hin. Laut Dekret vom 25. April 1810 wurde die Dekoration wie (Fig. 650) abgebildet verändert. Der Revers des Kronenreifs trug die Inschrift: **XXV. DEC. MDCCCIX**; der der vereinigten Tiere ein dunkelblaues Schildchen mit den verschlungenen Buchstaben **H(ieronymus) N(apoleon)**. Die Dekoration der Großcommandeure sollte von dem Reif unterhalb der Krone bis zur Krone des Kaiserlichen Adlers 30, die der Commandeurs 23, die der Ritter 16 Linien hoch sein. Band: dunkelblau, von den Rittern 2 cm breit im Knopfloch, von den Commandeurs 3 cm breit um den Hals, von den Großcommandeurs 4 cm breit von der rechten Schulter zur linken Hüfte getragen. Stern (der Großcommandeurs) auf der linken Seite der Brust zu tragen: silbern, sechsstrahlig; die sechs Hauptstrahlen durch sieben kleinere geschieden und belegt mit den Bildern des Medaillons, innerhalb breiten blauen, mit doppeltem goldenen Borde versehenen Reifens, der die Ordensdevise (Ch. u. A.) trug. Bei feierlichen Gelegenheiten trugen die Großcommandeurs das Ordenszeichen um den Hals an einer goldenen Kette.

Fig. 650.
Orden der Westfälischen Krone.

Fernerhin wurde noch (nach Art. 8) bestimmt, daß, wenn die Großcommandeurs das Ordensband nicht über dem Kleide trügen, sie nur das Commandeurkreuz, den Stern auf der Brust tragen sollten; wenn sie mit der goldenen Halskette (laut Art. 6 erwähnt und bei feierlichen Tagen anzulegen) geschmückt seien, weder das große Ordensband noch den Stern tragen sollten. Diese laut Dekret vom 1. Januar 1810 auch an dem Kgl. Westfälischen Wappen, zur Rechten der großen Kette der Ehrenlegion, anzubringende Kette bestand aus abwechselnd dem Kaiserlichen Adler und mantelartiger Verzierung.

Die Ordenskleidung der Großcommandeure für die Ceremonientage bestand aus Tuchkleid von ledergelbem Tuch (ventre de biche) mit himmelblauem Kragen und Aufschlägen, silberner Stickerei um die Knopflöcher auf Kragen und Aufschlägen, einer weißen Weste und Kniehosen, Bandschleifen an den Kniebändern und auf den Schuhen, silbernen Achselbändern, weißseidener Schärpe mit silbernen Fransen, Mütze oder Hut à la Henri IV., silbernem Schwert, spanischem Mantel von himmelblauem Tuch, darauf der Ordensstern; die Kette über dem Mantel.

Die Commandeurs trugen dieselbe Kleidung, ohne letzteren; desgl. die Ritter, diese letzteren jedoch nur an Kragen und Aufschlägen mit Stickerei.

Außerhalb der Ordenstage war den Inhabern die Ordenskleidung ebenfalls zu tragen gestattet, jedoch ohne Mantel, Schärpe und Mütze.

Württemberg, Königreich.

Orden der Württembergischen Krone.

Gestiftet ursprünglich als „Jagdorden“ im Jahre 1702 von Herzog Friedrich Carl von Württemberg, Reichsjägermeister, renoviert von Herzog Carl Alexander und von König Friedrich 6. März 1807 umgewandelt, nach der Erhebung Württembergs zum Königreich (1. Januar 1806) in den „Orden des goldenen Adlers“. Als solcher bestand er bis zum Jahre 1818. In diesem Jahre, und zwar laut Statut vom 23. September wurde er mit dem vorher bestandenen „Civilverdienstorden" zu einem verschmolzen und zugleich zum Hausorden des Königreichs erklärt. Er hatte nur drei Klassen: Großkreuze, Commandeurs und Ritter ohne bestimmte Anzahl.

Bürgerliche Mitglieder wurden personaladlig.

Mittels Statutnachtrages vom 19. September 1870 wurde der Rittergrad in zwei Klassen eingeteilt, sowie bestimmt, daß der Orden für Kriegsverdienste in allen seinen Klassen mit zwei gekreuzten goldenen Schwertern verliehen werden könne.

Fig. 651.
Orden der Württembergischen Krone.
Großkreuz.

Laut der unterm 11. August (1. September) 1892 Allerhöchst befohlenen Abänderung besteht der Orden zur Zeit aus fünf Klassen, nämlich: Großkreuzen, Komturen mit Stern, Komturen ohne Stern, Ehrenkreuzen und Rittern. Ferner ist dem Orden eine goldene Verdienstmedaille affiliiert. Auch hier wird bestimmt, daß die Schwerter für Kriegsverdienst allen Klassen verliehen werden können. Die Söhne des Königs erhalten den Hausorden, der, wie das Statut vom Jahre 1892 sagt, ein „Haus- und Verdienstorden" sein soll und verliehen wird, „als besonderes Merkmal des Königlichen Wohlwollens, sowie als Anerkennung ausgezeichneter Verdienste im Militär-

und Civildienst um die Person des Königs, das Königliche Haus und den Staat", mit dem siebenten, alle übrigen Prinzen des Hauses mit dem vierzehnten Jahre.

Ordenszeichen: 1. Kleinod (Fig. 651): ein achtspitziges, in der Größe verschiedenes, goldbordiertes, weißemailliertes

Fig. 651 b.
Orden der Württembergischen Krone.
Ehrenkreuz mit Schwertern.

Fig. 651 a. Fig. 651 c.
Orden der Württembergischen Krone.
Komturkreuz mit Schwertern. Stern zum Komturkreuz mit Schwertern.

Kreuz mit einem dergleichen runden Medaillon, darin, innerhalb goldbordierten karmesinroten Reifens mit der goldenen Inschrift: „Furchtlos und treu" im Avers die Königlich gekrönte goldene Initiale König Friedrichs I., im Revers die goldene Königskrone im Hochrelief auf weißem (bei Mitgliedern regierender Häuser auf schwarzem)

Grunde. Die Großkreuze und Komture beider Klassen (Fig. 651a) haben in den vier Kreuzwinkeln je einen schreitenden goldenen Löwen und über dem Kreuze die Königliche Krone. Beides fehlt dem Ehrenkreuz (Fig. 651b), doch können die Löwen als besondere Auszeichnung auch diesem verliehen werden. Das Ehrenkreuz (Fig. 651b) wird ohne Band mittels einer Nadel an der linken Brust getragen.

Fig. 652.
Orden der Württembergischen Krone.
Stern für Souveräne.

2. Stern a) der Großkreuze: achtspitzig, silbern mit dem Karmesinreifen und Inschrift; innerhalb desselben die Königskrone auf weißem Grunde. Die Großkreuze fürstlichen Blutes haben die Füllung zwischen dem Devisereifen schwarz und belegt mit der Abbildung des Ordenskreuzes in Hochrelief (Fig. 652). b) der Komture (Fig. 651c):

achtspitziges silbernes Kreuz mit kürzeren goldenen Strahlen in den Winkeln. Auf der Mitte ruht der beschriebene Devisereifen, innerhalb desselben die Königliche Krone auf Silbergrund. Beide Sterne werden auf der linken Brust getragen. Die Schwerter sind bei den Großkreuzen, Komturkreuzen (Fig. 651a) und Ritterkreuzen am Ringe, bezw. unter der Krone angebracht, beim Ehrenkreuz (Fig. 651c) und den Sternen schräg durch das Medaillon gekreuzt.

3. Band: karmesinrot (bei allen Mitgliedern regierender Fürstenhäuser: scharlachrot) mit schwarzen Einfassungen. Die Großkreuze tragen es von der rechten Schulter zur linken Hüfte, die Komture beider Klassen um den Hals, die Ritter auf der linken Brustseite.

Laut dem Statut vom Jahre 1892 zeigt die bisherige goldene, nunmehr dem Orden der Württembergischen Krone affiliierte Medaille, am Bande desselben getragen, im Avers das Brustbild des regierenden Königs mit Titel, im Relief innerhalb Eichenkranzes die Inschrift: „Dem Verdienste". Die bisherige, dem Orden der Württembergischen Krone affiliierte silberne Verdienstmedaille dagegen ist aus diesem Orden ausgeschieden und wird jetzt an einem hellroten Seidenbande, in der Mitte mit einem schwarzen Streifen, getragen.

Friedrichsorden.

Gestiftet durch König Wilhelm I. am 1. Januar 1830, in Erinnerung an die Verdienste Allerhöchst Seines Herrn Vaters, an dem Tage, an welchem Er (1806) die Württembergische Königskrone angenommen hatte.

Der Orden war in nur einer Klasse, der der Ritter, gestiftet, die mit dem Orden den persönlichen Adel erhielten, sofern sie nichtadelig waren.

Durch Statut vom 3. Januar 1856 wurde er in vier Klassen — Großkreuze, Komture erster, Komture zweiter

Klasse und Ritter — geteilt und er „zum Merkmal des Königlichen Wohlwollens, zur Anerkennung und Belohnung ausgezeichneter Verdienste im Militär-, wie im Civildienst um die Person des Königs, das Königliche Haus und den Staat" bestimmt. Der persönliche Adel kam in Wegfall.

Fig. 653.
Friedrichsorden.
Großkreuz.

Laut Statutnachtrag vom 19. September 1870 kann der Orden für Militärverdienst mit zwei am Ringe befindlichen gekreuzten Schwertern verliehen werden.

Laut Königlicher Ordre d. d. 11. August (1. Sept.) 1892 ist zu diesem Ordre eine neue goldene Verdienstmedaille gestiftet worden, welche den Namen: Verdienstmedaille des

Friedrichsordens trägt; sie rangiert hinter der dem Orden der Württembergischen Krone affiliierten.

Ordenszeichen: 1. Kleinod: dasselbe ist in der Form bei allen Klassen gleich, weiß, goldbordiert und in der Größe abgestuft und mit folgenden Veränderungen. **a)** Großkreuze (Fig. 653 S. 597): kreisförmig goldene Strahlen in den Winkeln; Medaillon im Avers golden, mit dem Bilde des Königs Friedrich, umgeben von goldbordiertem blauen Reif, mit der goldenen diesbezüglichen Inschrift. Der Revers zeigt, innerhalb gleichen Reifens, mit der goldenen Inschrift: „Gott und mein Recht", die schwarze Inschrift: „Dem Verdienste"; das Kreuz hängt an goldenem Eichkranz. b) Komture (Fig. 653 **a**) wie oben, jedoch im weißen Aversmedaillon, mit der obigen Devise auf dem Reif, das Königl.-gekrönte goldene **F(riedrich)**. Die Strahlen in den Winkeln ungleich groß, das Kreuz an goldenem Ringe.

Fig. 653 a.
Friedrichsorden.
Komturkreuz.

c) Ritterkreuz **I.** Klasse: wie das Komturkreuz, doch statt des emaillierten ein goldener Reif ohne Inschrift. d) Ritterkreuz **II.** Klasse: Kreuz ebenso, aber von mattem Silber, ohne Emaille und ohne die Strahlen. Die Verdienstmedaille, die am Bande des Ordens getragen wird, zeigt im Avers das Brustbild des regierenden Königs mit Titelumschrift, im Revers das Ordenszeichen des Friedrichsordens (Vorderseite) mit der Umschrift: „Dem Verdienste".

2. Band: himmelblau, von den Großkreuzen über die rechte Schulter zur linken Hüfte, von den Komturen am Halse, von den Rittern im Knopfloch getragen.

3. Stern, der der Großkreuze (Fig. 654): golden, mit dem hier silbernen Ordenskreuze, belegt mit dem Medaillon des Großkreuzes ohne Strahlen; der der Komture

Fig. 654.
Friedrichsorden.
Großkreuz. Stern.

(Fig. 655 S. 600) in Form des Kleinods derselben, mit goldenen Strahlen und dem vorbeschriebenen Medaillon. Beide sind auf der linken Brust zu tragen.

Militär-Verdienstorden.

Gestiftet als „Militär-Carls-Orden“ 11. Februar 1759 von Herzog Carl Eugen von Württemberg zur Belohnung von Offizieren, die sich im siebenjährigen Kriege ausgezeichnet hatten. 1799 am 6. November vom Kurfürsten, späteren König Friedrich I. unter obigem Namen erneuert für Verdienst im Kriege oder 25jährige treue Friedensdienste, bestand er damals aus vier Klassen, deren Inhaber beträchtliche Pensionen (2 der I. je 2000, 4 der II. je 1200, 12 der III. je 1000, 52 der IV. je 300 Fl.) erhalten sollten.

Fig. 655.
Friedrichsorden.
Stern der Komture I. Klasse.

Am 23. September 1818 wurde der Orden gänzlich umgestaltet und in drei Klassen: Großkreuze, Komture und Ritter eingeteilt.

Bürgerliche Mitglieder erhalten den Personal-Adel.

Ordenszeichen: 1. Kleinod: Kreuz in Form und Färbung wie der Friedrichsorden, bei den ersten beiden Klassen (Fig. 656) mit goldener Zackenkrone darüber. Das Medaillon ist weiß und zeigt im Avers einen grünen Lorbeerkranz innerhalb goldbordierten blauen Reifens mit der goldenen Devise: „Furchtlos und treu". Das Kreuz der Ritter (Fig. 656 **a**) ist kleiner; im Revers (Fig. 656 **a**) den Namenszug des Königs **W(ilhelm)** nebst Königskrone. 2. Band: dunkelblau, von

Klasse I und II um den Hals, von der III. auf der Brust getragen. 3. Brustdekoration (der Großkreuze [Fig. 657]): silbern, in Form des Kreuzes, ohne Krone, mit beschriebenem Medaillon, auf der linken Brust zu tragen.

Fig. 656.
Militär-Verdienstorden.
Komturkreuz.

Fig. 656a.
Militär-Verdienstorden.
Ritterkreuz. Rückseite.

Fig. 657.
Militär-Verdienstorden.
Brustdekoration der Großkreuze.

Wir geben der Vollständigkeit wegen hier noch die Dekorationen der früher bestandenen Orden, nämlich:

1. des **Ordens vom goldenen Adler**, hatte nur eine Klasse. Kreuz (Fig. 658) rot, goldbordiert, Adler und Jagdhörner golden, Medaillon grün, mit goldener Chiffre. Band (als Großkordon zu tragen) ponceaurot. Stern (Fig. 659) silbern, Reif grün, Schrift golden, inmitten das Ordenskreuz, statt der Jagdhörner in den Armeinschnitten hier mit goldenen Hacken.

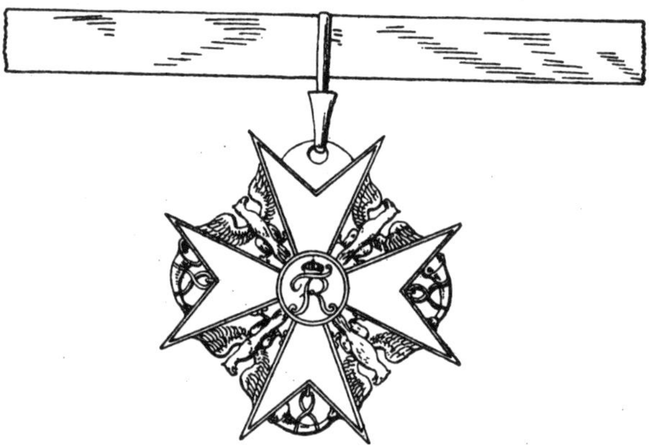

Fig. 658.
Orden vom goldenen Adler.
Kreuz.

2. des **Militär-Verdienstordens** vor seiner Umgestaltung 1818. Kreuz weiß, Borde, Kugeln, Strahlen golden, Medaillon blau, Bord, Namenszug, Krone golden. Band gelb, mit schwarzen Bordstreifen. Commandeurkreuz (Fig. 660), Ritterkreuz (Fig. 661).

3. des **Civil-Verdienstordens.** Gestiftet 6. November 1806 durch König Friedrich, 23. September 1818 in den Orden der Württembergischen Krone verwandelt.

Fig. 659.
Orden vom goldenen Adler.
Stern.

Fig. 660.
Militär-Verdienstorden.
Commandeurkreuz.

Fig. 661.
Militär-Verdienstorden.
Ritterkreuz.

Kreuz weiß, Medaillon blau, alles übrige golden. Band (als Großkordon zu tragen) schwarz, mit gelben Bordstreifen. Brustdekoration (Fig. 662) silbern, Medaillon blau, alles übrige golden.

Fig. 662.
Civil-Verdienstorden.
Brustdekoration.

Olga-Orden (Fig. 663, 663a).

Gestiftet d. d. Stuttgart 27. Juni 1871 durch König Carl, „als Zeichen der Anerkennung und Erinnerung für besondere Verdienste auf dem Felde der freiwillig helfenden Liebe in Krieg und Frieden", in nur einer Klasse für Männer, Frauen und Jungfrauen.

Ordenszeichen: mattsilbernes Kleeblatt- oder Lazarus-Kreuz, belegt mit rotem Genfer Kreuz, auf dessen Mitte ein silbernbordiertes silbernes Medaillon, das im Avers die goldenen Initialen des Königspaares im Relief, im Revers die Jahreszahlen 1870/1871 zeigt. Er wird von den Damen mittels einer Schleife an der linken Schulter, von den Herren an der linken Brust oder im Knopfloch getragen. Das Band ist schwarz, mit zwei dunkelroten breiten Bordstreifen.

Karl-Olga-Medaille (Fig. 664).

Gestiftet von Königin Olga von Württemberg, unter Zustimmung des Königs, am 16. Juni 1889.

Dieselbe wird an Männer, Frauen und Mädchen verliehen, die im Dienste des Roten Kreuzes zur Pflege im Felde verwundeter oder erkrankter Krieger sich besonders ausgezeichnet haben. Die Verleihung erfolgt auf Antrag der Königin stets durch Seine Majestät.

Fig. 663 a. Rückschild.

Fig. 663. Olga-Orden.

Fig. 664. Karl-Olga-Medaille.

Die Medaille, die in Silber und in Bronze ausgegeben wird, zeigt auf dem Avers die Reliefbildnisse beider Majestäten mit entsprechender Umschrift, überhöht von dem roten Genfer Konventionskreuz.

Der Revers trägt die Inschrift „Für Verdienste um das Rote Kreuz“ innerhalb einer zweiten Inschrift: „Von der Protektorin des Württembergischen Sanitätsvereins vom Roten Kreuz“. Die Medaille wird am Bande des Olga-Ordens auf der linken Brust getragen und verbleibt den Nachkommen des Beliehenen.

Eine zweite, von Königin Olga am Tage des 25-jährigen Regierungs-Jubiläums ihres Herrn Gemahls am 25. Juni 1889 gestiftete Medaille für Verdienste um Werke der Nächstenliebe, gleichfalls für Männer, Frauen und Mädchen, trägt auf dem Avers die Bilder des Königspaares mit der Umschrift: **Carolus Rex Olga Regina Wurttembergiae,** die Rückseite den Spruch: **Ora et labora.** (Leipzig, Illustr. Zeitung vom 13. Juli 1889.)

Fig. 665.
Orden des strahlenden Sterns.
I. Klasse (nur für Souveräne).

Zanzibar, Sultanat.

Orden vom strahlenden Stern (El kaukeb el dourri).

Gestiftet am 21. Schaban 1295 (22. September 1875) vom Sultan Bargasch ben Saïd von Zanzibar, bestehend aus einer ersten, nur an Souveräne, und aus einer zweiten, in vier Grade zerfallenden, an Nichtsouveräne zu verleihenden Klasse.

Fig. 666.
Orden des strahlenden Sterns.
II. Klasse, 1. Grad.

A. I. Klasse, nur der Brillantenstern mit dem Bilde des Sultans (Fig. 665).

B. II. Klasse (Fig. 667). 1. Grad: Großkreuz (mit Stern), 2. Grad (Großcommandeurkreuz): trägt nur den

Bruststern, 3. Grad: Commandeurkreuz (gestiftet 1887), 4. Grad: Offizierkreuz, 5. Grad: Medailleninhaber.

Ordenszeichen: 1. Kleinod (Fig. 667) des 1., 3. und 4. Grades: fünfarmiges, goldenes, rotemailliertes, mit weißem goldgesäumten Borde versehnes Kreuz (ähnlich der Ehrenlegion), mit goldenen Kugeln an den Spitzen und dem goldenen Namenszug des Sultans innerhalb rotem Medaillon; hängend an grünem Laubkranz, mit einem zweiten durch die Winkel. Die Medaille ist silbern, mit dem Namenszuge des Sultans. Das Kleinod wird vom 1. Grade an weißbordiertem roten Bande von der rechten Schulter zur linken Hüfte, vom 3. Grade um den Hals, vom 4. (mit einer Bandrosette auf dem Bande) auf der linken Brust, oder im Knopfloch (desgl. die Medaille ohne Rosette) getragen. 2. Stern (Fig. 666 S. 607): silbern, achtstrahlig mit demselben Medaillon, wird vom 1. Grade der II. Klasse auf der linken, vom 2. Grad auf der rechten Brust getragen.

Fig. 667.
Orden des strahlenden Sterns.
II. Klasse.

Nachtrag.

Belgien, Königreich.

Civil-Verdienstorden (Décoration civique).

König Leopold der Belgier stiftete durch Dekret vom 21. Juli 1867 eine Ordens-Dekoration zur Belohnung von dem Staate Belgien während einer langen verdienstvollen Thätigkeit geleisteten Diensten, sowie für ausgezeichnete Thaten des Mutes, des Gehorsams und der Menschenfreundlichkeit, in zwei Graden: Kreuz und Medaille, von denen das erstere zwei, die letztere drei Klassen hat.

Die Form des Kreuzes und der Medaille ist die des durch Kgl. Dekret vom 20. Juli 1856 gestifteten Kreuzes. Die Dekorationen werden an einem ponceauroten schwarzbordierten Bande getragen, wenn sie für langjährige treue Dienste im Verwaltungsfach, und mit gelb und schwarzen Bordstreifen versehen, wenn sie für Thaten des Mutes rc. verliehen werden. Außer in letzterem Falle kann die Dekoration erst nach Verlauf von 25 Jahren verliehen werden. Das Band allein darf nicht getragen werden.

Laut Kgl. Dekrets, vom 15. Januar 1885 wurde das Recht, die Dekoration zu erhalten, auch auf Diejenigen ausgedehnt, welche dem Staate bürgerliche Dienste erwiesen haben.

Aus der hierzu erteilten Instruktion ist Folgendes hervorzuheben:

Alle Staatsdiener, Geschäftsträger und andere ernannte und besoldete Agenten des Staates dürfen die Dekoration erhalten, ebenso die pensionierten oder zur Disposition gestellten.

Fig. 668.
Civil-Verdienstorden.

Die Dekoration kann auch neben dem Leopoldsorden getragen, jedoch nur einmal verliehen werden. Das Civilkreuz I. wie II. Klasse kann vor Vollendung von mindestens 35 vorwurfsfreien Dienstjahren nicht verliehen werden, die Medaille jedoch schon nach 25 Jahren.

Bei Ausländern, an die die Dekoration (das Kreuz) ebenfalls verliehen werden kann, ist Ausnahme zulässig.

Ordenszeichen: das Kreuz (Fig. 668) weißemailliert; die I. Klasse mit goldenen, die II. mit silbernen Borden, Namenszug (Leopold) und Verzierungen.

Niederlande, Königreich.

Der Königlich niederländische Orden von Oranien-Nassau.

Mit dem Übergange des Großherzogtums Luxemburg an die ältere oder Walramische (vormals Herzogliche) Linie des Hauses Nassau nach dem Tode König Wilhelms der Niederlande († 1890) ist auch das Recht der Verleihung des nassauischen Hausordens vom goldenen Löwen, sowie des luxemburgischen Ordens der Eichenkrone an den jetzt selbständigen Großherzog von Luxemburg gelangt, so daß die Nachfolgerin König Wilhelms, die Königin Wilhelmina der Niederlande, bis vor Jahresfrist nur über einen einzigen Orden, jenen des Niederländischen Löwen, zu verfügen hatte.

Infolgedessen hatte die Kgl. niederländische Regierung die Notwendigkeit erkannt, einen neuen Orden zu schaffen, der unter dem Namen „Orden von Oranien-Nassau“ am 4. April 1892, mit Zustimmung der General-Staaten, Namens der Königin Wilhelmina der Niederlande durch die Königin-Regentin gegründet worden ist.

Dieser Orden, laut Artikel 1 der Statuten, gestiftet, „um Verdienste niederländischer oder auswärtiger Unterthanen um das königliche Haus, das Königreich der Niederlande oder die Allgemeinheit auszuzeichnen“, hat fünf Grade und eine affiliierte Ehrenmedaille. Die fünf Ordensgrade stufen sich ab in: Großkreuze, Großoffiziere, Commandeure, Offiziere und Ritter.

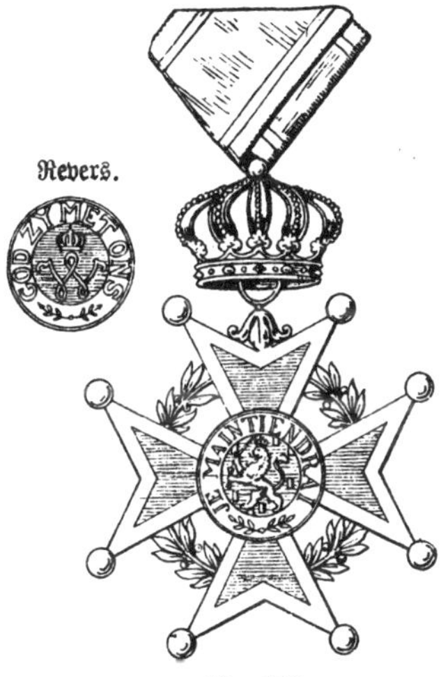

Fig. 669.
Orden von Oranien-Nassau.

Das Großmeistertum des Ordens von Oranien-Nassau ist unabänderlich mit der Krone der Niederlande verbunden. Kanzler dieses Ordens ist der Kanzler des Ordens vom Niederländischen Löwen.

Das **Ordenszeichen** (Fig. 669) ist ein für die oberen vier Grade goldenes, für die Ritter silbernes, blauemailliertes und weiß-gerändertes, schmal-goldbordiertes achtspitziges Kreuz, durch dessen Arme ein Lorbeerkranz läuft. Die Spitzen des Kreuzes sind mit Kugeln geziert. Auf dem Kreuze ruht beiderseits ein runder, blauemaillierter, weißgeränderter schmal-goldbordierter Mittelschild, der im Avers das niederländische Wappen (den goldenen, ein Schwert und ein Bündel Pfeile tragenden Löwen im blauen, mit goldenen Schindeln bestreuten Felde) und — im weißen

Rande — in goldenen Lettern die Umschrift **„Je maintiendrai“**, im Revers ein von der goldenen Königskrone bedecktes goldenes „W“, sowie — im Rande — die Umschrift „God zij met ons“ (Gott sei mit uns) zeigt. Der Lorbeerkranz, bzw. das Kreuz hängt an einer Königskrone. Die Krone über dem Kreuze, der Lorbeerkranz und die Kugeln der Armspitzen sind bei den vier oberen Graden von Gold, bei den Rittern von Silber.

Die Großkreuze tragen die Dekoration am großen Bande und hierzu einen achtspitzigen silbernen Bruststern mit dem obigen Mittelschild. Die Großoffiziere tragen das Kreuz um den Hals — wie die Commandeure — und einen vierspitzigen silbernen Stern mit dem obigen Mittelschild auf der Brust. Die Bruststerne der beiden obersten Grade tragen für Militärs unter dem Mittelschilde zwei gekreuzte Schwerter von Silber. Die Offiziere und Ritter tragen das Kreuz im Knopfloch, Erstere mit einer Rosette auf dem Bande, das für alle Klassen von gleicher Farbe, jedoch von verschiedentlich abgestufter Breite, orangefarben mit nassaublauen, innen weißabgegrenzten Bordstreifen ist.

Die affiliierte Ehrenmedaille kann in Bronze, Silber oder Gold verliehen werden. Sie ist rund, mit der Königskrone bedeckt und trägt auf dem Avers das obenbeschriebene Ordenskreuz, entweder mit dem Lorbeerkranze oder mit den beiden gekreuzten Schwertern geziert. Der Revers enthält den Buchstaben „W“ und die Umschrift „God zij met ons“. Das Band ist das gleiche, nur schmäler, wie jenes der Ritter; doch darf es nicht ohne die Medaille getragen werden.

Register.